KB162491

읽기 교육의 프라임

읽기 교육의 프라임

김도남

역락

이 책은 필자가 수행한 읽기 현상에 대한 탐구와 읽기 교육의 실행에 대한 논의를 정리하고, 소개하기 위하여 계획되었다. 독자의 텍스트 읽기는 어떤 관점에서 무엇에 초점을 두고 보는가에 따라 달리 인식된다. 읽기 현상에 대하여 다각적으로 살펴 밝히는 일은 읽기를 이해하고, 읽기 교육의 방향과 방법을 마련하는 데 기여한다. 읽기 교육은 읽기 현상을 어떻게 보고 이해하는가에 따라 달리 실행된다. 그러므로 읽기 현상을 여러 관점에서 탐구하여 밝히는 일은 읽기 교육을 위해 중요하다.

이 책은 총 3부로 기획하였다. 각 부에는 '텍스트의 내막', '읽기의 연모', '독자의 보법'이라는 이름을 붙였다. 제1부 '텍스트의 내막'에서는 독자가 만나는 여러 텍스트의 내적 관계에 대한 탐구를 정리하였다. 독자는 여러 형식의 텍스트를 다양한 방식으로 만난다. 텍스트의 존재 형식은 텍스트마다 다르지만 텍스트들 간에는 상호텍스트성이 내재한다. 이들 텍스트와 독자가 만나는 방식과 관계를 이루는 형식은 단일하지 않다. 독자와 텍스트의 만남에 내재하는 괸계성에 대하여 알아본다. 제2부 '읽기의 언모'에서는 독자가 텍스트의 정보들을 마음속에 표상하는 도구와 표상하는 활동인 소통 방식에 대한 탐구를 정리하였다. 독자의 텍스트 이해는 텍스트 정보의 표상과 표상 정보의 연결로 이루어진다. 독자가 텍스트의 정보를 선택하는 방식과 그 정보들을 질서화하여 조직화한 결과로 텍스트의 의미가 결정된다. 독자의 텍스트 이해는 정보의 표상과 그 정보의 연결·조직화에 의해 이루어진다. 독자의 텍스트 정보 표상과 그 정보의 조직화에 대하여 알아본다. 제3부 '독자의 보법'에서는 독자의 텍스트 이해의 생성적 속성에 대한 탐구를 정리하였다. 독자가 텍스트를 읽으면서 마음속에 품는 본질적 기대는 자기 변화이다. 독자의 자기 변화는 자기의 의식 내용을 새롭게 함, 즉 자기의식의 내용을 생성하는 것이다. 독자가 텍스트를 읽으면서 마음속에 품는 본질적 기대를 이루는 이해의 특성을 밝히는 논의를 정리하였다. 읽기는 독자가 텍스트 이해로 근원적으로 기대하는 바를 성취하는 활동이다.

이 책의 구성은 읽기 현상을 다른 각도에서 바라봄으로써 읽기의 낯선 모습을 드러내고자 하였다. 그러면서 책의 제목을 '읽기 교육의 프라임'이라고 붙인 이유는, 이 책의 내용이 읽기 교육에서 중요하게 다루어야 할 몇 가지 아이디어를 담고 있다고 여기기 때문이다. 물론 이 책의 내용은 현재 실행되고 있는 읽기 교육의 관점과는 다른 측면이 있다. 그렇지만 읽기 교육에서는 읽기를 낯설게 보게 하는 관점과 이에서 제시된 아이디어들을 수용할 필요가 있다. 다른 관점과 아이디어의 수용이 읽기 교육을 풍요롭게 하고, 독자의 텍스트 읽기가 그 본래성을 실현할 수 있게 하기 때문이다.

이 책을 이루고 있는 각 장의 내용은 필자가 그동안 읽기 현상 및 읽기 교육에 대하여 탐구한 논문의 내용을 수정 보완한 것이다. 읽기와 읽기 교육을 텍스트 중심이나 독자 중심의 관점이 아닌 또 다른 관점에서 그 본질을 밝혀보려고 노력한 논의를 선별하여 구성하였다. 이 책의 내용은 인지적 관점을 넘어 복잡계 과학과 인문학(철학)의 논의를 수용한 측면이 있다. 개념과 용어가 기존의 읽기 논의를 벗어난 면이 없지 않으나 읽기에 대한 인식의 확장을 이끄는 면도 있다. 그렇지만 개념과 용어들이 읽기를 설명하는 데에 정합성이 낮을 수 있다. 이에 대한 독자들의 질정을 바란다.

이 책을 위해 필자가 쓴 논문들의 검토는 물론, 책의 구성에 대하여 여러분의 자문과 도움이 있었다. 시간을 내어 책의 구성 방향과 체계를 잡아주시고, 논문을 선별하여 내용을 구성할 수 있도록 도와주신 교수님들과 함께 공부하는 대학원 선생님들께 감사드린다. 또한 이 책이 나올 수 있도록 도와주시고 애써 주신 역락 출판사 담당자분들께도 감사한 마음을 전한다.

저자 씀

⠿ 차례

제1부

텍스트의 내막

1장

복수 텍스트

1. 복수 텍스트의 논점

독자의 텍스트 이해 방법에 대한 논의 관점은 다양하다. 저자나 텍스트, 독자 등의 단일 요인을 중심으로 논의하기도 하지만 사회적인 상호작용이나 사회문화적인 맥락과 같은 복합 요인을 중심으로 논의하기도 한다.(김도남, 2002b) 이런 논의의 다양성은 텍스트의 의미가 존재하고 있는 위치에 대한 인식에서 비롯된 것이기도 하다.(김도남, 2003) 즉, 텍스트의 의미가 존재하고 있는 곳을 살핌으로써 의미를 찾을 수 있다는 관점의 반영으로 이루어진 것이다. 이들 텍스트 이해에 대한 논의 관점들은 읽기 교육에 수용되어 독자의 이해 방식에 영향을 미친다. 읽기 교육에서 특정한 관점의 수용은 읽기 교육 목표와 내용 및 방법의 결정으로 이어지고, 이것은 독자에게 그대로 전달되는 것이다.

텍스트 이해에 대한 여러 관점 중에서 텍스트의 의미가 텍스트들의 연결 관계 속에 있다는 관점이 있다. 이 관점에서는 텍스트 이해가 텍스트들 사이에서 의미를 찾음으로써 이루어진다고 본다. 그래서 독자의 의미 구성은 여러 텍스트를 함께 읽음으로써 이루어진다고 생각한다. 즉, 텍스트의 이해가 상호텍스트적으로 이루어진다는 것이다. 예를 들어, 읽기 교육에 대한 한 편의 논문에는 하나의 주제가 들어 있지만 그 내용은 기존의 다른 논문들의 내용과 관련되어 있어서, 이 논문의 이해는 이들 관련 논문들을 함께 읽을 때 이루어지게 된다.

독자가 텍스트를 이해하기 위하여 관련 텍스트들을 함께 읽는 방법을 '복수 텍스트 읽기'라 할 수 있다. 여기서 '복수 텍스트'라는 것은 특정한 관계를 맺고 있는 둘 이상의 텍스트이다. 복수 텍스트 읽기는 특정한 관계에 있는 이들 텍스트를 읽고 이해하는 것을 가리킨다. 이 복수 텍스트 읽기에 대한 논의는 근래의 일이지만 복수 텍스트 읽기의 현상은 오래되었다. 즉, 텍스트의 내용을 이해하기 위하여 관계있는 텍스트를 참조하는 것은 독서의 본질적 속성으로 독서의 시작에서부터 있었다고 할 수 있다.

복수 텍스트 읽기에 대한 논의는 아직 풍부하지 못하지만 이에 대한 논의를 살피는 것이 필요하다. 이들 논의를 살핌으로써 읽기 방법에 대한 정리를 통하여 복수 텍스트 읽기 지도를 할 수 있는 길을 열 수 있기 때문이다. 복수 텍스트 읽기에 대한 논의를 세분화하면 신토피칼(syntopical) 독서,[1] 다중 텍스트(multiple texts) 독서,[2] 하이퍼텍스트(hypertext) 독서[3]가 될 수 있다. 이들

---

[1] 신토피칼 독서는 애들러와 도런(1973)이 제시한 독서 방법(민병덕 역, 1999)으로, 주제가 같은 여러 텍스트를 함께 읽는 방식이다. 이 방식은 특정한 주제에 대하여 독자가 접할 수 있는 텍스트의 수를 늘려서 이해를 깊이 있게 할 수 있다는 관점을 가진다. 이 접근에서는 주제에 대해 깊이 있고 폭넓은 이해를 해야 한다고 보며, 이를 위해서는 같은 주제를 가지고 있는 텍스트의 선택을 중요하게 본다.

[2] 다중 텍스트(multiple texts) 독서는 주제나 화제에 대하여 직접 또는 간접적으로 영향 관계에 있는 텍스트를 읽는 방식이다. 이 방법은 주제나 화제를 함께 다룸으로써 서로 영향 관계에 있는 복수 텍스트를 읽는 것이다. 김도남(2002a)에서 사용한 '다중 텍스트'의 개념은 여기서 논의되는 신토피칼 독서와 하이퍼텍스트 독서를 함께 포함하고 있다. 그러나 이 글에서는 그 개념을 세분화하여 사용한다.

[3] 하이퍼텍스트는 주제나 화제에 관련된 텍스트가 인터넷에서 링크되어 있는 복수 텍스트이다. 하이퍼텍스트 독서는 컴퓨터를 통하여 인터넷에 연결되어 있는 복수 텍스트를 읽는

세 읽기 방법들은 복수 텍스트를 활용한다는 점에서는 같지만 세부적인 특성은 서로 다르다. 때문에 읽기 교육에 이들이 시사하는 바가 서로 다르다고 할 수 있다. 이 글에서는 복수 텍스트를 활용한 읽기 방식들의 관점을 살피고, 이들이 읽기 교육에 시사하는 바를 탐색하여 본다.

2. 복수 텍스트 읽기

읽기를 상호텍스트성의 관점에서 보면, 독자의 텍스트 이해 과정은 여러 텍스트의 내용을 끊임없이 연결하는 과정이다. 독자는 이 과정에서 텍스트들이 담고 있는 주제나 화제에 대하여 이해를 하게 된다. 여러 텍스트의 내용을 연결하여 이해한다는 것은 함께 읽는 텍스트들의 관계에 따라 독자가 이해한 내용이 달라진다는 것을 의미하기도 한다. 좀 더 부연하면, 함께 읽는 텍스트의 수에 따라 이해의 폭이 달라지고, 텍스트의 관계에 따라 독자가 구성한 의미가 달라진다고 할 수 있다. 복수 텍스트 읽기는 독자가 여러 텍스트를 함께 읽고, 이들 텍스트의 내용을 관계지어 의미를 구성하는 읽기 방법이다. 다시 말하면, 특정한 관계에 있는 두 개 이상의 텍스트 내용을 인식하여 이들을 연결하고, 융합하여 의미를 구성하는 읽기 방법이다. 이 복수 텍스트 읽기를 좁게 보면, 특정한 텍스트의 이해를 위하여 관계있는 여러 텍스트를 활용하는 읽기 방식이 될 수 있다. 그러나 넓게 보면, 중심에 놓이는 텍스트가 없이 화제나 주제가 관계있는 여러 텍스트를 함께 읽고 이해하는 읽기 방식이다. 복수 텍스트 읽기는 주제를 중심으로 복수 텍스트를 읽는 방식(신토피칼 독서),[4] 텍스트 간의 영향 관계를 중심으로 복수 텍스트를 읽는 방식(다중

것을 가리킨다.

텍스트 독서), 전자적으로 링크된 복수 텍스트를 읽는 방식(하이퍼텍스트 독서)으로 구분할 수 있다. 이들 복수 텍스트 읽기 방식을 구체적으로 살펴보면 다음과 같다.

가. 신토피칼 독서

신토피칼(syntopical) 독서 방식은 애들러와 도런(Adler & Doren, 1972; 민병덕 역, 1999)이 제시한 것이다. 이들은 텍스트의 이해 방식을 네 수준으로 나누고, 그중 가장 고급의 독서 방식으로 신토피칼 독서를 제시했다.[5] 애들러와 도런이 사용한 '신토피칼(syntopical)'이라는 용어는 파생어이다. 신토피칼의 용어적 의미는 다음과 같다. 'syn-'은 접두어로써 '함께, 동시에, 비슷한, 종합, 통합, 합성' 등의 의미이다. 'topic'은 '주제, 화제, 제목, 표제' 등의 의미로 사용된다. 그리고 '-al' 아는 바와 같이 '-의, -와 같은, -성질의'의

---

[4] 신토피칼(syntopical) 독서는 '공통 주제 독서(읽기)' 정도로 번역할 수 있다. 그러나 '신토피칼 독서'라는 용어로 이미 번역되어 사용되었고(민병덕, 1999), 다른 논문(이성영, 2003)에서도 쓰여졌기 때문에 '신토피칼 독서'라는 용어를 그대로 사용한다. 관련하여 읽기 종류를 구분하는 명칭은 '다중 텍스트 독서', '하이퍼텍스트 독서' 등으로 표기한다.

[5] 애들러와 도런이 제시한 텍스트 이해의 수준을 정리하여 살펴보면 다음과 같다. 이들이 구분한 독서 4수준에서 1수준은 초보 독서로서 초등학교 단계에서 글을 읽고 쓸 수 있는 '기본 기술 습득' 단계이다. 이 수준에서의 독자는 낱말을 식별하고, 인식할 수 있으며 문장의 의미를 파악하는 것이 중요 과제가 된다. 2수준의 독서는 '점검 독서'로 텍스트의 내용을 대강 파악할 수 있는 능력을 기르는 단계이다. 이 단계에서는 내용을 파악하기 위하여 필요한 부분을 골라 읽든가 책의 외부적인 요인(표제, 서문, 목차, 색인 등)으로 대강의 내용을 파악할 수 있다. 이 시기의 과제는 텍스트의 내용이 무엇이고, 어떻게 구성되며, 어떤 부분으로 나누어지고, 어떤 종류의 글인가를 파악할 수 있는 수준이다. 3수준의 독서는 '분석 독서'이다. 3수준의 독서는 텍스트를 철저하게 읽음으로써 치밀하고 계통적인 독서 활동이 이루어지는 단계이다. 텍스트의 내용을 자신의 관점에서 충분히 이해하여 받아들일 수 있는 수준이다. 4수준인 신토피칼 독서는 주제가 공통인 텍스트를 찾아 필요한 부분을 함께 읽음으로써 이해를 확장시키는 방법으로 최고의 독서 단계이다. 신토피칼 독서는 주제를 중심으로 깊이 있고 폭넓은 이해의 방식을 취한다.(민병덕 역, 1992)

뜻을 가진다. 그러므로 '신토피칼(syntopical)' 독서는 공통의 화제나 주제를 가진 텍스트를 함께 읽는다는 의미이지만 실제로는 공통의 주제를 포함하고 있는 복수 텍스트를 읽는 것을 가리킨다.

신토피칼 독서는 하나의 주제와 관련하여 복수 텍스트의 내용을 수렴하는 방식이다. 이 방식은 독자의 텍스트 이해 과정에 관심을 가지기보다는 주제와 관련된 내용을 다루고 있는 복수 텍스트를 선별하여 읽고, 주제를 찾는 것에 관심을 갖는다. 그래서 독자는 복수 텍스트에서 주제를 어떻게 다루고 있는가를 중심으로 내용을 분석하게 된다. 이를 통하여 독자는 각 텍스트에서 객관성 있는 단일한 주제를 구성함으로써 목표에 도달한다. 다시 말하면, 신토피칼 독서는 복수 텍스트가 다루고 있는 주제를 특정한 관점에서 의도적으로 종합하는 것이다. 이것은 독자가 주체적으로 텍스트의 주제를 구성하기보다는 일반화될 수 있는 관점에서 주제를 수렴하여 이해하는 것이라 할 수 있다.[6]

주제를 중심으로 한 읽기의 교육적 접근도 이루어지고 있다. 추디와 미첼(Tchudi & Mitchell, 1999:94-96)에서는 주제 중심 읽기 교육의 장점을 세 가지로 제시한다. 첫째는 다양한 텍스트를 활용한 읽기 경험을 바탕으로 주제 이해의 폭을 넓히는 데 유용하다. 둘째, 간학문적인 텍스트를 활용함으로써 심층적인 이해가 가능하다. 셋째, 듣기, 말하기, 읽기, 쓰기의 통합적인 언어 활동을 돕는다. 이들은 이런 장점들이 독자의 텍스트 이해 능력을 향상시키고, 학습자를 능동적인 독자로 만들 수 있다고 보고 있다.

박영란(2002)은 인성교육의 방법으로 주제 중심 읽기가 유용하다고 보면서, 추디와 미첼의 논의를 참조하여[7] 주제 중심 읽기 지도 절차를 '인성교육

---

6   이에 관련된 내용은 신토피칼 독서 5단계의 설명을 보면 알 수 있다.(민병벽 역, 1999:197-205)

7   추디와 미첼이 제시한 주제 중심 독서 단계는 '초점 선택 및 목표 설정하기', '제재 선택하

을 위한 독서 활동의 주제 정하기', '읽기 활동의 주제에 적합한 도서 선정하기', '작품을 읽고 자기 질문 전략 이용하여 쓰기', '전체 활동에서 서로의 생각과 의견 나누기' 등의 4단계를 제시하였다. 이들 단계를 바탕으로 한 주제 중심 읽기 지도는 인성교육에 효과가 있으며 학생들의 반응이 긍정적이었다고 결론짓고 있다. 주진홍(2002)도 상호텍스트성에 바탕을 둔 주제 중심 읽기 지도 방법을 탐구하였다. 주진홍은 주제 중심 읽기 지도 절차로 '주제의 범주 설정하기', '주제 중심 자료 선정하기', '주제 중심 활동 구성하기', '주제 중심 활동 통합하기', '주제 중심 내면화하기'의 단계를 제시하였다. 이들 단계를 바탕으로 학생들을 지도한 결과 학습자의 읽기 능력이 향상되고 읽기 흥미도가 높아지며 읽기에 대한 긍정적인 태도를 지니게 된다고 주장한다.

신토피칼 독서의 접근 방식에서 독자의 역할은 같은 주제를 내포한 개별 텍스트의 내용을 인식하고, 이들에서 주제를 찾아 관계짓는 것이다. 그래서 독자는 여러 텍스트의 내용을 살피면서 주제 면에서 텍스트의 관계를 파악해야 한다. 이는 결국 복수 텍스트가 다루고 있는 내용을 하나의 주제로 해석해 내는 방식이다. 신토피칼 독서의 특징을 몇 가지로 정리하면 다음과 같다.

첫째, 신토피칼 독서는 독자의 기본 능력을 강조한다. 신도피칼 독서를 하기 위해 독자는 텍스트 선별과 선별한 텍스트의 관계를 파악할 수 있어야 한다. 즉, 하나의 주제에 대하여 관련 있는 텍스트를 찾거나 찾은 텍스트에서 관련된 내용을 발췌하는 능력이 있어야 한다. 독자가 갖추어야 할 기본 능력은 하나의 주제를 알고, 같은 주제를 다루고 있는 텍스트를 선택하여 주제에 관련된 부분을 찾아내는 힘이다. 다시 말하면, 능력은 텍스트 선택을 위한 안목이며 주제로 연결할 수 있는 힘이다. 요컨대, 독자가 이 능력을 갖추기

기', '단원 구성하기', '활동 통합하기', '평가하기' 등의 다섯 단계이다.(Tchudi & Mitchell, 1999:96-98)

위해서는 주제에 대한 풍부한 지식과 텍스트들에 대한 정보 및 이해 능력이 있어야 한다. 그래서 애들러와 도런은 이 신토피칼 독서가 높은 수준의 읽기라고 하기도 한다.

둘째, 독자의 이해가 단일 주제로 수렴되어야 한다고 본다. 애들러와 도런은 각 텍스트 간에 주제에 대한 관점이 다를 수 있다는 것은 인정한다. 그렇지만 독자는 각 텍스트가 가지는 관점을 통합하여 하나의 통일된 주제로 수렴할 수 있어야 한다고 본다. 이를 위하여 각 텍스트가 같은 개념을 다른 용어로 표현하고 있는 경우, 이들 용어를 같은 개념을 담고 있는 독자의 용어로 바꾸어 이해해야 하며(민병덕 역, 1999:189-199) 각 텍스트가 다른 논점을 가질 때는 이를 분류하여 분석, 비교 검토하여 의견이 일치된 객관성[8]이 있는 결론을 얻어야 한다고 본다. 때문에 신토피칼 독서는 복수 텍스트의 내용을 단일 주제로 해석하지 못하면 이해하지 못한 것으로 여긴다.

셋째, 텍스트의 특정 부분을 중심으로 읽는 방식을 취한다. 독자가 복수 텍스트에서 다루고 있는 하나의 주제를 효과적으로 파악하기 위해서는 복수 텍스트 전체를 읽을 수 없기 때문에 관련된 텍스트들에서 주제와 관련하여 필요한 부분을 찾아 읽어야 한다고 말한다. 그래서 독자는 주제에 관련하여 많은 독서 목록을 만들고 이들에서 필요한 부분을 찾아 읽어야 한다는 것이다. 예로 '사랑'이라는 주제를 중심으로 이야기하고 있는 텍스트의 수는 헤아릴 수 없을 정도로 많다.(만병덕 역, 1999:192-195) 독자는 이들 중에서 주제와 관련된 텍스트를 선별하여 필요한 부분을 발췌하여 읽어야 한다.[9] 이런 발췌

---

8 애들러와 도런(1973)이 사용한 '객관성'이라는 용어는 이해에서 절대적 객관성과 공정성을 확보하려는 관점에서 사용되었다. 여기서 객관성은 각 텍스트 의견 사이의 차이를 인정하되 이들의 타협으로 객관성을 확보한다는 측면에서 '변증법적 객관성'이라는 용어를 사용하였다.(민병덕 역, 1999:203)

9 박영란(2002)에서는 발췌독보다는 텍스트 전체를 읽고 주제를 토의하는 방법을 사용하고 있다. 실제 독서 지도에서는 이 방법이 바람직하다고 할 수 있다. 주제는 텍스트의 특정

독은 내용 해석을 주제로 한정하는 수단이라서 독자의 이해를 특정한 텍스트의 주제로 제한할 수도 있다. 이것은 특정한 주제를 이해할 때, 독자가 텍스트에 의존하게 만들기 때문에 텍스트 중심의 읽기 관점이 된다.

넷째, 텍스트 이해의 방법으로 분석, 비교·대조, 논증 등을 강조한다. 독자는 각 텍스트가 가지고 있는 주제를 찾고, 각 주제가 가지고 있는 세부 관점을 분석해야 한다. 같은 주제라고 하여 세부적인 의견이나 관점까지도 같은 것은 아니다. 그래서 독자는 주제에 대한 세부적인 분석과 검토를 해야 한다. 이들 활동은 세부 주제를 비교하고 대조하여 구분하고 확인하는 것이다.[10] 이 과정에서 주제에 대한 의견의 차이가 있을 때는 단일 주제로 인식될 수 있도록 논거를 들어 객관성 있는 합치점을 찾아야 한다.

신토피칼 독서는 선별된 복수 텍스트의 내용을 주제 중심으로 관계지어 이해하는 방식이다. 이 독서 방식의 관점은 한 주제에 대하여 여러 관점이 있을 수 있다는 점을 인정한다. 그러나 복수 텍스트 사이의 영향 관계는 고려하지 않는다. 그래서 신토피칼 독서에서는 독자가 텍스트의 내용을 연결짓는 역할을 해야 한다고 본다. 이는 텍스트 주제의 연결 주체를 독자로 보기는 하지만 텍스트에 한정된 주제를 중요하게 생각하기 때문에 의미 구성 주체로서의 독자의 역할은 강조하지 않는다.

나. 다중 텍스트 독서

다중 텍스트(multiple texts)는 주제나 화제가 서로 영향 관계에 있는 텍스트들의 집합을 뜻한다. 'multiple'이라는 낱말 속에는 '복합의, 다수의, 다양한,

---

부분에서 드러나기보다는 전체에서 드러나기 때문이다.

10   박영란(2002)은 주제 중심의 이해 방법으로 텍스트의 내용에 대한 토의 활동을 강조한다.

복잡한' 등의 의미가 들어 있다. 여러 가지가 함께 관련되어 있다는 뜻이다. 다중 텍스트는 직접 또는 간접적인 영향 관계를 형성하고 있는 복수 텍스트를 가리킨다. 다시 말하면, 텍스트들이 서로 어떤 형태로든 영향 관계를 맺고 있으면 다중 텍스트가 되는 것이다. 그러므로 다중 텍스트 독서는 영향 관계를 형성하고 있는 복수 텍스트를 읽는 것을 가리킨다.

다중 텍스트의 영향 관계는 표면적인 경우도 있지만 내면적인 경우도 있다.(김도남, 2002:51-54) 표면적인 경우는 텍스트들이 화제를 공유하거나 인용을 함으로써 이루어지고, 내면적인 경우는 관점이나 주제, 내용의 차용이나 변형으로써 이루어진다. 특히 내면적인 경우는 같은 주제나 내용을 반복하여 확장하거나 다른 관점에서 비판 또는 반대하는 것일 수도 있으며, 전혀 다른 내용[11]이 될 수도 있다. 다중 텍스트의 영향 관계는 수직적인 영향 관계와 수평적인 영향 관계로 정의할 수 있다.[12] 수직적인 관계는 통시적으로 앞서 만들어진 텍스트가 후에 만들어진 텍스트에 영향을 미치는 것이다. 수평적인 관계는 공시적으로 같은 관점이나 주제 및 화제를 공유하게 됨으로써 영향 관계에 있는 것이다.

다중 텍스트 독서는 영향 관계에 있는 복수 텍스트를 읽고 이해하는 방식이다. 다중 텍스트 독서에 대한 논의는 스피비(Spivey, 1992)가 대학생들이 복수 텍스트를 읽고 이해한 것을 글로 쓸 때 내용의 선택, 조직, 변형의 측면에서 변화를 분석한 연구와 스피비와 마디손(Spivey & Mathison, 1997)이 대학원생들이 쓴 논문의 선행 텍스트 영향을 분석한 연구가 있다.(Spivey, 1997)

---

11   예를 들어 소쉬르의 언어에 대한 연구와 레비 스트로스의 인류학에 대한 연구는 전혀 다른 것이지만 구조주의를 바탕으로 한다는 점에서 내적으로 관계되어 있다.

12   텍스트의 영향 관계를 수직적인 관계와 수평적인 관계로 구분한 것은 크리스테바이다.(김 욱동, 1993:169; 김도남, 2002a:45 재인용) 수직적인 관계는 시간적(통시적)인 선후 영향 관계를 의미하고, 수평적인 관계는 공간적(동시대적 또는 공시적)인 영향 관계를 의미한다.

하트만(Hartman, 1992, 1995)은 8명의 학생들이 5편의 복수 텍스트를 읽고 이해하는 과정을 연구하였다. 그리고 김도남(2002, 2003)은 이들의 논의를 바탕으로 다중 텍스트 독서 지도 방법을 연구하였다. 이들 논의를 바탕으로 다중 텍스트 독서의 특징을 몇 가지로 정리하면 다음과 같다.

첫째, 다중 텍스트 독서는 텍스트들의 내적인 영향 관계를 중시한다. 다중 텍스트는 한 사람의 저자가 쓴 텍스트들이나 한 가지 관점을 공유한 텍스트들, 또는 한 가지 주제나 화제를 공유한 텍스트들, 인용이나 모방, 변형함으로써 관계를 맺고 있는 텍스트들이다. 예를 들어 이 논문은 필자가 이미 쓴 논문과의 관계 속에서 내용이 구성되고, 읽기 교육이나 상호텍스트성을 논의한 다른 논문과 관련을 맺고 있다. 그러므로 이 논문을 읽는 독자는 이와 관련된 논의를 참조하게 된다. 다중 텍스트 독서는 서로 내적인 영향 관계에 있는 복수 텍스트를 읽는 것을 강조한다.

둘째, 다중 텍스트 독서는 독자의 사고 활동을 강조한다. 이는 독자가 복수 텍스트를 통하여 의미를 재구성하는 것과 관련된다. 즉, 이 관점에서 독서는 독자가 복수 텍스트의 내용을 마음속에서 끊임없이 연결하여 의미를 새롭게 구성하는 과정이다.[13] 그래서 텍스트의 이해를 독자의 마음속에서 텍스트의 의미를 융합[14]하는 것으로 본다. 융합은 독자가 의미 구성을 통하여 자기 생각[15]을 재구성하는 것과 관계된다. 이는 자기 생각을 확장하고 정교화하는

---

13 독자의 텍스트 이해 과정에 영향을 미치는 텍스트의 관계를 아이뤈(Irwin, 1991)은 텍스트 내적 연결 관계(intratextuality), 텍스트 외적 연결 관계(extratextuality), 텍스트 상호 연결 관계(intertextuality)로 나누었으며(김도남, 2002:6) 하트만(Hartman, 1995)은 내인성(endogenous)과 외인성(exogenous)으로 나누었다.(김도남, 2002:61)

14 융합은 다중 텍스트의 의미를 하나로 연결하되 새로운 의미를 구성하는 것이다. 즉 독자가 중심이 되어 각 텍스트의 내재적 의미를 하나로 결합하되 각 텍스트의 의미적 속성을 변화시켜 새로운 생각(의미)을 만드는 것이다. 이는 독자가 텍스트를 통하여 자기 생각을 새롭게 변화시키려는 욕구의 반영인 것이다. 그래서 융합은 의미의 확장이라기보다는 의미의 재구성(looping)이라(김도남, 2002:302) 할 수 있다.

것과도 관련된다. 그래서 이 융합은 독자의 의식적인 사고 작용이 바탕이 되기 때문에 독자의 사고를 강조하는 것이다. 또한 사고의 강조는 사고 활동 과정과 활동 결과에 대한 검토로 이어진다. 그래서 독자의 읽기 과정에 대한 반성과 이해 결과에 대한 성찰에 관심을 갖는다.[16]

셋째, 독자의 주체적 의미 생성을 강조한다. 복수 텍스트가 내적으로 관계가 있다고 하지만 그 관계를 인식하여 의미를 재구성(생성)하는 것은 독자이다. 독자는 복수 텍스트가 함축하고 있는 의미를 찾아내고, 이 의미로 자기 생각을 생성하는 데에 사용한다. 다른 말로 하면, 독자는 복수 텍스트들의 의미를 자기 생각과 결합하고 융합하여 새로운 의미를 생성하는 것이다. 이는 독자가 의미 구성의 주체가 됨을 의미하는 것이다.

다중 텍스트 독서는 독자 중심의 접근 방식을 취하는 것이라 할 수 있다. 복수 텍스트의 선택이나 이해의 방향은 독자의 의도를 중심으로 이루어진다. 즉 독자는 자신의 의도에 따라 필요로 하는 텍스트를 선택하게 되고, 그

---

15   다중 텍스트 독서에서 '의미'라는 용어 대신 '생각'이라는 용어를 주로 쓰는 것은 다중 텍스트 독서에 내재된 관점 때문이다. 다중 텍스트는 독서는 텍스트 이해를 통하여 독자의 생각(관념)을 구성해야 하는 것으로 본다. 내적으로 관계된 텍스트라는 것이 텍스트에 초점이 있는 것이 아니라 의미에 초점이 있다는 것을 뜻한다. 이 의미는 독자의 관심 대상이면서 독자의 생각과 관련되어 있는 것이다. 융합이라는 용어를 쓰는 것도 독자가 텍스트의 의미를 자기 생각과 연결하여 새로운 독자의 생각을 구성한다는 것과 관련된다. 신토피칼 독서나 하이퍼텍스트 독서에서의 의미 구성은 독자의 생각과 관계되지 않는 면이 있다. 즉, 신토피칼 독서에서 주제는 독자와 관계없이 존재하는 것이다. 독자는 이미 존재하는 주제를 정당화하고 구체화하는 역할을 하지 그 주제를 자신의 관념으로 만들려는 의도는 크지 않다. 하이퍼텍스트 독서도 독자가 구성한 의미가 독자의 생각이 되어야 한다는 관점을 갖지 않는다. 대신 주어진 상황에서 문제를 해결하는 과정에서 필요에 따라 구성한 의미라고 본다.

16   반성과 성찰을 구분하는 것이 필요하다. 반성의 사전적 의미는 '자신의 언행에 대하여 잘못이나 부족함이 없는지 돌이켜 본다'로 행위 과정을 되돌아보고 살피는 것이다. 성찰의 사전적 의미는 '자기의 마음을 반성하고 살핀다'로 행위의 결과로 구성된 마음의 내용을 살핀다는 뜻이다. 이를 텍스트 이해와 관련하여 보면, 반성은 텍스트 이해의 과정을 살피는 것을, 성찰은 이해의 결과로 구성한 생각(의미)을 살피는 것을 가리킨다.

선택된 텍스트를 읽게 됨으로써 독자의 생각을 구성하게 되는 것이다.(김도남, 2002a:92-95) 때문에 독자는 다중 텍스트를 통하여 의미를 구성하고 생각을 넓히는 주체가 된다. 다중 텍스트 독서에서의 독자는 배경지식을 바탕으로 한 텍스트 인식의 주체가 아니라 복수 텍스트를 활용하여 의미를 주도적으로 생성하는 주체이다.

다. 하이퍼텍스트 독서

넬슨(1965)에 의하여 처음 사용된 하이퍼텍스트라는 용어는 '종이 위에는 간편하게 기록할 수 없을 정도로 복잡하게 상호 연결된 텍스트나 그림 자료의 집합'이라고 정의되었다.(백영균, 2001:93) 이러한 개념의 하이퍼텍스트라는 용어가 지금은 넓혀진 개념으로 사용되고 있다. 컴퓨터 프로그램 언어인 HTML(Hyper Text Mark Language)을 사용하여 연결(링크)된 복잡한 텍스트의 연결체를 가리킨다.[17]

하이퍼텍스트의 개념은 정보를 담고 있는 텍스트들의 연결망으로만 받아들여지지 않는다. 그보다는 여러 텍스트가 연결되어 있는 상호텍스트의 실제적 구현이며 사람의 마음속에 존재하는 의미의 구조를 설명해 줄 수 있는 것으로 여겨진다.(김동식 외 1999:25-26) 다시 말하면, 상호텍스트성의 개념은 텍스트들이 관념적으로 서로 연결되어 있다고 생각하는 것인데 하이퍼텍스트가 이 관념적 연결을 실제적인 연결로 제시한 것이다. 이는 또한 사람들의 마음속에 있는 의미들도 연결 고리로 연결되어 있다는 것으로 유추하게 한다.

하이퍼텍스트는 인터넷상에서 텍스트들을 전자적인 연결선으로 연결해

---

17   하이퍼미디어는 문자, 이미지, 영상, 사운드 등이 비구조적 또는 구조적으로 통합되어 묶여져 있는 구조를 말한다.(백영균, 2001:71) 텍스트의 개념을 넓게 보면 하이퍼미디어도 하이퍼텍스트의 범주 속에 넣을 수 있다.

놓은 것이다. 인터넷 용어를 빌리면 각 텍스트는 노드(node)이고, 텍스트의 연결점은 앵커(anchor, 닻)이며, 연결선은 링크(link)이다.(이정준, 2001:242) 노드는 마우스로 앵커를 클릭하면 모니터에 나타난다. 이러한 하이퍼텍스트는 전자적이긴 하지만 연결선과 연결점이 분명하다. 그러나 하이퍼텍스트를 이루고 있는 개별 텍스트들이 서로 내적인 영향 관계에 있다고 단정하기에는 어려운 측면이 있다.[18] 전자적으로 연결되어 있기는 하지만 그 연결이 인위적인 조작으로 이루어졌기 때문에 텍스트 간의 영향 관계가 분명하지 않은 것이다.[19] 따라서 하이퍼텍스트의 이러한 연결 관계는 상호텍스트성이 함의하고 있는 텍스트 간의 영향 관계 개념을 벗어나는 측면이 있다. 때문에 하이퍼텍스트의 활용은 텍스트 선별 과정에서 관계있는 텍스트를 찾기 위하여 많은 텍스트를 훑어보고 판단해야 한다는 면에서 독자에게 인지적인 부담감(김동식, 1999:35)을 주게 된다.

하이퍼텍스트 독서는 다중 텍스트 독서나 신토피칼 독서와 같이 복수 텍스트를 선택하여 읽는다는 면에서는 서로 같다. 그러나 신토피칼 독서나 다중 텍스트 독서가 텍스트의 선택에서 잠재적인 관계를 상정하고 텍스트를 선별하는 것과 달리 하이퍼텍스트 독서는 전자적으로 링크된 임의적인 관계에 기대어 텍스트를 선별한다. 즉, 하이퍼텍스트 독서는 연결선이 있는 명시적인 텍스트의 관계가 있는 텍스트를 읽게 되는 것이다.

하이퍼텍스트 독서에 대한 교육적 논의는 최근 들어 활발하게 이루어지고 있다.[20] 국외는 물론이고 국내에서도 이론과 실제에 논의가 많다. 이들 논의

---

18 인터넷에서 자료를 검색할 때 '하이퍼 공간에서의 방향감 상실'의 문제가 제기되고 있는데 (김동식 외, 1999:65), 하이퍼 공간에서의 방향감 상실이라는 말은 텍스트들의 관계를 분명하게 규정할 수 없다는 것을 의미하기도 한다.

19 검색어를 통한 텍스트 검색에서 일차로 검색된 텍스트들은 관계가 많을 수 있지만 이차, 삼차로 검색되는 텍스트들은 서로 관계가 없는 것이 경우가 있다.

20 하이퍼텍스트 독서 교육과 관련하여 참고한 논의는 독서 연구 5호(한국독서학회, 2000),

는 미디어 문식성의 확장으로서의 읽기 개념 논의에서 시작하여 하이퍼텍스트 독서의 특징과 방법을 논의한다. 이를 바탕으로 하이퍼텍스트 독서의 특징을 몇 가지로 정리하면 다음과 같다.

첫째, 독자는 텍스트 선택의 자유를 갖는다. 인터넷의 공간에 존재하는 텍스트들은 처음과 끝이 없이 연결되어 있기 때문에 독자는 언제 어디에서든 특정한 위치에 있는 텍스트를 자유롭게 선택할 수 있다.(김동식 외, 1999:26) 텍스트는 끊임없이 연결되어 있기에 선택 방향과 수에서 제한받지 않는다. 또한 외부적으로도 텍스트의 선택을 한정하거나 제한할 수 없다. 다만 독자 자신의 읽기 목적과 필요성에 따라 텍스트의 선택이 이루어진다고 할 수 있다. 이것은 하이퍼텍스트 독서의 장점이자 단점이다. 무한히 열려 있는 텍스트를 접할 수 있는 것은 장점이지만 텍스트의 선택에서 방향감의 상실과 인지적인 부담감은 단점이다. 교육적으로 독자의 텍스트 선택 방향과 범주를 효과적으로 할 수 있도록 지도한다면 하이퍼텍스트 독서 지도는 좋은 결과를 얻을 수 있다.

둘째, 텍스트 이해를 텍스트 간의 관계짓기로 본다. 독자는 인터넷을 통하여 주제나 화제와 관련되어 검색되는 텍스트는 어떤 것이나 마음대로 선택하여 읽을 수 있다. 링크된 텍스트의 수는 한정되지 않으며 어떤 방향으로 나가든 끝없이 텍스트가 존재한다. 이들 텍스트는 독자의 기호에 따라 선택되고 읽혀진다. 텍스트 선택에 있어 형태(영상, 음향, 문자)나 형식(문학, 비문학, 구조, 비구조)은 중요한 의미를 가지지 않는다. 그러나 선택된 텍스트들은 그 내용의 관계가 분명하지 않다. 때문에 선택된 하이퍼텍스트를 이해하기 위해서는 텍스트 내용 연결 관계를 직접 찾아야 한다. 이 말은 독자가 텍스트의 관계를 임의적으로 만들어야 한다는 의미도 된다. 다시 말하면, 독자가

이경영(2000), 이정준(2002), 곽재용(2002) 서유경(2002) 등이다.

복수 텍스트의 내용을 어떤 식으로든 관련지어서 하나의 의미로 엮어내게 되면 의미가 구성되는 것이다.

셋째, 텍스트 의미 해석의 다양성을 갖는다. 독자는 특정한 화제와 관련하여 다양한 텍스트를 함께 읽게 됨으로써 텍스트의 관계에 따라 다양한 의미 해석을 할 수 있다.(이화진, 2000:57) 즉, 하이퍼텍스트는 한 가지 내용이나 관점에서 연결되어 있는 것이 아니기 때문에 독자는 여러 가지 내용을 다양한 관점에서 읽을 수 있다. 그 결과 독자는 여러 관점에서 제시되는 텍스트의 의미들을 만나게 됨으로써 다양한 의미를 해석해 낼 수 있게 되는 것이다.

넷째, 텍스트 이해의 방법으로 무의도적 선택과 비선조적 읽기, 빠른 훑어 읽기 등을 들 수 있다.[21] 하이퍼텍스트 독서에서는 텍스트의 선택이 독자의 의도에 의하여 이루어지지 않는다. 독자가 특정한 검색어를 치고 클릭하면 여러 텍스트의 항목들이 검색된다. 이들 검색된 항목들에는 독자의 의도가 반영되어 있지 않다. 그래서 독자는 제목이나 눈에 띄는 몇 가지 단서를 이용하여 무선적으로 텍스트를 선택하게 된다. 즉, 하이퍼텍스트 독서에서 독자는 특정한 텍스트를 반드시 읽어야 한다는 의식을 가지기보다는 관심이 가는 것이 있으면 어떤 것이나 읽게 된다. 이러한 읽기는 비선조적이고 빠른 읽기와 관계가 있다. 언제 어떤 것을 읽을 것인지를 미리 결정하지 않고 텍스트를 접하기 때문에 순서 없이 텍스트를 읽게 되고, 텍스트의 내용을 빨리 훑어볼 수밖에 없다. 이는 텍스트의 내용 중에서 눈에 띄는 부분이나 특정한 부분을 발췌하여 보게 한다. 그러므로 이 독서는 독자에게 깊이 있는 이해하게 하기보다는 다양한 관점에서 텍스트를 접하게 하고, 다양한 의미를 구성하게 한다.

---

21 최병우(2000:33-38)는 하이퍼텍스트의 읽기 특성으로 ① 읽기보다는 보기 지향 ② 선조적인 읽기보다 비선조적인 읽기 지향 ③ 느리고 진지한 읽기보다 빠르고 가벼운 읽기 지향을 제시하였다.

하이퍼텍스트 독서는 전자적으로 연결된 텍스트에서 풍부한 정보와 다양한 관점을 만나게 된다. 그래서 독자는 다양하고 창의적으로 텍스트를 구성할 수 있게 된다. 그러나 하이퍼텍스트 독서는 텍스트의 선별과 연결 짓기에서 독자에게 어려움을 줄 수 있다는 면에서 단점을 갖기도 한다.

라. 각 방법 간의 관계

신토피칼 독서, 다중 텍스트 독서, 하이퍼텍스트 독서는 복수 텍스트를 활용한 읽기 방식들이다. 신토피칼 독서는 주제를 중심으로 복수 텍스트를 읽는 방식이고, 다중 텍스트 독서는 서로 영향 관계에 있는 복수 텍스트를 읽는 방식이며, 하이퍼텍스트 독서는 컴퓨터를 이용하여 전자적으로 연결된 복수 텍스트를 읽는 방식이다. 이들 독서 방식은 텍스트의 내용이 관련되어 있다는 상호텍스트성의 관점을 기반으로 한다. 이들 세 방식의 관계를 정리하여 보면 다음과 같다.

1) 복수 텍스트의 구성 방식

각 읽기의 방식은 복수 텍스트 구성에서 차이가 난다. 신토피칼 독서는 단일 주제를 중심으로 복수 텍스트를 선정한다. 그래서 선정된 텍스트들은 주제 면에서 동질성을 갖지만 화제 면에서 다양성을 갖는다. 이 신토피칼 독서의 복수 텍스트 구성 방식을 '단일 관계 텍스트 구성'이라고 할 수 있다. 단일 관계 텍스트는 외연적인 내용은 다양하지만 함축적 의미는 동질성을 갖는다. 그렇기에 단일 관계 텍스트들은 주제 면에서 '공통(common), 같은 (equal), 함께(together), 더불어(with), 유사한(syn-)' 등의 의미를 갖는다. 독자는 단일 주제를 고려하여 복수 텍스트를 구성하고, 이를 읽음으로써 주제에 대한 깊이 있고 심오한 이해를 할 수 있게 된다.

다중 텍스트 독서는 서로 영향 관계에 있는 텍스트를 복수 텍스트로 선정한다. 선택된 텍스트들의 관계가 분명하게 드러나는 때도 있지만 내재적인 경우도 있다. 다중 텍스트를 구성하는 텍스트들은 주제나 화제 모두 다양성을 갖는다. 이러한 복수 텍스트의 구성 방식을 '다중 관계 텍스트 구성'이라고 할 수 있다. 다중 관계 텍스트의 영향 관계는 화제 면에서 공통성을 갖거나 주제 면에서 공통성을 갖는다. 그래서 이들 텍스트의 관계는 내적(intra-), 상호적(inter-), 외적(extra-), 상세한(particulars), 덧붙임(addition), 보충(supplement), 이음(combine) 등의 의미를 갖는다. 때문에 독자들은 개별 텍스트의 내용을 인정하면서 그 관계를 찾아 하나의 고리로 연결해야 한다. 이런 연결에서 주제적으로 관계있는 텍스트들에서는 의미를 확장하여 구성하게 되고,[22] 화제적으로 연결된 텍스트들에서는 의미를 새롭게 변형하여 구성하게 된다.[23]

하이퍼텍스트 독서는 컴퓨터를 통하여 전자적으로 연결된 텍스트를 검색하여 복수 텍스트를 구성한다. 하이퍼텍스트는 화제나 주제 면에서 공통성을 가질 수도 있지만 그렇지 않을 수도 있다. 즉, 하이퍼텍스트의 복수 텍스트는 화제나 주제적으로 다양하면서도 복합적인 특성을 갖는다. 여기서 '복합'이라는 의미는 복수 텍스트의 관계가 영향 관계에 있을 수 있지만 그렇지 않을 수도 있는 다양한 관계를 가진다는 의미이다. 이러한 복수 텍스트의 구성 방식을 '복합 관계 텍스트 구성'이라 할 수 있다. 복합 관계 텍스트는 화제나 주제가 다양하여 그 관계를 한정하기 어려운 것이 특징이라 할 수 있다. 이들 텍스트의 관계는 넘침(hyper-), 여분(spare), 초과(excess), 이외의(extra-), 과잉(surplus), 연결(connection), 잇기(link) 등의 의미도 갖는다. 즉 텍스트들은

22　예를 들어, 독자가 주제 면에서 관계있는 소쉬르의 언어 이론 관련 텍스트와 구조주의 문학 이론 관련 텍스트를 함께 읽게 되면 독자는 구조(주의)에 대한 이해를 확장할 수 있다.

23　예를 들어, 화제 면에서 관련된 소쉬르의 『일반언어학』과 촘스키의 『변형생성문법』을 함께 읽으면 언어에 대한 새로운 의미(변형)를 구성할 수 있게 된다.

내용적으로 일부는 관련되고 일부는 관련되지 않음으로써 여분의 내용이 존재하게 되는 것이다. 때문에 독자들은 그 차이를 인식하면서도 외재적 관계에서 오는 의미 넘침[24]을 경험할 수 있다. 이러한 넘침의 부분들은 독자에게 의미의 다양성과 독창적인 구성을 가능하게 한다.

2) 텍스트 이해의 방법적 특성

각 읽기 방법이 가지는 텍스트 이해에 대한 방법적인 특성을 보면 다음과 같다. 신토피칼 독서는 단일 주제를 중심으로 복수 텍스트를 읽고 이해하는 방법이다. 그래서 독자는 같은 주제를 가진 복수 텍스트를 읽게 됨으로써 주제를 통합하고 확장하게 된다. 주제를 통합하고 확장하기 위한 방법은 정교화와 견고화이다. 정교화라는 것은 주제에 대하여 깊이 있는 통찰과 정밀한 분석을 통하여 주제를 구체화하는 것이다. 그리고 견고화라는 것은 타당한 근거나 논리를 바탕으로 특정 주제에 대하여 확신을 가지는 것이다. 이들을 통하여 독자는 주제에 대하여 깊이 있는 의미를 구성할 수 있게 된다.

다중 텍스트 독서는 영향 관계에 있는 텍스트를 함께 읽음으로써 화제적으로는 변형된 의미 구성을, 주제적으로는 확장된 의미 구성을 한다. 즉, 독자는 다중 텍스트의 의미를 활용하여 생각을 확장하고 새롭게 한다. 이를 위한 텍스트 이해 방식은 의미의 내면화와 재구성(looping)이다.[25] 내면화는 텍스트의 의미를 수용함으로써 받아들여 독자의 생각을 확장하는 것이고, 재구성은 텍스트들의 의미를 융합하여 새롭게 변형된 의미를 구성하는 것이다.

---

24 예를 들어, 미학에 관련된 텍스트를 검색할 경우 미술에 관련된 회화 조소에 관련된 것뿐만 음악이나 문학, 공예에 관련된 항목들이 함께 연결된다. 이러한 부분들은 독자가 얻게 되는 넘침의 부분들이다.

25 독자의 텍스트 의미의 내면화와 재구성에 대한 내용은 김도남(2003:201-205) 참조할 수 있다.

이들을 통하여 독자는 새로운 생각(의미)을 구성하게 된다.

하이퍼텍스트 독서는 인터넷상에서 연결되어 있는 복수 텍스트를 함께 읽는 방식이다. 독자는 검색을 통하여 텍스트들을 임의적으로 선택하기 때문에 독자가 접하게 되는 텍스트의 관계는 복합적이다. 그래서 독자는 복합적 관계에 있는 텍스트에서 의미를 구성하는 방법은 자의적인 연결하기와 다각적인 연결하기이다. 자의적인 연결하기는 여러 텍스트의 의미를 임의적으로 관계지어 봄으로써 새로운 의미를 찾아내는 방법이다. 그리고 다각적인 연결하기는 여러 관점에서 텍스트들을 연결하여 봄으로써 의미를 탐색하는 방법이다. 이들을 통하여 독자는 다양한 의미를 구성하게 된다.

3) 텍스트 이해의 결과적 특성

각 읽기 방법은 텍스트 이해의 결과에서 각기 다른 특성을 갖는다. 먼저 신토피칼 독서는 단일 주제로의 수렴적인 이해를 추구한다. 이것은 독자가 복수 텍스트의 관계를 주제 면에서 연결짓기 때문에 가능하다. 즉, 단일 주제로 텍스트의 의미를 해석하기 위하여 이해 과정에서 특정 관점을 유지하면서 텍스트를 연결짓는다. 이렇게 하여 독자는 하나의 주제를 깊이 있게 탐구하여 이해하게 된다. 이것은 독자에게 복수 텍스트의 주제를 확인하고 주제에 대한 동의와 확신을 가지게 한다. 이러한 텍스트 이해 활동은 텍스트에 제시된 내용에 의존하여 이루어지기 때문에 주관적 의미 구성보다는 객관적으로 타당한 의미 구성을 하게 한다.

다중 텍스트 독서는 확장적이며 변화 있는 의미 구성을 추구한다. 다중 텍스트는 서로 내적으로 관련되어 있기는 하지만 서로 다른 관점과 내용을 담고 있다. 그래서 독자는 이들을 연결하여 이해를 확장하고 변형된 의미를 구성하게 된다. 즉, 텍스트의 관계에 따라 의미를 확장하거나 변형하여 구성할 수 있는 것이다. 이런 의미 구성은 텍스트의 선택이 텍스트의 관계에 의하여 이루어지기 때문에 어떤 관계에 있는 텍스트를 선택하여 읽는가에 따라 구성한 의미가 달라지게 된다. 이러한 점은 여러 텍스트의 내용과 독자의 의도가 함께 작용하기 때문에 의미 구성의 객관성과 주관성이 균형을 유지할 수 있게 한다.

하이퍼텍스트 독서는 다양하고 창의적인 의미 구성을 추구한다. 하이퍼텍스트는 인위적이고 외연적으로 텍스트들이 관계를 맺게 한다. 하이퍼텍스트는 각 텍스트의 관점과 내용은 서로 다를 수 있다. 그래서 독자는 각 텍스트의 내용을 자의적으로 연결하여 의미 구성할 수 있다. 텍스트 내용의 자의적인 결합에는 독자의 주관성이 크게 작용하게 된다. 이는 의미 구성이 독창적이고 다양하게 이루어질 수 있도록 한다. 즉 독자의 의도에 따라 텍스트의 의미가 새롭게 드러날 수 있게 되는 것이다. 이러한 텍스트 이해 활동은 객관적인 타당한 의미보다는 주관적이고 독창적인 의미를 구성하게 한다.

3. 읽기 교육에 시사점

상호텍스트성의 관점에서 보면, 텍스트의 내용은 다른 텍스트들의 내용과 영향 관계를 맺고 있다. 그래서 텍스트의 이해는 이들 관계를 바탕으로 이루어진다. 복수 텍스트 읽기는 바로 텍스트들의 관계 속에서 의미를 찾아 이해하는 방식이다. 복수 텍스트 읽기가 지닌 읽기 교육에 시사점을 몇 가지 정리하여 보면 다음과 같다.

가. 복수 텍스트 활용 관점 수용

학습자의 텍스트 이해 방식은 읽기 교육을 어떤 관점에서 하는가에 따라 달라진다. 지금까지의 읽기 교육은 주로 단일 텍스트를 읽는 방법을 중심으로 이루어지고 있다. 텍스트 구조의 분석을 통하여 의미를 구성하는 방식이나 독자의 배경지식과 독서 전략을 활용한 텍스트 이해의 방식이 그것이다. 이들 단일 텍스트 중심의 접근 방식은 특정한 텍스트를 중심으로 의미를 구성하기 때문에 '닫힌 접근'이라 할 수 있다.(김도남, 2003:340) 이 방식은 독자의 텍스트 이해 범주를 단일 텍스트로 한정한다. 그래서 독자(학습자)의 텍스트 이해는 단일 텍스트를 벗어날 수 없는 제한점을 갖는다.

텍스트 이해가 이런 제한점에서 벗어나기 위해서는 복수 텍스트 읽기가 필요하다. 앞에서 말했듯이 텍스트의 의미는 다른 텍스트와의 관계 속에서 존재하기 때문에 읽기도 이들 관계를 바탕으로 이루어져야 한다. 즉 복수 텍스트의 관점을 수용하여 읽기 교육을 할 필요가 있다. 이것은 독자가 읽게 되는 내용을 늘림으로써 텍스트 이해를 넓고 깊게 할 수 있다. 이렇게 독자가 읽게 되는 텍스트의 내용 범위를 넓히는 방식은 '열린 접근'이라 할 수 있다.[26] 이 열린 접근의 독서 방식이 복수 텍스트 읽기이다.

복수 텍스트 읽기에서 신토피칼 독서는 주제에 대한 깊이 있는 의미 이해를, 다중 텍스트 독서는 새로운 생각(의미)의 구성(생성)을, 그리고 하이퍼텍스트 독서는 창의적이고 다양한 의미 이해를 가능하게 한다. 이들 방식의 교육적 수용은 학습자들의 텍스트 이해를 한층 높이게 될 것이다. 그러므로 복수 텍스트 읽기의 관점을 읽기 교육에서 수용할 필요가 있다.

실제로 많은 독자가 복수 텍스트 읽기를 하고 있다. 텍스트의 내용을 이해하기 위하여 다른 텍스트를 참조하고, 인터넷을 활용하며, 다른 사람들에게 자문을 구한다. 그렇지만 이 방법이 읽기 교육의 관점에서 체계적으로 탐구

---

[26] 열린 접근으로 독서 지도의 방법을 탐구한 논의는 김도남(2002, 2003)이 상호텍스트성 관점에서 접근한 것과 이성영(2003)이 생태학적 관점에서 접근한 것을 들 수 있다.

되고 활용되지 못하고 있을 뿐이다. 그러므로 복수 텍스트 읽기의 관점에서 텍스트의 선정 방법이나 읽기 방법에 대한 논의를 바탕으로 교육의 내용과 방법을 마련하는 것이 필요하다. 이에 우선되어야 할 것이 복수 텍스트 읽기에 대한 교육적 인식의 확대가 있어야 할 것이다.

나. 복수 텍스트 구성 방법 탐색

복수 텍스트 읽기에서 먼저 이루어져야 할 것이 텍스트의 선정이다. 텍스트의 의미는 텍스트들의 사이에 있기 때문에 텍스트의 선정은 무엇보다 중요하다. 텍스트를 선정하여 복수 텍스트를 구성할 때는 독서의 목표나 내용(교육적 요인)과 학습자의 능력(학습자 요인), 특정한 화제나 주제(텍스트 요인)를 고려해야 한다. 이를 위해서는 이들에 대한 정보를 수집하고 정리하는 것이 필요하다.

복수 텍스트 읽기에서는 텍스트 구성 방식에 따라 독자가 구성한 의미가 달라진다. 이는 텍스트를 어떻게 관계짓는가에 따라 의미를 달리 구성할 수 있다는 것이다. 이 말은 복수 텍스트의 구성 방식이 독자가 구성하게 될 의미를 결정하게 된다는 뜻도 된다. 즉, 복수 텍스트의 구성이 독자의 의미 구성에 직접적인 영향력을 행사하게 되는 것이다. 때문에 복수 텍스트 읽기에서는 텍스트의 구성 방식이 중요하다.

복수 텍스트 읽기를 지도하기 위해서는 이를 텍스트 구성 방식에 대한 탐구가 필요하다. 이 논의에서 제시된 텍스트 구성 방법은 단일 관계 텍스트 구성, 다중 관계 텍스트 구성, 복합 관계 텍스트 구성이다. 이들 텍스트 구성 방법은 아직 개념적인 수준의 제안에 머물고 있다. 각 방법을 실제 활용하고, 각 방법의 구체적 실행 방안을 마련하는 것이 필요하다.

복수 텍스트 구성 방식은 교육적인 목표나 독자의 의도와 관심 등에 따라 변할 수 있다. 그리고 실제 읽기에서는 신토피칼 독서나 다중 텍스트 독서, 하이퍼텍스트 독서가 구분되지 않고 함께 이루어질 수 있다. 그래서 읽기 교육에서는 실제 읽기 현상을 고려한 텍스트의 구성 방식을 마련하는 것이 필요하다. 이런 점을 고려할 때, 복수 텍스트 구성 방식은 다양하게 이루어질 수 있으며, 읽기 상황에 따라 달라질 수 있을 것이다. 그러므로 읽기 교육을 위해서는 실제의 복수 텍스트 읽기 현상에 대한 탐구와 이론적인 연구를 통하여 복수 텍스트의 구성 방법을 구체화하는 것이 필요하다.

다. 복수 텍스트 이해 방법 탐구

복수 텍스트 읽기의 관점에서 보면, 독자는 텍스트들의 관계 속에서 의미를 찾고 구성한다. 이 관점은 단일 텍스트 읽기 관점과는 텍스트 의미의 존재 방식이나 의미 구성 방식을 다르게 본다. 텍스트의 의미는 텍스트들 관계 속에 존재하며 독자의 의미 구성은 텍스트의 관계 속에서 이루어져야 한다고 여긴다. 이것은 이에 맞는 읽기 방법을 요구한다. 복수 텍스트 읽기 방법은 복수 텍스트가 단일 텍스트들의 집합이기 때문에 단일 텍스트 읽기 방식의 수용을 전제한다. 이에 덧붙여서 텍스트의 내용 관계를 중심으로 의미를 구성할 수 있는 방법을 요구한다.

복수 텍스트 읽기 방법에 대하여 이 글에서 언급한 것은 신토피칼 독서의 정교화나 견고화, 다중 텍스트 독서의 내면화와 재구성, 하이퍼텍스트 독서의 자의적인 연결하기와 다각적인 연결하기 등이다. 이들은 추상적이고 논리적인 것이어서 실제적인 방법은 되지 못한다. 읽기 지도를 위해시는 읽기의 실제 현상을 바탕으로 이들의 구체적인 절차와 활동 방법을 마련해야 한다.

각 읽기 방법에서 읽기 지도 방법을 구체화하기 위하여 고려할 점들을 제시하면 다음과 같다. 신토피칼 독서에서는 하나의 주제를 찾기 위하여 각 텍스트의 내용을 논리적으로 분석하는 방법과 이를 비판적으로 검토하는 방법을 마련해야 한다. 즉 복수 텍스트가 가진 의미를 하나의 주제로 수렴하기 위해서는 타당한 근거 찾고 논리적으로 검토할 방법이 있어야 한다. 다시 말하면, 신토피칼 독서를 하려면 텍스트 분석을 통하여 주제를 드러내는 근거를 찾고, 이들을 비판적으로 따지고 추려서 하나의 주제로 묶어낼 수 있어야 한다.

다중 텍스트 독서에서는 의미를 재구성하는 방법과 이해의 과정과 결과를 점검할 방법이 있어야 한다. 의미를 재구성(생성)하기 위해서는 개별 텍스트들의 의미 차이의 요인을 분석·비교하여 이들을 연결할 수 있는 합치점을 찾고, 이들 합치점을 이용하여 의미를 융합할 방법이 있어야 한다. 또한 이해의 과정과 이해의 결과에 대한 검토가 뒤따라야 한다. 즉 이해의 과정에 대한 반성과 의미의 결과에 대한 성찰이 있어야 한다. 이를 바탕으로 의미를 새롭게 구성하고, 구성의 과정과 결과의 점검이 이루어져야 한다.

하이퍼텍스트 독서에서는 관계가 분명하지 않은 텍스트들을 연결 지어 의미를 구성해야 한다. 이러한 의미 구성 방식에서는 텍스트 간의 의미의 연결점을 찾아내는 방법과 연결하는 방법이 있어야 한다. 의미의 연결점은 텍스트 전체 내용이 될 수도 있고 특정한 부분이 될 수도 있다. 또는 텍스트 이면에 들어 있는 관점이나 의도, 주제나 형식이 될 수도 있다. 그리고 연결 방식은 어느 한 텍스트를 중심으로 할 것인지 아니면 주제나 화제를 중심으로 할 것인지 또는 특정한 요소를 중심으로 연결할 것인지 등이 될 수 있다. 이들 텍스트의 연결점을 찾는 방법과 연결하는 방법에 대한 탐구가 필요하다. 아울러 텍스트 의미 연결에서는 융통성과 창의성이 필요하다. 각 텍스트를 자의적으로 연결하기 위해서는 열린 마음으로 독창적으로 접근할 필요가 있기 때문이다.

읽기 지도에서는 각 독서 관점의 특성을 파악하여 학습자들이 이들을 상황에 맞게 활용할 수 있도록 지도하는 것이 필요하다. 지금은 많은 복수 텍스트들이 독자를 향하여 손을 내밀고 있다. 이들을 이해할 수 있도록 하기 위해서는 이들에 알맞은 읽기 방법을 학습자들에게 가르쳐 주어야 한다.

4. 복수 텍스트 활용 과제

독자의 텍스트 이해는 복수 텍스트의 내용을 상호텍스트적으로 연결하여 이루어진다. 텍스트의 내용이 다른 텍스트의 내용과의 관계 속에서 구성되듯 독자의 텍스트 이해도 여러 텍스트의 관계 속에서 이루어진다. 때문에 복수 텍스트 읽기가 필요하다. 그렇지만 읽기 교육에서 복수 텍스트 읽기는 충분히 검토되거나 논의되지 못하고 있는 면이 있다. 복수 텍스트를 활용한 텍스트 이해 교육을 위해서는 복수 텍스트의 관점과 방법에 대한 구체적인 논의가 필요하다.

복수 텍스트를 활용한 읽기의 방식은 크게 세 가지로 구분된다. 첫째는 주제를 중심으로 복수 텍스트를 읽는 신토피칼 독서이다. 독자는 주제가 같은 복수 텍스트를 읽음으로써 주제에 대한 깊이 있는 이해를 추구할 수 있다. 둘째는 영향 관계에 있는 복수 텍스트를 읽는 다중 텍스트 독서이다. 독자는 영향 관계에 있는 텍스트들을 읽음으로써 자기 생각을 새롭게 재구성할 수 있다. 셋째는 인터넷 속에 전자적 연결 관계에 있는 텍스트들을 선택하여 읽는 하이퍼텍스트 독서이다. 독자는 하이퍼텍스트를 읽음으로써 창의적이고 다양한 의미를 구성할 수 있다. 이들 읽기 빙식은 최근 독자들이 의식하지 못하고 실행하고 있다. 이들 읽기의 방식을 독자가 의식하여 효율성 높게 실행할 수 있게 하려면 읽기 교육적 관심이 필요하다. 읽기 교육에서는 이들 방식을 검토하여 교육적 수용 가능성을 탐색할 필요가 있다.

복수 텍스트 읽기를 지도하기 위해서는 복수 텍스트 선택과 구성 방식 및 텍스트 이해 방법을 구체적으로 탐구하여 볼 필요가 있다. 또한 이해의 결과를 교육적으로 어떻게 규정하여 읽기 교육의 목표를 정할 것인지에 대한 논의도 필요하다. 이를 위해서는 이들 읽기 방식에 대한 논의를 폭넓게 살피고 이들 방법을 교육적으로 재해석하여 그 타당성을 규명해야 할 것이다. 또한 독자들은 자기의 복수 텍스트 방식을 점검하고, 효율적으로 복수 텍스트 이해를 할 수 있는 방법을 습득해야 한다.

참고문헌

곽재용(2002), 다매체 시대의 독서에 대하여, 한민족어문학회, 한민족어문학 41집.

김도남(2002a), 상호텍스트성을 바탕으로 한 읽기 지도 방법 연구, 한국교원대학교 박사논문.

김도남(2002b), 텍스트 이해 교육의 접근 관점 고찰, 국어교육연구회, 국어교육학연구 15집.

김도남(2003), 상호텍스트성과 텍스트 이해 교육, 박이정.

김미량(2000), 정보화 사회의 독서 매체 확장을 위한 일고, 한국독서학회, 독서연구 5호.

김동식 외(1999), 하이퍼미디어 연구에서의 쟁점, 원미사.

류현주(2000), 하이퍼텍스트 문학, 김영사.

민병덕 역(1999), 독서의 기술, 범우사.

박영란(2002), 주제 중심 독서 활동을 통한 인성 지도 방안 연구, 한국교원대 석사논문.

배한식(2000), 인터넷, 하이퍼텍스트 그리고 책의 종말, 책세상.

백영균(2001), 웹 기반 학습의 설계, 양서원.

서유경(2002), 인터넷 매체와 국어교육, 역락.

여국현 역(2001), 하이퍼텍스트 2.0, 문화과학사.

우한용(2000), 지식정보화시대의 독서, 한국독서학회, 독서연구 5호.

이경영(2000), 하이퍼텍스트를 이용한 현대 소설 교육 방법 연구, 사림어문학회, 사림어문연구 13집.

이성영(2003), 생태학적으로 타당한 독서 교육을 위하여, 한국초등국어교육학회, 한국초등국어교육 22집.

이재승(2000), 정보화 사회와 독서 교육, 한국독서학회, 독서연구 5호.

이정준(2001), 하이퍼텍스트와 하이퍼 소설, 한국독어독문학회, 독일문학 80집.

이화진(2000), 정보화 시대의 독서 전략, 한국독서학회, 독서연구 5호.

주진홍(2002), 주제 중심 소설 독서 지도 방법 연구, 한국교원대학교 석사논문.

최병우(2000), 다매체 시대의 독서, 한국독서학회, 독서연구 5호.

Altun, A.(2000), "Patterns in Cognitive processes and Strategies in Hypertext Reading", *Journal of Educational Multimedia and Hypertext*, Vol. 9 No. 1.

Hartman, D, K.(1995), "Eight Readers Reading: The intertextual link of Proficient readers reading multiple passages", *Reading Research Quarterly*, Vol. 30 no. 3.

Spivey, N. N(1997), *The Constructivist Metaphor*, NY: Academic Press.

Tyner, K.(1998), *Literacy in a Digital World*, NJ: Mahwah.

2장

가상 세계 텍스트

1. 가상 세계 텍스트의 개념

최근 우리의 의식 활동과 관련된 주요 과학기술을 몇 가지 꼽으라면 가상현실(VR, Virtual Reality), 증강현실(AR, Augmented Reality), 인공지능(AI, Artificial Intelligence), 3D 프린터 등이다. 이들 기술이 우리의 삶 속으로 깊숙이 파고들어 우리의 인식과 의사소통 세계의 변화를 예고하고 있다. 이들 기술에 대한 기대는 매우 크다. 가상·증강현실이 우리의 의식 활동과 인식 작용을 크게 바꿀 것이라는 생각이 든다. 3D 프린터는 우리가 생각하는 것은 무엇이든 만들 수 있을 것처럼 느끼게 한다. 그렇지만 그동안의 기술 발전을 보면, 우리의 생활을 바꾸기는 했지만 기존의 것을 모두 버리게 하지는 못했다. 텍스트와 관련하여 생각해 볼 때, 읽고 쓰는 도구와 방식의 변화가 있지만 종이나 펜뿐 아니라 서점과 도서관도 그대로 있다. 그래도 기술의 변화가 우리의 생활을 변화시키고 있는 것만은 분명하다.

가상·증강현실의 기술도 마찬가지이다. 가상·증강현실은 사람이 새롭게 창안한 것은 분명하다. 우리는 이 새롭게 창안된 기술에 적응하여 생활해야 한다. 이들 기술은 편리하고, 효율적이고, 매력적이기 때문이다. 가상·증강현실은 우리가 그동안 경험해 보지 못한 새로운 세계를 열어준다. 이 새로운 세계는 신대륙의 발견과는 전혀 다른 우리의 의식과 인식의 재발견과 관련되어 있다. 이 의식과 인식의 재발견은 미지의 지구 한쪽을 확인하는 것과 다른 것이다. 이 재발견은 한계가 없는 의식과 인식의 세계이다. 이는 인간의 능력을 한층 더 변화시켜 의식의 영역을 넓히고, 인식과 소통 방식을 바꾸게 하고 있다.

가상·증강현실의 기술은 각기 따로 개발되었지만 혼합된다. 이들 기술은 사람의 의식과 인식 활동에 함께 작용하기 때문이다. '가상'은 '없다'는 뜻이고, '증강'은 '쌓아 올린다'는 뜻이다. 가상은 없는 것을 있게 만들어 지각하게 만들고, 증강은 있는 것에 무엇인가를 더하여 지각할 수 있게 하는 것이다. 이 가상과 증강은 함께 작용할 수도 있다. 가상에 증강을 활용할 수도 있고, 증강에 가상을 결합할 수도 있다. 가상과 증강이 결합하여 작용하는 것이 혼합현실(MR, Mixed Reality)이다.(IRS GLOBAL, 2017) 2019년에 개봉된 영화 <알리타: 배틀 엔젤>를 보면, 주인공 알리타는 인공지능을 탑재한 싸움 로봇(사이보그)이다. 26세기의 이 로봇 알리타의 세계는 인간의 세계와 뒤섞이고, 이 과정에서 가상과 증강 뒤섞여 혼합현실이 구현된다. 인간의 현실 세계에 주인공 알리타에서 비롯된 가상 세계가 덧붙여져 있는 것이다. 이러한 혼합현실의 세계는 이미 우리 곁에 와 있다. 현재 우리의 생활도 인터넷으로 연결되어 작동하는 가상현실과 핸드폰 등의 기기로 작동하는 증강현실이 공존하는 혼합현실의 세계로 들어가고 있다. 우리가 매일 운전하면서 보는 내비게이션은 증강현실로 들어가는 문이다.

가상·증강·혼합에 '현실'이라는 말이 덧붙여져 있다. '현실'이라는 말은 인간이 오감을 통하여 세상을 인식하게 하며, 그 세상이 있음을 실증하는 말이다. 영어로는 'reality'인데 '사실, 진실, 실재, 실물 그대로'의 의미를 담고 있다.[1] 가상·증강·혼합과 결합되어 사용되는 말은 '실물 그대로'의 의미를 일부 포함하고 있다. '실물 그대로'라는 말은 어감상 두 가지 의미를 내포한다. 하나는 '실제 물건 그 자체'를 가리키는 의미이고, 다른 하나는 '실물이 아니지만 실물과 똑같게 감각되고 인식되는 것'이라는 의미이다. 가상·증강·혼합현실에서 현실은 두 번째 의미와 가깝다. 실물이 아니지만 실물과 똑같이 감각되고 인식되는 그 무엇이다. 이 말에서 알 수 있듯이 가상·증강·혼합현실은 사람이 기술적으로 실물과 똑같은 무엇인가를 지각하는 것이다.

이는 가상·증강·혼합현실이라는 말에서 '현실'은 기술에 의하여 새롭게 의식(감각)되고 인식되는 어떤 것을 의미한다. 이 어떤 것은 '현실'이라는 용어보다는 '세계'라는 말이 더 어울린다. '세계'라는 말도 가상·증강·혼합현실의 기술로 의식하고 인식하는 모든 것을 담아낸다고는 할 수 없지만 '현실'보다는 좀 더 실제적이다. 이는 '현실'을 '세계'의 의미로 인식하자는 의미이기도 하다. '세계'라는 말을 쓰자는 것은 현실을 특정 특성으로 규정하자는 것과 같다. 이 '세계'라는 말은 표준국어대사전의 '세계'²의 3번째 의미인 '대상이나 현상의 모든 범위'와 가깝다. 여기서 대상이나 현상의 모든 범위라는 것은 사람의 감각 기관을 통하여 인식할 수 있는 대상이나 현상의 모든 범위를 의미한다. 그래서 이들 가상·증강·혼합현실을 통틀어 '가상 세계'라고 할 수 있다.

국어과 교육의 입장을 좀 연결하면 가상 세계도 하나의 텍스트이면서, 그 가상 세계 속에 있는 텍스트가 있을 수 있다. 가상 세계 자체를 텍스트로 보고 접근할 것인가, 가상 세계에서 의사소통에 관여하는 대상만을 텍스트로

---

1   *re·al·i·ty [ri: ǽləti] n. ⒸⓊ ① 진실, 진실성; 본성. ② 사실, 현실(성) realities of war 전쟁의 현실 모습. ③ 실재; 실체 the ~ of God 신의 실재. ④ 박진성, 실물 그대로임. ⑤ 〖법률학〗 =REALTY. *in ~ 실은, 실제로는(<OPP.> in name), 정말로. *with ~ 실물 그대로. (한컴사전)

2   세계(世界) ① 지구상의 모든 나라. 또는 인류 사회 전체. ② 집단적 범위를 지닌 특정 사회나 영역. ③ 대상이나 현상의 모든 범위.

볼 것인가는, 심도 있는 논의가 필요하다. 여기서는 가상 세계 텍스트 중에서 독자의 의식에 의미를 전달하는, 즉 의사소통에 관여하는 텍스트를 염두에 두고 논의한다. 현재의 국어과 교육은 텍스트에 많은 관심이 있고, 그 텍스트를 가상 세계와 연결하면 '가상 세계 텍스트'가 된다.[3] 이 가상 세계 텍스트는 가상 세계 자체를 가리키는 것이 아니라 가상 세계를 통하여 의식되고 인식되는 텍스트를 의미한다. 이 논의와 관련하여 가상 세계 텍스트의 지시 대상을 좀 더 구체화하면 가상 세계로 구현된 텍스트이다. 가상 기술들이 접목되어 만들어진 텍스트들을 이 논의에서는 관심을 둔다.

국어과 교육에서 이 가상 세계 텍스트에 어떻게 접근하고, 이를 통하여 무엇을 이루어야 할지를 살필 필요가 있다. 이 연구는 이 문제에 초점을 두고 논의를 진행한다.

2. 가상 세계와 텍스트

과학기술의 발달은 사람의 지각 활동을 변화시키고 있다. 없던 세계를 만들어 내어 감각적으로 지각하게 하고, 현실의 세계에 새로운 것을 덧붙여 지각할 수 있게 한다. 현실에는 없는 가상의 세계를 만들어 사람들이 참여하게 만들고 있다. 가상의 세계와 그 속에 존재하는 텍스트에 대하여 알아본다.

3　신윤경(2016)은 증강현실로 이루어진 텍스트를 증강 텍스트라 명명하였다. 김태호(2020)는 가상현실을 중심으로 한 서사 교육에 대하여 논의하고 있다. 김태호는 '가상 텍스트'라는 용어를 사용하지는 않았지만 가상현실 기술을 활용한 영화와 같은 작품에 교육적 가능성을 논의하고 있다.

가. 가상 세계: VR·AR·MR

(가) 모든 미디어는 인간이 지닌 재능의 심리적 물리적 확장이다. 바퀴는…
발의 확장이다. 책은 눈의 확장이다… 옷은, 피부의 확장이다… 전자회로는,
중추신경계의 확장이다. 미디어는 환경을 변화시킴으로써 우리 내부에 있는
특정 부위를 자극하여 지각하게 한다. 그야말로 감각의 확장은 우리의 사고와
행동 유형—우리가 세계를 인식하는 방법—을 변화시킨다. 이런 부분이 변화함
에 따라, 인간도 변화한다.(김진홍 역, 1988:26-41)

글(가)는 맥루한이 1967년 『미디어는 맛사지다』(김진홍 역, 1988)라는 책에
서 한 말이다. '전자회로는 중추신경계의 확장이다.' 전자회로의 기술 발전은
인간의 중추신경계를 확장하고 있다. 중추신경계를 확장한다는 말은 우리의
의식 세계를 넓힌다는 말이다. 전자회로를 통한 우리의 의식 세계는 이제
현실을 넘어 가상의 세계로 향하고 있다. 이는 맥루한이 말한 대로 미디어는
우리의 사고와 행동 유형을 변화시키고, 우리를 변화시키고 있다.

전자회로는 이제 인간의 인식 활동을 가상 세계로 이끌고 있다. 가상의
세계는 현실을 닮았으면서도 현실과 다르지만 현실과 함께한다. 가상(假像)이
라는 말은 '있는 것처럼 보이나 객관적으로 존재하지 않는 거짓 현상'이다.
가상이라는 말은 거짓 현상인데 전자회로에 의한 가상은 우리에게 실제로
존재하는 현상이다. 이것은 우리의 중추신경계가 거짓 현상을 실제 현상으로
인식하기 때문이다. 전자회로의 기술은 거짓 현상을 실제 현상으로 만들어
우리가 감각할 수 있게 하고, 지각하고 느끼고 경험하게 하고 있다. 그 세계가
가상현실이고, 증강현실이다.

가상의 세계는 세 가지 세계로 구분된다. 가상현실(VR, Virtual Reality),
증강현실(AR, Augmented Reality), 혼합현실(MR, Mixed Reality)이 그것이다.

IRS GLOBAL(2017)에서 펴낸 보고서에 따르면, 가상현실은 컴퓨터 등의 ICT 기술을 기반으로 실제와 유사한 특정한 환경을 만들어내는 것 혹은 그 기술 자체를 의미한다.(33쪽) 이 가상현실은 컴퓨터 등이 만들어낸 가상의 세계를 사용자에게 제시하는 것과 현실의 세계를 사용자에게 제시하는 것으로 구분된다.(40쪽) 증강현실은 현실 세계에 가상 정보를 실시간으로 증강하는 가상현실의 한 분야에서 파생된 기술이다. 실제 환경에 가상사물을 합성하여 원래의 환경에 존재하는 사물처럼 보이도록 하는 컴퓨터 그래픽 기법이다.(49쪽) 혼합현실은 현실 공간과 가상 공간을 혼합하여 현실의 물건과 가상의 물건이 실시간으로 영향을 주고받는 새로운 공간을 구축하는 기술 전반을 가리킨다. 즉 증강현실과 가상현실을 포함하는 개념이다.(59쪽) 이들 가상현실 기술에 대한 논의는 방대하고 다양하게 이루어지고 있다.

　가상현실과 증강현실은 혼합현실을 이룬다. 가상현실과 증강현실은 가상 세계로써 서로 겹쳐지면서도 구분된다. 한송이·임철호(2019)에 따르면, Milgram & Kishimo(1994)은 Reality-Virtuality(RV) continuum으로 가상현실, 증강현실, 혼합현실의 관계를 잘 보여준다. 아래 [그림 1]에서 보면, 현실세계와 가상세계의 환경은 연결되어 있다. 이 연결선상에서 현실과 가상 환경이 혼합된 것이 혼합현실이다. 혼합현실은 현실과 가상 환경 중 어느 것을 주 기반으로 하는가에 따라 증강현실(AR)과 증강가상(AV)으로 구분된다. 증강현실은 실제 환경이 대부분인 상태에서 가상 이미지를 결합하여 실제 환경에 대한 현실감을 향상시킨 것이고, 증강가상은 가상 환경이 대부분인 상태에서 실제 이미지를 부분적으로 합성하여 가상 환경에 대한 현실감을 향상시킨다.(한송이·임철호, 2019:459)

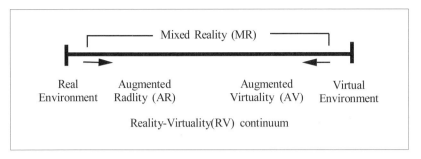

[그림 1] Reality-Virtuality(RV) continuum (Milgram & Kishimo, 1994)

[그림 1]에서 보듯이 현실과 가상은 그 끝에서는 다른 세계이지만 전자회로에 의하여 서로 맞닿아 있다. 현실과 가상 두 세계는 전자회로에 의하여 매개되어 의식의 세계를 형성하고 있다. 또한 전자회로는 우리가 거짓 현상 즉 존재할 수 없다고 생각했던 현실을 지각하고 의식할 수 있게 하고 있다. 우리의 의식이 가상현실에 이를 수 있게 만들어 주었다. 그 결과, 우리는 가상과 증강현실이 혼합된 현실을 소유할 수 있게 되었고, 그 속에서 생활을 할 수 있게 되었다.

이제 가상의 세계는 인간의 중추신경계를 확장한다. 인간의 욕망과 기술의 발전에 따라 우리 중추신경계는 새로운 세계를 지각할 수 있는 변화를 이루었다. 가상 세계를 지각할 수 있게 한 전자회로의 기술 변화는 그 한계를 가늠하기 어렵게 되었다. 인간이 욕망하는 바에 따라 무엇이든 지각하고 의식할 수 있게 되었다. 가상의 세계는 시간과 공간을 초월하고, 물질과 비물질을 초월한다. 우리의 중추신경계가 그것의 경계를 구분하지 못하고, 구분할 필요를 느끼지 못한디.

가상의 세계는 우리의 삶에 직접 관여한다. 우리의 중추신경계가 가상의 세계를 현실이라고 인식하기에 그 현실은 우리의 삶의 한 부분이다. 우리는 현실을 거부할 수 없다. 예전에는 현실이 아닌 거짓이었기에 우리의 삶의 부분이 아니었지만 지금은 그것이 현실이다. 중추신경계가 그것을 감지하고, 의식한다. 우리는 가상 세계 속에서 행동하고, 생각하고, 결정한다. 가상세계가 현실로 들어오게 된 것이다. 그래서 가상현실, 증강현실, 혼합현실에 현실이라는 표현이 덧붙여졌다.

가상의 세계는 교육에 반영된다. 가상의 세계가 우리 현실이 되었는데, 삶의 현실에서 중요한 교육은 당연히 가상의 세계를 받아들여야 한다. 중추신경계가 새롭게 지각할 수 있고, 우리의 삶의 세계를 이루는 가상의 세계는 교육에서 피해 갈 수 없다. 학생들이 살아갈 세상에 가상의 세계가 있기 때문이다. 그들의 중추신경계가 그 세계와 소통하고 상호작용할 수 있게 교육하는 것은 필연이다. 전자회로의 기술 발달을 적극적으로 수용하여 중추신경계의 확장을 이루어내야 한다.

국어과 교육도 가상의 세계를 수용하고, 활용해야 한다. 국어과 교육도 중추신경계의 확장에 관여해야 한다. 가상 세계는 의사소통의 세계이고, 정보의 세계이며, 이해와 표현의 세계이다. 가상 세계 안에서도 현실 세계의 생활을 기반으로 하고, 현실 세계와 연결되어 있다. 텍스트의 이해와 표현의 방식은 달라질 수 있지만 그 본질은 달라질 수 없다. 국어과 교육의 측면에서 본다면 가상 세계 내에서의 텍스트 이해와 표현 교육은 이루어져야 한다.

나. 텍스트의 본질과 가상 세계 텍스트

텍스트는 씨줄과 날줄이 얽혀 만들어진 직물(texture)에서 비롯된 말이다. 텍스트는 여러 가지 요인이 결합되어 있음을 의미한다. 텍스트의 직물적 특성을 언급하는 것은 내용보다는 생성이나 형태에 주목하기 때문이다. 텍스트는 몇 가지 요인이 유기적으로 얽혀 생성된다. 그리고 그 형태도 변화할 수 있음을 의미한다. 텍스트의 생성과 형태의 변화는 시대에 따라 기술의 변화에 따라 다르다. 텍스트 관련 유물을 보면, 점토판이나 거북 등껍질, 죽간, 양피지에서 종이를 거쳐 디지털 화면으로 변화를 이루었다. 표현방식도 상징적 그림의 형태에서 문자를 거쳐 그림, 이미지, 음성, 영상이 결합된 것으로 변화되었다. 앞으로 기술의 변화에 따라 텍스트의 형태는 어떤 모습으로 존재할지 가늠하기 어렵다.

우리의 텍스트에 대한 인식에는 관습적 의식이 작용한다. 텍스트는 글자로 되어 있고, 균일한 문장으로 구성되어 있다고 보는 것이다. 그런데 텍스트에는 오래전부터 증강의 요소들이 관여했다. 동양의 고전이라 할 수 있는 [그림 2]의 『漢文大系』의 인쇄본 사진을 보면, 균일한 문자나 문장으로만 되어 있지 않다. 본문에 해당하는 굵은 글자로 된 중요 문장이 있고, 좀 작은 글자로 중요 문장을 설명하는 문장도 있고, 중요 문장의 의미를 풀어 쓴 부수 문장도 있다. 또 글자마다 작은 문자로 된 특정한 표기도 있다. 본문 위쪽에는 본문에 나온 글자나 문장에 대하여 주석을 단 문장들도 있다. 이 텍스트를 보면, 예전에도 텍스트의 형태는 균일한 내용을 나타내는 문자로만 이루어져 있지 않았다는 것을 알 수 있다.

[그림 2] 『漢文大系』의 〈대학〉

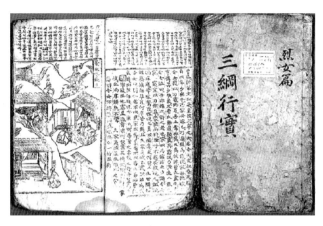

[그림 3] 『삼강행실도』
https://100.daum.net/multimedia/165_57200003_i1.jpg

텍스트는 본질적으로 혼합현실을 꾸준히 추구해 오고 있다. [그림 3]의 조선시대 『삼강행실도』를 보면, 문자 텍스트와 그림을 함께 배치하고 있다. 글자를 모르는 사람들이 내용을 잘 이해할 수 있도록 돕기 위한 것이다. 이 텍스트를 보면, 문자와 그림과 주석이 어우러져 있다. 내용 전달의 효과를 높이기 위한 노력의 결과이고, 텍스트 생성 기술의 발달 결과라 할 수 있다. 시대에 따라 텍스트의 생성 방식은 물론 존재 형태는 계속 달라졌다. 인쇄된 책으로만 존재하지 않고 우리의 생활환경 곳곳에 안내판이나 표지판, 간판, 광고판 등의 여러 형태로 존재한다. 우리의 생활환경이 다양한 텍스트들의 배치로 변화되고 있다. 오늘날의 텍스트는 그 기술의 발달로 인하여 예전보다 존재 형태가 다양해 지고 있다. 특정 전자장치가 필요한 e-북이 판매되고 있고, 핸드폰과 컴퓨터로 소통되는 다양한 텍스트들이 있다.

이제 이 텍스트에 가상 세계 텍스트가 추가되고 있다. 가상 세계 텍스트는 가상현실, 증강현실, 혼합현실에 존재하는 텍스트이다. 이 텍스트는 기존의 텍스트와는 달리 가상의 세계에 존재하는 텍스트이다. 가상 세계 텍스트는 전자회로의 도움으로 우리가 읽을 수 있는 텍스트이다. 가상현실을 통하여 미술관을 방문하면 미술 작품에 대한 설명 텍스트를 만날 수 있다. 증강현실을 통하여 눈앞에 보이는 대상에 대한 설명 텍스트를 만날 수 있다. 이들 텍스트는 특정한 기계의 도움이 필요하다. 전자회로를 통하여 생성된 텍스트이다. 이들 텍스트는 지금의 인쇄된 텍스트와는 그 형태가 다르다.

우리가 보는 텍스트는 가상 세계 텍스트로 계속 발전하고 있다. 구체적으로는 증강가상의 형식이 누적된 형태라고 할 수 있다. 흔히 접할 수 있는 텍스트의 일차적 증강은 주석을 예로 들 수 있다. 논문에 사용되는 각주나 방주(旁註), 두주(頭註)로 제시된 주석은 텍스트의 증강 형태들이다. 이들은 [그림 2]의 <논어>에서 보는 것과 같은 것에서 출발하여 [그림 3]의 형태를 거쳐 지금의 다양한 형태의 텍스트들이 되었다. 현재의 컴퓨터 모니터를 통하여 보는 인터넷 텍스트는 가상 세계 텍스트로 들어가기 직전의 형태를 띠고 있다. 우리는 이들을 복합양식 텍스트라 부른다. 그리고 3D 기술은 이들을 가상 세계 텍스트와 가깝게 만들어 준다.

가상 세계 텍스트는 디스플레이 기술 발전으로 우리 앞에 나타났다. 가상 세계 텍스트는 맨눈으로는 볼 수 없는 텍스트이다. 그런 점에서 가상이라는 말은 기계적 도움이 있어야 함을 전제한다. 현실과 같이 우리가 지각할 수 있지만 기계의 도움으로만 인식할 수 있다. 가상 세계 텍스트는 텍스트가 발전해 온 모든 것을 종합한다. 문자, 그림, 이미지, 영상 등 시각으로 인식할 수 있는 것, 음성이나 음향과 같이 청각으로 인식할 수 있는 것, 장갑이나 슈트를 통한 촉각으로 인식할 수 있는 것들이 함께 결합된다. 가상 세계 텍스트는 공감각적인 자극을 통하여 인식하고 이해할 수 있게 한다. 이 때문에 집중력과 이해력을 높일 수 있다.

이들 텍스트는 개인에게 직접 경험을 제공한다. 여기서 직접 경험을 한다는 것은 주도성과 적극성을 가지고 활동을 함을 의미한다. 이들 텍스트는 읽고 이해하는 주체로서의 독자 역할을 확대한다. 기계적인 도움은 독자를 집중할 수 있게 하고, 주도적으로 활동할 수 있게 만든다. 독자가 가상 세계 텍스트를 만나면 그것에 몰입할 수밖에 없다. 우리가 모니터로 텍스트를 읽을 때나 핸드폰으로 읽을 때는 종이 텍스트를 읽을 때보다 집중하게 된다. 텍스트가 그렇게 독자를 끌어들이기 때문이다. 가상 세계 텍스트는 이보다 더 독자가 집중하게 만든다.

텍스트는 계속 변화하고 있다. 가상 세계 텍스트도 그 변화의 과정 중의 일부이다. 가상 세계 텍스트는 아직 보편화되진 않았지만 기술 발달은 곧 보편화를 이루게 할 것이다. 컴퓨터가 그랬고, 핸드폰이 그랬다. 가상 세계 텍스트도 이미 우리 곁에 와 있다. 교육과 관련된 텍스트의 만들어 활용하는 연구들도 나타나고 있다. 유명현·김재현·구요한·송지훈(2018) 연구는, 33편의 논문을 검색하여 가상·증강·혼합현실을 이용한 학습을 메타적으로 분석하고 있다.

텍스트의 본질은 기술에 따라 변화한다. 텍스트의 재료도 변화하고, 구성 요인도 변화한다. 이에 따라 이를 읽는 이해하는 방법도 변화할 수밖에 없다. 요즘은 핸드폰의 카메라로 큐알 코드를 찍으면 관련 정보들이 화면에 나타난다. 카톡으로 보내온 자료를 클릭하면 그 자료를 아무런 어려움 없이 읽을 수 있다. 가상 세계 텍스트가 가까이 와 있음을 의미한다. 핸드폰을 보는 텍스트는 가상 세계 텍스트로 들어가는 문턱이다. 이미 가상 세계 텍스트의 공간으로 들어온 것이라 할 수 있다.

다. 가상 세계 텍스트와 독자

텍스트의 일반적 속성은 시공을 초월하여 정보를 전달하는 것이다. 텍스트는 정보를 전달하기 위하여 사람이 개발한 창안물이다. 텍스트는 정보 전달의 측면에서 보면, 전달될 정보를 담고 있으면 모두 텍스트가 된다. 그 정보는 기호(소리, 문자)나 상징(그림, 이미지, 그래픽, 영상)을 통하여 사람의 시각과 청각 작용으로 인식되고 이해된다. 텍스트를 읽는다는 것은 텍스트의 기호나 상징을 해독하여 의미를 찾아내 인식하는 일이다. 텍스트를 읽는 데는 기호나 상징을 지각하고 해독하는 능력을 바탕으로 정보들을 종합하고 다시 분석하여 의미를 파악하는 활동이 필요하다.

사람들은 이 텍스트를 만드는 일에 많은 정성을 쏟지만 읽을 때도 많은 노력을 기울인다. 텍스트를 통하여 독자가 경험하거나 의식하지 못했던 세계를 만날 수 있기 때문이다. 텍스트를 읽고 새로운 세계를 만나는 일은 쉽지 않다. 저자가 의식한 세계를 독자는 기호나 상징의 매개를 통하여 인식해야 하기 때문이다. 매개체인 기호나 상징은 세계 그 자체가 아니라 그 세계를 지시만 하고 있어서이다. 독자는 매개체가 지시하는 세계를 바르게 인식해야 하지만 그것이 잘되지 않는 것이다. 그래서 독자들은 텍스트를 이해하는 데 많은 노력을 기울이게 된다.

텍스트는 점차 독자를 돕는 방식으로 변화해왔다. 매개체가 다양하진 것이다. 복합양식 텍스트를 그 예로 들 수 있다. 저자와 독자들의 협력이 적극적으로 이루어지고 있다. 저자 입장에서는 독자를 위하여 텍스트의 형태를 다양하게 변화시켰다. 독자 입장에서 보면, 텍스트의 변화에 적응하면서 읽기와 이해의 방식을 발전시켜왔다. 텍스트의 변화가 현시점에서 가상 세계 텍스트에 이르게 된 것이다. 저자들은 가상 세계 텍스트를 만들어 내고, 독자들은 이들 텍스트를 읽어야 한다.

가상 세계 텍스트는 독자에게 새로운 읽기와 이해 방식을 요구한다. 가상 세계 텍스트는 전자회로로 구성된 도구를 사용한다는 것이고, 물질 텍스트가 없다는 것이다. HMD(Head Mounted Display), 데이터 장갑(date glove), 데이터 옷(date suit)와 같은 공간을 인식하고, 그 공간에서 대상을 감각적으로 지각할 수 있는 도구가 필요하다. 가상 세계 텍스트는 가상의 공간 속에서 제시된다. 가상 세계 텍스트는 복합양식 텍스트가 3차원의 공간에 입체적으로 제시된다. 독자는 이 텍스트를 현장성과 실제성을 바탕으로 인식하면서 초감각적으로 의식하고 이해해야 한다. 김성조(2018:14)는 증강현실 수업의 특징으로 ① 학습자의 흥미 고취, 몰입도 향상을 통해 학습 동기 강화, ② 학습의 맥락을 만들어서 학습 효과의 상승, ③ 학습 콘텐츠와의 상호작용을 통한 학습자 참여도 및 주도성 강화를 들었다.[4] 이는 독자가 가상 세계 텍스트를 읽을 때, 높은 흥미와 강한 동기로 관련 맥락에 몰입하여 텍스트 내용과 실제적인 상호작용을 주도적으로 하게 될 것임을 시사한다.

가상 세계 텍스트 읽기가 기존의 읽기 방법과 이해 방식을 대체하는 것은 아니다. 실제 현실의 텍스트를 읽을 때는 지금의 방법을 사용한다. 가상 세계 텍스트는 기존의 종이 텍스트 또는 복합양식 텍스트와는 다른 새로운 텍스트의 형태로서 존재한다. 기존의 텍스트는 그대로 존재하면서 기존의 읽기 방식을 요구한다. 기존의 텍스트와 가상 세계 텍스트는 서로 상보적인 관계로 존재하는 텍스트이다. 그 읽기 방법은 각기 다른 것이다. 이는 읽기 교육에서 텍스트에 맞는 읽기 방식을 교육해야 함을 의미한다.

가상 세계 텍스트 읽기는 이에 맞는 읽기 내용과 읽기 방식 및 이해의 결과를 필요로 한다. 기존의 모든 텍스트를 가상 세계 텍스트로 만들 수도 없고, 만들 필요도 없다. 만들 수 없다는 의미는 기존 텍스트의 양이 많아서 모두 가상 세계 텍스트로 만들 수 없다는 의미도 있지만, 특정 텍스트는 가상 세계 텍스트로 완전하게 만들기 어렵다는 뜻이기도 하다. 그렇기에 가상 세계 텍스트로 만들어진 텍스트는 이에 맞는 내용이어야 하고, 이에

---

4 이수연(2015)은 가상현실의 교육적 효과를 ① 감각적 몰입감, ② 감각적 현존감, ③ 인지적 조작성, ④ 사회적 융통성, ⑤ 인지적 융통성, ⑥ 인지적 통찰성을 들었다.(김성조, 2018:13-14. 재인용)

따른 텍스트 읽기 방법이 필요하다. 가상 세계 텍스트의 내용은 기호보다는 실체에 가까운 것일수록 효과적일 수 있다. 관념적인 내용이나 다양한 속성이 내재된 내용일 경우에는 비효율적일 수 있다. 설명적인 텍스트일수록 효과적이지만 정서적인 시 텍스트나 특정 관념(사상)을 나타내는 텍스트는 비효율적일 수 있다. 이에 따른 가상 세계 텍스트의 읽기 방식이 필요하다. 그리고 텍스트 이해도 이에 따라 달라져야 한다.

가상 세계 텍스트 읽기는 다양한 생활공간에서 이루어진다. 우리의 현재 생활은 디지털화된 생활도구를 활용하여 이루어진다. 대표적인 것이 핸드폰과 컴퓨터이다. 우리의 생활 곳곳에는 우리와 소통을 시도하는 다양한 디지털 도구들이 있다. 지하철이나 버스를 탈 때, 물건을 살 때, 책을 빌릴 때 디지털 도구들이 다양한 소통을 시도한다. 디지털 도구들은 사람들이 원하는 때에 필요로 하는 정보를 실시간으로 제공하며 소통을 가능하게 한다. 고속버스와 기차 승차권은 핸드폰에 들어 있는 앱으로 사고, 요금은 핸드폰에 등록된 카드에서 결제되며, 버스를 탈 때는 핸드폰 앱의 큐알 코드를 단말기에 찍어 확인한다. 그 과정을 거치면 누구나 다른 사람의 도움 없이 목적지에 간다. 이동 중에는 핸드폰으로 필요한 정보를 검색하고 뉴스를 보고, 지도 앱으로 내가 지금 어디를 지나고 있는지 확인한다. 핸드폰으로 보는 텍스트들은 증강현실의 한 측면을 느끼게 해주고 있다. 이때의 텍스트는 정보의 탐색과 선택으로 주어지기 때문에 텍스트에 따라 인식 방법을 달리한다. 핸드폰으로 신문 기사를 읽을 때와 지도를 볼 때의 정보 인식 방법이 달라진다.

가상 세계 텍스트는 텍스트의 한 범주로써 존재한다. 이는 현재의 현실 텍스트는 그대로 있고, 가상 세계의 텍스트가 그 나름의 방식으로 존재함을 의미한다. 그림책, 소설, 신문, 고전 도서, 잡지는 그 나름의 존재 의미를 지니고 존재한다. 가상 세계 텍스트도 마찬가지로 그 나름의 존재 이유를 가지고 존재하게 된다. 독자는 가상 세계 텍스트의 존재를 의식하고 있으면서, 그 텍스트도 경험해야 한다고 생각한다. 그것도 좋은 것을 골라 많이 경험해야 한다고 생각한다. 이들 가상 세계 텍스트들은 독자에게 그 나름의 읽기 능력을 요구한다.

3. 가상 세계 텍스트 읽기

독자가 가상 세계 텍스트를 읽는 방식은 실제 텍스트를 현재의 읽기 방식과는 다르다. 가상 세계 텍스트는 전자회로가 바탕이 된 도구를 활용해야 하고, 독자가 주체적으로 몰입하여 현실감을 느끼며 읽기를 해야 한다. 가상 세계 텍스트 읽기의 방향을 알아본다.

가. 가상 세계 텍스트의 읽기

가상 세계 텍스트는 특정한 형태로 규정하기 어렵다. 예상은 할 수 있지만 구체적으로 특정하기는 쉽지 않다. 디지털 공간에 존재하고, 고글(HMD)이나 핸드폰, 모니터 등의 도구들을 통하여 다양한 형태로 제시된다. 문자로 된 텍스트도 있지만 기호(음성, 문자, 도식), 이미지, 영상, 홀로그램 등이 혼합된 복합양식 텍스트도 있다. 가상의 상황에 따라 다른 형태의 텍스트가 존재한다. 하나의 가상 공간에 하나의 텍스트가 있을 수도 있고, 다양한 텍스트가 존재할 수도 있다. 이들 텍스트 중에서 즉각적으로 인식되는 것도 있고, 분석하고 확인해야 하는 것도 있다.

독자는 다양한 방식으로 가상 세계 텍스트를 접할 것이다. 실제 현실 텍스트는 책상에 앉아 책을 읽을 때만 사람들은 독자가 되었다. 평소엔 텍스트를 접할 수 없는 상황이었기 때문이다. 그래서 책을 읽기 위하여 시간을 정하고,

일정한 장소를 찾아야 했다. 그러고는 텍스트에 집중하기 위하여 노력하고 나서야 내용을 인식할 수 있었다. 가상 세계 텍스트의 독자는 상황이 다르다. 시간과 공간을 선택할 필요가 없고, 집중하기 위하여 노력하지 않는다. 당장 필요로 하는 텍스트를 선택하는 일은 어렵지 않고, 대체할 수 있는 텍스트도 한정할 수 없다. 현재에는 핸드폰이나 아이패드만 있으면 언제 어디에서나 텍스트를 읽을 수 있다. 생활 속에서 수시로 독자와 생활인을 넘나든다. 증강 현실의 가상 세계 텍스트는 인터넷의 발달로 현실화되었다. 앞으로는 현실 세계와 직접적으로 연결되겠지만 현재도 많은 텍스트는 시공간의 제약이 없다. 핸드폰에 별자리 앱을 실행하여 하늘을 비추면 별자리를 확인할 수 있고, 큐알 코드를 핸드폰 카메라로 비추면 관련 정보가 화면에 나타난다.

현재의 가상 세계 텍스트는 정보 전달 중심 소통에 초점이 있다. 앞으로의 가상 세계 텍스트의 작용을 예상하기는 어렵지만 현재에 가상 세계 텍스트는 정보 전달이 중심인 경우가 많다. 이는 가상 세계 텍스트와 가상 기술의 접목이 특정 사람들에게 한정되어 있기 때문이다. 가상 기술이 보편화되면 지금 문자를 통하여 생각을 표현하는 것과 같이 가상 세계 텍스트가 만들어 질 것이다. 그렇지만 현재의 가상 세계 텍스트는 영화 <터미네이터>나 <아바타>, <알리타: 배틀 엔젤>의 인물들이 세상을 인식하는 정도에까지는 이르지 못하고 있다. 인위적으로 구성된 공간에서 텍스트를 만나고, 제한적으로 제시된 텍스트를 중심으로 정보를 소통하고 있다. 이는 가상 세계 텍스트가 지금 시작 단계에 있음을 의미한다. 가상 세계 텍스트의 독자는 텍스트의 발전에 따라 그에 맞는 읽기 능력을 갖추게 될 것이다.

독자가 가상 세계 텍스트로 구할 수 있는 정보가 따로 존재한다. 가상 세계 텍스트가 텍스트의 모든 것을 다 담아낼 수 있는 것은 아니다. 가상 세계 텍스트가 독자가 필요로 하는 모든 것을 제공할 수는 없다. 가상 세계 텍스트는 효과적으로 전달할 수 있는 내용을 가지게 될 것이다. 앞으로의 세상은 가상 세계 텍스트로 표현할 것이 많아질 것이고, 독자도 그에 따른 읽기 능력을 갖추어야 할 것이다. 현재의 핸드폰이나 컴퓨터로 소통되는 텍스트는 분량이 적거나 즉각 확인할 수 있는 내용을 효과적으로 잘 전달한다. 핸드폰이나 컴퓨터 모니터에 실현되는 텍스트들의 특성이기도 하다. 현재의 독자들은 어릴 때부터 이들 텍스트를 접하기 때문에 읽고 정보를 선택하는 일은 앞으로 더 확장될 것이다.

독자는 가상 세계 텍스트가 새로운 방식으로 세계를 인식하는 경험을 제공할 것을 기대한다. 가상 세계 텍스트는 독자의 기대를 반영하여 존재하게 될 것이다. 그동안의 독자는 문자 중심의 텍스트에서 그림과 문자로 된 텍스트를 통하여 그 텍스트의 세계를 경험했다. 영화와 TV(모니터)는 문자와는 다른 세계를 간접적으로 경험할 수 있게 했다. 최근에는 복합양식 텍스트는 이들을 종합적으로 결합하여 만든 세계를 경험할 수 있게 하고 있다. 가상 세계 텍스트는 이들 텍스트를 통하여 간접 경험하는 세계를 직접 경험할 수 있게 할 것이다. 여기서 '직접'이라는 말은 독자가 주체적으로 그 세계를 경험한다는 뜻이다. 예를 들면, 독자가 <아바타>의 주인공이 되어 영화 속에 만들어진 가상현실에 들어가서 그 세계를 경험하고, <알리타: 배틀 엔젤> 영화가 펼치는 미래의 혼합공간에 들어가서 그 세계를 경험하게 될 것을 기대한다.

가상 세계 텍스트는 독자의 새로운 인식 능력을 요구한다. 예를 들어, 독자 자아의 작용을 보아도 요구하는 것에 차이가 있다. 독자가 <아바타> 영상 속에서 활동한다고 할 때, 독자의 자아는 이중, 삼중으로 분리된다. 우리가 놀이할 때의 자아를 보면, 현실의 자아와 놀이 자의 자아가 구분된다. 놀이 중에는 놀이 자의 자아가 중심이 되어 놀이에 몰입할 수 있게 된다. 이때의 자아는 현실의 자아와 놀이 자의 자아로 나누어진다. 그렇지만 가상 세계 텍스트의 독자는 텍스트에 따라 다를 수 있지만 독자 자아는 여러 자아로 나누어진다. 현실의 자아와 영화 속에 자신이 있다고 의식하는 자아, 영화 속의 인물로 활동하는 자아 등이다. 이들 여러 자아는 서로 소통하면서 활동을 유지해야 한다. 독자는 자아의 면에서만 보아도 현실의 자아와 분리된 자아를 관리하면서 텍스트 이해를 진행해야 한다.

독자는 이들 가상 세계 텍스트로 인하여 확장된 감각을 가지게 된다. 감각의 확장은 그전에는 인식하지 못하던 것을 인식할 수 있게 됨을 의미한다. 새로운 것이 긍정적인 것이라는 관점에서 볼 때, 그것은 기대되고 새로운 독자의 탄생을 요구한다. 새로운 세계를 인식하고 경험하는 독자는 새로운 독자이다. 다른 것을 볼 수 있고, 인식할 수 있고, 이해할 수 있기에 다른 독자이다. 현실 세계의 한계를 벗어나 인간이 꿈꾸고 상상하는 세계를 감각할 수 있는 독자이다. 그런 인식은 독자에게 그런 생활을 요구할 것이다.

나. 가상 세계 텍스트의 이해

우리는 지금도 다양한 가상 세계 텍스트를 만나고 있다. 다만, 그것을 가상 세계 텍스트라고 의식하지 않고 있다. 우리는 다른 나라의 소식을 다양한 방식으로 접한다. 그것도 실시간으로 말이다. 우리는 마음만 먹으면 내가 감각하는 현실의 세상이 아닌 세계를 지각하고 살아간다. 그 세계의 소식이 일방적으로 전달되지만 말이다. 핸드폰이나 컴퓨터 프로그램으로 실현되는 특정 소통 활동은 일방적이지 않다. 카톡이나 문자, 메일 외에 은행의 일을 보는 앱은 은행과 소통을 하고, 화상회의에서 만나는 사람들은 다른 공간에 있지만 실시간으로 소통한다. 가상 세계 텍스트들과 우리는 지금도 만나고 있다.

가상 세계 텍스트 읽기의 특성 중 하나가 주체적인 상호작용이다. 고글(HMD)을 쓰고 가상현실로 들어가면 인식의 주체는 내가 된다. 핸드폰으로 하든 모니터로 하든 나는 의식을 집중하여 주체적으로 소통에 임한다. 디스플레이 장비를 이용하여 증강현실에서 정보를 인식할 때는 주체적으로 참여해야 한다. 잠깐 할 경우도 있고, 긴 시간을 할 경우도 있다. 가상 세계 텍스트의 이해는 내가 주체적으로 집중하여 참여하는 소통을 해야 한다. 인쇄된 텍스트를 읽는 독자도 삼매경에 빠질 수도 있지만 주변의 환경에 영향을 받아 집중성이 낮아진다. 그렇지만 가상 세계 텍스트에 참여하는 독자는 주체적으로 집중한다. 텍스트가 그렇게 하는 것을 요구하기 때문이다.

가상 세계 텍스트 이해는 현실과의 결합과 분리를 동시에 지원한다. 현실과의 결합과 분리는 독자로서의 활동에 따른 집중의 문제와 관련된다. 독자가 현실과 결합한다는 것은 텍스트와 거리를 두고 자아를 의식하는 것을 의미하고, 현실과 분리된다는 것은 텍스트에 의식이 집중되어 있어 자아를 의식하지 않는 것을 의미한다. 가상 세계 텍스트를 이해하는 과정에서 현실의 자아를 의식해야 할 경우도 있다. 가상현실의 백화점에서 물품을 구입할 경우 자아는 현실 속의 자아를 소환해야 한다. 그렇지만 영화 <알리타: 배틀엔젤> 속에 들어가 로봇들의 경주를 응원할 때는 현실의 자아를 소환할 필요가 없다. 그렇지만 어떤 경우든 결국은 현실로 돌아온 자아를 의식하면서 마무리된다.

가상 세계 텍스트 이해에서 독자는 언제나 주체적이다. 가상현실 속에서 방관자로 활동을 해도 독자 스스로가 방관자 역할을 하는 것이다. 가상 세계 텍스트의 존재는 독자가 주체적일 때만 실행된다. 일반 텍스트는 도서관이나 서점, 집의 책꽂이에 있지만 가상 세계의 텍스트는 독자가 의도적으로 선택해야만 존재한다. 그렇기에 독자가 주체적으로 실현하지 않는 텍스트는 존재하지 않는다. 가상 세계 텍스트는 독자와 언제나 함께하고, 텍스트의 이해는 독자가 직접 해야 한다. 텍스트 이해의 측면에서 같은 가상 세계 텍스트를 경험한 독자들이 인식한 내용은 같을 수 있지만, 그 텍스트로부터 이해한 것이 같을 것이라는 보장은 없다.

가상 세계 텍스트 읽기에서 현실의 (독자) 자아와 가상 세계 텍스트의 독자 자아는 상보적이다. 가상 세계 텍스트를 선택할 때 현실의 독자 자아는 현재 자기를 의식하지만 텍스트 세계로 들어가면 자아는 분리된다. 자아가 분리된 다는 말은 현실의 독자 자아를 크게 의식하지 않는다는 것이다. 영화 <아바타>에서 보면, 주인공(셀리)은 현실의 자아와 아바타로서의 자아가 갈등하는 모습을 드러낸다. 결국은 현실의 자아를 버리고, 아바타로서의 자아를 선택하게 된다. 가상 세계 텍스트에서도 가능한 이야기이지만 그렇게까지 갈등은 일어나지 않을 것이다. <아바타>와 달리 가상 세계 텍스트 읽기에서는 자아의 전환이 실시간으로 일어날 수 있기 때문이다. 그래서 현실의 독자 자아는 가상 세계 텍스트의 독자 자아와 끊임없이 넘나들면서 텍스트 이해를 한다.

그렇지만 가상 세계 텍스트의 독자 자아의 최종은 현실의 독자 자아로 복귀이다. 이는 현실 자아가 독자 자아를 관리해야 함을 의미하는 것이기도 하다. 게임 중독자의 현실 자아는 게임하는 자아를 관리하지 못하고, 영화 <아바타> 주인공의 현실 자아는 아바타의 자아를 따라가고, <알리타: 배틀 엔젤>의 알리타의 현실 자아는 과거의 전사로서의 자아를 통제하지 못한다. 가상 세계 텍스트의 독자는 주체적으로 텍스트와 소통을 하기에 스스로 분리된 자아를 관리할 필요가 있다. 텍스트를 이해한다는 의미가 단순한 정보의 문제이기보다는 자아의 문제이다. 텍스트 이해는 독자 자아의 변화를 지향한다. 독자가 필요한 것을 습득해 성장해야 한다. 이는 현실의 독자 자아를 통하여 이루어진다.

가상 세계 텍스트 이해 과정은 회귀성과 순환성을 토대로 한다. 독자의 텍스트 이해는 일회성의 경험으로 완결되지 않는다. 독자는 마음속에서 텍스트의 정보를 단위별로 묶고, 이들을 다양한 방식으로 연결하여 하나의 체계적인 구조체를 만들어 내용을 인식한다. 이를 위해 현실의 종이 텍스트를 읽을 때도 특정 부분으로 회귀하고 반복해서 읽는다. 가상 세계 텍스트를 읽을 때는 회귀와 순환이 자유로울 수 있다. 지금도 우리는 동영상을 실행하면서 특정 부분의 내용이 잘 이해되지 않으면 반복해서 그 부분을 살필 수 있다. 이는 이해의 가능성을 높이는 것이면서 충실한 이해를 하게 한다. 가상 세계 텍스트 읽기는 회귀와 순환을 효율적으로 할 수 있게 한다.

가상 세계 텍스트의 이해는 선택적이고, 자의적이다. 가상 세계 텍스트를 읽는 독자는 한 가지 관점이나 방식으로 읽을 필요가 없다. 인터넷 게임을 하는 것처럼, 바둑이나 장기를 두는 것처럼 상황과 조건에 따라 달리 읽을 수 있다. 가상 세계 텍스트는 독자가 특정 내용을 정확하게 이해하는 것도 가능하지만 다양하게 선택적이고 자의적으로 이해하는 것도 가능하다. 독자는 필요에 따라 텍스트를 읽고, 자신에게 도움이 되도록 텍스트의 의미를 이해하면 된다. 가상 세계 텍스트의 이해는 독자의 상황과 필요에 따라 관련 정보를 제공할 수 있기 때문이다.

다. 가상 세계 텍스트의 읽기 교육

가상 세계 텍스트 읽기는 종이 텍스트의 읽기 방법에 추가되는 방법을 요구한다. 가상 세계 텍스트의 실체를 어떤 것이라고 딱 보여주기는 어렵다. 단언하면, 가상·증강·복합현실 속에 존재하는 텍스트가 가상 세계 텍스트이다. 이 가상 세계 텍스트는 디지털 전자회로의 기술을 활용하여 만든 텍스트들이다. 우리의 맨눈으로 보는 텍스트가 아니라 전자장치를 활용하여 경험할 수 있는 텍스트이다. 이들 텍스트는 아직 일상화된 것은 아니지만 다양한 형태로 조금씩 우리 삶의 세계로 들어오고 있다. 이 가상 세계 텍스트는 전자장치를 활용하여 읽는 텍스트이기 때문에 현재 종이로 된 텍스트와 형태를 달리하고, HMD나 핸드폰, 모니터 또는 특별 장치를 사용한다는 측면에서 특이성이 있다. 가상 세계 텍스트는 이들 특성으로 독자가 주체적으로 시공간의 제약 없이 직접 인식할 수 있다는 점에서 독특하다. 이는 텍스트를 읽고 내용을 이해하는 방법도 달리 요구하게 된다.

가상 세계 텍스트의 읽기 교육은 세 가지 방향의 접근이 가능하다. 첫째는 가상 세계 텍스트 자체를 읽는 방법을 교육하는 것이다. 가상 세계 텍스트를 경험하면서 텍스트를 어떻게 선택하고, 정보를 어떻게 모아서 종합하고, 필요한 판단을 할지를 교육하는 것이다. 사실 가상 세계 텍스트 자체는 독자들이 쉽게 접근할 수 있게 만들어질 것이기 때문에 이 측면에서의 교육은 어렵지 않을 수 있다. 둘째는 가상 세계 속에 있는 가상 텍스트 자체를 읽는 방법을 교육하는 것이다. 가상 세계 텍스트의 특성을 바탕으로 텍스트에 접근하여 내용을 이해하는 방식이다. 가상 세계 텍스트를 교육하는 실제적인 이유일 것이다. 세 번째는 가상 세계 텍스트를 활용하여 읽기 방법을 교육하는 것이다. 현실 세계에서 텍스트를 읽고 이해하는 방법을 가상 세계 텍스트로 구현하여 학생들을 지도하는 것이다.

가상 세계 텍스트의 읽기 교육이 목표로 하는 읽기 능력은 좀 더 다양해질 수 있다. 가상 세계 텍스트의 특성에 따라 다를 수 있지만 텍스트 자체를 의식하고 분별하는 능력은 물론, 텍스트 내용에 대한 초점화된 이해, 텍스트가 제시하는 정보의 선택 및 해석, 텍스트의 세계와 현실 세계의 연결과 분리, 독자 자아의 의식 내용과 활동의 초월 능력도 요구하게 될 것이다. 가상 세계 텍스트는 그 자체의 특성 때문에 읽는 능력의 다양성과 인식 활동의 초감각성을 필요로 한다. 그렇기에 독자는 다양한 감각의 활용하여 텍스트를 인식하고, 복합적인 사고 활동으로 텍스트의 내용을 이해하게 될 것이다.

가상 세계 텍스트는 텍스트에 대한 다양한 추가 정보를 제공하게 될 것이다. 이는 독자의 텍스트나 대상에 대한 이해를 높일 수 있지만 불편한 간섭이 될 수도 있다. [그림 4]의 한글 워드 프로세서에 도입된 증강 텍스트는 도움이 되기도 하지만 불편하기도 하다. 글을 쓰다가 낱말에 블록을 씌우면 나타나는 것이 증강 텍스트 일종의 정보이다. 물론 카메라 기술과 아이 트래킹 기술의 발달로 필요한 정보만을 선택할 수 있게 함으로써 이들 문제를 해결할 수 있을 것이다. 그렇지만 우리가 인터넷에서 필요한 자료를 찾을 때 다른 정보의 간섭으로 길을 잃는 일이 있듯이 가상 세계 텍스트도 마찬가지일 수 있다. 읽기 교육에서는 이에 대한 문제도 함께 해결해야 할 필요가 있다.

[그림 4] 호글 워드의 증강현실 예

가상 세계 텍스트를 교육에서 관심을 갖는 이유는 독자의 텍스트 내용에 대한 실제적 경험 제공 때문이다. 현재의 텍스트들을 읽기 어려운 이유 중의 한 가지가 실제적 경험을 제공하지 않아 독자가 상상을 하거나 추론을 해야 한다는 것이다. 그런데 가상 세계 텍스트는 독자에게 텍스트 내용에 대한 실제적 경험을 제공한다. 이는 독자의 텍스트 이해 가능성을 높인다. 물론 가상 속의 실제라는 것이 특정한 시각에서 만들어진 것이기는 하다. 그래서 독자의 인식 내용이 특정한 것이 될 수 있도록 제한한다는 문제가 있다. 그렇지만 실제적 경험은 텍스트 이해에 실질적 도움이 된다. 읽기 교육에서는 이에 관심을 기울일 필요가 있다.

읽기 교육에선 혼합 텍스트의 사용으로 텍스트 내용 이해의 효율성을 높일 것이다. 읽기 교육의 측면에서 보면, 학생들의 텍스트 이해의 효율성과 읽기의 능력을 높이는 것이 관심이다. 가상 세계 텍스트는 상호텍스트성을 바탕으로 한 하이퍼텍스트의 특성과 인공지능 네트워크의 특성을 지닐 것이다. 텍스트에 대한 이들 이론을 결합하면 혼합현실 텍스트가 만들어지는 것이다. 이는 한 편의 텍스트가 다양한 정보와 연결된 텍스트임을 의미한다. 읽기 교육에서는 관련 텍스트들이 혼합되어 이루어진 혼합현실 텍스트의 이해와 활용으로 교육적 효과를 도모해야 한다.

읽기 교육에서는 실제 텍스트와 가상 세계 텍스트를 결합도 활용할 것이다. 가상 세계 텍스트가 존재하더라도 인쇄 텍스트도 함께 존재한다. 독자는 인쇄 텍스트와 가상 세계 텍스트를 선택적으로 활용하게 될 것이다. 그렇기에 읽기 교육에서는 이들을 모두 교육해야 한다. 이들을 적절하게 결합한 텍스트 이해 능력은 물론 각 텍스트를 읽는 능력도 향상시켜야 한다.

4. 가상 세계 텍스트 읽기 과제

가상·증강·혼합현실은 우리가 곧 마주할 일상이다. 학교 교육에서도 이들 기술을 활용할 것이다. 이들을 활용하기 위한 강의 공간을 확보하고 시설을 만들고 있다. 이는 곧 우리의 교육 현장이 가상·증강·혼합현실을 맞이하게 될 것임을 의미한다. 이런 변화와 관련해 볼 때, 국어교육은 이에 민감할 필요가 있다. 우리의 변화된 생활의 토대가 되는 것이 언어이고 의사소통의 문제이기 때문이다. 현실 생활에서 보면, 우리의 의사소통 방식은 과학기술에 의하여 많이 변화하였다. 우리는 핸드폰으로 많은 정보를 주고받고, 컴퓨터 네트워크에 의하여 일면식이 없는 사람들과의 소통으로 하루하루를 보내고 있다.

국어과 교육에서는 이에 대하여 많은 관심을 기울일 필요가 있다. 대면 중심의 의사소통, 제한된 공간 속에서의 삶은 사라지고 있다. 전 지구적인 네트워크를 통한 생활, 현실을 벗어난 가상의 세계가 우리를 삶에 끼어들고 있다. 배제할 수 있거나 회피할 수 있는 것이 아니다. 교육은 이런 삶을 미리 예견하고 학생들을 교육해야 한다. 가상·증강·혼합현실의 가상 세계 텍스트도 마찬가지이다. 우리의 생활 어디에서만 존재하고, 우리의 생활을 이들 텍스트를 통하여 이루어진다. 학생들이 이들 텍스트 활용할 수 있도록 하는 능력을 향상시켜야 한다.

가상 세계 텍스트는 새로운 읽기 능력을 요구한다. 인쇄된 책이나 핸드폰이나 텔레비전, 컴퓨터 모니터로 모두 감당할 수 없다. 이미 우리 사회의 많은 어른은 이런 기술의 활동에서 도태되고 있다. 현대의 기술로 만들어진 기기들을 잘 사용할 수 없기 때문이다. 새로운 기술은 이 기술을 효과적으로 사용할 수 있게 하는 교육이 필요하다. 가상·증강·혼합현실 기술에서 비롯된 가상 세계 텍스트도 앞으로 우리 생활의 일부가 될 것이다. 이 가상 세계 텍스트에 대한 국어교육학적 관심과 가상 세계 텍스트에 대한 자각과 이를 활용한 인식의 변화를 이루기 위한 독자의 노력이 필요하다.

참고문헌

IRS GLOBAL(2017), 가상현실·증강현실·혼합현실 분야별 비즈니스 현황과 최근 주요 이슈 종합분석, IRS GLOBAL.

김성조(2018), 증강현실(AR)을 이용한 언어 교육의 방향성, 연세대학교 언어연구교육원 한국어학당, 외국어로서의 한국어교육 48집.

김진홍 역(1988), 미디어는 맛사지다, 열화당.

김태현·고정완(2019), 몰입형 가상현실 학습이 중학생의 학습 성과에 미치는 영향 교육, 정보미디어연구 5(1)집.

김태호(2020), 가상현실의 서사예술적 가능성과 서사교육, 청람어문학회, 청람어문학 74집.

남선희·이정님(2020), 국내 증강현실 활용 교육의 효과에 대한 메타적 분석, 교육정보미디어연구, 26(1)집.

백승윤·김정아 역(2016), 증강현실, 미래의창.

신윤경(2016), 증강 텍스트 읽기 교육의 방향성과 가치, 한국독서학회, 독서연구 38호.

유명현·김재현·구요한·송지훈(2018), VR·AR·MR 기반 학습 효과에 관한 메타분석, 교육정보미디어연구 24(3)집.

주영민(2019), 가상은 현실이다, 어크로스.

한송이·임철일(2019), 증강현실 기반 수업설계 원리 개발 연구, 한국교육공학회, 교육공학연구 35권 스페셜호.

한형종·임철일(2020), 가상현실 기반 교육용 시뮬레이션 설계 원리 개발, 한국교육공학회, 교육공학연구 36(2)집.

富山房編輯部(1984), 漢文大系, 富山房.

인터텍스트

1. 인터텍스트의 개념

　텍스트는 기호로 이루어져 있다. 이 텍스트의 기호에 독자가 관여하면서 기호 작용이 일어난다. 기호 작용은 텍스트의 기표를 기준으로 텍스트 안에서의 작용과 텍스트 밖에서의 작용으로 나누어진다.[1] 텍스트 안에서는 기의를 중심으로 독자의 표상 작용이 이루어지고, 텍스트 밖에서는 표상한 내용에 대한 독자의 의미 해석 작용이 이루어진다. 독자의 표상과 해석 활동은 텍스트의 기표를 경계로 하여 구분되는 활동이라 할 수 있다. 텍스트의 기표를 경계로 독자의 인지 활동은 텍스트 안으로 들어가 내용을 표상하고, 밖으로 나와 표상 내용에 대한 의미를 해석한다. 기표를 경계로 한다는 것은

---

[1]　스콜즈(Robert Scholes:1985)는 읽기의 세 양상을 읽기, 해석, 비평으로 제시하였다. '이들 각각은 세 양상을 빚어내는 텍스트의 활동에 의해 규정될 수 있다. 읽어 나갈 때 우리는 텍스트 내부에서 텍스트(text within text)를 생산하며, 해석할 때에는 텍스트 위에서 텍스트 (text upon text)를 만들며, 비평할 때는 텍스트에 대항하여 텍스트(text against text)를 생산한다.'(김상욱 역, 1995:32) 이 논의에서는 표상과 해석에 관심이 있기에 텍스트에 대항하는 텍스트 생성은 논의에서 제외한다.

기표를 텍스트와 독자가 공유하면서 표상 활동과 해석 활동이 나누어짐을 함의한다.

독자가 텍스트의 기표의 경계를 들어가고 나올 때는 특정 기제를 활용해야 한다. 독자가 텍스트를 드나들며 사용하는 기제가 인터텍스트(intertext)이다.[2] 인터텍스트는 텍스트가 상호텍스트성을 갖게 하는 요인이다.[3] 즉, 텍스트 간에 공유하고 있는 텍스트의 구성 요소가 인터텍스트이다. 인터텍스트는 텍스트들이 공유하고 있는 것이기 때문에 독자는 이를 이용하면 텍스트 간은 물론 텍스트 내부로의 인지적 접근이 가능해진다. 어려운 텍스트를 읽기 위해서는 관련 있는 쉬운 텍스트를 먼저 읽어야 한다. 그래서 인터텍스트를 마련하면 어려운 텍스트의 기표를 통과할 수 있게 되고 텍스트의 이해가 가능해진다. 독자가 인터텍스트를 활용하여 텍스트 기표를 드나들 수 있는 것은 기호의 이런 구조적 특성 때문이다.

읽기는 텍스트를 이루는 기호를 보는 관점에 영향을 받는다. 기호의 구조와 작용 방식에 대해 여러 가지 관점이 있다. 소쉬르는 기호를 기표와 기의의 이중 구조로 보았다.(최승언 역, 1997:83-85) 라캉은 이 기호에서 기표가 기의를 억압하고 있으며 기표는 여러 가지 기의와 관련되어 있다고 보았다.(김형효, 1999:252-268) 데리다는 기호의 기표는 기의를 다 드러내지 못하고, 기표가 작용할 때마다 밀려나는 기의가 있다고 하였다.(김형효, 1998:207-209) 퍼스(Peirce)는 기호는 대상을 지시하고 있는데 사람이 이 기호를 보고 지시 대상을 해석하여 해석체를 표상한다고 하였다.(Witte, 1992:277) 기호의 구조를

2 　인터텍스트(intertext)는 두 개 이상의 텍스트들이 공유하고 있는 특정 내용을 지시하는 말이다.(김도남, 2015:16) 텍스트가 다른 텍스트와 상호텍스트적으로 연결되게 하는 텍스트의 구성 요소이다. 독자가 이 인터텍스트를 표상과 해석의 도구로 사용할 때에는 기제라고 할 수 있다.

3 　텍스트의 상호텍스트성에 대한 논의는 김도남(2014:97-122)의 논의를 참조할 수 있다.

읽기에서의 기호 작용으로 보면, 독자의 텍스트 읽기 활동은 텍스트를 이루고 있는 기표 안으로 들어가 기의를 표상하는 활동이 필요하다. 그리고 기표 밖으로 나와 표상된 의미들이 무엇을 의미하는지 확인해야 한다. 즉 독자는 기표를 기점으로 텍스트 안에서 기의를 파악하고, 텍스트 밖에서 파악한 기의들이 의미하는 바를 해석하여 의미를 규정하는 활동을 해야 한다.

퍼스의 관점에서 보면, 텍스트를 이루고 있는 기호들은 특정 대상을 지시하고 있다.(Witte, 1992:277) 텍스트의 기호들이 지시하는 대상은 하나의 개념이기보다는 지시 대상의 속성이다.[4] 대상의 속성은 하나의 개념으로 고정되지 않는다. 그래서 대상의 속성은 보는 사람에 따라, 보는 입장이나 관점에 따라 달라진다. 독자는 텍스트 속의 기호로 대상의 속성을 특정한 것으로 고정함으로써 내용을 파악할 수 있고, 의미를 찾을 수 있다. 대상의 속성이라는 말은 두 가지 의미를 내포한다. 하나는 개별성이다. 즉 독자의 텍스트 이해 활동은 독자가 텍스트에 대하여 개별적이고 주체적으로 의미를 규정하는 행위라는 것이다. 다른 하나는 표현성이다. 인식된 대상의 속성은 인식자의 말로 표현되어야 한다는 것이다. 즉 표현은 텍스트에 사용된 기표와는 다른 기표로 텍스트 밖에서 이루어져야 한다.[5]

---

4 퍼스(Peirce)는 기호 작용을 기호(S), 대상(O), 해석체(I)의 구조로 본다. 기호가 대상을 지시하고 기호를 본 사람은 대상이라고 생각하는 해석체를 표상한다는 것이다. 그런데 사람이 대상이라고 생각해 떠올리는 해석체는 다양하다고 말한다.(Witte, 1992:280) 이를 들뢰즈는 '개념'과 '이념'을 설명과 연결 지어 볼 수 있다. '개념은 기호가 지시하는 공통된 속성을 추출하여 언어로 정리한 것이고, '이념'은 대상의 공통된 속성으로 정리되지 않은 다양한 특성이다. 들뢰즈의 이념의 실체를 '다양체'라고 했다.(박영욱, 2014:73-76) 이념이라는 용어는 기호의 작용 측면에서 기호의 지시 대상의 개별적 특성을 강조하는 것이다. 이 논의에서는 어려운 '이념' 대신 '대상의 속성'이라는 용어를 사용한다. 대상의 속성은 '기의'와 '개념'에 대립되는 말로 기표가 지시하는 대상의 다양체를 지시한다.

5 Witte(1992)가 퍼스(Peirce) 기호론에 의존하여 설명하는 퍼스의 무한 기호작용(peirce's un-limited semiosis)의 내용을 보면, 사람이 기호를 보고 기호가 지시하는 대상을 해석하여 해석체를 표상한다. 표상된 해석체는 기호로 표현되고, 이 새 기호는 다른 대상을 지시하여

기호의 구조로 볼 때, 텍스트를 이해하기 위해서는 독자의 인식 활동이 텍스트의 기표 안쪽으로 들어가기와 밖으로 나오기를 해야 한다. 들어가기는 독자가 기표를 통하여 텍스트의 내용 표상을 지향하는 활동이고, 나오기는 표상 내용에 대한 의미 해석을 지향하는 활동이다. 독자의 인식 활동이 텍스트의 기표 안쪽으로 들어가고 밖으로 나올 때 어떤 인터텍스트를 활용하느냐에 따라 표상 내용과 해석 결과는 달라진다. 텍스트 내용 표상은 독자의 인식 활동이 텍스트로 들어가면서 이루어지는 것은 아니고 텍스트에 들어가서 일어나고, 의미 해석도 텍스트 밖에 나와서 텍스트와 거리를 두고 일어난다. 이들 표상과 해석을 위해 텍스트로 들어가기와 나오기가 필요한 것이다. 이는 표상과 해석이 텍스트의 기표를 가운데 두고 이루어지지만 서로 다른 지향성을 갖는 활동임을 의미한다.

이 논의에서는 텍스트의 기표를 넘나드는 독자의 인식 활동의 원리를 살펴본다. 텍스트 넘나들기가 기호의 구조적 조건과 텍스트의 상호텍스트성에서 비롯된 것임을 살펴보고, 텍스트의 기표를 넘나들며 읽는 독자의 인식 행위 특성을 알아본다. 이는 읽기가 기호의 구조와 상호텍스트성을 바탕으로 표상과 해석으로 이루어짐을 검토하기 위한 것이다. 이를 바탕으로 텍스트의 내부와 외부를 넘나들며 읽는 방식을 탐색해 본다. 구체적인 읽기의 대안을 마련하기보다는 인터텍스트를 활용하여 텍스트 내부와 외부 넘나들며 읽는 읽기의 설명 가능성을 탐색하는 데 초점을 둔다.

다른 해석체를 생성하게 한다. 이 과정이 무한 반복된다. 또한 텍스트도 마찬가지로 텍스트의 내용에 대한 해석체는 새 텍스트를 생성하게 하고, 새 텍스트는 다른 내용을 지시하여 해석체를 생성을 반복하게 한다.(Witte, 1992:276-288)

2. 기호와 인터텍스트

텍스트는 기호 구조로 볼 때 기표와 기의 두 요소로 이루어져 있다. 표면에 기표가 있고, 이면에 기의가 있다. 이 텍스트의 기호 구조에 독자가 참여하면 기호 작용이 일어나 독자는 표상과 해석의 인식 활동을 한다. 독자는 텍스트 표면의 기표를 해독하여 텍스트 내부의 기의를 찾고, 찾은 기의를 마음속에 표상한다. 독자는 표상한 기의를 가지고 텍스트의 기표를 벗어나 기의들을 재조직하여 의미 해석을 한다. 읽기는 독자가 기표를 경계로 안에서 이루어지는 표상 활동과 밖에서 이루어지는 해석 활동으로 이루어진다. 독자의 텍스트 읽기 과정에서 일어나는 기호의 작용 구조를 살펴본다.

가. 텍스트의 기호 구조

텍스트는 외형적으로 다른 텍스트와 독립되어 있지만 내용적으로는 관계적이다. 한 편의 글이나 책은 완결된 형태와 형식을 갖고 있다. 각 텍스트는 외면적으로 말 한마디, 시(이야기) 한 편, 책 한 권, 책 한 질 등의 단위를 가진다. 반면, 텍스트의 내용은 다른 텍스트와 연결되어 상호텍스트성을 이루고 있다. 텍스트는 다른 텍스트와 특정 내용을 공유하고 있다.[6] 특정 구절이나 표현, 관점, 논리 구조, 탐구 방법 등을 공유한다. 이 상호텍스트성은 기호의 작용으로 일어난다. 텍스트의 기호가 작용하는 방식을 먼저 살펴본다.

---

6   스피비(Spivey, 1997/2004:242-265)는 대학원생들의 논문을 분석하여 텍스트의 상호의존 관계를 분석하고, 이를 확대하여 텍스트의 상호텍스트성을 밝혔다.

1) 기표와 기의

독자는 저자의 음성을 대체하고 있는 기호를 읽는다. 독자는 텍스트를 읽을 때 기호의 기표를 해독함으로써 텍스트의 내용을 표상한다.[7] 소쉬르의 기호에 대한 관점에서 보면, 기표의 해독은 기의의 인식으로 바로 연결된다. 소쉬르는 청각영상을 기표라고 하는데 기호를 청각영상의 형태로 인식하면 기의는 자동으로 표상된다고 말한다.(최승언 역, 1997:83-85) 소쉬르는 기표와 기의가 동전의 양면과 같다고 보기 때문에 독자의 기표 지각이 기의의 표상으로 연결된다고 본 것이다. 한편, 이 기호를 라캉이나 데리다, 퍼스의 관점에서 보면, 기표와 기의는 붙어 있는 구조가 아니다. 관련성은 있지만 서로 분리되어 있어서 기표는 기의를 자동으로 표상시켜 주지 못한다. 그래서 독자는 텍스트를 읽을 때, 기호를 이루고 있는 기표와 기의의 관계를 의지적으로 찾아 연결해 표상해야 한다. 텍스트의 기표와 기의 연결이 자의적 이중 구조를 이루고 있기 때문이다.

기호의 자의적 이중 구조는 이들이 일시적으로나마 필연적 연결 관계를 형성해야만 의미 작용에 관여할 수 있음을 함의한다. 텍스트의 기호가 의미를 드러내기 위해서는 기표와 기의가 텍스트의 맥락 속에서 결합 관계를 이루어야 한다. 다시 말해, 독자가 텍스트의 기호를 보고, 기표가 지시하는 기의를 떠올려 연결 지어야 의미 작용이 일어난다. 독자가 텍스트의 기호를 보고, 기표가 지시하는 기의를 떠올리는 작용을 할 수 있게 하는 것이 인터텍스트이다. 인터텍스트는 여러 텍스트에서 기표와 기의가 유사한 결합 관계를

---

7 내용을 표상한다는 것은 대상의 속성을 인식하는 것이라 할 수 있다. 퍼스(peirce)의 관점에서 보면, 텍스트의 기호들이 지시하고 있는 것을 독자가 마음속에 떠올린 것으로, 기호가 지시하고 있다고 여기는 것을 해석하여 인식한 것이다. 독자가 표상한 것은 대상 그 자체이기보다는 대상의 특정한 속성이라 할 수 있다. 아래에서 언급되는 라캉이나 데리다의 기표와 기의 관련 내용의 기의도 대상 그 자체가 아니고 분석되고 연합작용으로 이루어진 대상의 특정한 속성을 지시하고 있다고 할 수 있다.

이루고 있는 언어 단위이다. 독자가 텍스트를 읽는 행위는 다른 텍스트에서 기표와 기의가 결합되어 의미 작용을 일으켰던 인터텍스트를 끌어와 연결시키는 활동이다. 독자가 이 인터텍스트를 활용함으로써 텍스트 내용을 인식할 수 있게 되는 것이다. 인터텍스트는 다른 텍스트에서 사용되었던 기표와 기의의 결합 단위로 독자가 텍스트 읽을 때 활용해야만 한다. 이러한 기호의 인터텍스트의 특성을 라캉이나 데리다 등의 논의를 활용해 설명할 수 있다.

라캉은 기호를 꿈의 구조로 설명한다.(김형효, 1999:252-258) 우리가 꾼 꿈의 기억이 기표라면 꿈을 꾸게 한 심리적 원인은 기의이다. 꿈의 기표는 꿈을 꾸게 한 심리적 원인을 그대로 보여주는 것이 아니라 변형을 시킨다. 또한 여러 가지의 심리적 원인이 연결되어 한 가지 기표로 드러난다. 그래서 기억된 꿈인 기표는 심리적 원인인 기의와는 관련성은 있지만 다른 것이다. 즉, 기억된 꿈은 다양한 심리적 내용과 관계를 맺고 있다. 요컨대, 기표는 여러 가지 기의를 상대하고 있다고 본다. 그렇기에 기호의 기표와 기의는 결합될 수 없는 경계면을 갖는 두 층으로 나누어져 있다는 것이다. 심지어 기표는 기의를 억압하고 있다고 말한다.(김형효, 1999:85) 이 말은 기표를 통하여 기의가 쉽게 드러나지 않음을 지시하기도 하지만 기표와 관련된 기의를 의도적으로 찾아 연결해야 함을 의미한다. 라캉의 기호론 관점에서 보면, 텍스트 표층의 기표는 심층의 기의를 억압하고 있다. 즉 표층의 기표는 심층의 심리 내용을 변형시켜 나타내고 있기에 그 기의는 곧바로 드러나지 않는다. 이는 독자가 텍스트의 기표를 해독할 때 관련된 여러 기의에서 하나를 선택해야 하는 어려움이 있음을 함의한다. 이 관점에서 읽기를 보면, 독자는 표층의 기표를 해독하여 심층의 기의를 의도적으로 찾아내야 한다.

데리다는 텍스트의 글자는 음성을 대신한다고 본다.(박영욱, 2014:53-61) 음성은 특정한 상황에서 발화되기에 지시 대상이 분명하다. 이 음성을 대신하는 글자는 발화 상황이 존재하지 않기에 지시 대상이 분명하지 않다. 글자는 음성의 대리자이기 때문이다. 대리자는 주인을 대신하지만 주인이 아니다. 대리자는 주인을 모두 드러내지도 못하고, 때로는 주인을 쫓아내기도 한다. 대리자인 글자는 음성이 담고 있는 내용을 다 드러내지도 못할뿐더러 가끔은 다른 내용을 갖기도 한다. 즉, 텍스트의 기표는 기의를 제대로 드러내는 데 실패할 수밖에 없다. 데리다는 이러한 기호의 작용을 디페랑스(différance)라는 말로 나타낸다. 디페랑스는 기표가 기의의 일부를 드러내지만 나머지 기의를 드러내지 못함을 의미한다. 나머지 기의가 드러나지 못하고 밀려나는 것이 디페랑스, 곧 차연이다. 요컨대, 기표는 기의를 일부분만 드러내고, 사용되는 곳에 따라 다른 기의를 드러낸다. 이 관점에서 읽기를 보면, 읽기는 독자가 기호를 해독하여 기표가 지시하는 일부의 내용을 떠올리면서, 나머지 내용은 뒤로 미루어 두는 활동이다.

　라캉과 데리다는 기표가 기의를 온전히 드러내지 못하는 것에 주목한다. 기표와 기의는 물과 기름처럼 섞이지 않는 두 층으로 구분되어 있고, 기표와 기의가 결합되는 지점에서만 의미를 드러낸다고 본다.[8] 기표와 기의가 결합 지점을 갖지 못하면 기의는 드러나지 않는다. 독자가 텍스트를 읽을 때 기표와 기의의 결합지점이 만들어진 곳에서만 의미가 드러나게 된다는 것이다. 독자는 글을 읽을 때 낱말, 문장, 문단, 글이 지시하고 있는 대상과의 결합지점을 알고 있어야만 내용을 파악할 수 있다. 결합지점을 모르면 기표는 인식할 수 있지만 기의는 파악할 수 없다. 극단의 예이지만 우리가 노자의 『도덕경』이나 칸트의 『순수이성비판』을 읽어 보면, 이 말을 이해할 수 있다. 이들 책의 기호를 읽을 수는 있지만 그 내용 파악은 쉽지 않다. 독자가 이들 책을 읽으려면 책 속의 기호와 내용을 연결하는 결합지점이 있어야 한다. 실제로

8　　라캉이 말하는 '소파의 등 쪽 고정 부분(le caption)'은 소기(기의)의 전부를 다 구조적으로 파악할 수는 없지만, 일정한 능기(기표)의 공통적 연쇄의 수준에서 소기를 잡는 지점을 뜻한다.(김형효, 1999:267)

는 많은 글이 마찬가지이다.

들뢰즈는 기표와 기의 차이 자체에 관심을 갖는다. 기표와 기의의 관계는 다양하다는 것이다. 다른 말로 하면, 하나의 기표는 쓰일 때마다 다른 기의를 갖는다는 것이다.(박영욱, 2014:75-80) 사람이 상황에 따라 다른 모습을 드러내듯 기호도 마찬가지라는 것이다. 한 사람(기표)은 그가 어떤 처지에 있는가에 따라 달라진다. 도둑을 잡은 용감한 청년이 언제나 용감할 수 없다. 용감하던 청년도 어느 때는 도둑이 될 수도 있는 것이다. 마찬가지로 기호는 하나의 의미에 고착되지 않는다. 어느 곳에 놓여 있느냐가 즉, 무엇과 관계 맺고 있는가에 따라 지시하는 대상이 결정된다. 기표의 기의가 개념적 의미로 제한되는 것이 아니라 기표의 위치에 따라 다른 기의로 대체된다. 들뢰즈는 이런 의미의 작용을 다양체라고 말한다.[9] 하나의 텍스트도 마찬가지이다. 텍스트는 단일한 개념적 의미를 담고 있는 것이 아니라 다양체적[10] 의미를 담고 있다. 누가 언제 어떻게 왜 읽느냐에 따라 그 내용은 달라진다. 독자마다 어떻게 읽느냐에 따라 글의 의미가 달라지는 것이다.

기호를 또 다른 방식으로 설명한 학자로 퍼스를 들 수 있다. 퍼스는 기호를 표상 작용과 관련지어 보면서, 기호(Sign)-대상(Object)-해석(Interpretation)의 구조로 본다.(Witte, 1992:269-283) 기호는 대상을 지시하고 있는데 기호 해독

---

9 다양체란 (악보의) 도 음처럼 그 자체가 무수히 많은 소리를 잠재적으로 포함하고 있는 것을 말한다. 그런데 이렇게 잠재된 다양성은 그냥 저절로 표면에 떠오르는 것이 아니다. 그것은 우리의 습관이나 개념의 틀로부터 벗어나 존재를 있는 그대로 파악할 때 나타난다. (박영욱, 2014:72)

10 다양체(multiplicity). 다양성과 혼동해서는 안 된다. 다양성이란 외형상 다채로움을 의미한다. 하지만 들뢰즈의 다양체는 어떤 존재 자체가 지닌 무궁무진한 잠재적 가능성을 의미한다. 이 세상의 어떤 존재도 무궁무진한 잠재성을 지닌다. 우리가 알고 있는 사물의 모습은 다양체로서의 그 사물이 겉으로 드러난 일부의 외양에 지나지 않는다. 간혹 사물에 대한 우리의 정보를 사물 자체와 동일한 것으로 간주할 경우 우리는 사물 자체가 지닌 잠재성을 차단하는 것이다.(박영욱, 2014:214)

자는 기호를 보고 대상을 해석하여 마음속에 해석체를 표상한다는 것이다. 기호를 해석하여 해석체를 표상한다는 말은 기호 해독 자는 기호가 지시하고 있는 대상을 그대로 표상하지 않음을 뜻한다. 즉 기호가 지시하는 대상과 기호 해독 자가 표상한 것은 다르다는 것을 의미한다. 이를 읽기의 관점에서 보면, 텍스트의 기호들이 담고 있는 내용과 독자가 표상한 내용은 다르다. 이러한 관점을 독자 중심 읽기에서 그대로 수용하고 있다. 같은 책을 읽어도 독자마다 다른 의미를 구성한다는 것이다.[11]

기호의 작용 구조 면에서 읽기를 보면, 읽기는 독자가 기표를 통하여 억압되고 밀려다니는 기의를 고정하는 활동이다. 기표와 기의는 분리되어 밀려다니기 때문에 독자는 이들을 고정할 수 있는 고정점을 찾아야 한다. 독자가 기표와 기의를 결합하여 고정시켰을 때 텍스트의 내용을 파악할 수 있다. 이때의 기표와 기의의 연결도 완전한 것은 아니다. 부분적이고 일시적인 연결로 내용을 파악하는 것이다. 다시 말해, 독자마다 또는 읽을 때마다 연결이 달라지면 파악하는 내용도 달라진다. 이를 들뢰즈 식으로 말하면, 읽기는 독자가 텍스트의 의미 다양체를 만들어내는 활동이다.

2) 인터텍스트

텍스트들은 내용 면에서 상호텍스트적으로 연결되어 네트워크를 이루고 있다. 하나의 텍스트는 다른 텍스트와 내용이 연결되어 있다.(신헌재 외 역, 2004:344-366) 텍스트는 기호로 이루어져 있는데 이 기호는 다른 텍스트와 공유되어 있다. 기호의 공유는 내용의 공유를 가져온다. 내용의 공유라는 말은 기표와 관계된 기의를 같이 가지게 된다는 의미다. 그렇다고 텍스트

---

11   퍼스의 기호론에서 말하는 표상의 다양성은 기호가 지시하는 대상의 여러 측면 또는 다양
      한 속성을 의미하다. 반면, 인지적 관점에서는 독자 표상의 다양성은 배경지식이나 관점에
      서 비롯된 차이를 의미한다.

간에 공유된 기표가 똑같은 기의를 가진다는 말은 아니다. 데리다가 말하듯이 기호는 사용된 곳마다 다른 의미를 지닌다. 즉 기호는 쓰일 때마다 디페랑스의 속성을 내포한다.

텍스트는 다른 텍스트와 관계를 이루고 있다. 하나의 텍스트는 여러 텍스트와 다양한 방식으로 얽혀 있으며 관계 속에 존재한다.[12] 텍스트가 다른 텍스트와 관계를 이루는 핵심이 되는 요소가 인터텍스트(intertext)이다. 인터텍스트는 텍스트들이 공유하고 있는 텍스트의 한 부분이다. 이 인터텍스트는 하나의 언어 단위이지만 그 크기가 일정하지 않다. 인터텍스트는 텍스트들이 공유하는 기표나 기의로서 다양한 양태를 갖는다. 텍스트가 연결 관계를 이루게 하는 요소는 모두 인터텍스트이다. 이 인터텍스트를 공유한 텍스트들은 상호텍스트성을 갖게 된다.

텍스트 간의 기호 공유는 인터텍스트의 존재를 가능하게 한다.(김도남, 2015:15-17) 인터텍스트는 텍스트들이 공유한 내용 정보를 가리키는 말이다. 텍스트들이 공유하고 있지만 똑같지는 않은 관련 내용 정보의 단위가 인터텍스트이다.(신헌재 외 역, 2004:324-330) 인터텍스트의 '인터(inter)'라는 말은 '사이'라는 의미도 되지만 '공유'라는 말도 된다. 그리고 '텍스트(text)'는 기호로 이루어져 있으면서 특정 내용을 담고 있는 단위이다. 즉, 인터텍스트는 이 텍스트와 저 텍스트에 공통으로 들어 있는 형식과 내용 정보이다. 텍스트는 인터텍스트를 가짐으로써 텍스트로 존재할 수 있다. 저자가 텍스트를 구성할 때 인터텍스트에 의존하기 때문이다. 이 인터텍스트로 인해 텍스트들은 다른 텍스트와 형식 면에서 또는 내용 면에서 연결된 네트워크를 이룬다.

인터텍스트는 여러 가지 형태를 띤다. 인터텍스트는 하나의 낱말 이상의

---

12 텍스트의 여러 가지 관계는 네트워크의 형태로 그물처럼 서로 연결되어 있음을 의미한다. 텍스트들은 직접 또는 간접적으로 여러 경로를 통하여 형식적, 내용적, 기호적으로 연결되어 있다.(신헌재 외 역, 2004:344-349)

단위로 내용 정보를 포함한다. 낱말, 문장, 삽화, 아이디어, 방법, 주제, 저자, 관점, 사상 등 텍스트의 내용 연결에 사용되는 정보 단위는 무엇이든 인터텍스트가 될 수 있다. 독자도 텍스트와 관계하고 있을 때는 하나의 텍스트(언어 단위)이기에 인터텍스트가 된다. 텍스트는 외현적으로 독립되어 있지만 이면적으로는 인터텍스트에 의해 서로 관계를 맺고 있다. 텍스트는 이 인터텍스트의 공유로 기호 작용을 가능하게 한다. 즉 독자가 기표로부터 기의를 표상할 수 있게 된다.

하나의 텍스트는 여러 인터텍스트가 결합되어 이루어진다. 인터텍스트는 저자의 정교한 계획에 의하여 선택되고 연결된다. 백희나(2014)의 유아 그림동화 <달 샤베트>의 내용을 보면, 독창적으로 느껴진다. 이야기를 요약하면 다음과 같다. '여름밤 반장 할머니는 달이 녹아내린 달 물을 받아 달 셔벗을 만들어 이웃과 나누어 먹었다. 그런데 옥토끼가 찾아와 달이 없어 살 곳이 없다고 말한다. 할머니는 남은 달 물을 화분에 붓자 달맞이꽃이 피어난다. 그때 달이 떠오르고 옥토끼가 달로 돌아간다. 할머니는 잠을 청한다.' 이 내용을 보면, 녹아내리는 달 이야기, 여름날 밤의 일상, 옥토끼의 전설, 달맞이꽃의 전설 등의 인터텍스트들이 짜깁기 되어 있다. 이들 인터텍스트의 연결이 내용을 새롭게 느껴지게 한다. 인터텍스트들이 모여 형식적인 하나의 텍스트를 이루고 있고, 내용적으로는 여러 텍스트와 경계를 이루며 관계를 맺고 있다.

텍스트는 여러 다른 텍스트와 경계를 이루고 있다. <달 샤베트>의 내용을 보면, 내용적으로 여러 텍스트와 인터텍스트를 공유하면서 맞닿아 있다. 녹아내리는 달은 '불개 전설'과, 여름밤의 밤나들이는 사람들의 일상 경험과, 옥토끼의 방문은 '옥토끼 전설'과, 달맞이꽃과 달은 '달맞이꽃 전설'과 맞닿아 있다. <달 샤베트>는 이들 텍스트와 경계를 이루고 있다. 경계를 이룬다는 것은 기표나 기의들이 인터텍스트의 역할을 하고 있지만 두 텍스트에서 기능하는 형태가 다름을 의미하다. 텍스트의 경계는 인터넥스트를 공유하는 부분이지만 텍스트의 조건에 따라 인터텍스트의 속성이 달라지는 경계면이 되는 곳을 말한다. <달 샤베트>가 인터텍스트로 인하여 여러 텍스트와 내용이 맞닿아 있지만 경계를 이루고 있는 텍스트들과 인터텍스트의 내용이 똑같지는 않다. 하나의 텍스트는 여러 가지의 인터텍스트를 포함하기 때문에 텍스트 경계는 인터텍스트 수만큼 많다고 할 수 있다. 그러나 실제적으로는 중복 사용되는 인터텍스트가 있기에 경계의 수는 줄어든다.

독자는 텍스트의 경계들 중에서 어떤 경계에 관심을 가지는가에 따라 표상 내용과 해석 의미가 달라질 수 있다. 독자는 자신이 활용할 수 있는 인터텍스트로 경계에 초점을 맞추게 되고 이에 따라 텍스트의 내용을 표상하게 된다. 독자가 <달 샤베트>를 읽을 때, 전체의 줄거리나 개별 사건의 표상과 의미는 인터텍스트에 영향을 받게 된다. 예를 들면, 첫 장면에서 한여름 밤에 녹아내리는 달은 차가운 달과 관련된다. 이 달과 인터텍스트를 공유하는 텍스트는 더운 여름날 녹을 수 있는 얼음 달이 있는 텍스트이다. 얼음 달을 공유하는 텍스트는 일식과 월식의 유래담인 '불개 전설'이 있다. 불개 전설은 해와 달이 사라졌다 나타나는 현상을 불개가 해와 달을 삼켰다 토해 놓기 때문이라고 알려준다. <달 샤베트>의 녹는 달을 불개 전설과 관련지으면 사라졌다 나타나는 달의 다른 이야기임을 알 수 있다. 달 물로 셔벗을 만들어 이웃에게 나누어 주고, 옥토끼가 찾아오고, 달맞이꽃이 피고, 달이 떠올라 옥토끼가 달로 돌아가는 각 사건은 달의 재생 과정으로 정리될 수 있다. 한편 '이웃과 셔벗을 나누어 먹기'나 '옥토끼 전설', '달맞이꽃 전설'의 인터텍스트를 중심으로 내용을 정리하면 사건들은 다른 점이 부각되면서 파악된다. 이는 텍스트의 내용이 어느 경계에 주목하느냐에 따라 내용 표상과 의미 해석이 달라질 수 있음을 뜻한다.

읽기는 독자가 끌어오는 외부 인터텍스트와 텍스트 속의 내부 인터텍스트의 연결로 이루어진다. 독자는 텍스트를 읽는 동안 여러 외부 텍스트와 관련을 짓는다. 그래서 텍스트의 해석 의미는 텍스트 내부에 존재하지도 않고 텍스트 외부에 존재하지도 않는다. 텍스트 내부에 의미가 존재한다면 다른 텍스트와 관계없이 완결된 내용이 되어야 한다. 그런데 텍스트가 다른 텍스트와 관계없이 존재할 수는 없다. 한편, 텍스트의 외부에 의미가 존재한다면 하나의 텍스트는 독립된 형태를 갖출 수 없다. 외부의 텍스트는 텍스트 내부의 일부 인터텍스트를 공유할 뿐이지 텍스트 전체 내용을 포함하고 있지는 않기 때문이다. 텍스트의 의미가 드러나는 지점은 텍스트와 텍스트들이 관계하고 있는 경계라고 할 수 있다.

3) 연결과 소통

텍스트는 다른 텍스트와 경계를 이루고 있다. 경계를 이룬다는 말은 외형은 분리되어 있지만 내부는 연결되어 있음을 의미한다. 땅과 바다의 경계, 나라 간의 경계, 땅 소유권의 경계를 생각해 보면 알 수 있다. 하나의 텍스트는 다양한 텍스트와의 경계를 이룬다. 저자와 경계를 이루고, 다른 텍스트와 경계를 이루고, 독자와 경계를 이룬다. 저자와 내부적으로 연결되어 있고, 다른 텍스트와 연결되어 있으며, 독자와 연결되어 있다. 텍스트는 경계들 사이에서 존재하고 있는 것이다. 그래서 텍스트는 나라 간의 경계와 같이 연결되어 있고, 그 사이에 소통이 있다. 그러면서 서로 의존하고 있다. 텍스트의 경계는 소통이 존재하는 경계이다.

소통하는 경계에는 관문 또는 통로가 있다. 관문이나 통로는 전면적이 아니다. 관문은 부분적으로 특정한 곳에 있다. 관문은 열려 있을 수도 있고, 닫혀 있을 수도 있다. 또한 넓을 수도 좁을 수도 있다. 위치가 변하거나 형태가 달라질 수도 있다. 형식이나 방법이 복잡할 수도 있다. 일상생활에서 경계마다 있는 터미널, 마트, 병원 등의 관문 이용은 쉽지만 국가 간의 경계에 있는 공항, 항구 등의 관문 이용은 복잡하고 어렵다. 텍스트의 경계에도 관문이 있다. 독자는 텍스트의 내용을 표상하기 위해서는 이 관문을 이용해야 한다. 텍스트 경계의 관문이 익숙해 독자가 쉽게 드나들 수 있는 텍스트가 있는 반면, 낯설어 쉽지 않은 텍스트도 있다. 독자들은 칸트의 『순수이성비판』은 한 번쯤 읽어 보면 좋겠다고 생각한다. 독자가 처음 『순수이성비판』을 접하게 되면, 이 책이 이루고 있는 경계를 쉽게 넘어갈 수 없다. 기표에 연결된 기의를 떠올리기 어렵고, 기호들의 의미 관계를 파악하기 어렵다. 즉 경계에서 텍스트로 들어가는 관문을 찾기 어렵고, 통로로 들어가기가 힘들다. 그래서 독자는 읽는 것을 그만두게 된다. 『순수이성비판』을 읽는 독자는 이 책의 경계에 있는 관문을 찾아서 드나들 수 있게 되었기 때문이다.

관문은 내부와 외부를 연결하기 위해 필요하다. 텍스트에서의 관문은 특정 기표이다. 텍스트에서 사용된 특정 기호는 다른 텍스트에서도 사용된 기호이다. <달 샤베트>의 '여름밤', '녹는 달', '정전', '마을 가기(마을: 이웃에 놀러 다니는 일)', '샤베트', '옥토끼', '달맞이꽃' 등이 관문이 된다. 이들 기호는 독자가 <달 샤베트>를 읽을 때 경험이나 다른 텍스트와 연결을 짓게 한다. 이들 중 '여름밤', '정전', '셔벗', '마을 가기' 등은 일상적인 관문의 역할을 한다.[13] 한편 '녹는 달', '옥토끼' '달맞이꽃' 등은 관련된 다른 텍스트와 연결이 필요한 관문이다. 이들 관문을 통과하기 위해서는 '불개 전설', '옥토끼의

---

13 관문은 사람과 물자가 드나드는 곳이다. 관문은 간편하고 넓을수록 누구나 쉽게 드나들 수 있다. 까다롭고 좁을수록 아무나 드나들 수 없다. 생활 속에서 볼 때, 다른 곳과 연결되는 관문인 터미널이나 역은 공항에 비하여 간편하고 드나들기가 쉽다. 많은 사람과 물건들이 터미널과 역을 통하여 이동한다. 반면 공항은 일부의 사람들이 특정한 목적을 가지고 까다로운 절차를 거쳐 이용하게 된다. 터미널이나 역을 이용하는 사람들은 한두 번 이용 경험이 있으면 일상생활의 하나로 여긴다. 공항은 여러 번 이용하여도 할 때마다 부담감을 느끼고 낯선 일 중의 하나로 여기게 된다. 텍스트가 가지고 있는 경계 면의 관문도 이와 다르지 않다. 일부 텍스트는 일상의 활동처럼 읽을 수 있다. 또 일부 텍스트는 읽는 부담을 많이 가지고도 읽을 수 없다.

전설', '달맞이꽃의 전설'의 내용을 활용해야 한다. 이들 기표의 관문은 텍스트에 직접 드러나 있어서 독자가 쉽게 관심을 가질 수 있다.

텍스트 경계의 이차적인 관문은 특정 기의이다. 기의는 동일한 기표를 이용할 수도 있지만 전혀 다른 기표일 수도 있다. 관문의 역할을 하는 기의는 개념, 생각, 경험, 지식, 입장, 관점, 방법, 지향 등의 내용적 특성을 가진다. <달 샤베트>의 여름밤 달의 녹아내림은 무더운 여름날의 월식과 관련되고, 이는 불개 전설과 연결된다. 또한 차가운 달의 녹음은 달의 상태 변화를 예견하게 한다. 셔벗의 나눔은 이웃과 함께 하는 생활을 떠올리게 하고, 옥토끼의 등장은 옥토끼가 살아갈 달을 존재를 내포하고 있다. 달맞이꽃은 달이 새로 떠오르게 할 수 있는 힘이 있는 존재임을 함의하고, 녹아내린 달로 인해 생긴 문제를 해결할 단서가 된다. 읽기에서 기의가 텍스트의 관문이 되는 경우는 여러 가지 예를 찾을 수 있다. 한 예로 소쉬르의 『일반언어학 강의』의 구조주의의 관점과 탐구 방식은 구조주의 관점에서 쓰인 언어학, 문화인류학, 종교학, 문학 비평 이론의 텍스트들을 읽는 관문이 된다. 인지심리학의 연구 방법과 내용은 과정 중심 읽기와 쓰기 관련 텍스트를 읽고 이해하는 관문 역할을 한다.

독자의 읽기는 텍스트 경계의 관문을 드나드는 소통의 과정이다. 독자는 텍스트를 읽는 동안 텍스트의 내용 표상을 위한 관문을 찾는다. 독자는 어떤 텍스트에서는 이 관문 찾기도 하지만 못 찾을 때도 있다. 독자가 일상적으로 들어갈 수 있는 관문이 있는 텍스트는 쉬운 텍스트이다. 반면 독자가 의식적으로 관문을 찾아야 하는 텍스트는 어려운 텍스트이다. 독자가 관문을 들어가는 이유는 텍스트의 내용을 표상하여 파악하기 위해서다. 독자의 텍스트 내용 표상은 읽고 읽는 텍스트의 절대적 기의는 아니다. 독자가 관문을 통과할 때 사용한 인터텍스트를 활용한 독자만의 표상이다. 독자가 어떤 인터텍스트를 활용하느냐에 따라 표상이 달라진다.

독자는 표상한 내용에서 텍스트의 의미를 찾아야 한다. 의미 찾기는 텍스트에서 벗어나 이루어지는 활동이다. 독자가 텍스트를 벗어나기 위해서는 텍스트의 관문을 빠져나오는 활동이 있어야 한다. <달 샤베트>의 내용을 표상하는 활동이 관문을 들어가 하는 활동이라면, <달 샤베트>의 의미를 해석하는 활동은 관문을 나와서 하는 활동이다. 독자가 텍스트를 벗어날 때 어떤 기표나 인터텍스트를 활용하느냐에 따라 찾는 의미는 달라진다. 할머니가 이웃을 도와주는 기표나 인터텍스트를 활용하면 독자가 해석한 의미는 '서로 돕는 생활'이 될 수 있다. 또는 달이 더위에 녹아내렸다가 달맞이꽃을 통하여 다시 떠오르는 인터텍스트를 사용하면 '자연의 순리를 따름'이 될 것이다. 할머니의 문제해결 활동을 인터텍스트로 활용하면 '할머니의 지혜'가 될 수 있다.

독자의 텍스트 내용 표상과 의미 해석이 독자마다 다를 수 있는 것은 서로 다른 인터텍스트를 활용하기 때문이다. 독자가 쉽게 읽을 수 있는 텍스트는 인터텍스트 활용에 익숙하기 때문이고, 어려운 텍스트는 인터텍스트 활용이 안 되기 때문이다. 어려운 텍스트를 읽어 이해하기 위해서는 텍스트 경계의 관문을 통과할 수 있는 인터텍스트가 필요하다. 독자는 관문 통과에 필요한 인터텍스트를 찾아야 한다.

텍스트의 경계 관문을 통과할 때 인터텍스트를 결정하는 주체는 다를 수 있다. 텍스트에 들어갈 때의 인터텍스트는 텍스트가 결정하는 경우가 있다. 낯선 텍스트의 경우 특히 그렇다. 텍스트 안으로 들어가는 관문이 고정되어 있어 독자가 활용할 인터텍스트는 제한을 받는다. 텍스트에 들어갈 때 독자는 텍스트의 관문을 통과할 조건에 맞는 인터텍스트를 활용해야 한다. 한편 텍스트 밖으로 나올 때는 독자가 결정하는 경우가 있다. 텍스트 밖으로 나오는 관문은 독자가 활용할 인터텍스트에 제한이 없다. 독자가 나오는 관문을 선택할 수 있고, 관문에 맞는 인터텍스트를 활용하여 의미를 결정할 수 있다.

텍스트 중심 읽기는 텍스트에 드나드는 관문 통과의 조건을 텍스트 내에 두었다. 그래서 독자가 텍스트를 드나들기 위해서는 텍스트가 요구하는 특정 인터텍스트를 갖추어야 했다. 이 경우 독자는 특정 조건의 관문으로만 통과해 텍스트의 특정 요소와만 소통하였다. 독자와 텍스트와의 소통은 일방적이고 단일한 방식으로 이루어졌다. 반면, 독자 중심 읽기는 텍스트 관문 통과의 조건을 독자에 두었다. 독자가 특정한 인터텍스트로 관문을 통과할 수 있으면 들어가고, 그렇지 않으면 텍스트 주변에서 텍스트의 내용을 추측하는 것만으로 만족한다. 의미 해석에서도 임의적인 인터텍스트의 사용을 용인해 준 측면이 있다. 그래서 개별 독자만의 의미 해석을 인정하기도 하였다.

텍스트의 경계를 넘나들기 위해서는 관문을 찾아야 하고, 관문 통과에 필요한 인터텍스트가 있어야 한다. 텍스트 중심의 일방적 인터텍스트 요구나 독자 중심의 일방적 인터텍스트 사용은 텍스트 이해에 도달하기 어렵게 만든다. 텍스트의 이해는 기표와 기의를 고정하여 개별성과 특수성이 있는 의미 다양체의 한 면을 구성해야 하기 때문이다.

나. 독자의 기호 활용 구조

독자는 텍스트의 경계에 있는 관문을 드나들며 의미를 구성한다. 독자가 구성하는 의미는 어떤 관문으로 무엇을 가지고 넘나들며 어떤 활동을 했는가가 결정한다. 독자는 이 활동 과정에서 지식을 얻을 수도, 의미를 구성할 수도, 읽기 능력을 신장할 수도, 자아의 성장을 이룰 수도 있다. 독자가 글의 경계를 넘나들며 하는 일을 텍스트 중심이나 독자 중심으로 제한하는 것은 옳지 않다. 독자가 읽는 텍스트는 사실 정해진 관문이 있는 것은 아니다. 독자가 활용할 수 있는 열쇠인 인터텍스트가 무엇인가가 관문을 결정한다. 또한 인터텍스트가 텍스트 안으로 들어가는 연결 통로가 되고 텍스트 밖으로 나올 수 있는 단서가 된다. 독자는 인터텍스트를 활용하여 텍스트 경계를 넘나들며 자신에게 필요한 읽기 활동을 한다.

(가) 오늘도 엄마는 장수탕이다. 그래도 한 가지! 울지 않고 때를 밀면 엄마가 요구르트를 하나 사 주실 거다. 그리고 하나 더! 내가 가장 좋아하는 냉탕.

"덕지 너, 감기 걸려도 엄만 모른다!"

풍덩풍덩 발 딛고 헤엄치기, 어푸어푸 국가 대표 덕지 선수 금메달! 꼬르륵 으악, 배가 침몰한다. 그런데…… 어? 이상한 할머니가 타나났다.

"겁먹지 마라, 애야. 나는 저기 산속에 사는 선녀란다. 날개옷을 잃어버렸는데 여태 여기서 지내고 있지?"

선녀 할머니는 '선녀와 나무꾼'이라는 옛날이야기를 들려주셨다. 다 아는 이야기였지만 모른 척 끝까지 들어 드렸다.

우아, 이럴 수가! 할머니는 냉탕에서 노는 법을 정말 많이 알고 계셨다.

쏴아아, 폭포수 아래서 버티기! 첨벙첨벙, 바가지 타고 물장구치기! 꼬로록꼬로록, 탕 속에서 숨 참기! 우와!

"그런데 애야, 저게 도대체 뭐냐? 아주 맛나게들 먹더구나."

선녀 할머니가 요구르트를 가리키며 수줍게 물었다.

"요구르트요."

"요……요구릉?"

"음……잠깐만요!"

나는 뜨거운 탕에 들어가 때를 불렸다. 숨이 막혔지만 꾹 참았다. 엄마가 때를 밀 때도 눈물이 나려는 것 꾹꾹 참았다. 드디어 엄마가 요구르트 하나를 사주셨다. 나는 할머니께 요구르트를 드렸다.

―<장수탕 선녀님> 일부, 백희나, 2012

글(가)는 백희나(2012)의 유아용 그림 동화인 <장수탕 선녀님>의 일부이다. 유아가 이 동화의 내용에 쉽게 접근하려면 세 가지 조건이 필요하다. <선녀와 나무꾼>의 이야기를 알고 있어야 하고, 어머니와의 대중목욕탕을 다녀 본 경험이 필요하며, 목욕탕의 시공간적 배경 변화를 알아야 한다. 독자가 <장수탕 선녀님>의 내용을 표상하기 위해서는 <선녀와 나무꾼> 이야기에서 날개옷을 잃어버린 선녀에 대한 인터텍스트와 목욕탕의 시공간 관련 인터텍스트, 목욕탕 경험의 인터텍스트를 연결 지어야 한다. 독자가 <장수탕 선녀님>의 의미를 해석해 내기 위해서는 또 다른 인터텍스트를 활용해야 한다. 어린 독자라면 <달 샤베트>의 반장 할머니 인터텍스트와 연결하여 '서로 도움'의 의미를 찾을 수도 있고, <흥부전>의 흥부 인터텍스트와 연결시켜 '선행의 가치'를 해석할 수도 있다. 성인 독자라면 텍스트 구성 관련 인터텍스트로 텍스트의 구성 방법의 독창성이나 아동 발달 관련 인터텍스트로 유아의 주체적 성장의 의미를 해석해 낼 수도 있다. 독자의 읽기 활동과 관련된 기호 활용의 요인을 몇 가지로 구분하여 살펴보면 다음과 같다.

1) 공유와 차용

독자가 텍스트를 읽고 내용을 표상했다는 것은 텍스트와 연결되는 인터텍스트를 가지고 있음을 뜻한다. 독자가 인터텍스트를 가지고 있다는 것은 배경지식이 있다는 의미가 아니다. 텍스트를 읽을 때 선험적으로 인식할 수 있는 부분도 있고, 텍스트의 내용이 독자의 기억을 되살리기도 하고, 새로운 인터텍스트를 만들어 주기도 한다. 물론 독자가 알고 있던 것일 수도 있다. 독자가 텍스트를 읽으면서 텍스트의 내용을 인식하고 표상할 수 있는 것은 이 인터텍스트의 작용 때문이다. 독자가 텍스트 내용을 인식할 때의 인터텍스트 작용은 공유와 차용으로 구분할 수 있다.

인터텍스트의 공유로 독자는 표상에 성공할 수 있다. 공유는 둘 이상의 대상이 같은 것을 공동으로 소유하고 있는 것이다. 인터텍스트의 공유는 텍스트와 다른 텍스트 그리고 독자가 공통의 인터텍스트를 가지는 것이다. 이 공유는 독자가 텍스트의 내용을 표상하는 데 본질적인 것이다. 먼저 텍스트의 구성의 속성을 보면, 텍스트는 다양한 인터텍스트들이 짜깁기 되어 있다. 글(가) <장수탕 선녀님>을 보면, 현대의 중소도시에 사는 아이의 목욕탕 경험과 <선녀와 나무꾼> 이야기의 인터텍스트가 연결되어 있다. 유아 독자는 이 동화를 읽으면서 이들 인터텍스트를 공유할 수도 있지만 그렇지 않을 수도 있다. 텍스트 내용을 파악한 독자는 이들 인터텍스트를 공유하고 있다고 할 수 있다. 독자가 인터텍스트를 공유하지 못했다면 그 부분의 표상은 제대로 이루어지기 어렵다. 예를 들어, 대중목욕탕에 대한 경험이 없으면 목욕탕에서 벌어지는 일들에 대한 표상이 잘 일어나지 않고, 선녀에 대한 인터텍스트의 공유가 없으면 목욕탕에서 선녀를 만나서 벌어지는 일들을 표상하기 어렵다. 텍스트의 기표들이 지시하는 기의와는 전혀 다른 내용을 표상할 수도 있다. 독자가 텍스트의 내용을 효율적으로 표상하기 위해는 인터텍스트들의 공유가 바탕이 된다.

독자가 공유하지 못한 인터텍스트를 포함한 텍스트의 경우에는 다른 텍스트에 있는 인터텍스트를 활용하여 텍스트의 경계를 넘을 수 있다. 다른 텍스트의 인터텍스트를 활용하는 활동을 차용이라 할 수 있다. 독자가 노자의 『도덕경』을 읽는 경우를 생각해 볼 수 있다. 일반적인 독자의 경우, 『도덕경』과 관련된 인터텍스트를 공유하지 못하고 있다. 그래서 『도덕경』을 읽어도 그 내용을 표상하거나 의미 해석 활동을 할 수 없다. 이때 독자는 『도덕경』을 풀이해서 설명하고 있는 텍스트에서 인터텍스트를 차용해 연결할 수 있다. 그렇게 하면 『도덕경』의 내용 표상이 가능해지고 의미 해석 활동을 할 수 있게 된다.

독자가 텍스트 내용을 표상하고, 의미 해석 활동을 하기 위해서는 인터텍스트와 텍스트 내용의 관계를 명확히 해야 한다. 관계를 명확히 한다는 것은 공유하거나 차용한 인터텍스트를 분명히 규명하여 인식하는 것이다. 그리고 인터텍스트의 속성과 각 텍스트에서의 차이도 밝혀 확인하는 것이 필요하다. 내용 표상이나 의미 해석 활동은 인터텍스트의 결합지점 또는 경계지점에서 일어나기 때문이다. 독자는 텍스트 경계의 관문을 통과하면서 활용한 인터텍스트와 연결될 수 있는 텍스트의 내용에 주목하게 된다. 그 결과 내용 표상과 의미 해석은 인터텍스트와 관련되어 일어난다. 이는 독자가 활용하는 인터텍스트를 명확히 했을 때 표상과 해석을 잘 할 수 있음을 함의한다.

2) 거리와 강도

독자가 텍스트를 읽으면서 인터텍스트를 활용하여 표상과 해석 활동을 할 때 거리와 강도가 작용한다. 거리는 텍스트의 내용과 인터텍스트의 관계가 직접적인지 간접적인지의 문제이다. 저자가 텍스트를 구성할 때도 인터텍스트를 그대로 활용하는 때도 있고, 재해석하거나 부분적인 의미만 활용하는 때도 있다. 인터텍스트를 그대로 활용하면 두 텍스트 간에 관련성이 높아져 거리가 가깝고 직접 연결된다. 거리가 먼 경우에는 여러 단계를 거쳐 가접 연결된다. 강도는 인터텍스트를 활용하는 방식과 관련된다. 인터텍스트를 텍스트 내용의 중요한 부분으로 활용할 수도 있고 그렇지 않을 수도 있다. 인터텍스트가 중요한 부분에 사용되면 텍스트 간에 관계 강도가 높아지고, 그렇지 않으면 낮아진다.

독자의 인터텍스트의 활용에는 거리가 작용한다. 독자는 텍스트의 내용을 표상하고, 의미를 해석하는 활동을 하기 위해 여러 가지 인터텍스트를 활용하게 된다. 독자가 활용하는 인터텍스트의 거리가 가까운 경우에는 읽고 있는 텍스트의 내용과 유사한 것을 가져온 경우이다. 일차적으로 인터텍스트의 내용이 텍스트의 내용과 유사성이 높으면 거리가 가깝다. 낯선 텍스트의 인터텍스트를 가져왔을 때는 거리가 멀어진다. 인터텍스트가 텍스트의 몇 단계를 거쳤는가에 따라 거리가 결정된다. 여러 단계의 텍스트를 거칠수록 거리가 멀어지고 간접성이 높아지게 된다. <달 샤베트>에서 성인 독자의 한여름 밤의 마을 가기는 일상과 관련된 인터텍스트로 내용과 거리가 가깝다. 그래서 텍스트의 내용에 쉽게 다가갈 수 있다. 반면, 차가운 달이 더위에 녹아내리는 장면의 인터텍스트는 경험 속에 없다. 그렇기 때문에 다른 텍스트에서 가져와야 한다. 차가운 달이 있는 불개 전설을 읽어 본 독자는 찬 달의 인터텍스트를 활용하여 녹아내리는 달을 표상할 수 있다. 이것은 한 단계를 거쳐 인터텍스트를 가져 온 것이다. 이런 인터텍스트를 끌어오지 못한 독자는 이 장면이 낯설다. 그래서 달이 녹아내리는 장면을 다르게 생각할 수도 있다. 용광로의 싯누런 쇳물이 쏟아지는 영상으로 본 경험과 연결 지을 수 있다. 이 경우는 인터텍스트의 거리가 먼 예이다. 텍스트의 내용을 표상하기 위해 어디에서 어떤 인터텍스트를 연결하느냐에 따라 표상이 달라지는 것이다.

인터텍스트의 활용 강도는 연결하는 힘의 크기를 의미한다. 텍스트와 일치성이 높고 분명하다고 여기면 연결하는 힘이 크고, 일치성이 낮고 분명하지 않다고 여기면 연결하는 힘이 적다. 텍스트의 내용과 인터텍스트의 연결 강도가 강하다고 인식할 경우, 독자는 표상에 편안함을 느낀다. <장수탕 선녀님>을 읽을 때 <선녀와 나무꾼>의 선녀 인터텍스트는 연결하는 힘이 크기 때문에 독자의 표상에는 부담이 없다. 반면 연결 강도가 약할 경우에는 독자는 인식 활동에 의식을 집중하고 관련성을 따져보게 된다. <장수탕 선녀님>을 읽을 때 <달 샤베트>의 반장 할거머니 행동이나 <흥부전>의 흥부의 행동에 관련된 인터텍스트는 연결 강도가 중간 정도이다. 남을 돕는 착한 행동의 인터텍스트가 연결점을 만들어 주기 때문이다. 한편 <달 샤베트>와 <흥부전>의 이야기 구성의 방법이나 사건 전개를 따져 동일성을 찾고 그 의미를 찾아내는 일에는 의지적 노력을 많이 들여야 한다. 연결 강도가 낮아 의도적으로 이들을 비교해야 하기 때문이다. 강도가 약한 연결은 의미 해석 활동을 유도하는 특징이 있다. 이는 일상적인 인터텍스트의 강한 연결보다 약한 연결에서 의미 있는 다양한 활동이 일어난다고 할 수 있다.[14]

3) 친밀과 소원

독자가 활용하는 인터텍스트는 친밀한 것과 소원한 것이 있다. 물론 친밀과 소원은 넓은 스펙트럼을 갖지만 그 양 극단에 친밀과 소원이 있다. 친밀은 읽는 텍스트와 인터텍스트의 관련성이 높고 익숙한 것이고, 소원은 관련성이 낮고 익숙하지 않은 것이다. 친밀과 소원의 판단은 저자나 독자가 하지만 그 결과는 각자 다르다. 저자는 친밀하다고 생각할 수도 있지만 독자는 소원하다고 할 수 있다. 친밀과 소원은 각자가 인터텍스트에 얼마나 익숙해 있느냐가 결정하기 때문이다. 인터텍스트의 친밀함과 소원함은 텍스트의 내용 표상과 의미 해석 활동과 관련된다. 인터텍스트가 친밀하다는 것은 익숙함을 전제로 하기 때문에 내용 표상에 영향을 준다. 소원하다는 것은 생소함을 전제로 하기 때문에 그 관련성을 찾게 되면 의미 해석이 달라진다.

인터텍스트가 친밀하다는 것은 두 가지 상황에서 일어난다. 텍스트 간에 친밀함과 독자와 텍스트 간의 친밀함이다. 텍스트 간에 친밀함은 동일 화제나 저자의 의도에 의하여 이루어진다. 이는 연결 강도와 관련된다. 독자와 텍스트 간의 친밀함은 독자의 생활이나 독서 경험에서 이루어진다. 두 가지 모두 읽기에 영향을 주지만 독자의 인터텍스트와 텍스트 간의 친밀함이 여기서는 관심의 대상이다. 친밀하다는 것은 서로 가깝지만 동일하지는 않음을 전제한다. 서로 관계성이 있고, 텍스트의 내용과 인터텍스트가 공유하는 부

---

14   강한 연결과 약한 연결의 특성은 강병남·김기훈 역(2013:73-94)을 참조할 수 있다.

분이 많다는 것이다. 독자의 인터텍스트가 텍스트의 내용과 친밀한 관계를 갖는 부분에서는 쉽게 표상되고 어려움이 없다. 다른 텍스트에서 빌려온 인터텍스트라도 독자가 이해하여 사용한 경우에는 친밀함이 높다. 이때 독자는 텍스트의 내용 표상에 비교적 쉽게 접근할 수 있다. 대중목욕탕을 다녔고, <선녀와 나무꾼>을 읽은 독자는 <장수탕 선녀님>의 목욕탕에서 일어난 일과 선녀와 만난 사건의 인터텍스트에 친밀함을 느낀다. 그래서 독자는 이 텍스트를 읽는 데 어려움이 없다.

인터텍스트가 소원하다는 것은 텍스트 내용과 관계성이 낮아 임의적인 연결 짓기를 해야 한다는 의미다. 텍스트의 내용과 인터텍스트가 공유하는 요소가 많지 않음을 뜻한다. 공유하는 부분이 없는데도 독자가 임의적으로 연결하여 관련성을 가지게 할 수도 있다. 공유하는 부분이 적다는 것은 독자가 의도적으로 관계를 찾아 연결해야 함을 뜻한다. 의도적으로 관계를 맺게 하는 것은 자연스러운 연결이 아니라 독자가 임의적으로 연결점을 찾아 연결하는 것이다. 독자가 의도적으로 연결하는 것은 텍스트의 내용을 특정한 관점이나 이론으로 보는 활동을 포함한다. 이 경우 독자는 연결 관문을 내용의 특정한 부분에 두게 된다. 이때는 텍스트의 내용 관계성이 분명하지 않은 인터텍스트를 연결함으로써 새로운 의미 또는 다양체적 의미가 드러나게 된다. 예를 들어 <달 샤베트>를 달에 원형적 상징이론의 인터텍스트와 연결할 수 있다. 상징이론에서 달은 죽음과 부활과 관련된다. 상징이론의 인터텍스트를 끌어와서 텍스트의 내용과 연결을 지으면 달의 녹아내림을 죽음으로 볼 수 있다. 그리고 이야기 후반부에서 보면 달은 달물을 흡수한 달맞이꽃과 함께 부활한다. 그렇게 되면 이 이야기는 달의 자연적 섭리를 표현한 내용이라고 해석된다.

3. 인터텍스트와 읽기

독자가 텍스트를 읽고 이해하기 위해서 인식 활동이 텍스트 내부로 들어가 하는 활동과 텍스트 밖으로 나오는 활동이 있어야 한다. 독자가 텍스트 내부로 들어가 하는 활동은 내용 표상이고, 밖으로 나와 하는 활동은 의미 해석이다. 독자가 텍스트를 이해하기 위해서는 텍스트 내용 표상과 의미 해석 활동이 서로 호응해야 한다. 독자의 텍스트 내용 표상과 의미 해석 활동에 대하여 검토하여 본다.

가. 텍스트의 내용 표상하기

독자가 텍스트를 읽고 내용을 표상하기 위해서는 인식 활동이 텍스트 내부로 들어가야 한다. 텍스트 내부로 들어간다는 것은 독자의 인식 활동이 인터텍스트를 활용하여 기표 경계의 관문을 통과하는 것이다. 관문의 통과는 텍스트 내용을 체계적이고 일관성 있게 표상함과 연결된다. 독자가 어떤 인터텍스트로 어떤 경계의 관문을 이용하는가에 따라 텍스트 내용의 표상이 달라진다. 독자가 활용한 인터텍스트에 따라 중요 정보와 주변 정보가 달라지고, 표상 정보의 조직 체계가 달라진다. 따라서 독자의 인식 활동이 텍스트 내부로 들어가는 일은 인터텍스트를 활용한 내용 표상과 표상 내용의 확인이 필요하다. 독자가 활용하는 인터텍스트에 따라 표상 내용이 달라질 수 있기 때문이다.

(나) 지금 말한 至善은 自性이 본래 선도 없고, 악도 없는 진실한 자체로서 다만 하나의 광명뿐이요 안과 바깥도 없으며 옛과 지금도 없고 나와 남도 없으며 옳고 그름도 없는 것을 크게 깨달아 밝힘이니, 이른바 '독립하여 변동이

없는 것'이다. 여기에 한 점의 무엇도 붙을 수 없고 말끔히 소탕되어서 미세한 티끌도 없다. 만약 선으로 악을 쳐부수어 악이 제거되고 선이 남아 있으면 이것은 오히려 한 층이 막혀 있나니 이 하나 善자는 이 원래 客인 塵이고 본래의 주인은 아니다. 그러므로 그는 지극한 자리이거나 그칠 만한 땅이 아니다.(今言至善은 大是悟明自性本來無善無惡之眞體가 只是一段光明이요 無內無外며 無古無今이며 無人無我며 無是無非니 所謂獨立而不改라 此中에 一點著不得이요 湯無纖塵이라 若以善으로 破惡하야 惡去善存하면 此猶隔一層이라 卽此一善字는 原是客塵이요 不是本主니 故不是至極可止之地라.

—『大學綱目決疑』일부, 원조각성 역, 2002:52-53

글(나)는 『대학강목결의』에서 유학 경전인 『대학(大學)』의 첫 구절인 '大學之道 在明明德 在親民 在止於至善' 중 '지선(至善)'에 대한 감산대사의 풀이다. 이 풀이를 보면 감산대사는 '지선'에 초점을 맞추어 불교의 용어인 '(무)자성((無)自性)'[15]을 인터텍스트로 이용하여 텍스트 안으로 들어가고 있다. 즉 지선이라는 용어를 관문으로 삼아 (무)자성의 개념을 연결하여 『대학』의 첫 구절의 내용을 파악하고 있다. 이는 지선을 유교적 개념으로 표상하는 것이 아니라 불교적 개념으로 표상하게 한다. 여기서 지선은 무자성이라는 인터텍스트로 인하여 원래 텍스트와는 새로운 대상의 속성으로 표상된다.

독자의 표상 활동은 텍스트의 경계 넘기를 필요로 한다. 경계 넘기는 글(나)에서와 같이 텍스트의 주요 기표가 가진 기의의 속성을 풍부하고 분명하게 표상하는 것이다. 텍스트의 기호가 지시하고 있는 대상의 속성을 분명하게 드러내어 인식하는 것을 경계 넘기라 할 수 있다. 이 텍스트 경계 넘기는

---

15 무자성(無自性)은 불교의 용어로 '스스로 그러한 성질(自性), 즉 사물이 본래부터 가지고 있는 속성'이 없음을 뜻하는 말이다.

인터텍스트를 활용한 의식적인 내용 표상 활동으로 이루어진다. 글(나)에서 감산대사는 의식적으로 (무)자성을 활용하여 지선의 속성을 찾아들어가고 있다. 그렇게 인터텍스트를 활용한 표상은 그 내용이 인터텍스트의 특성에 맞게 분명해지고, 체계적인 표상 내용이 되어 텍스트 이해에 관여하게 된다. 이는 기호가 지시하는 대상의 속성을 일관성 있으면서 체계적인 표상을 가능하게 한다.

독자는 의식적인 표상을 위해 인터텍스트를 점검해야 한다. 독자는 자신이 활용하고 있는 인터텍스트가 어디에서 온 것이고, 그 내적인 특성이 무엇인지를 확인해야 한다. 인터텍스트의 확인은 어떻게 텍스트의 내용을 인식할 것인지에 대한 확인이다. 『대학강목결의』에서 감산대사는 지선(至善)을 유교적 개념인 '사리(事理)의 당연한 극(極, 표준)'(성백효 역, 2004:23)으로 보지 않고, '무자성'으로 해독하고 있다. 이는 감산대사가 유교적인 지선(至善)의 해석을 몰라서 그렇게 한 것이 아니다. 감산대사의 관점에서 『대학』의 의미를 해석하려고 의도적으로 특정 인터텍스트를 사용한 것이다. 감산대사는 이를 위하여 자신이 사용하는 인터텍스트인 무자성이 지선의 기의를 표상하는 데 적절한지를 확인하고, 이를 적용한 것이다. 텍스트의 내용 표상은 의식적으로 이루어지는 활동이기 때문에 독자가 활용할 인터텍스트의 점검과 확인은 당연한 일이다.

독자가 활용하는 인터텍스트에 따라 표상 내용이 달라진다. 글(나)를 보면, 유교 경전인 『대학』의 한 구절이 불교의 구도(求道) 방식을 인식하는 내용으로 표상되고 있다. 이는 독자가 활용하고 있는 인터텍스트 때문이다. 독자가 어떤 인터텍스트를 활용하는가가 표상하는 내용을 결정하는 것이다. 유교의 관점에서 지선을 읽는 독자는 '사리의 당연한 표준'으로 보기 때문에 지선의 의미는 감산대사의 표상과는 전혀 다를 수밖에 없다. 인터텍스트는 독자가 텍스트의 내용을 어떻게 표상할지를 결정하는 중요한 단서가 된다. 위의 글(나)는 극단적인 대립의 특성을 보이는 예시이기는 하지만 다른 텍스트들도 마찬가지의 특성을 가진다고 할 수 있다.

글(나)로 볼 때, 독자가 기호를 통하여 대상의 속성을 인식하는 것은 인터텍스트가 결정한다. 독자의 내용 표상에 의지나 배경지식이 영향을 주기는 하지만 구체적으로 인터텍스트가 표상의 결과를 결정한다고 할 수 있다. 만약 배경지식이 표상의 내용을 결정한다면 같은 텍스트를 읽고 다른 방식으로 내용을 표상하는 독자를 설명할 수 없다. 독자가 텍스트를 읽을 때 텍스트의 경계에 있는 관문을 통과할 때 사용하는 인터텍스트가 내용 표상의 관건이 되는 것이다. 따라서 독자의 표상 내용은 정해져 있는 것이 아니라 인터텍스트의 활용에 따라 달라지는 것이다. 인터텍스트가 텍스트로 들어가는 관문의 열쇠이며 표상 내용을 결정하는 도구이다.

나. 텍스트의 의미 해석하기

독자의 인식 활동이 텍스트 내부로 들어가 내용을 파악하였으면 외부로 나가야 한다. 텍스트 외부로 나가는 활동은 독자가 표상한 텍스트 내용에서 의미를 찾는 과정이다. 텍스트 경계 내부에서는 인터텍스트를 활용하여 텍스트에 충실한 내용 표상을 하는 것이라면, 텍스트 외부로 나올 때는 또 다른 인터텍스트와의 연결을 통하여 독자에게 충실한 의미를 찾는 것이다. 텍스트를 읽고 대상의 속성을 아는 것에 만족하는 것이 아니라 텍스트가 독자에게 어떤 의미인지를 밝혀야 한다. 텍스트 외부로 나가는 것은 이를 위한 활동이다.

(다) <흥부전>의 주제는 결국 두 가지로 요약된다. 선량한 자는 복을 받고 부도덕하고 탐욕스런 자는 죄를 받으니, 사람은 선량하고 도덕적이어야 한다는 것이 고면(고정적인 줄거리 내용)에서 인과의 논리로 계속 역설되어 있는 표면

적 주제이다. 그러나 비고면이 나타내는 바는 이에 다 포괄되지 않고, 표면적으로는 분명하지 않은, 이와는 아주 다른 또 하나의 주제를 지니고 있으니, 이를 이면적 주제라고 한다면, 천부의 대두로 가난해진 양반과 모든 기존 관념이 얼마나 심각한 곤경에 빠지게 되었는가를 여실히 보여주는 것이 이면적 주제라 할 수 있다. (중략) 이 싸움에서 결국 우세한 쪽은 이면적 주제이다. 비고면의 풍부한 사례를 통해서 이미 선량하면 복 받는다는 교훈은 사실상 무력해진 것을, 흥부의 주린 염치가 헛된 것임을 나타낼 뿐만 아니라, 골계의 관점이 지닌 표현의 강도에서도 이면적 주제가 더 큰 설득력을 지니고 결과적으로 우세하다.(조동일, 1969:314-315)

위 글(다)는 조동일(1969)의 「흥부전의 양면성」이라는 논문의 결론 부분이다. 조동일은 <흥부전> 줄거리의 고정적인 부분(고면)과 변화하는 부분(비고면)을 비교 분석하여 고정적인 부분의 주제는 '권선징악'이고, 변화하는 부분의 주제는 '평민적 현실주의의 새로운 세계관의 반영'이라고 주장한다. 이러한 주장은 텍스트 외부로 나와 텍스트의 내용에 대한 독자의 의미 해석의 결과이다. 조동일은 <흥부전>의 경계를 벗어나기 위하여 이본의 차이를 인터텍스트로 활용하고 있다. <흥부전>의 이본마다 달라지는 요인을 활용하여 텍스트 경계에 있는 관문을 벗어나고 있다. 그러면서 <흥부전>의 주제는 평민적 현실주의라고 제시한다.

독자의 인식 활동이 텍스트 밖으로 나오기 위해서는 관문을 통과할 수 있는 새로운 인터텍스트가 필요하다. 글(다)에서 보면, <흥부전>의 내용을 권선징악의 인터텍스트로 표상하고, 같은 인터텍스트를 활용해 외부로 나오게 되면 표면적인 주제도 권선징악이 됨을 보여준다. 반면, 텍스트 외부로 나오면서 다른 인터텍스트를 사용하게 되면 이면적인 주제가 드러남을 보여주고 있다. 독자가 들어가고 나올 때 같은 인터텍스트를 활용할 경우, 독자는 표상한 내용에 만족하게 된다. 글을 읽었다는 경험, 텍스트의 내용을 표상해 보았다는 경험밖에 가지지 못한다. 독자가 새로운 의미 해석을 하기 위해서는 텍스트의 밖으로 나오면서 표상 내용을 종합하고 다른 인터텍스트와 연결을 지어야 한다. 글(다)에서 보면, 저자는 의도적으로 이본들의 차이점이라는 인터텍스트를 활용하여 텍스트 외부에서 비판적으로 살피고 있다.

독자가 의미 해석을 위해서 텍스트 외부로 나갈 때는 들어갈 때와는 다른 관문을 이용해야 한다. 즉 경계를 새로 형성하고, 새로운 관문을 찾아야 한다. 새로운 경계는 텍스트와 차이가 나면서도 관련을 지을 수 있는 인터텍스트를 선택하면서 생긴다. 독자가 특정 인터텍스트가 관련성이 있다고 여겨 관계를 지으면 경계가 만들어진다. 이 경계에서 관문은 독자가 선택하는 인터텍스트에서 새롭게 만들어지게 된다. 표상한 텍스트의 내용을 어떤 인터텍스트와 연결하느냐, 즉 어떤 관문을 만드느냐가 의미 해석의 내용을 결정한다. 독서 현상에서 보면, 표상한 텍스트와 경계를 이룰 수 있는 다른 텍스트는 많다. 독자는 이들 중에서 인터텍스트를 선택하는 것이다.

텍스트 외부로 나가는 관문이 독자의 경험 한계 내에 있으면 의미 해석 활동은 제한된다. 독자는 표상된 내용을 인터텍스트와 연결 지을 때 의식적으로든 무의식적으로든 자신이 익숙한 관문을 선택하는 경향이 있다. <흥부전>을 읽고 분석한 많은 독자는 '평민적 현실주의'보다는 '권선징악'에 초점을 맞추었다. 독자에게 익숙한 인터텍스트를 사용한 결과이다. 독자가 가치 있는 의미 해석 활동을 하기 위해서는 경험의 한계를 벗어나야 한다. 즉, 다른 인터텍스트를 활용하여 텍스트의 관문을 벗어나 텍스트의 내용을 바라보는 것이다. 그러기 위해서는 의식적으로 인터텍스트를 선택하여 활용하려는 노력이 필요하다. 이로써 새로운 텍스트의 관문을 찾고, 관문을 벗어나 텍스트 내용에 대한 의미 해석을 할 수 있다. 따라서 독자는 텍스트의 관문을 만드는 활동을 다양화할 필요가 있다. 이는 텍스트가 다른 것과의 관계 맺음으로 인해, 들뢰즈가 말하는, 다양체적 의미를 실현하게 한다. 즉 낯선 텍스트와의 경계를 만들고, 이에서 새로운 인터텍스트를 활용하여 의미 찾기 활동을 해 보아야 한다.

텍스트의 의미 해석하기 활동은 텍스트 내용에 대한 독자의 가치 부여 활동이다. 텍스트는 의미의 다양체를 품고 있는 대상이다. 독자가 어떻게 텍스트 외부로 벗어나는가에 따라 의미 찾기의 결과는 달라진다. 이는 읽는 텍스트가 달라지기보다는 독자의 텍스트 내용에 대한 인식이 달라지는 것이다. 좀 더 확대하면, 인터텍스트를 활용하여 텍스트로부터 독자의 생각을 만들고 가치를 찾아내는 활동이다. 또한 텍스트 내용에 대하여 독자가 갖게 된 생각에 대한 근거와 출처를 밝히는 일이다.

다. 인터텍스트 활용한 읽기 단계

읽기는 독자의 의식이 텍스트의 기표 경계를 넘어 들어갔다 나오면서 이루어진다. 독자가 텍스트의 경계 넘어 안으로 들어갈 때 인터텍스트를 활용하고, 또 경계 밖으로 나올 때 인터텍스트를 활용한다. 독자가 경계를 넘나들며 사용하는 인터텍스트는 같지 않다. 같을 수 있지만 같지 않아야 의미 있는 읽기 활동이 이루어질 수 있다. 독자는 텍스트의 내부와 외부를 넘나들기 위해서 경계의 관문을 통과한다. 경계의 관문은 텍스트의 내부를 알려주는 길잡이이고, 텍스트의 외부에서 새로운 길을 찾게 하는 이정표이다. 독자가 어떤 인터텍스트를 사용하느냐에 따라 표상하고 초점화하는 내용이 달라진다. 또한 표상한 내용을 외부의 무엇과 연결 짓는가에 따라 의미외 가치는 달라진다. 독자는 인터텍스트를 활용하여 텍스트의 경계를 넘나들며 표상하고, 의미를 찾는 활동을 한다. 독자의 경계를 넘나드는 활동을 정리하면 네 단계의 활동으로 나눌 수 있다.

첫째 단계는 경계 찾아내기이다. 경계 찾아내기는 텍스트 구성과 텍스트 이해에 중요하게 관여하고 있는 인터텍스트의 기호를 찾는 것이다. 텍스트의 경계는 인터텍스트를 중심으로 텍스트의 내용을 분명하게 인식할 수 있게 해준다. 독자가 인터텍스트를 활용하여 텍스트의 내용의 경계를 확인하여, 경계의 안과 밖을 구분할 때 표상한 내용이 분명해진다. 경계를 찾아내는 것은 텍스트가 경계를 이루고 있는 텍스트를 밝히는 것이고, 그 텍스트에서 어떤 인터텍스트가 활용되었는지 알아보는 활동이다. 익숙하지 않은 내용의 텍스트나 처음 읽는 내용의 텍스트는 관련 텍스트를 확인하지 못할 수 있다. 이런 경우에는 텍스트 내용 표상이 어려울 수 있다. 독자는 자신의 경험과 읽기 활동을 확인하고, 관련된 다른 텍스트를 점검하여 텍스트의 경계를 찾아내는 것이 필요하다. 경계 찾기는 텍스트를 읽는 중이나 읽고 난 후에도 일어날 수 있다. 경계가 지어진 표상 내용은 분명하게 인식되고, 확인된다. 독자의 의식이 표상 내용에 초점을 두어 확인할 수 있기 때문이다. 독자가 표상된 내용에 의식적인 초점을 맞추지 않고 계속하여 표상 활동을 진행하면 어떤 표상 내용에도 가중치를 둘 수 없다. 그렇게 되면 텍스트를 읽기만 한 것이지 표상 내용의 기억도 내용의 해석도 할 수 없다. 독자가 텍스트를 읽고 표상 내용에 의식을 집중하기 위해서는 인터텍스트의 경계를 찾아내어 확인하는 것이다. 경계의 확인은 읽는 목적을 확인하고, 관계있는 인터텍스트가 무엇이고, 연결 대상과 연결지점이 어디인지를 확인하면서 이루어진다. 이들이 확인되면 표상 내용은 분명해 질 수 있다.

둘째 단계는 경계 넘어가기이다. 경계 넘어가기는 인터텍스트를 활용하여 기표의 관문을 통과하여 텍스트의 내용을 질서 있고, 체계적으로 표상하는 활동이다. 경계 넘어가기는 세 가지 세부 활동으로 구분될 수 있다. 첫째는 인터텍스트를 확인하는 일이다. <달 샤베트>에서 녹는 달과 불개 이야기의 차가운 달의 관계나, 『대학강목결의』의 지선과 무자성의 관계를 파악하는 일이다. 둘째는 텍스트의 내용을 표상하는 일이다. 텍스트 내용 표상은 인터텍스트를 중심으로 정보를 확인하고 연결하여 정보 조직 체계를 이루는 일이다. <달 샤베트>의 첫 장면의 내용을, '얼음으로 된 달이 여름의 더위에 녹아내리자 반장 할머니가 달 물을 받아 냉장고에 넣어 얼려 셔벗을 만들어 이웃과 나누어 먹었다'로 체계적으로 표상한다. 셋째는 표상 내용을 점검하고 확인하는 일이다. 표상한 정보를 떠올려보고, 인터텍스트와의 차이점 점검하고, 표상한 전체의 내용을 확인한다. 『대학강목결의』의 '지선'의 내용이 안과 밖, 나와 너, 옳고 그름의 구분이 없고 그 자체로 완전하여 변동이 없는 것을 떠올려 보고, 어떤 것에도 물들지 않은 순수한 그 자체의 의미임을 확인한다. 독자는 텍스트 전체를 읽는 동안 장면이 바뀌거나 새로운 내용이 나올 때마다 이 과정을 반복한다. 경계를 넘어간다는 말은 인터텍스트로 통과한 관문을 중심으로 텍스트의 내용을 파악한다는 뜻이다. 이는 텍스트 내용의 표상이 관문과 인터텍스트에 의하여 달라짐을 말한다. 경계 넘어가기에서 독자가 끌어온 인터텍스트와 텍스트의 인터텍스트가 짝이 잘 맞으면 독자는 표상을 쉽게 할 수 있고, 그렇지 못하면 표상이 어려워지는 것이다. 독자는 내용 표상을 위하여 필요한 인터텍스트를 선택하여 활용하는 것이 필요하다.

셋째 단계는 경계 넘어오기이다. 경계 넘어오기는 독자가 표상한 내용을 새로운 인터텍스트를 찾아 연결하면서 텍스트의 기표를 벗어나는 활동이다. 경계를 넘어 벗어나는 활동은 표상한 내용에 대한 독자의 의미 찾기 과정이고, 표상한 텍스트 내용들을 재조직화하는 과정이다. 독자는 한 편의 텍스트를 읽는 동안 관련된 인터텍스트를 활용하면서 몇 가지 내용을 표상하게 된다. <장수탕 선녀님>을 읽은 독자는 목욕탕에 감, 냉탕에서 선녀와 놀이함, 때를 씻고 요구르트를 얻음, 선녀에게 요구르트를 줌, 선녀의 도움으로 감기가 나음 등의 이야기 내용을 표상한다. 이 표상 내용은 시간의 순서대로 표상되어 있다고 할 수 있다. 독자는 이 표상 내용에서 의미를 찾아내야 한다. 이를 위해서는 텍스트의 경계를 벗어나서 표상 정보를 점검해 보아야 한다. 이때 독자는 새로운 인터텍스트가 요구된다. <선녀와 나무꾼>에서 나무꾼이 착한 일을 하여 좋은 일이 생겼다는 인터텍스트를 연결할 수 있다. 그러면 <장수탕 선녀님>을 읽고 표상한 내용은 착한 일을 한 내용과 좋은 결과가 부각되어 표상 내용이 재정리 된다. 텍스트 넘어오기는 새로운 인터텍스트를 활용하여 표상한 내용과 관계를 지어보는 것이 필요하다. 독자는 들어갈 때와는 다른 인터텍스트를 활용하는 것이 필요하다. 이는 경계를 이루는 텍스트를 바꾸는 것이고, 새로운 관문으로 나가는 것이다. 새로운 인터텍스트는 표상한 내용에 새로운 질서를 지우고 텍스트에 함축되어 있는 의미를 끌어오는 역할을 한다. 독자는 이 새로운 인터텍스트를 활용하여 텍스트의 경계를 넘어야 한다. 텍스트의 경계를 넘는 일은 독자의 몫이다. 독자가 의지를 가지고 경계를 넘게 될 때, 독자는 텍스트에서 새로운 것을 얻을 수 있게 된다.

넷째 단계는 경계 벗어나기이다. 경계 벗어나기는 텍스트의 기표 경계에서 떨어져 독자의 의미 해석을 정리하고, 해석한 의미를 독자의 기표로 표현하는 일이다. 이는 표상한 내용에 대한 해석을 통한 의미 찾기와 자기 생각 만들기 활동이다. 독자는 읽은 텍스트와 거리를 두고 자기의 생각을 확립하는 것이 필요하다. 거리를 둔다는 것은 단절한다는 의미가 아니다. 텍스트를 읽고 표상한 내용을 바탕으로 하되 새로운 인터텍스트에서 비롯된 의미를 구체화하고 자기 생각 내용을 정리하여 표현하는 활동을 하는 것이다. <장수탕 선녀님>에 대한 표상 내용을 나무꾼의 착한 일은 좋은 결과를 준다는 인터텍스트와 연결함으로 '남을 돕는 일의 가치'를 발견할 수 있다. 이 생각은 <장수탕 선녀님>의 내용을 바탕으로 남을 돕는 삶의 이치와 남을 돕는 일에 대한 독자의 생각으로 구체화되어야 한다. 그래서 독자의 생각 내용이 독자의 기호로 표현되어야 한다. 벗어나기는 텍스트 간의 경계 지점에서 텍스트 내용을 다시 떠올리면서 자신이 얻은 것을 점검하고 확인하는 활동을 하는 것이다. 얻은 내용이 무엇인지 확인하고, 무얼 더 해야 할지를 점검해 보는 것이다. 읽기는 만족감보다는 결핍감을 느끼게 하기 때문에 얻은 것을 확인하는 것만큼 더 생각할 것의 점검이 필요하다. 이 과정에서 명확하지 않은 것은 텍스트에서 다시 확인하고, 인터텍스트를 다시 연결하여 분명히 하는 것이 필요하다. 독자가 얻은 것이 분명하게 드러나고 자기 생각을 말로 표현할 수 있을 때 벗어나기가 이루어진 것이다.

4. 인터텍스트 활용 과제

독자는 여러 가지 방식으로 텍스트를 읽고 이해한다. 텍스트에 온전히 몰입하여 읽기도 하고, 텍스트를 제멋대로 해석하여 의미를 부여하기도 한다. 어느 읽기가 절대적으로 타당하고 옳은 것은 없다. 독자마다 필요에 따라, 읽는 상황에 따라, 텍스트에 따라 읽기를 달리하는 것이다. 이 글에서 관심을 두는 읽기는 기호의 구조에서 비롯된 읽기의 특성이다. 기호는 기표와 기의의 관계나 기호, 지시 대상, 해석체의 관계로 설명된다. 독자의 읽기는 텍스트 표면에 기표를 보고, 텍스트 이면의 기의라고 여기는 것을 마음속에 표상하여 떠올리는 활동과 표상한 내용에서 의미를 해석하는 활동이라 할 수 있다. 이 활동은 텍스트 편에서 내용을 표상하는 활동과 독자 편에서 의미를 해석하는 활동을 전제한다. 이 논의에서는 기호 구조와 인터텍스트를 중심으로 표상과 해석 활동 구분하여 검토해 보았다.

읽기에서 인터텍스트라는 말은 텍스트들이 서로 관계를 맺고 있음을 함의한다. 또한 텍스트들이 서로 분리되어 경계를 이루고 있으면서 소통할 수 있는 단서를 가지고 있음을 전제한다. 그래서 읽기는 인터텍스트를 활용해야 하고, 텍스트 간의 경계를 넘어 들어가고 다시 되돌아 나오는 활동이 필요함을 내포한다. 이 논의에서는 독자가 넘나들어야 하는 텍스트 간의 경계에 있는 관문이 있다고 보았다. 이 관문을 드나들 때 독자는 인터텍스트를 활용해야 한다는 논리를 폈다.

텍스트는 다른 여러 텍스트와 경계를 이루고 있다. 텍스트의 경계는 표면적으로 단절의 벽면을 공유하면서 이면적으로 상호 연결되어 있다. 텍스트의 경계는 기호를 단절의 벽면으로 삼고 인터텍스트가 이면을 연결하는 구조다. 그래서 독자가 텍스트의 경계를 넘기 위해서는 인터텍스트를 활용해야 한다. 인터텍스트는 텍스트와 독자, 또는 텍스트와 텍스트가 공유하고 있는 기표이거나 기의이다. 이 인터텍스트는 텍스트의 기표 경계를 넘나들 수 있는 열쇠이다. 인터텍스트는 경계를 이루고 있는 텍스트가 모두 공유하고 있는 것이어서 경계에 있는 관문을 통과할 수 있다. 읽기를 텍스트의 내용 표상과 의미 해석으로 볼 때, 독자는 내용 표상을 위하여 기표의 경계 안으로 들어가야 하고, 의미 해석을 위하여 밖으로 나와야 한다. 텍스트의 경계를 넘나드는 과정에서 독자는 텍스트를 이해하게 된다.

읽기 교육은 읽기 현상을 어떻게 보는가에 따라 달라진다. 인터텍스트를 활용한 텍스트의 내부와 외부 넘나들며 읽기를 읽기 교육을 전제로 검토하였다. 텍스트 경계를 넘나들며 읽는다는 관점은 논의할 내용을 많이 가지고 있다. 이 논의에서는 읽기를 기호학의 관점에서 텍스트의 기호 경계를 넘나드는 활동으로 보고, 읽기에 대한 인식과 설명의 가능성을 검토해 보았다. 앞으로 인터텍스트를 활용하여 텍스트를 넘나들며 읽는 실제적인 사례를 바탕으로 논의를 구체화해야 한다. 그리고 독자들이 인터텍스트를 활용한 읽기를 이해하고, 실행할 수 있도록 지도하는 것이 필요하다.

참고문헌

김도남(2014), 상호텍스트성과 텍스트 이해 교육, 박이정.

김도남(2015), 읽기 활동의 복잡계 네트워크 특성 고찰, 한국국어교육학회, 새국어교육 104집.

김상욱 역(1995), 문학이론과 문학교육, 하우.

김형효(1998), 데리다의 해체 철학, 민음사.

김형효(1999), 구조주의의 사유체계와 사상, 인간사랑.

박영욱(2014), 데리다 & 들뢰즈: 의미와 무의미의 경계에서, 김영사.

백희나(2002), 장수탕 선녀님, 책읽는곰.

백희나(2004), 달 샤베트, 책읽는곰.

원조각성 역(2002), 대학강목결의, 현음사.

조동일(1969), 흥부전의 양면성, 흥부전 연구(인권환 편, 1991), 집문당.

강병남·김기훈(2013), 링크, 동아시아.

신헌재·박태호·이주섭 외 역(2004), 구성주의와 읽기 쓰기, 박이정.

최승언 역(1997). 일반언어학 강의, 민음사.

Witte. S. P.(1992), "Context, Text, Intertext: Towards a Constructivist semiontic of Writing", *Written communication* 9(2).

4장

창발 텍스트

1. 창발 텍스트의 성격

迷故三界城	미혹한 까닭에 삼계가 성이나
悟故十方空	깨달으니 시방이 공하네.
本來無東西	본래 동서가 없나니
何處有南北	어느 곳에 남북이 있으리오.

청화(清華)선사(1924~2003) <오도송(悟道頌)>

이 시는 청화 스님의 오도송이다. 참선을 통한 깨달음의 마음을 표현했다. 짧은 시구로 깨침의 내용을 밝히고 있다. 깨치고 보니 세상을 경계 짓던 의식이 사라졌다는 것이다. 즉, '인식의 전환'이 이루어진 것을 말하고 있다. 스님들은 부처의 가르침에 들어 있는 진리를 깨치기 위하여 참선하고 정진하는 수행을 한다. 이 활동을 통하여 깨침을 얻는다. 깨침은 인식의 확장이나 전환을 의미한다. 이는 현재의 인식 수준과 다른 인식 상태를 가질 수 있게 되었음을 가리킨다. 깨침은 수행의 과정 중 어느 한 시점에서 일어난다. 깨침은 모든 수행에서 이루어지는 것이 아니며, 한 번으로 완성되거나 끝나는 것도 아니다.

독자의 텍스트 이해도 스님의 깨침과 같을 수 있다. 텍스트의 이해가 독자의 인식 전환을 이루게 하는 것이다. 독자의 인식 전환은 텍스트를 읽고 새로운 인식을 얻음으로써 이루어진다. 독자의 인식 전환은 텍스트에서 다루고 있는 대상에 의식을 집중할 때 청화 스님의 깨침과 같이 일어날 수 있다. 독자가 텍스트를 읽을 때 정보를 획득할 수도 있지만 의식의 전환을 이룰 수도 있다. 독자의 인식 전환은 새로운 정보의 습득만으로는 이루어지지 않는다. 습득한 정보들에 새로운 질서를 부여함으로써 이루어진다. 독자가 가진 정보들의 관계가 전환되어 새로운 질서를 이룰 때 일어날 수 있다. 복잡계 과학[1]에서는 질서의 전환이 이루어지는 현상을 창발(emergence)이라 한다. 이 창발이 일어나는 시기와 형태는 정하기 어렵다고 한다.[2] 그래서 상황 전환이 일정한 조건 속에서 이루어지는 것을 '패턴'이라고 하고, 구체적 시기와 형태가 분명하지 않은 것을 '우연'이라 한다.[3] 인식의 전환을 이루는 텍스트 이해도 특정한 패턴으로 우연히 이루어지게 된다. 이 인식의 전환으로 독자는 마음속에 새로운 질서의 정보 조직체 생성하는 데, 이를 '창발 텍스트'라 할 수 있다.

이 세상에 일어나는 여러 가지 복잡한 현상을 설명하는 학문이 복잡계 과학이다. 복잡계 과학의 한 가지 원리로 멱함수를 들 수 있다. 멱함수는

1　복잡계(complex system)란, 수많은 구성 요소들의 상호작용을 통하여 구성 요소 하나하나의 특성과는 사뭇 다른 새로운 현상과 질서가 나타나는 시스템이다. 간단히 말해 복잡계 이론은 아무리 복잡한 체제라도 단순한 규칙에 의해 지배된다는 것이다.(최창현, 2010:21)

2　창발 현상은 보통 언제 일어날지 예측이 불가능하며, 이런 예측 불가함은 놀라움의 한 단면이 된다. 그러나 시스템은 또한 각각의 개체의 성질에 대한 지식만 가지고는 예측할 수 없어서 놀라운 현상, 즉 창발 현상이 발생하는 경향이 있다.(한국복잡계학회, 2015:36)

3　마크 부캐넌(2000)이 복잡계를 설명하는 책의 제목을 Ubiquity(어디에나 있음)라는 붙였는데, 김희봉(2014)은 이 책의 번역본 제목을 <우발과 패턴>이라고 붙였다. 복잡계 현상이 Ubiquity적이고, 그 존재의 내적 속성으로 우발과 패턴이 들어있다고 본 것이다.

복잡한 현상 속에서 작은 것은 그 수는 많고, 큰 것은 그 수는 적음을 표현하는 함수이다. 산불을 예로 들면, 작은 산불이 일어나는 횟수는 많지만 큰 산불이 일어나는 횟수는 적다는 것이다.[4] 복잡계 과학은 세상에 존재하는 여러 현상에는 멱함수의 법칙이 내재해 있다고 본다. 이 논의에서는 창발 텍스트 생성도 멱함수 법칙이 내재해 있다고 본다. 멱함수와 대비되는 것이 정규 분포이다. 정규 분포는 가운데에 많은 사례가 집중되고 양 극단에는 그 수가 적음을 나타낸다. 그래서 가운데에 관심을 둔다. 반면, 멱함수는 작은 일에 수가 많고 일이 커질수록 수가 줄어들게 된다는 것이다. 중간 크기는 작은 것보다 적고 큰 것보다는 많다. 그래프로 그리면 양극단으로 퍼지는 모양으로 나타낸다.[5] 독자가 글을 읽을 때 부분적인 작은 이해는 많지만 전체적인 통찰을 이루는 큰 이해는 많지 않다.

텍스트를 읽는 독자의 기대 의식에는 창발 텍스트를 생성하는 인식의 전환이 있다. 인식의 전환은 읽고 있는 텍스트의 내용과 대상에 대하여 확연하게

4 　김봉희 역(2014)을 보면, 산불에 대한 사례 조사와 시뮬레이션 실험에 대한 멱함수 법칙의 사례를 설명한다.

5 　정규 분포와 멱함수 분포 그래프(강병남·김기훈 역, 2009:119)

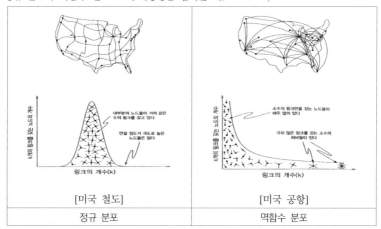

알게 될 때 일어난다. 그렇지만 텍스트를 읽고 대상을 확연하게 아는 일은 쉽게 일어나지 않는다. 텍스트를 읽고 나서도 분명한 이해가 이루어지지 않는 경우가 많다. 독자들은 이런 경우에 언제나 담담하다. 당연히 그럴 것이라 여기는 것이다. 기대 의식과는 다르게 인식의 전환에 관심을 두지 않는다. 한편, 위에 인용된 오도송의 저자는 자기가 관심을 가진 문제에 대하여 확연하게 깨쳐 알게 됨을 표현하고 있다. 독자도 글을 읽고 대상에 대하여 확연하게 깨쳐 알기도 한다. 그 결과로 창발 텍스트를 생성하는 것이다.

읽기 논의에서 독자가 텍스트를 읽고 인식의 전환이 일어난 활동을 지시하는 용어가 분명하지 않다. 다른 학문에서 비슷한 경우를 나타내는 용어로는 다음과 같은 것을 찾을 수 있다. 심리학적으로는 통찰(insight), 불교적인 용어로는 깨달음(대오(大悟)), 복잡계 과학의 용어로는 창발(emergence),[6] 지구과학의 용어로는 빅뱅(big bang)이다. 이들 용어는 상태의 큰 변화를 가리킨다. 인식과 관련해서는 안목이 생김, 인식의 열림이며, 물리가 트임의 의미를 공유한다. 독자가 텍스트를 읽어 인식이 전환되었다는 것은 대상을 꿰뚫어 볼 수 있는 확장된 인식을 얻었다는 것이다. 독자는 이 인식 전환으로 창발 텍스트를 생성한다. 이 창발 텍스트를 생성하는 읽기를 '창발적 읽기'라고 하고, 이에서 비롯된 이해를 '창발적 이해'라 지칭하고자 한다. 이 논의가 복잡계 과학의 관점에서 전개되기 때문이다. 복잡계 과학에서 창발은 복잡성을 띤 요소들이 질서 있는 상태로 되는 것을 의미하지만 여기서는 독자가 텍스트를 읽고 대상에 대한 통찰로 인식의 전환이 일어난 것을 가리킨다.

멱함수는 두 개의 변수가 반비례로 나타남을 지시하는 함수이다. 정규

---

6 복잡계는 많은 구성 요소들로 이루어져 있으며, 이들 복잡한 부분들이 상호작용하며 서로 영향을 주고받는 시스템이다. 그리고 미시적이 부분들로부터는 유추하기 어려운 특성이, 거시적으로는 새로운 현상과 질서가 나타나는데 이 새로운 질서의 출현이 창발이다.(최창현, 2010:102)

분포가 평균값을 중앙으로 하여 좌우 대칭으로 종 모양을 이루는 것과는 대비된다. 텍스트 이해에서의 멱함수는 작은 이해는 많고 큰 이해는 소수임을 가리킨다. 창발적 이해는 소수의 큰 이해를 말한다. 독자가 글을 읽을 때, 관심 대상에 대한 정보나 지식, 구성 요소나 성분을 파악하는 부분적 이해는 많지만 전체에 대한 통찰적 안목을 얻어 인식의 전환을 이루는 창발적 이해는 적다. 복잡계 과학의 멱함수 법칙으로 읽기를 볼 때, 읽기를 어떻게 해야 하는지를 따져본다. 이로써 독자의 창발 텍스트 생성을 위한 창발적 읽기 활동을 점검하고, 창발적 이해를 위한 교육적 접근의 시사점을 검토한다.

2. 멱함수와 창발적 읽기

독자의 텍스트 이해에는 멱함수 법칙이 들어 있다. 독자의 텍스트 이해 속의 멱함수는 작은 이해의 수와 큰 이해의 수는 반비례한다는 것이다. 물론 텍스트 이해의 비교 기준이 크기이기 때문에 큰 이해와 작은 이해는 상대적인 것이다. 독자의 텍스트 이해에서 작은 이해는 독자의 부분적인 정보 획득의 경향을, 큰 이해는 전체를 통찰하는 창발적 이해의 경향을 가리킨다. 독자의 창발적 이해에 내재된 멱함수 법칙에 대하여 살펴본다.

가. 멱함수와 창발 텍스트

독자는 텍스트를 읽고 창발적 이해를 하는 경우가 있다. 창발적 이해는 한 편의 텍스트를 읽어서 이루어지기보다는 여러 텍스트를 관련지어 읽는 과정에서 이루어진다. 창발적 이해는 하나의 대상에 대한 여러 관련 텍스트를 읽는 것을 전제한다. 독자의 창발적 이해는 텍스트의 내용이 지시하는 대상에 대한 인식의 전환을 지향하기 때문이다. 창발적 이해를 위한 읽기의 관점을 검토하여 보고, 텍스트 이해의 멱함수 법칙을 생각해 본다.

텍스트 이해에 대한 관점은 다양할 수 있다. 이해의 관점을 수용적 관점과 구성적 관점으로 대별해 볼 수 있다. 수용적 관점은 텍스트의 내용을 독자가 알고 기억하는 것으로 본다. 이 관점에서는 텍스트의 내용과 독자의 이해가 같아야 한다는 것을 강조한다.[7] 텍스트의 내용을 독자가 그대로 받아들이는 것을 이해라고 여기는 것이다. 이 관점의 이해는 텍스트 내용의 범위를 벗어나는 것을 허락하지 않는다. 이는 기호가 개념을 포함하고 있다는 소쉬르의 관점을 반영한 것이라 할 수 있다. 그래서 읽기는 기호를 해독하여 텍스트의 내용을 파악하는 것으로 본다. [그림 1]의 '수용적 관점'에서 'ㄱ'이 읽기 활동이고 '→'는 텍스트 내용의 이동 경로를 나타낸다.

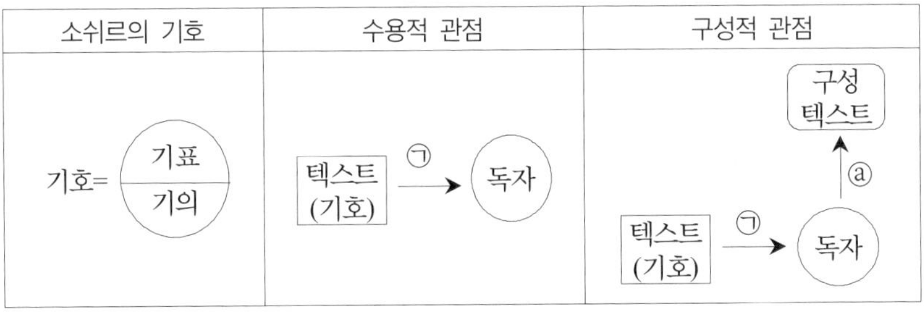

[그림 1] 읽기에 대한 일반적 관점

텍스트 이해의 '구성적 관점'은 [그림 1]에서 보듯이 독자가 텍스트를 읽고 새로운 텍스트를 구성하는 것으로 본다. 독자는 읽기 활동 ㄱ을 거쳐 텍스트

---

7 문자가 말의 기호로서 읽혀지는 것은 약속에 의해 事象, 思想, 感情 등이 문자로써 표현된 것을 읽는 것으로, 독서란 이러한 문자를 통해서 상대자와 의사소통(communication)하는 것이다. 그런데, 바른 의사소통이란 작자의 마음에 생긴 생각이나 느낌이 문자에 의해 표출된 心像을 전달자와 가장 가깝게 感受, 再生하는 것이다.(정동화 외 1987:264-265)

를 해독하고, ⓐ의 구성 과정을 거친다. 그러면서 읽은 텍스트와는 다른 '구성 텍스트'를 생성한다고 본다. ⓐ의 구성 과정에는 독자의 인지와 경험(스키마, 지평)이 관여한다고 여긴다.[8] 이는 '구성 텍스트'가 독자의 경험 한계 내에서 이루어져야 함을 의미한다. 구성적 관점에서 독자는 읽는 텍스트와는 다른 독자만의 텍스트 구성을 강조한다. 그렇지만 구성 텍스트는 근본적으로 읽은 텍스트에 기초하고 독자의 배경지식에 제한된다. 텍스트 이해가 텍스트 내용의 범주에 제한되고, 독자의 경험 한계 내에서 이루어진다. 수용적 관점의 텍스트 이해는 텍스트의 내용을 한계로 하고, 구성적 관점은 독자의 배경지식을 한계로 한다.

텍스트 이해의 멱함수 법칙은 독자의 인식 한계를 벗어나는 이해와 관련된다. 멱함수의 법칙은 독자의 창발적 이해와 관련되기 때문이다. 창발적 이해는 텍스트나 독자의 한계 내의 이해가 아니다. 텍스트 내용의 범위를 벗어나고, 독자의 의식의 한계를 벗어난 이해와 관련된다. 얼핏 수용적·구성적 이해의 확장이 창발적인 이해를 이룰 수 있다고 생각할 수도 있으나 한계 속에 갇힌 이해는 창발적 이해가 될 수 없다.

멱함수 법칙의 창발적 이해는 텍스트의 기호가 지시하고 있는 대상의 인식과 관련된다. 기호학적으로 보면, 퍼스의 기호학 관점과 관련된다. 퍼스는 기호를 기호의 표상작용적 관점에서 바라본다. [그림 2]의 왼쪽 칸의 도식을 보면, 기호는 대상을 지시하고 있다. 사람은 이 기호를 해석하여 마음속에 기호가 지시하는 대상을 표상하게 된다. 이를 읽기와 관련지어 보면 [그림

---

8   글의 이해는 부분들의 종합이 아니라 글에 언급된 대상이나 상황을 일관되게 해석해 줄 수 있는 스키마의 구성(또는 활용) 과정이라 할 수 있다. 즉 의미는 글 속에 있는 것이 아니라, 독자의 머릿속에 스키마의 형태로 있으며, 이 스키마가 글을 해석해 주는 것이다. 글은 독서 과정에서 머릿속의 스키마를 자극시켜 활동할 수 있게 하는 구실을 담당할 뿐이다.(노명완, 1994:276)

2]의 가운데 도식과 같이, 독자는 텍스트를 읽고 텍스트 내용의 표상으로 드러나는 대상을 인식하는 것이다. 이때 텍스트는 대상을 인식하게 하는 매개체인 것이다. 독자는 텍스트를 읽고 ㉎의 표상 활동을 하게 된다. 그래서 대상에 대한 인식을 얻게 되는 것이다. 이 대상에 대한 인식은 텍스트와는 다른 인식의 내용이 될 수 있다. 독자가 대상의 표상을 전제로 읽을 때는 한 텍스트에 한정된 표상이기보다는 여러 텍스트를 읽어 표상하는 경우가 많다. 그래서 대상의 표상은 텍스트 내용을 독자가 그대로 떠올리거나 독자 중심의 새로운 텍스트를 구성하는 것이 아니다. 독자는 여러 텍스트를 통하여 대상을 표상함으로써 대상에 대한 총체적인 인식을 하는 것이다.

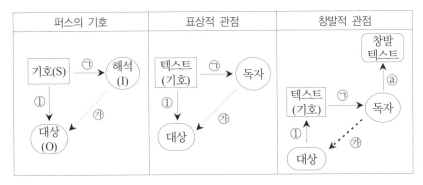

[그림 2] 읽기에 대한 창발적 관점[9]

독자가 텍스트로 대상을 총체적으로 인식하는 것은 창발적 이해와 관련된다. 대상의 총체적 인식은 독자와 대상과의 관계의 맺음이면서 대상에 대한 인식의 전환으로 안목을 얻는 것이다. [그림 2]의 오른쪽 도식을 보면, 독자는 표상의 모든 활동은 ⓐ활동으로 집약되어 대상에 대한 '창발 텍스트'를 만드

---

9 퍼스의 표상적 기호 작용에 대한 도식은 Witte(1992)의 텍스트를 참조하였고, 이해에 대한 도식은 김도남(2015)을 참조하였다.

는 것이다. 창발 텍스트를 만들 때 중요하게 작용하는 활동은 ㉓이다. ㉓는 독자가 대상에 관심을 두고 있으며, 대상에 대한 인식을 지향함을 나타낸다. 그래서 창발 텍스트는 대상과 관련된 텍스트이고, 읽고 있는 텍스트와는 다른 텍스트임을 의미한다. 창발 텍스트는 읽고 있는 텍스트의 내용이나 독자의 경험적 한계를 벗어난 인식 전환의 결과로 이루어진 텍스트이다. 대표적인 예를 들면, 소쉬르의 <일반언어학강의>를 읽고, 구조주의적으로 인류 문화를 정의하고(레비 스트로스), 종교를 설명하고(엘리아데), 무의식을 규정하는(라캉) 텍스트이다. 창발은 독자가 텍스트가 지시하는 대상에 관심을 두고 대상에 대한 총체적인 파악으로 인식의 전환을 이루는 것이다.

이러한 텍스트 이해는 멱함수의 법칙을 따른다. 복잡계 과학 연구자들이 분석한 지진(화산), 산불, 멸종, 주식, 전쟁 등 자연과 인간 생활 속의 여러 가지 일에는 멱함수가 존재한다.[10] 한 예로, 모래 사태의 실험을 통해서도 그 존재가 확인된다.[11] 텍스트 이해도 이에서 유추하여 보면 멱함수의 법칙을 따른다. 부분적인 텍스트 이해는 읽을 때마다 일어날 수 있지만 창발적 이해는 그렇지 않다. 한 독자의 창발적 이해의 경험도 한 번만 일어나는 것은 아니고 여러 번 일어난다. 논리적으로 최고의 창발 텍스트는 상대적이어서 하나일 수 있지만, 창발적 이해의 과정에서는 여러 번의 창발 텍스트 생성을 포함한다. 서언에서 본 청화스님의 오도송을 인터넷으로 검색하면, 세 편이 있다. 텍스트 이해도 마찬가지로 창발적 이해는 반복적으로 일어날 수 있다. 그렇지만 창발적 이해의 횟수는 부분적인 이해보다 적게 일어난다.

독자의 창발 텍스트의 생성은 멱함수 법칙을 따른다. 독자의 텍스트 이해

---

10 멱함수의 구체적인 사례에 대한 데이터는 복잡계에 관련된 텍스트에 많이 소개 되어 있고, 멱함수에 초점을 두고 설명한 텍스트로는 김희봉 역(2014)을 참조할 수 있다.

11 모래 더미 사태의 실험은 컴퓨터 시뮬레이션으로 모래 더미를 만들면서 모래 사태가 어떻게 일어나는지를 분석한 연구이다. 이 내용은 김희봉 역(2014:32-36)을 참조할 수 있다.

에는 작은 이해와 큰 이해가 있다. 작은 이해는 텍스트의 개개 정보를 파악하는 이해이고, 큰 이해는 관점이나 안목을 얻는 이해이다. 독자는 텍스트를 통하여 낱낱의 정보에 대한 이해는 글을 읽을 때마다 일어난다. 그렇지만 하나의 관점이나 안목을 얻는 경우는 그렇지 않다. 관련된 여러 텍스트를 집중하여 읽고 텍스트가 지시하는 대상을 꿰뚫어 볼 수 있게 될 때 일어난다. 예를 들어, 인지적 관점으로 읽기를 설명하고 있는 여러 텍스트를 섭렵하여 읽다 보면 인지적 관점의 읽기에 대한 통찰이 생기게 된다. 그렇게 되면 인지적 관점의 읽기가 텍스트 중심의 관점과 어떻게 다른지를 구별할 수 있게 되고, 그 속성을 꿰뚫어 알게 된다. 이때 창발 텍스트를 생성하는 창발적 이해가 일어난 것이다.

독자의 큰 이해를 위해서는 이해의 멱함수에 대하여 알 필요가 있다. 큰 이해가 있다는 인식이 있을 때 큰 이해를 쉽게 이룰 수 있다. 텍스트 이해가 멱함수의 법칙을 따른다는 것을 인식하면 적극적으로 큰 이해를 지향할 것이다. 창발 텍스트 생성이 멱함수 법칙을 따르기 때문에 큰 이해는 쉽게 일어나지 않음도 인식할 수 있게 된다. 이는 큰 이해를 위하여 노력할 필요가 있음을 알게 되는 계기가 된다. 그렇기에 독자의 읽기를 결정짓는 읽기 교육에서 이해의 멱함수 법칙에 관심을 가질 필요가 있다.

나. 멱함수와 창발적 이해

독자가 텍스트를 읽을 때 일어나는 이해 크기의 스펙트럼은 넓다. 텍스트 이해의 크기를 그래프로 나타내면 정규 분포이기보다는 멱함수의 분포를 나타낸다. 한 독자가 한평생 동안의 텍스트 이해의 크기 빈도를 나타내도 마찬가지일 수 있다. 텍스트를 통하여 인식의 전환이 일어나는 일은 자주 일어나지 않는 것이다. 독자가 의지 있게 읽기를 실천할 때 일어난다. 독자가 의욕을 가지고 텍스트를 읽는다고 하여 매번 대상에 대한 인식의 전환을 이룰 수는 없다. 관련된 이해의 조건이 형성되어 있어야 인식의 장이 열리는 경험을 할 수 있게 된다.

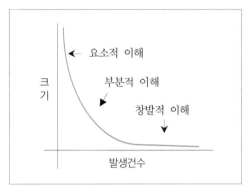

[그림 3] 이해의 멱함수

[그림 3]에서 보면 이해의 멱함수 그래프는 양극단의 형태가 비슷한 모양이다. 작은 이해 쪽을 '요소적 이해',[12] 큰 이해 쪽을 '창발적 이해'라고 할 수 있다. 그리고 그 중간 부분의 이해를 '부분적 이해'라 할 수 있다. 요소적 이해와 부분적 이해는 텍스트 내용이나 독자의 경험 범위를 벗어나지 않은 이해라 할 수 있다. 요소적 이해가 단위 정보나 개념, 지식을 텍스트 내에서 얻는 이해라면, 창발적 이해는 텍스트 내용이나 독자의 경험 범위를 넘는 이해라 할 수 있다. 독자의 읽기 활동에서 요소적 이해는 수시로 일어난다. 텍스트에 의식을 집중하면 내용을 표상할 수 있고, 이를 확인함으로써 일어난다. 반면 창발적 이해는 대상에 집중하여 대상을 깊이 볼 수 있게 됨으로써 일어난다.

---

12 '요소적'이라는 말은 '요소'의 경향성을 띤다는 말이다. 그래프에서 요소적 이해는 작은 이해 하나를 가리키는 것이 아니라 작은 쪽에 경향성이 이해를 의미한다.

텍스트의 요소적·부분적 이해는 창발적 이해의 조건이 된다. 독자의 창발적 이해는 요소적·부분적 이해 없이 일어날 수 없다. 그렇다고 요소적·부분적 이해가 많아진다고 창발적 이해가 일어나는 것은 아니다. 요소적·부분적 이해는 창발적 이해의 토대가 되는 일반 조건이나 핵심 조건은 아니다. 창발적 이해가 일어나기 위해서는 요소적·부분적 이해를 벗어나기 위한 의지가 있어야 한다. 텍스트에 제시된 내용 벗어나기, 또는 자신의 경험에 기초한 텍스트 이해 벗어나기를 해야 한다. 요소적·부분적 이해는 창발적 이해의 토대이면서 제한적 조건이 되는 것이다. 따라서 창발적 이해를 위해 독자는 요소적·부분적 이해를 벗어나기 위한 노력을 해야 한다.

창발적 이해는 개별적이고 우연적이다. 개별적이라는 것은 같은 조건을 갖추었다 하더라도 창발적 이해는 일어나기도 하고 일어나지 않기도 하는 것을 가리킨다. 여러 독자가 동일한 텍스트를 읽었다 할지라도 창발적 이해는 함께 일어나지 않는다. 창발적 이해가 일어나는 시기와 내용은 각기 다른 것이다. 모래 사태 실험에서 알 수 있듯이 같은 양의 모래를 같은 시간 동안 뿌려도 같은 시기에 같은 모양의 모래 사태는 일어나지 않는다. 읽기도 마찬가지이다. 독자의 개인차라고 말할 수도 있지만 반드시 개인차의 요인은 아니다. 아이큐가 같은 사람을 대상으로 한다고 해도 결과는 다르지 않을 것임을 예상할 수 있다. 창발적 이해는 조건이 갖추어진 상황에서 외부에서 작은 힘이 가해질 때 일어난다. 모래 사태 실험에서 모래 알갱이 하나가 어느 순간 특정 위치에 떨어지면 전체의 모래 사태가 일어나게 된다. 이를 설명하는 것이 임계점과 우연이다.

창발적 이해가 일어나기 직전에 대상에 대한 표상과 인지적 활동이 충만한 순간이 임계점이다. 이 임계점을 넘게 되면 창발적 이해가 일어나게 된다. 임계점은 창발적 이해가 일어날 수 있게 그 조건이 충분히 무르익은 상태를 가리킨다. 이 임계점에 이르지 못하면 창발을 일어나지 않는다. 복잡계 과학의 설명에 따르면 임계점은 창발의 중요한 요인이 된다. 텍스트 이해를 위한 조건이 충만하지 않은데 창발적 이해가 일어나는 일은 없다. 임계점에서 창발적 이해가 일어나는 시기와 내용은 정해져 있지 않다. 조건이 갖추어지면 작은 자극에도 창발적 이해가 날 수도 있고, 아닐 수도 있다. 임계점을 기준으로 창발이 일어나는 규칙이 없기 때문에 우연이라 한다.

독자의 창발적 이해는 이해의 임계점에서 외부의 새로운 자극이 있어야 한다. 창발적 이해는 내부적인 힘만으로는 임계점을 넘을 수 없다. 독자의 부분적 이해만으로는 창발적 이해를 이룰 수 없는 것이다. 부분적 이해를 넘을 수 있는 외적인 단서가 주어져야 한다. 텍스트 읽기에서 외적인 단서는 다른 텍스트의 내용이라 할 수 있다. 예를 들어 노자의 <도덕경>을 읽고 창발적 이해를 하기 위해서는 노자만을 연구한 사람의 글보다는 불교적 관점에서 <도덕경>을 풀이한 텍스트가 단서가 된다.[13] 다른 관점의 텍스트는 독자가 새로운 시각으로 대상을 바라볼 수 있게 하고, 대상을 다르게 열어 펼칠 수 있는 단서를 준다. 독자는 이를 이용하면 창발적 이해에 이룰 수 있다.

창발적 이해는 부분적 이해의 시너지 효과가 필요하다. 창발적 이해는 작은 이해의 연결이나 결합이 아니다. 요소적·부분적 이해의 내용이 새로운 질서 속에 자리를 잡는 일이다. 예로, <도덕경>의 무위자연(無爲自然)의 의미를 '자연의 순리에 따르고 덧없는 행동은 하지 않음'으로 보면 <도덕경>의 각 하위 텍스트는 그 의미로 질서화된다. 한편 '일이 간단하고 작을 때 처리하면 쉽고 완벽하게 할 수 있기에 무위이고, 그 원리를 따르는 것이 자연'이라는 관점에서 보면 각 개별 텍스트의 의미는 그렇게 질서화된다.

---

13 송찬우 역(2000)의 <노자-그 불교적 이해>와 오진탁(1990)의 <감산이 노자 풀이>는 감산 대사(1546-1623)가 <도덕경>을 불교 사상적 관점에서 풀이하고 설명한 텍스트를 번역하여 해설하고 있다.

다. 창발적 이해의 기제

텍스트 이해의 멱함수의 법칙은 독자가 창발적 이해의 지향을 함의한다. 독자가 텍스트를 읽는 본질적 목적이 대상을 깊이 있게 인식하는 것이기 때문이다. 창발적 이해는 대상을 깊이 있게 인식하게 하는 한 가지 방법이다. 창발적 이해는 텍스트를 통하여 대상에 대한 안목을 가지게 한다. 독자는 의식적으로든 무의식적으로든 텍스트를 읽을 때 대상에 대한 통찰적 안목을 얻게 되기를 늘 기대한다. 이는 텍스트 이해의 멱함수 법칙에 따른 창발적 이해를 이루기를 내심 바라는 것과 연결된다.

독자가 창발적 이해를 이루기 위해서는 읽기 기제가 필요하다. 부분적 이해와 마찬가지로 창발적 이해도 기제가 있어야 이룰 수 있다. 요소적·부분적 이해의 기제가 텍스트 구조 분석이나 스키마 및 읽기 기능/전략을 활용하는 것이라면 창발적 읽기는 이를 포함한 다른 기제를 요구한다. 대상에 대한 인식의 전환을 이루려면 텍스트와 독자의 제한을 벗어나는 기제를 활용해야 한다. 창발 텍스트가 창발적 이해의 결과라면 이를 위한 읽기 기제가 필요한 것이다.

창발적 이해는 독자의 관심에서 비롯된다. 노자(老子)의 <도덕경(道德經)>을 읽는 경우 '도(道)'와 '덕(德)'이 독자의 관심 대상이 된다. 독자가 이 텍스트를 이해하려고 할 때, 텍스트에 한정된 '도'와 '덕'을 대상으로 한다면 <도덕경>을 외우면 된다. 81장 전체 글자가 약 5천 글자여서 외울 수 있다. 그렇지만 외운다고 <도덕경>을 이해할 수 있는 것이 아니다. <도덕경>을 이해하기 위해서는 81장의 텍스트가 공동으로 지시하는 대상을 찾아내야 한다. 이 대상은 텍스트 속에 있는 낱말이나 각 장의 내용 문제가 아니라 세상 이치와 생활의 원리이다. 그래서 <도덕경>의 독자는 전체를 외우기보다는 <도덕경>을 해석한 복수 텍스트를 읽고, 그 대상을 알려고 한다. 그러다 <도덕경>이

지시하고 있는 대상을 꿰뚫어 인식하게 된다. 그렇게 되면 독자는 <도덕경>의 각 장의 의미가 일관되게 파악하고, 이치를 이해하게 된다. <도덕경>에 대한 창발적 이해가 일어나는 것이다. <도덕경>을 창발적으로 이해한 독자는 <도덕경>에 대한 창발 텍스트를 만들 수 있다. 창발 텍스트는 창발 방향에 따라 독자에 따라 달라진다. 창발 텍스트는 철학적(노장사상), 종교적(도교), 학문적(황로학, 중현학), 생활적(무위), 교육적(자연주의) 관념의 기초가 된다.

창발적 이해는 전심(專心: concentration)을 필요로 한다. 전심은 관심을 한 가지 대상에 집중하는 것이다. 텍스트가 지시하고 있는 대상을 파악하기 위해서나 관심 있는 대상을 파악하기 위해서는 그 대상에 초점을 맞출 필요가 있다. 대상에 관심의 초점을 맞춘다는 것은 복수 텍스트를 읽음을 전제한다. 복수의 텍스트를 읽는 읽기에서 전심은 관심을 각 텍스트에서 같게 유지하는 것이다. 각 텍스트는 서로 관련된 내용도 있지만 같은 내용은 아니다. 텍스트마다 관점이 다른 내용을 담고 있기에 전심이 필요하다. 전심은 개별 텍스트를 이해하는 데는 도움이 안 될 수 있지만 창발적 이해를 위해서는 필요하다. 독자는 관심 대상이 텍스트 안에 있든 밖에 있든 그 대상에 전심으로 집중할 때 창발적 이해를 할 수 있다.

창발적 이해는 전심의 지속을 필요로 한다. 창발적 이해는 짧은 시간 안에 일어날 수도 있지만 대개는 긴 시간이 필요하다. <도덕경>을 읽고 창발적 이해를 하기 위해는 <도덕경>을 해석하거나 해설한 텍스트, 논의한 텍스트를 여러 개를 읽어야 한다. 이를 위해서는 전심을 바탕으로 지속적인 활동과 인내가 필요하다. 창발적 이해는 복수 텍스트를 읽으면서 대상에의 관심이 지속되지 않으면 일어나지 않는다. 창발적 이해가 일어는 시기는 정할 수 없기에 지속이 있으면 이룰 수 있지만, 없으면 이룰 수 없다. 대상을 탐구하다 그만두게 되면 창발적 이해는 존재할 수 없다.

창발적 이해를 위해서는 조건의 형성을 마련해야 한다. 조건의 형성은 창발적 이해가 일어날 수 있는 임계점을 만드는 것을 의미한다. 관심 대상에 대하여 많은 정보와 정보들의 연결 체계가 충실하게 마련된 상태에서 전체 정보들을 꿰뚫는 단서가 필요한 상태에 이르러야 한다. 이해의 임계점은 대상에 대한 독자만의 인식이 충만하여 금방 대상의 전체를 알 수 있을 것 같은 상태를 가리킨다. 이는 대상에 대한 독자의 인식 활동이 충분히 이루어졌음을 뜻한다. 그렇지만 전체를 통찰하여 꿰뚫는 논리를 갖지 못하고 있는 상태에 있음을 지시한다. 대상에 대한 충만한 인식이 이루어진 상태여야만 창발적 이해가 일어날 수 있다.

창발적 이해는 외적 도움을 받아야 한다. 독자가 이해의 임계점을 넘기 위해서 표상한 정보나 경험만으로는 안 된다. 다른 텍스트의 도움이 필요한 것이다. 그렇지만 이해의 임계점을 넘을 수 있게 하는 특정한 텍스트가 있는 것은 아니다. 부분적으로 이해한 내용을 새롭게 재편할 수 있게 하는 정보를 담고 있는 텍스트면 된다. 이는 모래 사태 실험에서 임계점에 도달한 모래 더미 위에 모래 알갱이 하나가 떨어지는 것과 같다. 창발적 이해의 특성은 지속적으로 조금씩 이루어지기보다는 조건이 마련된 상황에서 한순간 일어난다는 것이다. 작은 단서 하나로 통찰이 이루어지면, 관련하여 표상한 정보들이 새로운 질서를 이루게 된다. 예를 들어, 유학 경전인 <중용>을 중심으로 '중용'의 의미를 파악하려고 관련 텍스트를 여러 가지 읽을 수 있다. 그래서 중용에 대한 많은 정보를 얻었지만, 중용의 실체가 확연하게 드러나지 않는 경우가 있다. 이때 독자는 필요한 다른 텍스트를 하나 더 찾아 읽어야 한다. 그러면 어느 순간 '중용'에 대한 개념 정리가 되면서 중용의 전체적인 내용 이해가 이루어진다.

창발적 이해는 대상에 대한 다각적인 인식이 필요하다. 대상에 대한 인식의 확대는 관련된 복수 텍스트가 필요하다. 관련된 여러 텍스트의 내용과 관점들이 교차되어 인식될 때 창발적 이해가 일어난다. 단일 텍스트는 한 관점으로 대상의 속성을 드러낸다. 대상에 대한 한 가지 속성 인식이 창발적 이해로 연결되기는 쉽지 않다. 창발이 이루어지기 위해서는 대상에의 다각적인 탐구가 바탕이 되어야 한다. 그렇기에 대상에 대한 창발적 이해는 대상에 대한 다각적인 인식을 하게 하는 복수 텍스트가 필요하다.

창발적 이해는 독자의 경험과 인식의 범위를 넘어서야 한다. 창발은 독자의 현재 인식의 범위를 넘어서는 인식 활동이다. 독자는 현재의 경험 한계를 깨고, 새로운 인식적 경험이 있어야 창발이 일어난다. 그렇기에 독자의 스키마나 경험으로 인식하는 이해는 창발적 이해가 될 수 없다. 창발적 이해는 독자가 새로운 관점으로 표상한 정보들을 새롭게 질서화하는 일이다. 이는 대상을 확연하게 알게 하는 일이면서 독자의 현재 인식 범위를 벗어나는 일이다. 인식의 범위를 벗어난다는 것은 인식하지 못하던 것을 인식하거나 기존의 인식과는 다르게 인식하게 됨을 의미한다. 인식의 범위를 벗어나는 일은 대상에 대하여 알고 있던 정보들이 새롭게 재편되면서 독자의 인식을 바꾸는 일이다. 부분적 이해가 독자의 스키마로 텍스트의 내용과 의미를 결정하는 것이라면, 창발적 이해는 인식된 대상이 독자의 의식 내용을 결정하는 일이라 할 수 있다.

이 창발적 이해는 순서나 시기가 정해져 있지 않다. 특정 순서로 텍스트를 읽는다고 일어나거나 특정한 텍스트를 읽어서 일어나는 것이 아니다. 이해의 임계점에 다다라 있을지라도 그것이 곧바로 일어나지 않는다. 독자는 창발적 이해를 위해서는 관련 텍스트를 읽으면서 기다려야 한다. 기다린다는 말은 텍스트를 읽고 정보를 표상하고, 분석하고 종합하는 일을 계속하여야 함을 의미한다. 창발적 이해는 인내가 필요한 것이다. 창발적 이해는 독자의 인식 확대가 자발적으로 일어나야 하기 때문이다. 창발은 결국 독자의 인식 문제이기 때문이다.

3. 읽기 교육에 시사점

읽기에서 독자가 요소적·부분적 이해를 넘어 창발적 이해를 할 때 멱함수 법칙이 성립한다. 창발적 이해가 없는 이해는 정규 분포를 이루게 된다. 독자가 글을 읽을 때, 조금 더 이해하려는 노력이 부분적 이해를 높여 주기 때문이다. 창발적 이해는 요소적·부분적 이해를 넘어서는 멱함수 그래프의 오른쪽에 놓일 수 있는 큰 이해를 가리킨다. 큰 이해는 독자의 인식 범위를 넘어서는 이해이기 때문에 독자의 인식 넓이와 깊이를 달라지게 만든다. 멱함수 법칙에 따른 창발적 이해가 텍스트 이해에 주는 시사점을 몇 가지 정리하면 다음과 같다.

가. 이해의 멱함수 존재

독자의 텍스트 이해의 형태는 다양하다. 독자는 텍스트의 내용만 파악할 수도 있고, 저자의 생각에 동의할 수도 있으며, 새로운 생각을 형성할 수도 있다. 여러 이해의 형태 중에 한 가지가 창발적 이해이다. 창발적 이해는 독자의 텍스트 이해가 멱함수 법칙을 따른다는 전제에서 도출된 것이다. 텍스트 이해의 멱함수 법칙은 독자의 텍스트 이해는 작은 것도 있고 큰 것도 있다는 생각을 반영한다. 그리고 작은 이해의 수는 많고 큰 이해의 수는 적다는 것이다. 궁극적으로 가장 큰 이해는 상대적인 것으로 하나밖에 없다는 것을 전제한다. 창발적 이해는 이 하나밖에 없는 큰 이해를 쪽에 속한 이해들이라 할 수 있다.

텍스트 이해의 멱함수는 작은 이해보다는 큰 이해에 초점이 맞추어져 있다. 큰 이해 즉, 창발적 이해가 독자의 이해 목표로 지향되기 때문이다. 독자가 읽기를 하는 근본적인 지향은 관심 있는 대상을 확연히 알기 위한 것이다.

독자는 창발적 읽기를 지향하고 있다. 몇 가지 정보를 얻기 위한 읽기가 없지는 않지만 독자의 궁극적 지향은 관심 대상에 대한 확연한 이해이다. 그래서 읽기를 지속하고, 대상을 이해하기 위해 노력한다. 그렇지만 독자의 창발적 이해에 대한 적극성은 높지 않다. 창발적 이해에 대한 의식이 분명하지 않기 때문이다. 창발적 이해에 대한 막연한 기대는 있지만 이를 성취하려는 의식이 분명하지 않은 것이다. 창발적 이해를 적극적으로 하기 위해서는 이에 대한 분명한 지향을 가지는 것이 우선이다.

창발적 이해는 텍스트 이해의 몀함수에 대한 인식이 있을 때 효과적으로 일어난다. 창발적 이해는 상대적인 속성을 갖는다. 창발적 이해가 일어나는 일은 절대적이지만 이 이해들은 서로 비교되는 특성이 있다. 인식의 전환에 대한 크기가 비교를 통하여 위치 값을 갖는 것이다. 창발적 이해 자체는 통찰적 특성을 내포하고 있기에 전체를 꿰뚫는 절대성이 있는 이해이지만 이 이해들의 관계에서 보면, 크기에 있어 상대적인 속성이 있다. 따라서 독자는 자기 이해의 크기에 대한 의식을 가질 필요가 있다. 이해 크기가 어느 정도인지를 가늠해 보고, 이를 판단할 필요가 있다.

독자는 창발적 이해 결과에 대한 몀함수의 속성에 따른 점검이 필요하다. 독자는 자신이 이해한 결과가 어느 정도 수준인지를 확인할 필요가 있다. 텍스트에 대한 창발적 이해가 대상에 관한 어느 정도의 이해인지, 자신이 성취한 다른 창발적 이해와 어떤지, 저자의 이해와는 어떠한지, 다른 독자의 이해와는 어떤지를 비교 점검하는 것이 필요하다. 이러한 비교 점검은 독자가 창발적 이해 이후에 이해를 정교화하거나 더 나아가야 할 방향을 제시한다. 텍스트 이해의 몀함수는 이해의 크기가 다양할 수 있고, 항상 큰 이해의 존재를 전제하기 때문에 독자는 이해의 크기를 점검을 해야 한다. 이러한 점검은 독자가 계속하여 읽기를 해야 하는 계기와 의지를 강화한다.

독자가 창발적 이해를 이루기 위해서는 의지적 노력이 필요하다. 창발적 이해는 큰 이해를 지향하기 때문에 현재 수준을 넘어서는 이해를 전제한다. 독자가 현재 수준을 넘는 이해를 위해서는 의지적이고 적극적인 노력이 필요하다. 독자가 자신의 인식 수준 내에서 텍스트를 이해하는 것은 인지적 부담이 크지 않다. 그렇지만 인지적 수준을 넘어가는 이해는 인지적 부담이 클 수밖에 없다. 자신의 인지적 수준을 넘는 이해를 위해서는 독자의 의지적 실천이 있어야만 가능하다. 인지적 수준을 넘는 텍스트 이해를 위해서는 이해 방법의 전환은 물론 적극적인 의식적인 노력이 있어야 한다. 텍스트 이해의 멱함수 법칙에 대한 인식은 독자에게 읽기에 대한 인식의 변화뿐만 아니라 읽기 능력의 향상을 이루게 하는 계기가 된다.

독자는 텍스트 이해의 크기에 대한 점검이 필요하다. 독자가 텍스트 이해의 크기를 점검하게 될 때, 큰 이해에 대한 지향이 이루어진다. 이해의 크기에 대한 점검으로 이해한 내용의 수준이 분명하게 드러나면 창발적 이해에 대한 의식을 갖게 된다. 창발적 이해를 의식하게 되면 독자는 자기 이해를 규정하게 된다. 더 읽을 텍스트를 파악하고, 텍스트를 읽어서 얻어야 할 것을 점검하고, 성취해야 할 이해의 지향을 설정한다. 이 지향으로 인해 창발적 이해의 활동이 일어날 수 있게 된다.

나. 창발적 이해에 대한 지향

독자가 텍스트를 읽다가 창발적 이해를 할 때도 있다. 이때 독자는 읽다 보니 그렇게 되었다고 말한다. 그러나 창발적 읽기는 누구에게나 일어날 수 있는 일이며 인식이 가능한 활동이다. 언제 일어날지는 분명하지는 않지만 관심을 두고 조건을 갖추어 노력하면 누구나 할 수 있다. 창발적 이해가 일어나는 시기는 정해져 있지 않아 우발적일 수 있지만 일어난 결과의 면에서 보면 필연적이다. 창발적 이해는 반드시 일어나는 것이다.

창발적 이해의 존재 인식은 창발적 이해 활동을 하게 한다. 독자는 자신의 이해가 도달해야 할 것을 알게 되었는데 이를 회피할 수가 없다. 텍스트 이해에 관심이 있는 한 창발적 이해를 하게 된다. 독자는 의식적이든 무의식적이든 바람직한 이해의 방향을 지향하고 있다. 텍스트를 읽고 있다는 것이 그 증거이다. 그래서 독자는 텍스트를 읽게 되면 자신의 이해를 창발적 이해가 되도록 노력한다. 의도적으로 이루어지는 텍스트 읽기는 목적이 내재해 있기 때문이다. 독자는 창발적 이해를 지향하고 있다.

창발적 이해에 대한 지향은 독자의 읽기 활동을 점검하게 한다. 독자는 자신의 텍스트 이해가 창발적 이해인지를 확인하고 싶어 하는 것이다. 독자에게 이 확인은 어려운 일은 아니다. 창발적 이해를 하고 나면 인식이 달라지기 때문에 확인은 불필요하다. 그렇지만 요소적·부분적 이해는 늘 점검이 필요하다. 이해를 바르게 하고 있는지를 따져보아야 하기 때문이다. 이해 활동을 점검한다는 것은 일차적으로 요소적·부분적 이해에 치우친 이해를 하고 있는지를 확인하는 것이다. 요소적·부분적 이해를 점검하는 것은 독자의 이해가 작은 이해만을 중심으로 이루어지는 것을 경계하는 것이다. 이차적으로는 임계점을 넘어 이해가 이루어졌는지를 살피는 것이다. 이 점검이 창발적 읽기가 일어나도록 이끈다. 부족한 읽기를 보완하여 큰 이해를 실현하려는 의지가 있기 때문이다.

창발적 이해는 더 수준 높은 이해를 기대하게 한다. 창발적 이해는 상대적이기 때문에 독자에게 더 큰 이해를 바랄 수 있게 한다. 오도송을 한번 읊었다고 하여 그것으로 모든 깨침을 마무리하는 것은 아니다. 또 다른 깨침을 위한 노력을 하는 것이다. 창발적 이해도 마찬가지이다. 창발적 이해를 경험한 독자는 다시 창발적 이해를 이루기 위하여 노력한다. 같은 대상에 대한 더 큰 이해를 기대하게 하거나 다른 대상에 대한 창발적 이해를 기대하게 한다. 기대는 실천으로 이어질 수 있게 한다. 독자가 창발적 이해의 존재를 인식하는 것 자체가 이해의 범주를 넓히는 역할을 하는 것이다. 이는 창발적 이해의 경험이 없는 독자에게는 이를 경험할 수 있게 하는 계기를 마련하기도 한다.

창발적 이해는 자신의 이해를 메타적으로 들여다보게 한다. 큰 이해가 이루어졌는가를 독자에게 고민하게 하기 때문이다. 독자는 대상에 대한 깊이 있고, 넓은 인식이 이루어졌는가를 따진다. 이는 이해의 충만성의 문제이다. 그리고 이해의 내용이 다른 인식에 도움이 되는가를 따진다. 이는 보편성의 문제이다. 인식의 확장은 내적으로 충만한지 외적으로 보편적인지를 점검하게 한다. 즉 창발적 이해는 개별 대상에 대한 통찰을 요구할 뿐만 아니라 관심 영역에 대한 인식의 적용을 함께 요구하는 것이다. 이의 점검은 독자가 텍스트를 새롭게 또는 계속하여 읽고 이해할 수 있게 하는 계기가 된다.

다. 창발적 이해를 반영한 읽기 교육

창발적 이해는 요소적·부분적 이해의 나약함을 보여준다. 이해의 나약함은 이해의 지향성이나 적극성이 작음을 의미한다. 도전적인 읽기나 주체적인 읽기를 할 수 있는 접근의 토대를 충분히 마련해주지 못하는 것이다. 이는 텍스트에 대한 이해가 정규 분포 내에서 이루어지기를 기대하게 만든다. 이해의 기대에 대한 정규 분포적 인식은 일정한 경계 내에서 읽기가 이루어져야 함을 강조한다. 경계를 벗어난 이해의 존재는 무시되거나 가치 없는 것으로 여겨진다. 그렇기에 경계를 벗어난 이해는 배제되고 공유될 수 없는 것으로 여겨진다. 정해진 내용이 있는 이해를 추구하거나 제한된 조건에서만의 이해를 요구하게 된다.

현재의 읽기 교육의 접근은 독자 중심 접근 방식을 취하고 있다. 이 접근의 텍스트 이해는 독자의 배경지식의 범위 내에서의 이해를 요구한다. 즉 독자의 경험 조건 내에서의 텍스트 이해를 강조하는 것이다. 텍스트 이해가 독자의 인지적 경험을 확대하기보다는 인지적 경험 한계 내에서 이루어져야 한다고 본다. 독자의 텍스트 이해를 개인의 경험 조건에 한정되고 제한되는 것이다. 이 접근은 텍스트 이해가 독자의 인식을 새롭게 해야 하는 읽기의 근본적 목적을 저버리게 한다. 그래서 이 관점의 텍스트 이해는 독자의 의식을 전환하여 정신적 성장을 이루는 것으로는 작용하지 못한다. 이는 독자의 인지적 경험을 넘어서는 이해에 대한 보완이 필요함을 의미한다.

창발적 이해의 접근도 독자의 인식에 관심을 두고 있다. 요소적·부분적 이해와 공유하는 부분이 있음을 의미한다. 그렇지만 그 차이점 또한 강조하는 접근이다. 피아제의 인지에 대한 동화와 조절의 개념을 빌리면, 요소적·부분적 이해가 스키마의 한계 내에서의 동화를 지향한다면, 창발적 이해는 조절을 지향한다. 텍스트 이해는 요소적·부분적 이해로 만족할 수 없는 부분은 창발적 이해로 극복할 필요가 있다. 그동안의 텍스트 이해에 대한 교육적 접근이 요소적·부분적−동화적 이해에 초점이 있었다면 앞으로의 접근은 창발적−조절적 이해에 대한 접근이 필요하다.

텍스트 이해의 교육은 독자 인식의 빅뱅(big-bang)을 말할 수 있어야 한다. 인식의 빅뱅이 실제로 일어날 수 없을지라도 이를 지향하는 것이 필요하다. 학생이 늘 같은 내용으로 텍스트를 이해하고, 같은 인식의 내용을 가져야 할 것을 강조해서는 안 된다. 또한 텍스트의 이해가 독자의 인지적 경험의 범위 안에서 일어나야 한다고 강요하는 것도 안 된다. 텍스트 이해는 독자의 인지적 경험을 깨고 터트리는 일이라는 것을 알릴 필요가 있다. 창발적 이해는 이를 요구한다. 텍스트 이해의 멱함수 법칙은 이의 필요를 제기한다.

읽기 교육은 그동안의 논의를 새롭게 검토할 시기가 왔다. 새롭게 열어가야 할 접근의 방향이 분명하지는 않지만 이에 대한 인식이 필요하다. 텍스트 이해의 멱함수는 읽기 교육을 반성적으로 볼 수 있게 하는 하나의 계기이다.

텍스트 이해가 추구하는 본질적 요구를 반영하는 요소가 있기 때문이다. 하나의 관점이나 이론이 전체를 설명할 수는 없지만 새롭게 설명할 수 있는 계기를 마련해 준다. 복잡계 과학의 논리로 텍스트 이해를 바라는 보는 것도 새로운 계기를 마련하는 것이 될 수 있다.

4. 창발적 읽기 실천

복잡계 과학은 자연 현상뿐만 아니라 사회 현상이나 심리 현상을 설명한다. 텍스트 이해 활동은 심리 현상 중의 하나이다. 텍스트 이해 활동은 텍스트와 독자의 여러 가지 요인이 상호작용을 통하여 이루어진다. 독자는 텍스트이해 과정에서 심리적 복잡성을 겪는다. 독자의 심리적 복잡성은 해결되기도하고, 안 되기도 한다. 독자가 심리적 복잡성을 해결했을 때도 부분적인 경우도 있고 전체적인 경우도 있다. 독자가 복잡성의 문제를 전체적으로 해결했을 때 인식의 전환이 이루어진다. 창발적 이해가 일어나 독자의 새로운 인식세계가 열리게 되는 것이다.

독자는 텍스트를 읽고 창발적 이해를 하는 경우가 있다. 이 이해를 읽기이론에서는 규명하지 않았다. 읽기 이론으로 이를 설명할 수가 없었다. 그러나 복잡계 과학의 논리를 빌어서 들여다보면 창발적 이해가 드러난다. 멱함수 법칙으로 보면 큰 이해가 있었기 때문에 창발적인 이해가 이루어진 것이다. 창발적 이해에 대한 설명 틀은 창발적 이해에 대한 인식을 가능하게만든다. 인식은 독자의 창발적 이해 활동을 할 수 있게 한다. 그래서 독자가창발적 이해를 지향하고 실현할 수 있게 한다.

이름이야 어떻든 독자의 인식 확장이나 전환을 이루는 텍스트 이해가 필요하다. 이 텍스트 이해는 독자의 정신적 성장이 일어나게 한다. 텍스트가 지시하는 대상을 깊이 있게 이해함으로써 인식의 전환을 이룰 수 있게 된다. 독자는 이 창발적 이해를 위한 의지적 노력이 필요하다. 이해가 일어나면 독자는 읽기를 하는 본질적 목적을 이루게 된다. 이 창발적 이해를 위해 독자의 적극적인 노력과 창발적 이해를 효과적으로 할 수 있게 하는 다각적인 접근과 논의가 필요하다.

참고문헌

김도남(2015), 읽기 활동의 복잡계 네트워크 특성 고찰, 한국국어교육학회, 새국어교육 104집.

노명완(1994), 국어교육론, 한샘.

송찬우 역(2000), 노자: 그 불교적 이해, 세계사.

오진탁 역(1999), 감산의 노자 풀이, 서광사.

정동화·이현복·최현섭(1987), 국어과교육론, 선일문화사.

최창현(2010), 신과학 복잡계 이야기, 종이거울.

현인철·서용선(2011), 혁신교육, 철학을 만나다. 살림터.

강병남·김기훈 역(2013), 링크, 아시아.

김봉희 역(2014), 우발과 패턴, 시공사.

한국복잡계학회 역(2015), 복잡한 세계 숨겨진 패턴, 바다출판사.

최승언 역(1997), 일반언어학 강의, 민음사.

Witte. S. P.(1992), Context, Text, Intertext: Towards a Constructivist semiontic of Writing, *Written communication* 9(2).

제2부

읽기의 연모

1장

복잡계 네트워크

1. 복잡계 네트워크의 세계

독자는 텍스트를 읽고 새로운 의미를 해석해 낸다. 독자들이 같은 글을 읽고 새로운 의미를 해석해 내는 것은 교육적으로 흥미로운 일이다. 조동일(1991)은 <흥부전>에서 놀부의 행위에 경제 가치를 부여하여 현실성의 의미를 찾아내고, 이홍우(2000)는 성리학의 글들에서 마음의 중층구조 논리를 투입하여 교육의 원리를 설명한다. 김형효(1999)는 노자의 <도덕경(道德經)>에 해체주의 논리를 적용하여 하나가 아니면서 둘이 아닌 논리를 확립해 낸다. 감산대사(원조각성 역, 2002)는 <대학(大學)>에 불교 수행의 논리를 가미하여 불법에 정진하는 원리를 설명한다. 우리에게 지적 즐거움을 주는 텍스트들은 이러한 새로운 의미를 찾는 읽기의 결과물이다. 복잡계 네트워크 이론의 관점에서 볼 때, 독자들의 이러한 텍스트의 의미 해석을 창발(emergence)[1]이라 할

1　'창발'의 사전적 의미는 '남이 모르거나 하지 아니한 것을 처음으로 또는 새롭게 밝혀내거나 이루는 일'(표준국어대사전)이다. 이 창발은 복잡계 네트워크 현상의 핵심 속성이다. 복잡계는 수많은 요소로 구성되어 있으며, 구성 요소들이 상호작용하는 것을 가리킨다. 복잡계에서 구성 요소들이 상호작용을 할 때 각 요소의 개별 특성과는 다른 거시적인 새로

수 있다.

독자는 텍스트에 충실한 읽기를 하기도 하지만 창발적인 읽기를 하기도 한다. 독자의 의미 창발은 읽기와 읽기 교육의 중요 과제 중의 하나이다. 특히 독자 중심 읽기 교육의 관점에서 보면, 창발적 읽기는 중요한 과제가 된다. 독자 중심의 읽기는 독자가 텍스트를 읽고 자신의 논리로 텍스트의 의미를 창발해 내야 하기 때문이다. 창발적 읽기를 학생이 할 수 있도록 하기 위해서는 독자가 텍스트에서 새로운 의미를 어떻게 창발하는가를 살필 필요가 있다. 즉 복잡계 네트워크 이론을 빌어 읽기 현상을 살펴볼 필요가 있다.

복잡계 네트워크 과학[2]은 여러 개의 구성 요소들이 무질서한 상태에서 질서의 상태로 변화되는 것을 설명하는 학문이다. 독자의 읽기 활동도 복잡계 네트워크의 이론으로 설명할 수 있는 부분이 있다. 독자가 텍스트를 읽고 마음속에 표상한 정보들은 무질서한 상태로 있다가 어떤 조건 속에서 질서 있게 정돈된다. 예를 들어 노자의 <도덕경>은 약 5천 자로 된 텍스트이지만 읽게 되면 내용 정보들이 복잡하게 표상되어 쉽게 정리되지 않는다. 그렇지만 몇몇 독자들은 <도덕경>의 내용 정보를 일관된 질서가 있는 네트워크를 만들어 의미를 창발한다. <도덕경>을 풀이한 텍스트가 여러 가지 있는 것으로 보아 독자가 표상한 정보를 어떤 네트워크로 묶느냐에 따라 창발된 의미

운 현상과 질서가 나타나는데, 이 새로운 성질의 출현을 '창발'이라 한다.(이명진 외, 2008: 26)

2   복잡계란 수많은 구성 요소들의 상호작용을 통해 구성 요소 하나하나의 특성과 사뭇 다른 새로운 현상과 질서가 나타나는 시스템이다. 간단히 말해서 복잡계 이론은 아무리 복잡한 체계라도 단순한 규칙에 의해 지배된다는 것이다.(최창현, 2010:21) 복잡계의 문제를 네트워크(그래프)이론을 빌려 해결하려는 시도가 진행되고 있는데 이 시도를 특별히 '복잡계 네트워크'라고 부른다. 복잡계 네트워크는 네트워크가 복잡하다는 의미가 아니라 복잡계를 기술하는 네트워크라는 의미이다.(강병남, 2014:4)

가 달라짐을 예상할 수 있다. 창발을 이야기할 때 전체는 부분의 합 이상(시너지 효과)이라고 말하는데 이것은 <도덕경>을 각기 달리 풀이하는 텍스트를 볼 때 이해할 수 있다.[3]

독자가 텍스트를 읽고 이해했다는 것은 텍스트에 제시된 정보의 합 이상의 것을 얻었음을 가리킨다. 텍스트에 충실한 정보의 표상은 정보의 파악에 불과할 뿐 이해했다고 하기에는 부족하다. 독자 중심 읽기는 독자가 텍스트에 제시된 정보의 합 이상의 것을 읽어내는 것을 강조한다. 텍스트 중심 읽기도 마찬가지로 독자가 텍스트에서 의미를 창발할 것을 기대한다. 그렇지만 독자가 어떻게 창발적 읽기를 할 수 있는가에 대해서는 설명하기 어려운 면이 있다. 텍스트 중심이나 독자 중심의 읽기가 텍스트의 정보를 네트워크 형태로 구조화하고, 독자가 정보를 클러스터(덩어리)[4]를 이루어 표상한다는 것은 이미 설명이 있었다.[5] 그렇지만 전체는 부분의 합이 이상의 것을 창발하는 현상에 대해서는 설명하지 못하였다.

복잡계 네트워크 이론은 독자의 내용 표상의 복잡성과 의미 창발에 대하여 일부 설명력을 갖는다. 복잡계 네트워크 이론의 측면에서 보면, 독자의 텍스트 내용의 표상은 복잡성을 띠고, 내용의 네트워크 구성으로 의미의 창발을

---

3 예를 들면, <도덕경>을 불교적 관점에서 풀이한 텍스트(송찬우 역, 2000), 생활의 지혜의 관점에서 풀이한 텍스트(손성하 역, 2010), 서양 철학과 접목하여 풀이한 텍스트(김형효, 1999) 등이 있다.

4 클러스터(cluster)는 '덩어리'라고 번역할 수 있으나 어감의 차이가 있다. 클러스터는 '군집'이나 '송이'와 같이 구성 요소 하나하나에 대한 고려가 있는 용어이다. 그런데 '덩어리'라는 말에는 구성 요소 하나하나에 대한 고려보다는 전체에 더 의미를 두는 용어이다. 이 글에서는 사용되는 '덩어리'는 클러스터의 의미로 쓰인다.

5 독자의 텍스트 내용 표상이 의미 덩어리(클러스터)를 이루고, 의미 덩어리들이 유기적인 구조적 연결 체계를 이룬다는 논의로는 텍스트 구조 분석 논의(이삼형, 1999; 이석규, 2001; 박진용, 2003), 인지심리학적 정보 표상 논의(김소영, 1998), 이야기 문법 분석 논의(노명완, 1994) 등이 있다.

이룬다. 독자는 텍스트를 읽으면서 정보들을 관련 있는 것끼리 연결하고 묶는다. 이 묶여진 정보의 덩어리인 클러스터가 독자의 마음속에 표상된다. 표상된 각 클러스터가 독자의 마음속에서 긴밀히 연결되어 질서 있게 정리되지 않으면 복잡성을 띠게 된다. 정보들이 질서 있게 연결되어 네트워크를 이루게 되면 복잡성은 해소된다. 복잡성의 사라지면서 질서 있는 네트워크가 만들어질 때 의미의 창발이 일어난다.

읽기 활동을 복잡계 네트워크로 설명하는 이 논의는 시험적이다. 이 논의는 복잡계 네트워크 이론의 관점에서 읽기 활동을 설명하기 위한 시도이면서 앞으로 관련된 논의의 방향을 탐색하기 위한 첫출발이다. 이 논의에서는 읽기 과정에서 독자가 정보를 표상하여[6] 네트워크를 구성하고, 이에서 의미를 창발하는 과정을 설명하여 본다. 이로써 창발적 읽기의 교육적 논의의 토대를 마련하고자 한다. 복잡계 네트워크 이론은 이 세계의 현상을 설명하는 하나의 논리이다. 이 논리를 읽기 교육에 수용할 수 있을지를 가늠해 본다.

2. 복잡계 네트워크와 읽기

독자는 읽기 활동 중에 표상한 정보들의 관계를 확립하지 못하여 인지적 혼란을 겪을 때가 있다. 이때 독자는 텍스트의 이해가 어렵게 느껴진다. 그러

---

6   독자의 텍스트 내용 표상 방법은 스키마 이론(schema theory), 심상 표상(mental model), 명제 표상 이론(prepositional theory) 등으로 구분할 수 있다.(김도남, 2014:40-41) 이 논의에서는 명제 표상을 중심으로 논의를 전개한다. 명제 표상은 독자가 텍스트와 관련된 내용을 명제 형태로 떠올려 이들을 연결하여 일정한 단위로 묶고, 이들 단위의 다시 연결을 확장하는 '구성'을 강조하는 표상이다. 반면, 스키마 표상은 독자의 인지 도식인 스키마에 의해 주어진 인지 구조 틀에 '채워 넣음'을 강조하는 표상이다.

다 새로운 시각으로 표상한 정보들을 연결하여 인지적 혼란을 해소하면 텍스트에 대한 이해가 이루어지기도 한다. 독자가 인지적 혼란을 겪고 있는 경우는 정보들이 복잡성을 띠고 있을 때이고, 이해가 이루어진 경우는 정보들이 네트워크를 이루어 복잡성이 해소된 때이다. 독자의 정보 표상의 복잡성과 네트워크 구성에 대하여 살펴본다.

가. 표상 정보의 복잡성

독자의 텍스트 이해 활동은 정보의 표상에서 시작된다. 독자의 정보 표상은 텍스트를 매개로 이루어진다. 정보 표상이 텍스트를 매개로 한다는 말은 독자가 텍스트에 있는 정보를 그대로 표상하지 않음을 의미한다.[7] 독자는 텍스트를 읽으면서 마음속에 여러 가지 정보를 함께 표상한다. 독자가 텍스트를 읽고 표상하는 정보의 양과 종류는 독자의 경험에 따라 다르다. 독자는 텍스트를 읽을 때 마음속에 표상한 정보는 산발적이고 비체계적이다. 그래서 독자마다 다른 정보를 표상한다. 이 표상된 정보들이 복잡성을 띠게 되는 것이다. 표상된 정보들은 텍스트의 정보들과 혼재하면서 서로 연결되어 더 큰 정보 덩이를 만든다. 독자가 읽기를 진행할수록 표상된 정보들이 많아지고 정리를 보류한 채 다음 정보의 표상 활동으로 넘어간다.

---

[7] 독자의 텍스트 내용 표상이 텍스트에 제시된 대로 이루어지지 않으며 정보들의 연결로 표상된다는 논의는 스키마 이론(노명완 외, 1994)이나 텍스트언어학(김재봉, 1999), 이야기 문법(노명완, 1994) 등에서 이미 논의 있었다. 다만, 스키마 이론은 독자이 정보 표상이 이미 주어져 있는 배경지식의 틀에 의하여 이루어진다고 보았다면, 네트워크 이론은 정보가 표상된 후 상황 조건에 따라 특정한 틀로 구성된다고 보는 차이가 있다. 텍스트언어학이나 이야기 문법은 독자의 표상 문제와 관련지을 수 있으나 텍스트 자체의 정보 연결 구조에 초점이 놓여 있다. 스키마 이론이나 이야기 문법은 정보들의 네트워킹을 고려한 것이기는 하지만 네트워크의 속성을 반영하여 텍스트를 분석한 것은 아니다.

(가) ㉠ 엘리자베스는 아름다운 공주였습니다. 엘리자베스 공주는 성에 살았지요. 그 성에는 비싸고 좋은 옷이 많았어요. 또 공주는 로널드 왕자와 결혼하기로 되어 있었죠.

㉡ 어느 날, 무서운 용 한 마리가 나타났어요. 용은 공주의 성을 부수고 뜨거운 불길을 내뿜어 공주의 옷을 몽땅 태워버렸지요. 그리고 로널드 왕자를 잡아갔습니다.

－<종이 봉지 공주>의 일부

독자가 윗글을 읽을 때 표상하는 정보를 생각해 보자. 독자는 글(가)의 ㉠부분 첫 문장을 읽기 시작하면서 여러 정보를 마음속에 떠올린다. '공주가 있었다', '이름은 엘리자베스다', '공주는 외국 사람이다', '어느 나라의 공주일까', '어떤 왕이 공주의 아버지일까', '공주는 아름다웠다', '얼마나 예쁠까?', '몇 살일까?' 등의 정보를 떠올린다. 두 번째 문장을 읽을 때도 마찬가지이다. '공주는 성에 살았다', '외국에서는 공주가 성에 산다', '외국에서는 왕이 성에 산다', '우리나라 왕이 궁궐에서 사는 것과는 다르다', '우리나라 성은 주로 전쟁을 위해 만들었다' 등의 정보를 떠올린다. 세 번째 문장과 네 번째 문장을 읽을 때도 마찬가지로 여러 가지 정보를 떠올리게 된다. 마음속에 떠올린 정보가 관련 있는 정보를 만나면 의미 있게 활용된다. 특히 텍스트에 제시된 정보와 관련되어 연결되면 텍스트 내용 파악에 기여할 수 있게 된다. 그렇지 못한 정보들은 일정 기간 마음속에 머물다 사라진다.

독자가 ㉡부분을 읽게 되면 ㉠부분과 관련된 정보들은 하나의 클러스터를 이루지만 완전히 정리되지 않은 채 의식의 한 부분에 자리를 잡는다. 독자의 현 의식에는 ㉡부분과 관련된 정보들이 인식되면서 다시 하나의 클러스터를 만들게 된다. ㉠과 ㉡부분의 정보들은 공통적으로 나타나는 낱말이나 정보들에 의하여 관련성을 갖는다. 즉 '공주, 성, 옷, 왕자' 등 말을 공유하면서 관련된다. 그렇지만 ㉠과 ㉡의 정보들이 직접 연결되는 것은 아니다. 아래 [그림 1]에서와 같이, 독자가 ㉡부분을 읽으면서 표상한 정보들은 ㉠을 읽으면서 표상한 정보와는 다르기 때문이다. 독자의 마음속에서는 표상한 클러스터들이 서로 구분된 상태로 자리를 잡는다. 독자가 표상한 정보 클러스터들은 시간적으로 앞서 구성한 것이 가장 뒤쪽에, 현재 구성 중인 클러스터가 가장 앞쪽에 위치한다. 공간적으로 보면 정보들은 마음의 한 공간 안에서 위치를 달리하여 자리를 잡는다. 독자가 현재 읽고 있는 부분에서 앞서 읽고 표상한 정보와 관련된 정보가 있으면 매개 단계를 거치지 않고 이전 정보를 연결하기 때문이다.

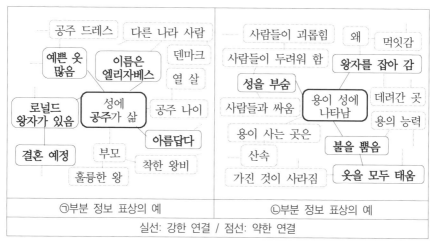

[그림 1] 글(가)의 정보 클러스터 표상의 예

독자가 텍스트를 매개로 표상하는 정보의 복잡성은 기호의 해석과 관련시어 볼 수 있다. 독자가 텍스트를 읽고 정보를 표상하는 것은 기호 해석의 결과이기 때문이다. 텍스트의 내용과 독자의 표상 내용을 매개하는 것은 실제적으로는 텍스트를 이루고 있는 기호라 할 수 있다. 기호의 매개 작용에 대한 접근은 다양할 수 있지만 여기서는 퍼스(Peirce)의 기호 이론을 바탕으로 저자의 의미 구성에 작용하는 무한 기호 작용(unlimited semiosis)의 모형을 제안한 위트(Witte, 1992)의 논의를 참조한다. 위트가 퍼스의 기호 모형을 확장한 내용을 그림으로 나타내면 다음과 같다.

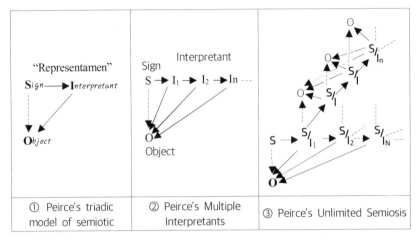

[그림 2] 위트(Witte)의 퍼스(Peirce) 기호 작용 모형 변형 과정

[그림 2]의 ①은 퍼스의 기호의 작용 구조를 나타낸 모형이다. 기호(Sign)는 대상(Object)을 지시하고 있다. 사람은 이 기호를 보고 대상을 떠올리는데, 대상 그 자체를 떠올릴 수 없기 때문에 기호가 지시하고 있을 것이라고 예상되는 것을 마음속에 떠올리게 된다. 퍼스는 이것을 '해석체(Interpretant)'[8]라고 하였다. 그리고 이 기호의 작용을 '표상(Representamen)'이라고 명명하였다. 퍼스는 기호의 작용을 인지적 표상의 관점에서 접근하여, 기호를 사람이 대상을 해석할 수 있게 하는 매개로 본 것이다. ②는 위트가 퍼스의 기호

---

8 'Interpretant'의 사전적 의미는 '해석 경향'(기호가 해석자에게 미치는 영향 또는 해석자의 기호에 대한 반응 경향)이다.

모형을 변형하여 제시한 것이다. ②를 보면 사람이 기호를 보고 기호의 지시 대상을 표상할 때, 한 가지 해석체(I₁)만을 떠올리는 것이 아니라 여러 가지 해석체(In)를 떠올린다. 앞에 제시된 글(가)의 ㉠에서 보았듯이 기호는 한 가지 지시 대상을 마음속에 표상하게 하지는 않는다. 대상에 대한 해석 정보를 여러 가지로 떠올리도록 매개 역할을 한다. ③은 위트가 ②의 기호 모형을 확장한 것이다. 사람이 기호를 보고 대상과 관련지어 해석하여 정보를 표상하고, 그 정보를 다시 다른 기호로 표현한다는 것을 나타내었다. ③에서 사람이 기호를 해석하여 해석체(I)를 표상하고, 그 해석체를 다른 기호(S)로 표현하면, 그 기호는 다시 대상(Object)과 해석체(Interpretant)를 만드는 기호의 무한 반복 작용을 알 수 있다. 위트의 기호 작용 모형을 보면, 기호는 무한한 해석 작용과 기호 생성 작용을 한다.

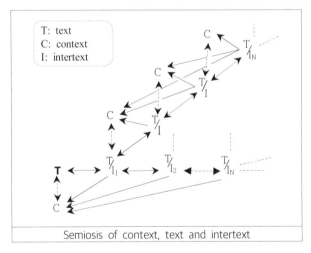

[그림 3] Witte의 쓰기의 기호 작용 모형

[그림 3]에서 위트(Witte, 1992)는 기호의 무한 해석 과정을 확대하여 저자의 텍스트 구성 활동에 적용한다. 위트는 저자의 텍스트 구성이 상호텍스트

적으로 이루어진다는 관점을 가지고 있다. 그는 저자의 텍스트 구성이 텍스트(text)와 컨텍스트(context),[9] 인터텍스트(intertext)[10]의 상호작용으로 이루어진다고 본다. 그래서 퍼스의 기호 모형에서 대상(O)을 컨텍스트(C)로, 기호(S)를 텍스트(T)로, 해석(I)을 인터텍스트(I)로 대치한다. 글을 쓸 때 저자가 텍스트로 드러내려는 것은 컨텍스트이다. 컨텍스트는 저자가 텍스트로 표현하려는 내용과 관련된 생각으로 저자가 텍스트를 구성하기 위하여 마음속에 떠올리고 고려해야 할 여러 요인이다. 이 컨텍스트에 의하여 텍스트가 구성되고, 컨텍스트와 텍스트는 관련성을 갖는다. 컨텍스트는 텍스트의 내용과 표현을 결정한다. 저자는 컨텍스트를 고려하여 텍스트를 구체화하는 과정에서 인터텍스트를 활용하게 된다. 저자는 텍스트 내용 구성 과정에서 인터텍스트를 활용하는 것은 당연하다. 그리고 저자가 끌어온 인터텍스트는 원 텍스트를 떠올리게 하고, 다시 이와 관련된 컨텍스트를 생성하고, 이 컨텍스트에서 인터텍스트가 다시 생겨난다. 이는 인터텍스트에 의하여 텍스트와 컨텍스트가 무한히 연결됨을 알려준다. 즉 저자가 텍스트를 생성하는 과정은 컨텍스트를 구체화하기 위해 관련 정보들인 인터텍스트를 결합하는 활동 과정이다. 이는 저자가 복잡성을 갖고 있는 인터텍스트에 컨텍스트를 고려하여 질서를 부여함으로써 텍스트를 구성하는 것으로 다시 정리할 수 있다.

한편, 읽기 활동은 독자가 저자의 텍스트를 매개로 독자의 텍스트를 구성

9　컨텍스트(context)는 '맥락'으로 번역된다. 그런데 '맥락'이라는 말로는 저자가 텍스트의 내용을 구성해야 하는 상황과 조건을 나타내기 어렵다. 위트(Witte, 1992)는 주부가 음식을 만들기 위해 장을 보기 위한 메모를 작성할 때, 어떤 요리를 할 것이고, 먹을 사람과 손님이 누구이며, 장을 보러 갈 마트와 마트에 있는 물건이 무엇인지까지도 고려하는 것을 context 라고 했다.

10　인터텍스트(intertext)는 '간텍스트' 또는 '상호텍스트'라고 번역된다. 인터텍스트는 두 텍스트 이상의 텍스트들이 특정 내용을 공유하는 것을 가리킨다. 저자가 텍스트를 구성하기 위해서는 다른 텍스트와 내용의 공유가 반드시 있어야 한다. 위트 설명에 따르면 주부의 장보기 목록 메모도 마트에 있는 상품명을 써야 하기 때문에 인터텍스트를 이룬다.

하는 활동이다. 저자의 텍스트는 저자가 인터텍스트들에 질서를 부여하여 구성한 텍스트이다. 독자는 이 텍스트를 읽고 정보를 표상해야 한다. 독자가 텍스트를 읽고 표상한 내용이 해석체이다. 퍼스의 기호 모형과 같이 독자는 기호로 이루어진 텍스트를 해석해야 한다. 독자가 해석체를 구성하는 활동은 텍스트의 기호를 단서로 저자가 전제한 컨텍스트를 구체화한 텍스트가 제시하고 있는 대상(object)을 표상하는 인지 작용이다. 독자는 텍스트를 읽으면서 저자가 질서를 부여해 놓은 많은 인터텍스트를 만남과 동시에 독자가 경험했거나 경험할 인터텍스트를 끌어온다. 독자의 마음속에는 저자의 인터텍스트와 독자의 인터텍스트가 대상과 관련되면서 떠오르게 된다. 이들 인터텍스트를 마음속에 표상하면서 독자는 정보의 복잡성을 가지게 되는 것이다. 단적인 예로 앞의 글(가)를 읽을 때를 생각해 보면 알 수 있다. 독자가 마음속에 표상한 인터텍스트들이 두 개의 클러스터를 이루어 복잡성을 띄게 된다. 저자의 텍스트 구성 기호 작용과 독자의 텍스트 구성 기호 작용을 도식으로 나타내면 다음과 같이 될 수 있다.

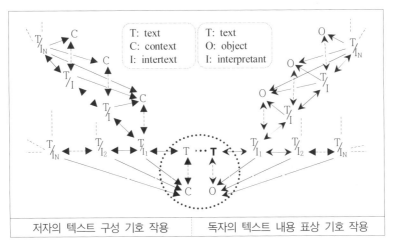

[그림 4] 독자의 텍스트 내용 표상의 기호 작용

[그림 4]를 볼 때, 독자는 텍스트를 읽는 과정에서 해석 정보들을 마음속에 표상한다. 이들 정보는 관련 있는 것끼리 연결되기도 하고 독립적이기도 하다. 독자는 이들 해석 정보들을 연결하여 텍스트의 내용을 파악한다. 이 파악된 내용을 바탕으로 해석체를 만든다. 이들 해석체는 텍스트와 컨텍스트를 무한히 생성한다. 이로 인하여 독자의 텍스트 정보의 표상은 복잡성을 띠게 된다. 독자는 텍스트를 읽으면서 이들 복잡성을 제거하려고 한다. 즉 이들 정보를 관련 있는 것과 연결하여 질서 있는 네트워크를 구성하려고 노력한다.

나. 정보의 네트워크 구성

독자는 저자가 구성한 텍스트를 읽는다. 독자는 텍스트를 통하여 저자가 구성한 인터텍스트의 네트워크를 만나는 것이다. 또한 독자는 텍스트를 읽으면서 자신의 정보 네트워크도 끌어들인다. 독자가 마음속에 표상하는 해석체는 저자의 인터텍스트와 독자의 인터텍스트가 연결되어 네트워크를 이룬 것이다. 네트워크 관점에서 보면, 이 해석체는 독자가 표상한 내용으로 단위 정보, 클러스터, 네트워크 등을 가리킨다. 독자는 기호 해석으로 단위 정보를 표상하고, 이 단위 정보를 연결하여 클러스터를 만들고, 클러스터를 연결하여 네트워크를 구성한다. 독자는 이 정보의 네트워크 구성을 통하여 텍스트 내용을 파악하고 의미를 창발하게 된다. 이는 정보 전달 텍스트이든 문학 텍스트이든 마찬가지이다.

독자가 글을 읽을 때 기호를 해석하여 마음속에 표상하는 정보들은 크게 두 가지로 구분할 수 있다. 하나는 읽는 텍스트와 관련된 정보이고, 다른 하나는 독자의 경험과 관련된 정보이다. 이들 두 가지 정보를 독자는 읽기 과정에서 함께 표상한다. 이들 정보는 분리되기도 하고, 섞이기도 하면서 텍스트에 대한 정보 클러스터를 구성한다. 이 클러스터를 구성하는 정보들은 일차적으로는 텍스트 속에 들어 있는 정보들이다. 독자는 텍스트의 정보를 우선 표상하고 독자의 정보를 표상한다. 독자는 이들 정보가 무질서하게 표상되어 복잡성이 생기면 이에 질서를 부여하여 정보의 네트워크를 구성하게 된다.

독자는 구성하는 정보 네트워크는 텍스트 이해의 넓이와 깊이에 관여한다. 이해의 넓이는 얼마나 많은 정보를 표상하여 연결하느냐의 문제이다. 그리고 깊이는 구성된 네트워크에서 생기는 시너지 효과인 의미의 창발 문제이다. 이해의 넓이가 텍스트 정보의 파악 문제라면, 이해의 깊이는 네트워크에서 의미를 찾아내는 문제이다. 이해의 넓이는 연결 정보의 수와 질이 결정하고, 이해의 깊이는 정보 연결 방식과 연결 관계가 결정한다.

네트워크 이론에서 독자 이해의 넓이 측면에서, 표상된 정보의 수와 질은 정보의 연결점과 관련되어 있다. 독자는 연결점이 한두 개만 있는 정보를 활용하여 단선으로 연결하는 정보의 수는 무한히 늘릴 수 있다. 그렇지만 단선으로 연결된 정보들은 중심이 되는 정보가 없고, 각 정보는 한 단계를 넘으면 서로 간접적인 관계에 있다. 연결된 정보의 수를 늘리려면 연결점이 하나나 둘인 정보를 단선으로 연결하면 된다. 반면, 정보의 질은 정보를 단선으로 연결하여 늘리는 것이 아니라 연결점을 많이 가지고 있는 정보를 중심으로 다수의 정보를 직접 연결하는 것이다.[11] 정보의 질은 표상된 정보들을

11　네트워크 이론에서 특정 각 노드는 다른 노드와 연결되는데 어떤 노드는 한두 개의 다른 노드와만 연결되지만 특정 노드는 수많은 다른 노드와 연결된다. 노드들이 연결될 때 특정 노드끼리 연결되는 것을 '선호적 연결(preferential attachment)'이라 하고, 노드들이 연결되어 단위가 커지는 것을 '성장(growth)'이라 한다.(강병남 외, 2013:144-145) 그리고 특정 노드에 많은 노드가 연결되는 것을 '척도 없는(scale-free) 네트워크'라 하고, 연결의 중심이 되는 노드를 허브(herb)라 한다. 한 네트워크에서 한 노드가 다른 노드와 연결되는 수를 분석하면, 한두 개만 연결되는 노드의 수가 많고, 많은 수의 노드들과 연결을 이루고 있는

직접 집중적으로 연결할 수 있는 연결점의 수라 할 수 있다. 한 정보의 연결점 수가 많아 여러 정보를 직접 연결할 수 있으면 질이 높아지는 것이다. 즉, 정보를 클러스터링할 때 구심점 역할을 할 수 있는 가중치를 가진 정보가 질이 높은 것이다. 요컨대, 이해의 넓이는 질 높은 정보를 구심점으로 하여 표상된 정보를 클러스터링하는 것이다.

텍스트 정보	독자 정보
(나) ㉠ 엘리자베스 공주가 성에 살고 있었다. ① 성에는 좋은 옷이 많았다. ② 공주는 로널드 왕자와 결혼하기로 되어 있었다. ㉡ 무서운 용이 성에 나타났다. ① 성을 부수고 옷을 태웠다. ② 왕자를 잡아갔다. ㉢ 공주는 용을 쫓아가 왕자를 구하기로 했다. ① 옷이 없어 종이 봉지를 입었다. ② 용이 지나간 길을 따라갔다. ㉣ 공주는 용의 집 앞에 도착했다. ① 공주가 문고리를 잡고 문을 두드렸다. ② 용이 문밖으로 고개를 내밀었다. ③ 용은 공주에게 성을 통째로 삼켜서 배가 부르고 바빠 내일 오라고 말했다. ④ 용은 문을 닫고 들어갔다. ㉤ 공주는 다시 용을 불러냈다. ① 공주는 용을 칭찬하여 꾀었다. ② 공주의 꾐에 빠진 용이 많은 숲을 태우고 세상을 빨리 돌다가 지치게 되었다. ③ 지친 용은 쓰러져 잠이 들었다.[12] ㉥ 공주는 동굴 안으로 들어갔다. ① 왕자는 공주에게	ⓐ **만족 상태**: ㉠ 공주는 원하는 모든 것을 갖고 있음 **(상상계)** ⓑ **만족감 상실**: ㉡ 용이 나타나 공주의 것을 앗아감 ⓒ **만족감 회복 활동**: ㉢-㉤ 왕자를 찾기 위해 용을 찾아가 물리침 ⓓ **만족감 결여 확인**: ㉥ 기대와 다른 왕자를 알게 됨 ⓔ **주체 확립**: ㉆ 왕자와 헤어짐(상징계)

노드의 수는 극히 적은데 이 관계를 '멱함수'라 한다.(강병남 외, 2013:117-120) 독자에게 표상된 정보 중 많은 다른 정보와 연결되는 극히 적은 수의 정보가 질이 가장 높다고 할 수 있다. 텍스트의 정보도 멱함수의 규칙을 따른다고 할 수 있다. [표 1]에서 '엘리자베스 공주'는 텍스트의 모든 중요 정보와 연결을 이루고 있는 질 높은 멱함수 정보이다.

12 세부 내용을 다음과 같다. '① 공주가 다시 문을 두드렸다. ② 용이 문밖으로 코를 내밀었다.

꼴이 엉망이니 진짜 공주처럼 옷을 입고 오라고 했다. ⓛ 공주는 왕자에게 겉만 번지르르한 껍데기라고 말했다. ⓐ 두 사람은 결혼하지 않았다. <div align="right">-<종이 봉지 공주> 요약</div>	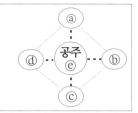

[표 1] 〈종이 봉지 공주〉의 정보 네트워크

독자의 이해의 깊이 측면에서, 표상된 정보의 연결 방식과 연결 관계는 연결 요소와 연결 강도와 관련된다. 독자는 해석한 정보를 연결하여 하나의 클러스터를 만든다. 연결 방식은 정보를 연결하는 요소를 선택하는 것과 관련되고, 연결 관계는 정보의 연결 강도를 결정하는 것과 관련된다. 연결 요소의 선택에 따라 연결되는 정보가 달라지고, 연결 강도에 따라 정보들의 결합력이 달라진다. 특정 연결 요소는 표상된 정보들을 연결되게 하기도 하고 연결되지 않게도 한다. 그리고 연결 관계는 정보의 연결을 강하게 하기도 하고 약하게 하기도 한다. 이 중 강한 연결은 텍스트 내용 파악에 기여하고, 약한 연결은 새로운 의미의 창발에 기여한다. 정보의 강한 연결은 고정된 결합으로 정해진 정보 네트워크를 표상하게 하지만 약한 연결은 새로운 결합으로 다른 정보 네트워크를 만들어 내기 때문이다.

③ 공주는 용이 머리가 좋고, 용감하다는 말이 정말이냐고 물었다. ④ 용이 불을 한 번 뿜으면 숲 열 군데가 한꺼번에 타 버린다는 것이 정말인지 물었다. ⑤ 용은 불을 내뿜어 숲 쉰 군데를 태웠다. ⑥ 공주는 용이 대단하다고 말했다. ⑦ 용은 다시 불을 뿜어 숲 백 군데를 태웠다. ⑧ 공주가 용이 참 무시무시하다고 칭찬했다. ⑨ 용이 불을 내뿜으려고 했으나 이번엔 헛바람만 나왔다. ⑩ 용에게는 달걀 한 알 익힐 만큼의 불씨도 남아 있지 않았다. ⑪ 공주는 용이 십 초 안에 세상을 한 바퀴 돌아올 수 있다는 것이 정말인지 물었다. ⑫ 용은 십 초 만에 세상을 한 바퀴 돌았다. ⑬ 용은 지쳐 있었다. ⑭ 공주가 멋있다면 한 번 더 해 보라고 했다. ⑮ 용이 이십 초가 걸려 세상을 돌고 왔다. ⑯ 용은 지쳐 쓰러져 곯아떨어졌다. ⑰ 공주는 용의 귀에다 머리를 들이밀고 큰 소리로 불러도 용은 일어나지 못했다.'

텍스트 이해의 측면에서 이해의 깊이와 관련하여 약한 연결의 예를 하나 보면 [표 1]과 같다. <종이 봉지 공주>의 내용을 라캉의 정신분석학 관점에서 네트워크로 구성할 수 있다. 이때 정보의 연결 요소는 '만족감'이라 할 수 있고, 연결점은 공주의 마음(무의식적인 면)이다. 만족감을 이용하여 정보를 연결하면 'ⓐ 만족 상태, ⓑ 만족감의 상실, ⓒ 만족감 회복 활동, ⓓ 만족감 결여 확인'이라는 정보의 연결 관계가 성립한다. 이러한 정보의 연결은 공주의 마음이 무의식적인 측면에서 '상상계'에서 '상징계'로 변화되는 과정을 나타내게 된다. 이들 정보의 연결 관계는 공주의 '주체의 확립' 또는 '자아의 형성'이라는 의미를 창발하게 한다.

[표 1]에서 왼쪽 란은 텍스트의 정보이다. 오른쪽 란은 독자가 표상한 주요 클러스터와 이를 연결하여 네트워크로 나타낸 것이다. 표 속의 도식은 독자가 표상한 정보 클러스터들을 만족감이라는 연결 요소를 활용하여 연결하고 있다. 왼쪽 텍스트는 각 장면 단위별로 정보들이 인과적으로 강한 연결을 이루고 있다. 반면 오른쪽의 독자가 표상한 정보 클러스터는 텍스트 정보와 관련이 있으면서 인과적 관계가 왼쪽과는 다른 약한 연결을 이루고 있다. 이 약한 연결은 강한 연결의 명확한 정보 연결 관계와는 다른 인과적 정보 연결 관계를 이룬다. 즉 텍스트의 내용 전개 순서와는 다른 순서로 클러스터를 묶어 주고 있다. 그러면서 공주와 왕자의 갈등에서 드러나는 '외모보다는 내면이 중요하다'이라든가, 왕자가 아닌 공주를 문제해결 주인공으로 하여 '여자가 남자보다 문제 해결을 잘 할 수 있다' 등의 의미와는 다른 '주체(자아)의 확립'이라는 의미의 창발을 이끈다.

3. 읽기의 복잡계 네트워크

읽기 활동의 복잡계 네트워크 특성을 여기서는 네 가지로 정리한다. 첫째, 독자는 정보를 표상하여 선택적으로 링크한다. 둘째, 허브 정보를 중심으로 주변 정보를 연결하여 클러스터를 만들지만 클러스터 간에 복잡성이 발생한다. 셋째, 클러스터를 연결하여 네트워크를 이루어 복잡성을 해소한다. 넷째, 독자가 선택한 클러스터로 네트워크를 구성할 때 의미를 창발한다. 독자는 이 정보 네트워크의 특성으로 텍스트의 내용을 파악하고, 의미를 이해한다. 이들 과정을 구체적으로 살펴보면 다음과 같다.

가. 정보의 표상과 링크

독자의 텍스트 내용 파악은 텍스트와 관련된 정보를 명제 형태로 인식하고, 이들을 링크하면서 시작된다. 정보의 링크는 클러스터링과 네트워킹에도 일어나는 기본적인 요인이다. 정보의 링크는 정보에서 연결점(anchor)을 찾아 연결 요소로 잇는 것이다. 인식된 개별 정보의 연결은 독자가 텍스트 내용을 파악하려는 의지에 의해 선택적으로 이루어진다. 즉, 독자가 인식한 모든 정보가 서로 연결되는 것은 아니다. 연결하지 못한 정보는 개별적으로 마음속에 머물기도 하고, 사라지기도 한다. 글(가)의 ㉠을 읽을 때, 독자가 표상한 공주의 부모나 좋은 옷과 관련된 정보는 마음속에서 사라진다. 반면, 독자가 떠올린 나이에 대한 정보는 계속 남아 있다. 표상한 나이는 각자 다를 수 있지만 독자는 이상적으로 생각하는 공주의 나이를 설정한다. 공주와 동일시를 해야 하기 때문이다. 공주 나이 정보는 텍스트에 제시된 정보와 관련이 없지만 동일시를 느끼는 독자에게는 중요한 문제가 된다. 독자는 이런 특정한 정보만을 골라내어 텍스트 내용 파악에 도움을 주는 요소만을 연결하게 된다. 내용 파악에 도움을 준다는 결정을 독자가 하기 때문에 정보의 링크는 결국 독자에게 달려있다.

정보들은 직접 연결될 수 있는 것과 단계를 거쳐 간접적으로 연결되는 것이 있다. 직접적으로 연결되는 정보 간에는 관련성이 높다. 관련성이 높다는 것은 정보에 공유되는 요인이 있다는 것을 의미한다. 정보는 공유되는 요인을 중심으로 직접 연결된다. 단계를 거쳐 간접적으로 연결되는 정보는 서로 관련성이 낮다. 관련성이 있지만 공유되는 요인을 가지지 않은 정보는 공유 요인을 가진 다른 정보를 거쳐 간접적으로 연결되는 것이다. 정보의 직접 연결은 강한 연결의 특성을 가지게 되고, 간접 연결은 약한 연결의 특성을 가지게 된다.

독자가 선택하여 연결하는 정보들은 연결점을 가지고 있다. 정보의 연결점은 연결되는 정보가 연결될 수 있는 조건이다. 일반적인 연결점은 정보 간 구성 인자의 동일성, 상황 관련성, 공간 인접성, 시간 연접성, 개념 계열성, 심리 연대성 등 다양할 수 있고 정보에 따라 다르다. 독자는 정보를 인식하면서 정보 간의 연결점을 먼저 찾게 된다. 이때 우선 고려하는 것은 텍스트에서의 인접성이다. 인접성으로 연결을 할 수 없을 때 다른 연결점을 찾는다. 문단 내에서는 정보들의 인접성이 연결점이 되지만 대개 문단을 넘어가면 인접성은 연결점이 될 수 없다.

정보의 연결은 연결 요소를 활용하여 이루어진다. 연결 요소는 연결점과 관련 있지만 독자의 의도와 경험에 따라 다양할 수 있다. 일반적인 요소로 상황, 장면, 심리, 논점, 논리, 관점 등을 들 수 있다. 연결 요소는 독자가 정보를 연결하여 클러스터링할 때 사용하는 심리 기제이다. 한 텍스트 정보를 다른 측면에서 보고 정보의 연결 배열을 바꾸는 것은 연결 요소에서 비롯된 것이라 할 수 있다. 독자가 사용하는 연결 요소에 따라 정보들의 연결 방식과 연결 관계가 달라진다. 이는 연결 요소가 창발될 의미를 결정하는 중요 요인임을 의미한다.

정보의 연결은 정보 간의 간격이 좁고 긴밀한 것이 강한 연결이고, 정보 간의 거리가 멀고 성근 것이 약한 연결이다. 강한 연결은 독자 의식의 초점이 특정 정보에 놓이면 연결된 정보들이 함께 표상되게 한다. 즉 정보들이 연결되어 하나의 클러스터를 이루도록 한다. 정보들이 긴밀하게 연결되어 있어서 하나의 단위처럼 움직일 수 있는 것은 강한 연결이 이루어졌기 때문이다. 약한 연결은 독자가 임의적으로 정보들을 선택하여 연결한 것이다. 약한 연결은 독자가 하나의 정보에 의식을 집중하여도 연결된 다른 정보들은 같이 표상되지 않는다. 연결 관계를 독자가 임의적으로 부여해 연결했기 때문이다.

정보의 연결은 단위 내에서의 연결과 단위 간에서의 연결이 있다. 단위 내에서의 연결은 클러스터 내에서 이루어지는 연결로, 예를 들면 글(가)에서 ㉠에 부분을 읽으면서 이루어지는 연결이다. 단위 간의 연결은 글(가)의 ㉠과 ㉡에 속해 있는 정보 간의 연결이다. 단위 간 정보의 연결을 통하여 네트워크를 이루게 된다. 네트워크를 이룰 때에는 특정 연결 요소가 활용되기도 한다. 앞의 [표 1]에서 본 <종이 봉지 공주>의 정보 클러스터 네트워크 구성에서 사용된 '만족감'과 같은 것이다. 이 정보는 텍스트와 관련된 것이기보다는 독자가 주도적으로 이용하는 정보이다. 이런 단위의 연결을 단위 밖의 연결이라고 할 수 있다. 단위 내, 단위 간, 단위 밖의 정보들은 상호텍스트를 이루고 있다. 이들 정보는 독자가 읽고 있는 텍스트를 바탕으로 상호텍스트를 이루고 있지만 체계적이고 조직적이지는 못하다. 독자는 이들 정보는 상호텍스트적으로 표상하여 텍스트의 내용을 파악할 수 있게 되고, 내용을 기억할 수 있게 된다.

독자가 표상한 텍스트 관련 정보들은 마음속에서 입체적으로 표상된다. 입체적이라는 말은 정보가 마음속에 선적으로 위치하는 것이 아니라 같은 공간에 위치하는 것을 뜻한다. 독자가 텍스트의 정보를 파악하는 활동은 시간적으로 또는 텍스트의 제시된 정보의 순서에 따라 이루어진다. 그렇지만 표상된 정보들은 독자의 마음 공간에 특정 위치를 차지하여 머물게 된다. 공간에 위치한 정보들은 필요에 따라 연결되기도 하고, 의식의 주의집중으로 부각되기도 한다.

입체적 정보의 표상은 정보의 사이를 좁게 만든다. 표상된 정보들이 서로 가까이 밀집되어 있게 되는 것이다. 여러 시간 동안 읽은 텍스트의 정보들이라도 관련된 단서만 주어지면 곧바로 연결되어 회상된다. 표상된 정보들은 텍스트에서 정보를 파악하는 시간적 순서를 따르지 않아도 의식의 초점만 주어지면 회상된다. 회상뿐만 아니라 정보 간에 연결도 이루어지고 그 연결을 통하여 창발이 일어나기도 한다. 표상된 정보들은 입체적으로 표상되어 좁은 정보의 네트워크를 구성하고 있다.

나. 클러스터와 복잡성

독자가 인식한 정보들은 관련 있는 정보끼리 링크되어 클러스터를 이룬다. 저자가 텍스트를 구성할 때도 정보들을 일정한 단위로 묶어서 표현한다. 독자의 정보 클러스터링은 텍스트에 제시된 정보가 바탕이 되지만 독자는 임의적으로 관련 정보를 회상하여 함께 연결한다. 텍스트의 정보나 독자의 정보는 구심점이 되는 질적 수준이 높은 정보를 중심으로 클러스터를 이루고, 하나의 단위가 된다. 클러스터를 이루고 있는 정보 중에는 다른 클러스터와 연결을 이룰 수 있게 하는 연결점이 되는 것이 있다. 이를 통하여 클러스터 사이에도 연결이 이루어진다.

단위 클러스터는 허브 정보가 있을 때 만들어진다. 단위 클러스터는 독자가 인식한 두 개 이상의 정보 연결로 이루어진다. 정보들은 대등하게 연결되기도 하고, 허브 정보를 중심으로 종속적으로 연결되기도 한다. 대등하게 연결된 정보들의 수가 많을 수는 있지만 클러스터를 만들지는 못한다. 정보들이 선적으로 연결을 이루고 있을 때는 한 단계를 건너서 연결된 정보들은 관련성이 낮아 정보 간의 긴밀성이 약하기 때문이다. 반면 허브 정보를 중심으로 연결되는 정보들은 허브 정보와 직접적으로 연결된다. 허브 정보를 중심으로 관련 정보들이 긴밀하게 연결되게 된다. 이와 같이 하나의 허브 정보를 중심으로 다른 정보들이 집중적으로 연결될 때 클러스터가 된다. 클러스터에 허브 정보가 있다는 말은 주변 정보가 있다는 의미를 지닌다. 클러스터는 구심점 역할을 하는 허브 정보가 있고, 이 허브 정보에 연결된 다수의 주변 정보로 되어 있는 것이다.

허브 정보는 독자가 높은 가중치를 부여한 정보로써 클러스터의 중심에 위치한다. 여기서 중심이라는 말은 여러 정보가 연결될 수 있는 위치를 갖는 것을 의미한다. 허브 정보는 주변 정보가 둘 이상 직접 연결되어 있다는 의미도 내포한다. 둘 이상의 정보 연결 관계에서 가중치를 가진 정보가 있게 되면 클러스터가 만들어진다. 즉, 가중치를 가지는 허브 정보의 유무가 클러스터인지 아닌지를 결정하게 된다. 허브 정보가 가중치를 갖는다는 것은 개별 정보나 다른 클러스터 정보들과 공유된 연결점을 여러 개 가지고 있다는 의미이기도 하다. 정보의 가중치는 연결점을 많이 가지고 있어서 중심이 되고, 중요하다는 것을 의미한다. 독자는 큰 가중치를 가지는 정보에 대하여 더 많은 관심을 둔다. 텍스트에 제시된 정보는 표면적으로는 동등한 비중을 가진 것처럼 보이지만 독자가 표상한 정보들 사이에는 가중치의 차이가 있다. 독자가 가중치를 두어 인식한 정보가 허브 정보가 되고, 그렇지 않은 정보는 주변 정보가 된다.

주변 정보는 독자가 인식은 하였으나 낮은 가중치를 부여한 정보이다. 이 정보는 허브 정보와 연결되어 있고, 허브 정보 주변에 위치해 있다. 주변 정보는 단위 정보일 수도 있고, 몇 개가 연결된 짝 정보일 수도 있다. 또는 다른 클러스터를 이루고 있는 허브 정보나 주변 정보일 수 있다. 주변 정보는 연결점을 많이 가지고 있지 않기 때문에 허브 정보나 단위 정보와 한두 번만 연결을 할 수 있는 정보들이다. 이 주변 정보는 하나의 정보 클러스터를 구성하기 위해서는 필요하지만 클러스터를 대표하지는 못한다. 허브 정보는 독자의 기억에 오랫동안 남아 있을 수 있고, 내용 요약에 중요한 기능을 하지만 주변 정보는 이들 기능을 하지 못한다. 주변 정보는 텍스트의 세부적인 내용을 구성하고 있고, 독자의 텍스트 내용 파악에서 클러스터를 이루어 정보 인식의 구체성을 높인다. 독자는 주변 정보를 이용하여 텍스트 내용의 세부 내용을 표상할 수 있게 된다.

클러스터는 허브 정보와 연결된 주변 정보의 수에 따라 크기가 결정된다. 주변 정보의 연결 수가 많은 것이 큰 클러스터가 된다. 클러스터가 크다고 하여 정보 네트워크에서 중요도를 갖는 것은 아니다. 클러스터가 다른 클러스터와 어떤 관계를 맺는가가 중요도를 결정한다. 여러 클러스터와 연결되면서 다른 클러스터를 통제하는 클러스터가 중요한 역할을 한다.

독자의 텍스트의 내용 표상은 클러스터의 구성으로 이루어진다. 독자는 텍스트의 정보를 부분적으로 표상할 수도 있지만 전체적으로 표상하려고 한다. 텍스트 내용의 전체적인 표상은 클러스터들이 서로 연결되어 있을 때 가능하게 된다. 그런데 독자가 클러스터들을 관계 지어 연결하지 못하면 각 클러스터는 독립적으로 존재하게 된다. 단위 클러스터가 다른 클러스터와 연결 관계를 이루지 못할 때 정보의 복잡성이 발생한다.

독자 표상의 복잡성은 개별 정보의 인식보다 클러스터의 표상에서 생긴다. 독자가 단위 정보를 인식하여 하나의 클러스터를 만들지 못할 때 복잡하다고 할 수 있다. 독자가 정보들의 연결점을 찾지 못하여 클러스터 구성에 어려움을 겪는 경우는 텍스트의 내용을 독자가 해독하지 못해서이다. 이때는 표상의 복잡성이기보다 해독의 어려움이라 할 수 있다. 즉 독자가 텍스트를 읽으면서 정보를 표상하여 클러스터를 만들지 못하는 것은 텍스트 내용이 낯설거나 익숙하지 않아서 표상하지 못하는 것이다.

독자가 복잡성을 느끼는 것은 텍스트의 내용 파악을 클러스터로 표상한 후의 문제이다. 텍스트의 내용 파악이 부분적으로 이루어지기는 하였지만 전체적인 연결 관계가 분명하지 않을 때 생긴다. 즉 텍스트를 읽고 정보의 클러스터를 구성한 후, 클러스터의 관계 짓기가 분명하지 않을 때 복잡성이 생기는 것이다. 이는 독자가 텍스트의 읽고 표상한 정보 간의 관계 질서가 확인되지 않아서 생기는 것이다. 독자가 클러스터 간의 관계를 확립하지 못하여 무질서하게 느껴질 때 복잡성을 갖는다.

정보 표상의 복잡성은 독자의 클러스터 질서화의 문제이다. 독자가 이미 질서화하고 있는 클러스터의 연결 관계를 다른 관점에서 봄으로써 연결 관계가 단절되면 복잡성이 생기게 되는 것이다. 따라서 정보 표상의 복잡성은 독자가 표상한 정보 클러스터 간에 네트워크의 연결 고리가 사라지면 생긴다. 복잡성은 독자가 정보 클러스터에 대한 인식적 특성이다. 독자가 텍스트에 제시된 정보를 충실하게 표상하고, 그것에 만족한다면 복잡성은 일어나지 않는다. 그러나 독자가 텍스트에 충실하게 정보를 표상한다고 하여도 독자의 목적이 저자나 텍스트의 목적과 일치하지 않기 때문에 복잡성은 존재한다.

정보의 복잡성은 표상한 클러스터 수가 많아지거나 다른 관점에서 클러스터의 관계를 파악하려고 할 때 생겨난다. 이는 클러스터 사이의 연결 관계가 분명하게 정립되지 않아 독자가 혼란한 상태를 가리킨다. 독자는 복잡성을 인식하게 되면 이를 해소하기 위하여 노력하게 된다. 즉 정보 클러스터를 연결하기 위한 방법을 찾게 된다. 클러스터를 연결하는 요소를 찾아 클러스터 간에 질서 있는 네트워크를 확립하면 복잡성은 해소된다.

다. 네트워크와 복잡성 해소

독자가 표상한 정보들에서 복잡성을 느끼는 것은 클러스터 간에 연결이 분명하지 않아서이다. 독자가 텍스트를 읽고 표상한 모든 정보는 곧바로 클러스터링하고 네트워크로 조직하지는 못한다. 독자가 <도덕경>을 읽을 때, 각 장 단위로 정보를 표상하여 클러스터링할 수 있다. 그리고 각 클러스터는 서로 관련성을 가지고 있다는 것은 알 수 있지만 어떤 클러스터와 어떻게 연결해야 할지 분명하지 않다. 독자는 텍스트 내용을 분명하게 파악하여 텍스트의 의미를 해석하기 위해서는 클러스터들을 연결하여 네트워크를 이루어야 한다. 그래서 표상된 클러스터를 연결하려고 노력한다. 이때 몇몇 클러스터만이라도 연결이 이루어지면 내용이 파악된다. 이에 더하여 모두는 아니더라도 대부분의 클러스터를 연결하여 네트워크를 이루게 되면 독자는 <도덕경>의 의미를 창발할 수 있게 된다.

독자는 정보 클러스터의 복잡성을 해결하기 위한 인지적 임계점을 갖는다. 인지적 임계점이라는 것은 독자가 정보 클러스터를 연결하려는 의식적 활동이 극에 다다른 것을 말한다. 이 임계점을 넘어서면 정보 클러스터들은 일정한 논리의 질서가 생겨서 하나의 네트워크를 이루게 된다. 정보 클러스터의 임계점이란 독자의 인식이 정보들로 인하여 최상의 혼란이면서 대부분의 정보 클러스터들의 연결 관계가 드러나기 직전의 의식 지점이다. 독자는 이 임계점을 넘어서면서 정보 클러스터가 네트워크를 이루어 복잡성을 해소하게 된다.

독자가 복잡성을 인식하면 클러스터 간의 연결을 위한 의지적 활동을 한다. 이를 위해 먼저 정보 클러스터들 중에서 구심점이 될 수 있는 것을 찾거나 정해야 한다. 그리고 나서 주변 클러스터에 해당하는 것을 정해야 한다. 주변 클러스터 중에서도 허브와 연결할 수 있는 것과 그렇지 못한 것을 구분해야 한다. 허브 클러스터와 연결할 수 있는 주변 클러스터를 선택해야 하는 것이다. 선택된 주변 클러스터들을 허브 클러스터와 연결하면 하나의 네트워크를 구성하게 된다.

독자가 클러스터의 네트워크를 구성할 때 독자의 정보를 활용하기도 한다. 클러스터들을 연결하지 못하여 표상한 정보들의 복잡성을 느낄 때는 독자는 외부 정보를 끌어들인다. 외부 정보는 클러스터 간에 연결을 할 수 있는 독자가 찾은 연결 요소이다. 독자가 각 클러스터를 의식하고 있으면서 이들 연결하기 위한 연결 요소를 찾을 때가 복잡성의 임계점이다. 이 임계점에서 독자가 연결 요소를 클러스터 사이에 놓음으로써 네트워크를 확립할 수 있게 된다. 독자가 외부 정보를 끌어들이면 그 정보의 특성에 따라 허브 클러스터가 선택된다. 그렇게 되면 주변 클러스터들이 정해지고, 이들 관계를 토대로 한 네트워크가 구성되는 것이다. 복잡계에서는 구성 요소들이 질서화를 통하여 자기조직화[13]를 이루는데, 독자가 표상한 정보 클러스터도 연결 요소에 따라 자기조직화를 이룬 네트워크를 이루게 된다. 그래서 복잡성이 임계점 상태에 이르면 독자는 클러스터들이 자기조직화를 이룰 수 있게 하는 연결 요소를 투입해야 한다. 복잡성을 증가시키는 연결 요소의 투입으로는 텍스트 정보의 네트워크를 이룰 수 없다.

클러스터의 연결은 무작위로 연결이 이루어지는 것이 아니라 중심이 되는 클러스터에 집중된다. 하나의 클러스터에 여러 정보나 클러스터가 연결되는 것을 척도 없는 네트워크(Free scale network)라 한다. 독자가 한 편의 텍스트를

---

13   자기조직화(self-organization) 현상은 '어떤 시스템의 입자들은 무질서하게 돌아다니다가 도 (에너지의 유입) 시스템 외부의 도움을 받아 일정한 온도나 밀도 등의 조건이 주어지면 새로운 질서를 만들어 가는데 이러한 현상을 일컫는 말이다.'(박상화 역, 2010:71) 자기조직화는 불균형 상태에 있던 시스템이, 구성 요소들 사이에 집합적인 상호작용을 통해, 조직화된 질서를 스스로 만들어 내는 현상을 말한다.(최창현, 2010:64)

읽고 내용을 파악했다는 것은 정보들이 척도 없는 네트워크를 이루었다는 뜻이다. 이는 클러스터 중에 구심점이 되는 허브 클러스터가 존재함을 뜻한다. 다른 말로 하면, 허브 클러스터를 중심으로 주변 클러스터들이 비순차적으로 연결되어 네트워크를 이룬다는 것이다. 주변 클러스터들은 독자의 마음속에서 표상되면서 관계성이 예측은 되지만 곧바로 클러스터와 연결을 이루는 것은 아니다. 독자가 연결점과 연결 요소를 부여해야만 연결이 이루어진다.

클러스터의 연결에서는 연결 요소가 외부 정보인 경우 그 연결은 임의적이 된다. 임의적인 연결은 독자가 외부 정보를 끌어와서 클러스터들을 새로운 형태로 연결함을 의미한다. 이는 클러스터 사이의 연결이 약한 연결임을 뜻하고, 약한 연결은 클러스터 사이의 관련성이 낮다는 것이다. 약한 연결은 클러스터를 연결하고는 있지만 그 연결은 연결 요소가 달라지면 또 다른 연결이 가능하게 됨을 함의한다. 이는 약한 연결은 연결 요소에 따라 클러스터의 연결이 달라질 수 있고, 다양한 형태의 연결이 있을 수 있음을 가리킨다. 클러스터 사이에 연결 요소가 작용하게 되면 네트워크가 만들어진다. 독자는 클러스터들을 네트워크로 연결하여 텍스트의 전체 내용을 파악한다.

라. 네트워크 구성과 의미의 창발

독자가 클러스터를 연결하여 네트워크를 구성하면 의미의 창발이 일어난다. 의미의 창발은 클러스터 정보들의 새로운 연결 체계 사이에서 생겨난다. 클러스터들이 하나의 클러스터를 중심으로 네트워크로 되어 조직 체계를 이루었다는 것은 표상된 정보 사이에 질서가 생겨났음을 가리킨다. 정보들 사이에 질서는 하나의 의미를 드러내는 형태로 연결되었음을 뜻한다. 다른 말로 하면, 독자가 특정 의미가 창발되도록 클러스터들을 연결하는 것이다. 이는 클러스터들이 질서 체계를 갖추면서 의미를 드러내는 것이기도 하지만 일정한 의미가 드러나도록 독자가 정보들의 네트워크를 만드는 것이다.

독자가 투입하는 외부 연결 요소는 정보 클러스터들이 약한 연결 관계를 이루게 한다. 약한 연결 관계를 이룬다는 것은 허브 클러스터를 새롭게 지정함을 의미한다. 독자가 표상한 클러스터들 중에 허브 클러스터가 드러나지 않을 경우 읽는 목표나 필요에 따라 특정 클러스터를 허브 클러스터로 정하는 것이다. 이로써 독자는 자신의 요구에 맞는 정보 네트워크를 구성하고 의미를 창발하게 된다. 독자가 지정한 허브 클러스터는 다른 클러스터들을 주변 클러스터로 하여 네트워크를 만들고, 새로운 의미의 창발을 꾀하게 된다.

의미의 창발은 모든 클러스터를 연결하여 이루어지는 것은 아니다. 중요하고 가중치가 있다고 여겨지는 클러스터를 중심으로 네트워크를 이룰 때 일어난다. 이는 독자가 허브 클러스터를 새롭게 정하여 주변 클러스터를 선택하여 연결할 때마다 다른 의미가 창발됨을 의미한다. 독자가 읽기 목적이나 상황에 따라 특정 클러스터를 허브 클러스터로 정하면 다른 의미가 창발될 수 있는 것이다. 결국, 읽기에서 의미의 창발은 독자의 의지에 따른 연결 요소의 투입과 허브 클러스터의 지정에 달린 것이다.

정보 네트워크에서 의미의 창발은 약한 연결 관계에서 비롯된다. 강한 연결은 고정된 정보들로 이루어져 있기 때문에 의미의 창발이 일어나기 어렵다. 그리고 강한 연결은 부분적인 정보들의 결합으로 이루어지는 경우가 많기 때문이기도 하다. 관련성이 분명하지 않은 클러스터 간에 네트워크가 이루어지거나 네트워크를 구성하는 클러스터가 연결 요소에 따라 달라지면 약한 연결이 된다. 독자가 임의적으로 연결을 지었기 때문이다. 이 약한 연결이 이루어지면 클러스터의 관계는 새롭게 만들어지게 된다. 이 새로운 관계에서 의미의 창발이 이루어진다.

의미의 창발은 약한 연결의 클러스터들이 강한 연결이 되도록 하는 신념을 만든다. 독자가 약한 연결을 통하여 의미를 창발하게 되면 이 의미로 인하여 정보 클러스터들은 안정된 네트워크를 이룰 수 있게 된다. 창발된 의미가 정보의 네트워크를 수용할 수 있게 하는 것이다. 이 수용된 정보의 네트워크는 의미를 창발로 강한 연결을 이루고 있는 것으로 인식하게 한다. 이 인식은 독자가 정보 네트워크가 강한 연결이라는 의식을 갖게 한다. 이 의식은 독자가 자신이 창발한 의미의 타당성을 드러내기 위하여 텍스트를 생성하면서 신념화된다. 의미의 창발은 정보 클러스터의 재편된 네트워크에 대한 의식을 공고히 한다.

독자는 창발된 의미로 인하여 텍스트를 이해하게 된다. 독자는 의미를 창발함으로써 텍스트가 지시하고 있는 대상이 무엇인지를 알게 되는 것이다. 물론 창발한 의미에 한정된 텍스트의 이해이다. 이는 텍스트가 지시하고 있는 대상에 대한 하나의 해석체를 얻은 것에 해당한다. 정보 클러스터의 네트워크가 이를 가능하게 해준 것이다.

4. 복잡계 네크워크 읽기 과제

읽기의 교육은 읽기 활동을 어떻게 인식하느냐에 달려있다. 읽기 활동을 설명하는 관점은 다양하다. 읽기 활동을 보는 시각이 다양하기 때문이다. 읽기 활동을 복잡계 네트워크로 설명하려는 것도 하나의 관점에 속한다. 이 관점은 읽기의 활동을 내용 파악과 의미의 창발로 구분한다. 내용 파악은 표상한 정보의 복잡성에 질서를 부여하는 네트워크를 이룸으로써 이루어진다고 보고, 의미 창발은 네트워크를 이룬 정보들의 시너지 효과로 일어난다고 본다.

어떤 텍스트는 독자가 스키마만으로 내용을 파악할 수도 있지만 특정 텍스트는 읽을수록 복잡해진다. 또 어떤 읽기에서는 텍스트 내용에 충실한 정보의 네트워크 구성으로 내용을 파악할 수 있지만 다른 읽기에서는 독자가 정보를 투입하여 네트워크를 구성해야 내용 파악이 가능한 것도 있다. 텍스트를 한 가지 관점이나 방법으로는 읽을 수는 없다. 복잡계 네트워크 관점은 표상된 정보가 복잡성을 갖는 텍스트를 읽는 방법이라 할 수 있다. 어떤 텍스트를 읽더라도 정보의 복잡성이 있을 수 있기 때문에 이 방법은 하나의 보편적인 방법이 될 수 있다.

텍스트의 정보를 클러스터로 연결하고, 네트워크로 설명하는 관점이 이미 나와 있다. 텍스트의 정보를 관점에 따라 조직화된 네트워크로 체계화하는 관점도 텍스트언어학의 관점에서 이미 설명되었다. 이들과 다른 복잡계 네트워크를 적용한 읽기의 특징은 첫째는 표상된 정보를 전제로 한다는 것이다. 텍스트에 제시된 정보는 질서화되어 있지만 표상된 정보는 질서화되어 있지 않아 복잡성을 갖는다. 둘째는 표상된 정보들이 연결을 이루어 네트워크를 이룰 때 강한 연결과 약한 연결이 있다는 것이다. 이에 의하여 내용의 파악과 의미의 창발이 결정된다고 본다. 셋째는 표상된 정보의 네트워크에는 중심이 되는 클러스터와 주변적인 클러스터가 있다는 것이다. 정보의 연결은 연결점과 연결 요소에 의하여 이루어지지만 의미의 창발은 허브 클러스터와 주변 클러스터의 관계에서 이루어진다.

읽기 활동은 표상된 정보들의 복잡성에 질서를 부여하여 네트워크를 이루는 것이다. 이 네트워크 구성 관점은 독자의 텍스트 이해를 설명할 수 있는 하나의 틀이다. 텍스트 이해를 설명하는 틀은 읽기 교육에 기여할 수 있다. 학생들에게 읽기의 방법을 알려줄 수 있는 내용을 제공하기 때문이다. 독자가 텍스트의 정보와 텍스트 밖의 정보를 연결하여 정보 네트워크를 구성함으로써 의미를 창발할 수 있다고 여기는 것이다. 이 정보 네트워크 구성을 통하여 의미를 창발하는 읽기는 창의적 읽기의 한 가지 방법이 될 수 있다.

읽기 교육이 텍스트에 충실한 이해를 강조할 필요도 있지만 새로운 의미 창발을 통한 이해도 강조할 필요가 있다. 독자가 텍스트를 새롭게 이해하는 것은 세계를 새롭게 열어가는 길이기 때문이다. 읽기 교육은 독자가 텍스트에서 다양한 의미를 창발할 것을 강조하고 있다. 새로운 의미를 어떻게 창발할 것인가에는 여러 가지 관점이 있을 수 있다. 복잡게 네트워크 이론은 텍스트에서 새로운 의미를 이끌어 낼 수 있는 하나의 시각이다. 이 시각은 이제 첫출발을 시작하고 있다.

참고문헌

강병남·김기훈(2013), 링크, 동아시아.

강병남(2014), 복잡계 네트워크 과학, 집문당.

김도남(2014), 상호텍스트성과 텍스트 이해 교육, 박이정.

김삼력(2009), 복잡계 연결망: 소설 구성에 주는 시사점, 경기대학교 인문과학연구소, 시민인문학 17호.

김소영(1998), 덩이글의 문장 통합: 인과연결망 모델의 접근, 이정모, 이재호 편(1998), 인지심리학의 제문제(Ⅱ): 언어와 인지, 학지사.

김재봉(1999), 텍스트 요약 전략에 대한 국어교육학적 연구, 집문당.

김형효(1999), 노장 사상의 해체적 독법, 청계.

노명완(1994), 국어과교육론, 한샘.

노명완·박영목·권경안(1994), 국어과교육론, 갑을출판사.

박상화 역(2010), 카오스와 카오스의 질서, 자음과모음.

박진용(2003), 읽기 교수-학습을 위한 텍스트 구조의 전개 과정 고찰, 청람어문교육학회, 청람어문교육 27집.

손성하 역(2010), 노자강의, 김영사.

송찬우 역(2000), 노자: 그 불교적 이해, 세계사.

원조각성 역(2002), 대학강목결의, 현음사.

윤영수·채승병(2011), 복잡계 개론, 삼성경제연구소.

이삼형(1999), 텍스트 구조 분석 연구; 화제 전개를 중심으로, 텍스트언어학회, 텍스트언어학 6집.

이명진 외(2008), 복잡계와 네트워크 사회의 변화, 정보통신정책연구원, 보고서 88-22.

이석규 외(2001), 텍스트 언어학의 이론과 실제, 박이정.

이홍우(2000), 성리학의 교육 이론, 성경재.

조동일(1969), 흥부전의 양면성, 인권환 편저(1991), 흥부전 연구, 집문당.

최창현(2010), 신괴학 복잡계 이야기, 종이거울.

Witte. S. P.(1992), Context, Text, Intertext: Towards a Constructivist semiontic of Writing, *Written communication* 9(2).

2장

의미 네트워크

1. 의미 네트워크의 논점

세상은 여러 가지 네트워크가 얽혀 구성되어 있다. 우주 속 별들의 인력(引力) 네트워크, 몸속 세포들의 단백질 전달 네트워크, 곤충과 동물들의 짝 찾기 네트워크, 사람의 의사소통 네트워크, 지역 간의 이동 및 통신 네트워크 등이 다층적으로 존재한다. 우주에서 작은 세포에 이르기까지 모든 사물은 네트워크를 이루어 존재한다. 사람들은 복잡하고 다양한 네트워크를 이용하여 감정, 정보, 생각, 물건을 주고받고, 이동하고 소통하며 살아간다. 사람들이 구성하고, 이용하고 있는 네트워크 중의 한 가지가 책'과 관련된 네트워크이다. 좀 더 구체적으로는 책을 읽고 구성하는 의미의 네트워크이다.

출판된 책들은 출판사를 중심으로 네트워크를 형성하고 있을 뿐만 아니라 저자가 글을 쓰면서 참조한 책들과도 네트워크를 이루고 있다. 또한 저자의 생각에 영향을 준 여러 가지 생각들과도 네트워크를 이루고 있다. 그래서

---

1   이 장에서는 '책'이라는 용어를 '텍스트'를 대신하여 사용한다. 독자가 마음속에 생성하게 되는 '의미 텍스트'와 구별하기 위해서이다.

책들은 서로 영향을 주고받는 상호텍스트 관계 속에서 존재하고 있다. 상호텍스트성의 관점에서 보면 어떤 책도 다른 책과 관계없이 존재할 수 없다.[2] 책들의 상호텍스트적 존재 방식을 네트워크의 관점에서 보면 책의 관계가 좀 더 분명하게 드러난다.

읽기의 관점에서 네트워크를 보면, 독자가 책을 읽고 구성하는 의미 네트워크는 책의 네트워크와는 다른 모습을 하고 있다. 독자의 의미 네트워크는 책의 네트워크에 영향을 받을 수 있지만 그 존재의 형태는 다르다. 책은 저자를 통하여 책끼리 관계를 이루고 있지만 독자의 의미 네트워크는 독자가 중심이 되어 관계를 만들어낸다. 독자의 책읽기는 책의 네트워크를 따라가는 것이 아니라 독자의 읽기 의도에 따라 네트워크를 구성하는 것이다. 독자가 구성하는 의미의 네트워크는 읽은 책에 의존한 것으로써 책과 독립된 형태로 존재하기보다는 책과 연결되어 있으면서 독자의 의식 속에 존재한다.

네트워크의 관점에서 읽기를 보면, 읽기는 독자가 의미 네트워크를 구성하는 활동이면서 책의 네트워크에 참여하는 활동이다. 독자는 책을 읽으면서 마음속으로 의미 네트워크를 이루어간다. 이 행위는 이미 존재하고 있는 책의 네트워크에 연결되면서 독자의 의미 네트워크를 구성하고, 확장하는 것이다. 책을 읽는다는 것은 이 두 네트워크를 연결하는 행위이면서 독자의 의미 네트워크를 확장하는 활동이다. 독자가 의미 네트워크를 충분히 넓혀갈 때 읽기 능력이 높아진다고 할 수 있다.

네트워킹 읽기는 독자가 책을 읽고 구성한 의미들을 연결하여 네트워크를 형성하는 읽기이다. 의미 네트워크는 독자가 책을 읽으며 의미 간의 연결을 적극적으로 이루려는 의지를 바탕으로 이룰 수 있다. 책을 읽을 때 독자의 마음속에서는 새로 구성한 의미와 기존에 있던 책의 내용과 관련된 의미들의

---

2   책의 상호텍스트성에 대한 논의는 김도남(2003:114-119)를 참조할 수 있다.

연결이 이루어진다. 이들 연결을 의식적으로 활성화하고, 능동적으로 실행함으로써 의미 간의 연결 관계를 강화할 수 있다. 네트워킹 읽기는 독자가 책을 읽으며 구성한 의미를 다른 의미들과 연결 관계를 확립하여, 책 내용 이해의 확대는 물론 새로운 의미의 구성과 생각의 변화를 이루는 확장적 읽기이다.

네트워크 이론의 측면에서 읽기 교육은 학생들의 의미 네트워크를 형성하고 확장하는 방법을 알려주면서 책의 네트워크에 참여하는 방법을 지도하는 것이다. 읽기 능력의 향상이 네트워크의 형성과 습득에 달려있기 때문이다. 학생들은 책의 네트워크를 이용하여 책을 읽어 의미를 구성하고, 책의 네트워크로 의미 네트워크의 형성을 효과적으로 할 수 있을 때 읽기를 잘할 수 있게 된다.

그동안 읽기 교육에서는 네트워킹 읽기에 관심을 두지 못한 점이 있다. 학생들이 책을 읽고 의미 네트워크를 어떻게 구성해야 하는지를 지도하지 않은 것이다. 학생들은 그들 나름의 방식으로 네트워크를 만들던가, 그렇지 않으면 네트워크와 관계없이 글을 읽도록 해 왔다고 할 수 있다. 독자의 의미 네트워크 구성을 강조하는 읽기 교육을 전제하면서 읽기의 네트워크 구조를 살피고, 네트워킹 읽기의 관점에서 읽기 교육의 가능성을 논의하여 본다.

2. 독자의 의미 네트워크

가. 네트워크의 특성

이 세계는 네트워크로 구성되어 있고 우리는 다양한 네트워크 속에서 살아간다. 물리적, 전자적, 신호적, 심리적, 기호적, 화학적, 생리적, 의식적, 의미적, 사회적, 정보적으로 연결된 여러 네트워크가 우리를 겹겹이 싸고 있다. 우리는 네트워크를 이용하고, 새로 만들고, 연결하고 확장한다. 이는 네트워크 이론이 특정 대상을 설명하는 이론이 아니고 이 세계를 설명하는 보편적인 이론임을 뜻한다. 그러므로 읽기 행위도 이 네트워크 이론으로 설명할 수 있는 특성이 있다.

우리는 '네트워크'라는 말을 들으면 가장 먼저 인터넷을 떠올린다. 인터넷은 우리 생활 속에서 쉽게 접할 수 있는 네트워크의 실체이기 때문이다. 그래서 인터넷의 구조를 알면 네트워크의 특성을 쉽게 이해할 수 있다. 인터넷에서는 '하이퍼텍스트'나 '사이버스페이스'와 같은 용어를 쉽게 접할 수 있다. 이들 용어는 세계가 서로 연결된 공간을 가지고 있는 것으로 여겨지게 한다.[3] 인터넷의 공간은 우리가 세상을 3차원적으로 인식하는 특성 때문에 그런 것이지 3차원 공간은 아니다. 인터넷 네트워크의 세상은 3차원보다는 복잡하다. 이 공간에서는 글, 소리, 영상(이미지) 텍스트들이 전자의 고리로 연결되어 있다. '하이퍼(hyper-)'는 다른 공간에 있는 텍스트(노드)들을 연결한다는 의미를 지닌다. 노드(node)는 하이퍼의 전자 연결 고리를 이용하여 묶인 개별 텍스트들이다. 하이퍼텍스트는 사이버스페이스에서 전자 연결 고리로 묶여 있는 노드들의 네트워크이다.

네트워크는 노드들의 연결(link)을 통하여 이루어지고 확대된다. 노드들의 연결은 두 노드의 연결점(anchor)을 찾아 연결소[4]로 이어주는 것이다. 노드들의 연결로 이루어진 하나의 작은 네트워크는 독립적인 형태를 띤다. 이들

---

3   사이버스페이스는 컴퓨터를 이용한 정보통신 공간으로, 컴퓨터들이 전 지구적으로 연결됨으로써 형성되는 커뮤니케이션의 공간이다.(이향재, 2001:221)

4   연결소는 연결점을 이어주는 것으로써 연결점의 특성에 따라 선택된다. 연결소는 물리적, 전자적, 화학적, 생리적, 기호적, 심리적, 의미적인 것 등 다양할 수 있다.

작은 네트워크를 이루고 있는 노드 중에는 다른 네트워크의 노드와 연결점을 가지고 있는 것들이 있다. 이들은 다른 네트워크와의 연결이 이루어지게 한다.[5] 즉, 네트워크의 연결은 한 노드를 두 네트워크가 공유하면서 이루어진다. 노드를 공유하는 네트워크의 확장은 이론적으로는 무한이 이루어질 수 있다. 네트워크의 확장으로 인하여 모든 노드는 네트워크에 연결된다.

하나의 네트워크는 연결된 노드들의 선호적 연결(preferential attachment)을 통하여 성장(growth)한다.[6] 네트워크를 이루는 노드 중에는 한 노드가 여러 노드와 연결되어 있는 것이 있다. 이 여러 노드와 연결되는 중심이 되는 노드가 '중추 노드(hub, 허브)'이다. 하나의 개별 노드가 다른 노드와 연결을 하려고 할 때 중추 노드와 결합하려는 경향이 있다. 중추 노드와 연결되었을 때 그 기능이 강화되기 때문이다. 노드들이 중추 노드와 연결되려는 성질을 '선호적 연결'이라 하고, 네트워크는 이 선호적 연결을 통하여 '성장'을 하게 된다. 이 선호적 연결로 인한 중추 노드를 가진 네트워크를 '척도 없는 네트워

---

5   폴 배런은 1964년 세 가지 형태(중앙집중형, 탈집중형, 분산형)의 네트워크 모형을 제시하였다.(강병남·김기훈 역, 2009:239)

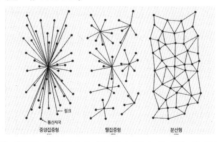

6   바라바시(2002)에 따르면 네트워크에 새로운 노드가 추가될 때 새 노드는 연결선의 수가 많은 노드와의 결합을 선호한다는 것이다. 이로 인하여 네트워크의 성장이 이루어지고 연결 수가 많은 허브가 만들어진다. 허브에 연결되는 노드의 수를 일정한 척도로 규정할 수 없어서 '척도 없는(scale-free)'이라는 표현을 쓴 것이다. 바라바시가 제시한 척도 없는 네트워크의 생성은 [그림 1]과 같다. 그림에서 새로운 노드는 흰색이다.(강병남·김기훈 역, 2009:145) 그리고 무작위 네트워크(왼쪽)와 척도 없는 네트워크(오른쪽)의 예시는 [그림 2]와 같다.(강병남·김기훈 역, 2009:119)

크'(scale-free network)라고 한다. 그래서 네트워크에 중요한 기능을 하는 것이 중추 노드이다. 네트워크는 이 중추 노드로 인하여 그 기능의 효율성을 갖추게 된다.

네트워크의 효율성은 노드들이 '중추 노드'를 통하여 소통함으로써 이루어진다. 네트워크 안의 노드들은 직접 연결된 노드와 상호작용을 한다. 중추 노드는 많은 개별 노드와 연결되어 있기 때문에 높은 소통의 효율성을 가진다. 그래서 중추 노드를 찾게 되면 연결된 개별 노드를 곧바로 찾을 수 있게 된다. 노드들의 연결과 중추 노드의 역할로 인하여 네트워크는 소통의 효율성을 가진다. 따라서 네트워크를 잘 이용하기 위해서는 그 네트워크의 중추 노드를 확인하는 것이 중요하다.

책도 네트워크를 이루고 있고, 독자가 책을 읽고 구성하는 의미도 네트워크를 이루고 있다. 독자가 책을 읽고 구성한 의미들이 개별적으로 독립된 형태로 마음속에 있는 것이 아니라 서로 연결된다. 네트워크를 이루고 있는 의미들은 책을 읽을 때 내용 파악의 효율성과 이해의 폭을 넓혀준다. 책의 네트워크에서 중추가 되는 책은 많은 개별 책들과 연결되어 있는데, 이것은 중추가 되는 책이 개별 책의 내용과 연결할 수 있는 연결점을 가지고 있기 때문이다.[7] 독자가 책을 읽고 구성하는 의미 네트워크도 마찬가지이다. 독자

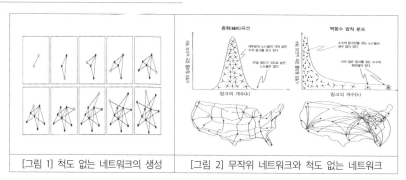

| [그림 1] 척도 없는 네트워크의 생성 | [그림 2] 무작위 네트워크와 척도 없는 네트워크 |

7 소쉬르의 「일반언어학강의」는 구조주의 문법책들과 연결되어 있고, 촘스키의 「변형생성문

가 책을 읽고 마음속에서 구성한 내용을 '의미 텍스트'라고 할 때, 의미 텍스트들은 네트워크를 이룬다. 의미 텍스트 중에도 중추(hub)적인 역할을 하는 것도 있고, 개별적인 역할을 하는 것도 있다. 개별 의미 텍스트는 의미 텍스트 네트워크에 연결될 때 의의를 가진다.[8] 의미 텍스트들이 서로 소통되는 관계 속에 있을 때 잘 이해되고, 활용의 가치가 높아지기 때문이다. 중추 의미 텍스트는 개별 의미 텍스트가 여러 개 연결되어 있는 의미 텍스트이다. 중추 의미 텍스트는 많은 연결점을 가지고 있기 때문에 여러 개별 의미 텍스트와 연결될 수 있다.

네트워크가 중추(hub) 노드의 연결로 확장되듯, 독자는 중추 의미 텍스트를 많이 확보하여 연결할수록 읽기 능력이 높아진다. 의미 텍스트 네트워크가 책의 내용 이해에 관여하여 의미 구성을 정확하고 빠르게 해 준다. 여러 중추 의미 텍스트 중에 읽고 있는 책과 관련 있는 것이 회상되어 책의 내용 이해를 도와 읽기의 효율성을 높이기 때문이다.

나. 책의 네트워크

책들은 네트워크를 형성하고 있다. 책은 그 탄생부터 상호텍스트적으로 연결을 이루고 있다. 저자가 글을 쓰면서 여러 책의 내용을 참조하면서 책들을 연결하기 때문이다. 이 연결은 제한된 네트워크라고 할 수 있다. 저자가 읽은 책에 한정되어 네트워크를 이루기 때문이다.[9] 그런데 책이 출판되어

법의 이론(Syntactic Structures)」과 「생성문법론(Aspects of the Theory of Syntax)」은 여러 변형 생성 문법 이론서들과 연결되어 있다.

8 「일반언어학강의」를 이해하고 있으면 구조주의 문법과 관련된 책들은 이 책의 이해 내용과 연결되어 파악되고, 「변형생성문법의 이론」과 「생성문법론」을 이해하고 있으면 변형생성 문법 관련 책들을 이들 책의 이해 내용과 연결되어 파악된다.

9 저자가 글을 쓰면서 구성하는 책의 네트워크에 대한 논의는 스피비(spivey, 1997)의 논의를

세상에 나오게 되면 다른 방식의 네트워크를 형성한다. 책은 출판사와 서점, 도서관에서 새로운 네트워크를 형성한다. 출판사에서는 출판사의 책을 소개하고, 홍보하기 위하여 여러 책을 한 책과 연결시켜 놓는다.[10] 독자들은 이들 출판사가 제공하는 도서 홍보 자료를 통하여 임의적으로 책을 연결한다. 서점에서도 마찬가지이다. 책을 팔기 위하여 서평과 소개 및 안내를 위한 다양한 정보를 다른 책과 네트워크를 이루게 하여 제공한다.[11] 뿐만 아니라 책을 작가별, 출판사별, 주체별, 장르별, 학문 영역별로 진열함으로써 책들을 범주화하고 책 간의 형식적 네트워크를 만들어 놓는다. 도서관도 출판사와 같은 방식의 책들 관계를 연결해 주면서 시간과 공간을 넘는 확대된 책들의 집약적 네트워크를 만든다. 도서관의 한 책장을 보면 시간과 공간을 넘어 존재하는 책들이 서로 등을 맞대고 있다. 한 권의 책은 한 시대를 넘어 시간과 공간을 벗어난 네트워크를 이루고 있다.[12] 이들 책의 네트워크는 유동적이면

참조할 수 있다. 스피비는 대학원생들의 논문 쓰기 과정을 분석하여 저자의 쓰기 과정이 네트워크를 이루고 있음을 밝혔다.(신헌재 외, 2004:335-336)

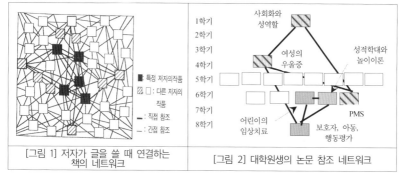

[그림 1] 저자가 글을 쓸 때 연결하는 책의 네트워크　　　[그림 2] 대학원생의 논문 참조 네트워크

10　출판사에서는 책의 표지 여백이나 책의 뒷부분, 포장지(광고지), 책갈피 등에 책의 정보를 실어서 독자가 책을 고를 수 있도록 하고 있다.

11　책을 인터넷 서점에서 검색하면 저자, 핵심어, 제목, 출판사 등과 관련하여 링크되어 있는 책들이 검색되고, 특정 책을 선택하면 그 책을 구입한 사람들이 함께 구입한 책까지 보여준다.

12　인터넷 도서관을 활용할 경우 책과 관련된 키워드를 검색창에 입력하면 키워드로 연결된

서 제한할 수 없는 확장을 이루어간다.

책은 척도 없는 네트워크를 이루고 있다. 하나의 책이 다수의 많은 책과 연결되어 있으면서 네트워크를 이룬다. 네트워크에서 연결이 집중되는 중추 (hub) 책은 많은 의미적 연결점과 연결선으로 다른 책들과 연결되어 있다. 중추적인 책을 중심으로 많은 책이 연결을 이루어 네트워크를 형성하고 있다. 책들을 연결하는 연결소는 다양하여 연결소에 따라 연결 관계가 달라진다고 할 수 있다. 책의 연결은 글감, 주제, 저자, 출판사, 장르, 형식 등 연결소마다 다른 척도 없는 네트워크를 이룬다. 예를 들어 『주역(周易)』은 수학, 철학, 교육학, 물리학, 심리학, 명리학, 종교학 분야의 다양한 책들과 관계를 맺고 있다. 『주역』과 관련된 책들은 『주역』과 연결점(anchor)을 이용하여 복잡한 연결을 이루고 있다. 『주역』은 몇 권의 책과 연결된 책의 네트워크와는 다른 형태의 네트워크를 이루고 있다. 『주역』과 연결을 맺고 있는 책의 수를 척도화하기 어렵다.

독자는 책을 읽고 의미 텍스트 네트워크를 구성한다. 독자에 의하여 책은 다른 책들과 의미적 연결 관계를 이루게 된다. 독자가 구성하는 네트워크는 저자, 출판사, 서점, 도서관의 책의 네트워크와는 다른 연결소로 구성된다. 독자가 책을 읽고 구성하는 네트워크 연결소는 '읽기 의도'와 '의미'이다. 독자는 읽기 의도에 의하여 책을 선택하고, '의미'를 중심으로 네트워크를 구성한다. 책의 네트워크도 의미적으로 관련이 있지만 의미를 중심 연결소로 하여 연결되어 있지는 않다. 그래서 독자가 마음속에 구성하는 의미 중심의 네트워크를 책 네트워크와 구분할 필요가 있다. 이를 위하여 독자가 읽기를 통하여 구성한 생각 내용을 '의미 텍스트'라고 명명하고,[13] 의미 텍스트들의

도서관의 여러 자료를 한 번에 확인할 수 있다.

13 독자가 책을 읽고 구성하는 의미를 '의미 텍스트'라고 하는 이유는 네트워크상에서 한 편의 글을 읽고 구성한 의미는 하나의 노드(node)와 같은 역할을 하기 때문이다. '의미 텍스트'는

연결로 이루어진 네트워크를 '의미 텍스트 네트워크'라고 명명하기로 한다.

독자의 의미 텍스트 네트워크는 독자마다 다르게 구성된다. 독자의 책을 읽는 습관이나 읽기 목적에 따라 같은 책이라도 의미 텍스트를 다르게 구성하기 때문이다. 따라서 독자가 구성하는 의미 텍스트 네트워크는 같은 책들을 읽었더라도 독자에 따라 형태와 내용과 크기가 달라지는 것이다. 이 독자의 의미 텍스트 네트워크는 책을 읽으면서 많은 의미 텍스트들을 연결하여 큰 의미 텍스트 네트워크로 발전한다. 독자의 의미 텍스트 네트워크의 발전에도 선호적 연결과 성장이 작용하는 것이다. 이는 의미 텍스트 네트워크도 충주 노드와 개별 노드들을 가지게 됨을 뜻한다. 한 독자의 의미 텍스트 네트워크는 책의 네트워크나 다른 독자의 의미 텍스트 네트워크와 연결되면서 네트워크의 확장이 일어난다. 독자들은 책에 대한 정보를 접하거나 책의 내용에 대한 이야기를 나누면서 네트워크를 확장하게 된다. 논리적으로 보면 의미 텍스트 네트워크의 확장은 무한할 수 있다.

독자가 구성하는 의미 텍스트 네트워크도 척도 없는 네트워크이다. 독자는 책을 읽을 때 책 단위로만 의미를 파악할 수도 있다. 표면적으로만 보면, 독자는 읽은 책은 다른 책과 아무런 관련을 짓지 않을 수도 있다. 그래서 책들의 의미가 개별적으로 독자의 기억 속에 있다고 가정할 수도 있다. 그렇지만 그동안의 읽기에 대한 인지심리학적 연구를 보면, 독자는 책을 읽고 의미를 구성하기 위하여 배경지식을 동원하고, 독자의 지식 구조 안에서 의미를 재구성하는 것으로 설명하고 있다. 이는 독자가 구성하는 책의 의미가 개별적으로 마음속에 존재할 수는 없다는 것을 의미한다. 이런 점에서 보면 독자는 책을 읽으면서 의미 텍스트 네트워크를 의식적으로 또는 무의식

독자가 한 편의 글을 읽고 구성한 의미를 하나로 독립되고 구분되는 단위로 보기 위한 것이다.

적으로 구성한다. 한 독자가 구성하는 의미 텍스트 네트워크는 선호적 연결로 이루어진, 단위를 한정할 수 없는 '척도 없는 네트워크'이다. 독자의 중추 의미 텍스트에 연결되는 개별 의미 텍스트의 단위 수를 확인하기 어렵기 때문이다.

다. 독자의 의미 텍스트 네트워크 구조

독자가 구성하는 의미 텍스트 네트워크는 그 구성 요소의 특성이 다른 네트워크와 다를 수 있다. 의미 텍스트 네트워크는 독자가 구성하는 의미를 중심으로 이루어지면서 읽은 책들과의 관계를 유지한다. 독자의 마음속에서 이루어지는 것이지만 책의 네트워크와도 소통하는 것이다. 의미 텍스트 네트워크의 구조도 중추 의미 텍스트(hub), 개별 의미 텍스트(node), 연결점(anchor), 연결(link) 등의 요소들로 되어 있다. 의미 텍스트 네트워크의 구조적 특성을 살펴보면 다음과 같다.

1) 중추 의미 텍스트

독자가 책을 읽고 의미를 구성할 때는 구심점 역할을 하는 책이 있다. 이 책이 독자에 파악되어 마음속에 자리 잡게 되면 '중추 의미 텍스트'가 된다. 중추 의미 텍스트는 사회적으로 네트워크의 허브 역할을 하는 책을 읽어 습득할 수도 있고, 독자가 특정 책을 읽고 구성한 의미 텍스트를 중추 의미 텍스트로 정할 수도 있다. 중추 의미 텍스트는 독자가 책을 읽고 의미를 구성할 때 구심점의 역할을 하면서 책의 의미를 범주화하는 기능을 한다. 이 중추 의미 텍스트는 독자의 마음속에 하나만 있을 수도 있지만 여러 개가 있다. 독자는 이 중추 의미 텍스트를 많이 가지고 있을수록 책의 내용을 쉽게 파악하여 의미를 구성할 수 있게 된다. 네트워크의 관점에서 보면 중추 의미 텍스트를 많이 가지고 있는 독자가 읽기 능력이 높은 독자라고 할 수 있다.

중추 의미 텍스트는 네트워크의 핵심 아이디어가 되는 내용을 포함하고 있다. 핵심 아이디어는 서로 관련된 글이나 책에 들어있는 보편적인 개념이나 필수적인 아이디어로 작용하는 것이다. 예를 들어 소쉬르가 『일반언어학강의』에서 '언어의 기본 단위는 기호이고, 기호(sign)는 기표(signifiant)와 기의(signifié)로 이루어져 있다'는 주장과 같은 것이다. 이 핵심 아이디어는 중추 의미 텍스트가 지녀야 할 필수적인 내용이다. 이 핵심 아이디어를 중심으로 의미 텍스트의 내용이 구성되고, 연결된 개별 의미 텍스트들도 이 핵심 아이디어를 포함하거나 변형된 형태로 함유하고 있다. 그래서 중추 의미 텍스트의 핵심 아이디어를 포함하고 있는 의미 텍스트들의 연결로 이루어진 것이 하나의 의미 텍스트 네트워크이다.

중추 의미 텍스트의 내용은 원형성(原型性)을 갖는다. 원형성은 여러 다른 의미 텍스트의 본바탕이 되는 것을 말한다. 원형은 의미 텍스트의 가장 기본이 되는 내용이나 구성의 아이디어이다. 예를 들어 소쉬르가 『일반언어학강의』에서 제시한 언어학 관련 아이디어인 공시적 연구와 통시적 연구, 기표와 기의의 자의성과 사회성, 기호들 사이의 가치 등과 같은 것들이다. 이것들은 언어를 보는 하나의 원리로 작용하여 구조주의 언어 이론과 관련된 글들에 기본적인 전제로 작용한다. 따라서 의미 텍스트의 내용 원형성은 독자가 책을 읽고 이해하는 데에 적극적으로 개입하게 된다. 그런데 독자가 이런 원형적 내용을 중추 의미 텍스트로 가지고 있지 못할 경우에는 책을 읽으면서 의미 텍스트를 구성하는 데 어려움을 느낀다. 의미 텍스트와 관련지어 내용을 재구성하는 것을 전적으로 앞에서 읽어 기억하고 있는 내용에 의존해야 하기 때문이다.

중추 의미 텍스트는 내용과 구조의 전형성(典型性)을 가지고 있다. 중추 의미 텍스트는 독자가 책을 읽고 구성한 것이지만 읽은 책에 의존한 것이기 때문에 내용이나 내용 구조, 논리 구조 등에서 모범적인 속성을 지닌다. 그래서 중추 의미 텍스트의 내용과 구조가 전형성을 갖는 것이다. '흥부 놀부'를 예로 들면, 권선징악의 주제, 선인과 악인의 대립, 악인에 의한 선인의 고난, 선인의 선행, 악인 징벌과 선인 행복 등의 내용 구성과 인과응보의 논리 구조를 갖는다. 이런 내용과 구조의 전형성은 다른 이야기를 읽을 때 효용적 가치가 높아진다. 즉, '흥부 놀부'와 유사한 글을 읽으면 글의 내용 파악과 의미 구성을 쉽게 만든다. 이런 전형성은 비문학적인 글에서도 똑같이 나타난다. 이런 전형성으로 인하여 독자들은 다른 글의 내용과 논리를 쉽게 파악할 수 있게 되고, 읽고 이해하는 즐거움을 느낄 수 있게 된다.

중추 의미 텍스트는 독자가 책을 읽고 의미 텍스트 네트워크를 구성할 때 구심점의 역할을 한다. 독자가 구성한 개별 의미 텍스트들이 중추 의미 텍스트를 중심을 연결 관계를 이루는 것이다. 이는 독자가 책을 읽으면서 구성하는 대부분의 의미 텍스트가 중추 의미 텍스트의 영향을 받게 됨을 뜻한다. 즉 독자가 글을 읽고 의미를 구성하는 행위는 중추 의미 텍스트의 영향으로 글의 내용을 파악하고, 의미를 해석하여 의미 텍스트를 구성하고 의미 네트워크를 만드는 활동이다.

2) 개별 의미 텍스트

독자가 책을 읽을 때는 낱개의 글이나 책을 읽는다. 독자가 낱개의 글을 읽고 마음속에 구성한 내용이 '개별 의미 텍스트(node)'이다. 독자가 낱개의 글을 읽고 구성한 의미는 형식적으로는 다른 글과는 독립적인 것으로 존재한다. 글의 내용이 형식적으로는 낱개 단위로 완결되는 형태를 취하고 있기 때문이다. 그래서 독자가 글을 읽을 때 낱 글의 단위로 의미를 파악하는 것으로 여길 때도 있다. 그렇지만 의미 관계 면에서 따져보면 낱개 글의 의미는 독자적이고 고립되어 완결성을 가질 수 없다. 상호텍스트성 이론에서 보면 모든 텍스트는 서로 영향 관계를 맺고 있다. 이 말은 내용적으로 보면 개별 텍스트의 내용이 다른 텍스트 관계 속에서 존재함을 의미한다.

개별 의미 텍스트는 다른 의미 텍스트를 참조, 응용, 변형하는 속성이 있다. 개별 의미 텍스트를 독자가 책을 읽으면서 마음속에 구성할 때, 관련된 의미 텍스트를 회상하여 참조하고, 응용한다. 독자가 책을 읽고 내용을 파악하기 시작하면 신속하게 회상되고 활용되는 것이 중추 의미 텍스트이다. 그래서 독자는 글을 읽고 의미 텍스트를 구성하면서 관련된 의미 텍스트들을 참조하여 응용하거나 변형하게 된다. 그러면서 하나의 의미 텍스트는 다른 의미 텍스트와 연결된다. 그래서 독자가 구성한 개별 의미 텍스트는 독자의 마음 속에서 다른 의미 텍스트와 관계를 이루면서 구체화되고 명료하게 되어 존재성을 갖게 된다.

개별 의미 텍스트는 중추 의미 텍스트에 대한 모방성, 반복성, 파생성을 갖는다. 의미 텍스트의 모방성이나 반복성, 파생성은 내용적인 주제일 수도 있지만 형식적 구조일 수도 있다. 예를 들어 '흥부와 놀부'의 내용과 구조는 '혹부리 영감'의 내용과 구조와 유사하다. 권선징악의 주제로 선인과 악인의 대립, 악인의 징벌과 선인의 행복의 내용 전개 구조를 갖는다. 이들 내용의 구조는 책 속에서 반복되므로 독자의 의미 텍스트에서도 반복되고, 내용 전개 구조나 주제는 모방되거나 다양한 형태로 파생되는 속성을 갖는다. 그래서 독자가 관련된 글을 읽고 내용을 쉽게 파악하여 의미 텍스트를 구성할 수 있게 된다.

네트워크의 관점에서 보면 의미 텍스트들은 서로 긴밀하게 또는 느슨하게 연결되어 있다.[14] 긴밀한 연결은 중추 의미 텍스트와 개별 의미 텍스트 간의

14　네트워크 연구에서 보면 노드 사이의 연결에는 강한 연결과 약한 연결이 있다.(강병남·김

연결이고, 느슨한 연결은 개별 의미 텍스트 간의 연결이다. 긴밀한 연결은 핵심 아이디어와 원형성이나 전형성을 공유한 연결이고, 느슨한 연결이 이들을 부분적으로 공유하거나 변형된 형태로 공유하고 있는 연결이다. 이들 연결 관계는 독자가 읽는 글에 따라 달라지며 독자의 필요에 따라 그 기능이나 활용이 달라진다.

3) 의미 텍스트의 연결점과 연결

네트워크의 관점에서 볼 때 의미 텍스트들은 연결점을 통하여 연결된다. 이는 독자가 구성한 의미 텍스트들은 관련성이 있는 것끼리 연결되고, 이들 연결이 확장되어 네트워크를 이루게 됨을 말한다. 의미 텍스트들은 연결점이 없으면 연결을 이루지 못하게 된다. 의미 텍스트가 특정 의미 텍스트와 연결을 이루지 못하면 다른 의미 텍스트와 연결점을 찾아 연결하게 된다. 의미 텍스트의 연결로 인하여 의미 텍스트 네트워크가 만들어진다.

의미 텍스트들의 연결점은 두 텍스트 간 공통의 요소이다. 의미 텍스트들의 공통 요소는 저자나 출판자, 화제나 주제. 인물이나 사건, 아이디어나 논리, 관념이나 사상 등 다양하다. 독자가 글을 읽고 의미 텍스트를 구성하면서 텍스트 간의 공통점을 찾기만 하면 의미 텍스트들은 연결을 이루게 된다. 의미 텍스트들의 연결에서 이 공통의 요소가 독자에게 중요하게 여겨지는 것일수록 텍스트 간의 연결 거리는 짧아지고 단단하게 된다. 네트워크상에서

기훈, 2009:76) 강한 연결은 노드 간의 연결(공통)점이 분명하고 확실하여 소통이 자주 일어나는 네트워크를 이루고, 약한 연결은 노드 간의 연결점이 분명하지 않아 소통이 가끔 일어나는 네트워크를 이룬다. 강한 연결은 일상적인 일들에 일어나는 네트워킹의 특징을 가지며, 약한 연결은 특수한 일들이 일어나는 네트워킹의 특징을 갖는다. 네트워크 내에서의 변화나 새로운 시도를 위해서는 약한 연결 관계에 있는 노드들을 활용할 필요가 있다. 의미 텍스트 구성에서도 새로운 의미 텍스트 구성을 위해서는 약한 연결 관계에 있는 의미 텍스트와의 연결을 활용하는 것이 필요하다.

거리가 짧고 단단하게 연결된 의미 텍스트들은 중추 의미 텍스트로 포함될 가능성이 높아진다. 반면 거리가 멀고 느슨하게 되면 독립성을 가지거나 다른 중추 의미 텍스트에 포함될 수 있다.

텍스트의 연결점은 직접적인 것도 있고, 간접적인 것도 있다. 직접적이라는 것은 공통의 요소가 분명하게 드러나 있어서 연결소가 분명한 것이다. 독자가 읽는 글의 내용이 화제나 주제가 같거나 핵심 아이디어나 주요 내용이 같은 경우에는 연결점이 직접적이라 할 수 있다. 반면에 작가나 출판사, 논리나 사상 등은 의미 텍스트 내에서 명시적이지 않기 때문에 독자가 그 의미의 연결점을 직접 찾기가 어렵다. 연결점이 직접적이나 간접적이냐는 의미 텍스트 간 연결의 난이도와 관련이 되고, 독자의 의미 텍스트 네트워크에도 영향을 준다.

독자는 의미 텍스트 연결에서 연결점 분명하면 그 연결점을 이용하지만 그렇지 않은 경우는 연결점을 선택하여 연결한다. 이는 연결점이 텍스트마다 달라질 수 있음을 의미한다. 특히 독자가 개별 의미 텍스트를 중추 의미 텍스트에 연결하려고 할 때는 독자가 임의적으로 연결점을 선택해야 하는 경우도 있다. 이때 독자는 의미 텍스트들에서 연결점을 선택하는 것이 중요하다. 독자가 연결점을 선택할 때는 읽는 목적과 상황, 글의 내용이나 주제 등을 고려하게 된다. 예를 들어, 이 글을 쓰기 위해 저자는 네트워크 관련 책을 읽으면서 상호텍스트적 의미 구성 이론과 연결을 시키고 있다. 이는 의미들이 연결망을 이루고 있다는 아이디어의 측면에서 공통점을 정하여 의미 텍스트들을 연결한 것이다.

독자의 의미 텍스트 네트워크 구성은 의식적 또는 무의식적으로 일어난다. 그렇지만 독자가 글을 읽을 때 독서 능력을 높이기 위해서는 의식적으로 네트워크를 구성하는 것이 필요하다. 의식적으로 의미 텍스트 네트워크를 구성하게 될 때, 의미 텍스트들이 더 큰 가치를 가지게 된다. 개별 의미로 독립된 의미들은 쉽게 잊혀지고, 독자의 의식에 영향력을 행사하지 못한다. 즉 독자는 책을 읽었지만 책에 대한 기억이 없게 되는 것이다. 이는 독서의 의미를 약화시킨다. 따라서 독자는 의식적으로 구성한 의미 텍스트를 중추 의미 텍스트에 연결하여 가치 있는 역할을 할 수 있도록 하는 것이 필요하다.

독서를 잘하기 위해서는 구성 중인 개별 의미 텍스트를 중추 의미 텍스트 와의 연결을 효과적으로 이루어야 한다. 그래서 의미 텍스트 네트워크를 확장하여야 한다. 의미 텍스트 네트워크가 원심적으로 확장될 때 독사가 글을 읽고 이해하는 능력이 신장된다. 의미 텍스트 네트워크가 읽는 글의 내용을 쉽게 이해할 수 있게 하고 기억과 회상을 잘 할 수 있게 하기 때문이다. 따라서 독자는 글을 읽으면서 의미 텍스트의 연결을 강화하여 의미 텍스트 네트워크를 확장할 필요가 있다.

3. 의미 네트워크의 구성

학생들의 읽기 능력을 높이기 위하여 네트워크의 관점에서 해야 할 일들을 살펴본다. 학생들의 읽기 능력을 높이기 위해서는 중추 의미 텍스트를 많이 가질 수 있도록 하는 것이 중요하다. 그리고 중추 의미 텍스트와 개별 의미 텍스트를 연결시킬 수 있도록 하는 것이 필요하다. 이를 통하여 의미 텍스트 의 네트워크를 확장하게 되면 읽기 능력을 높일 수 있다.

가. 중추 의미 텍스트의 습득

학생들의 읽기 능력을 높이기 위한 일차적인 방법이 중추 의미 텍스트를 많이 가지게 하는 것이다. 중추 의미 텍스트를 많이 가지게 하는 방법은 이를 습득하게 하는 것이다. 습득(習得)은 이미 있는 것을 학습으로 자기 것으로 만든다는 의미이다. 이 말에는 중추 의미 텍스트로 될 수 있는 것이 독자의 의식 외부에 존재하고 있다는 의미가 함의되어 있다. 다시 말하면 중추적 의미가 될 수 있는 내용을 담은 글이나 책이 존재한다는 것이다. 학생들이 이들 글이나 책을 이해하였을 때 중추 의미 텍스트를 습득하게 된다.

중추 의미 텍스트 습득은 핵심 아이디어를 이해함으로써 이루어진다. 핵심 아이디어의 이해는 책의 내용에서 핵심 내용을 찾아 파악하여 독자 의식의 일부로 만드는 것이다. 독자가 핵심 아이디어를 의식의 내용으로 만들기 위해서는 인지적 동화와 정서적 공감이 있어야 한다. 인지적 동화는 독자의 의식이 핵심 아이디어의 내용과 형식을 수용하여 의식 내용을 새롭게 만들어, 다른 책이나 글을 읽을 때 새로워진 의식 내용을 토대로 의미를 구성할 수 있게 되는 것이다. 정서적 공감은 핵심 아이디어의 내용에 대하여 심정적 동의를 하면서 그 아이디어의 존재 가치를 신념화된 것으로 받아들임을 의미한다. 핵심 아이디어의 정서적 공감은 핵심 아이디어에 대한 독자의 적극적 관심이기에 아이디어를 기억하여 책을 읽을 때 회상하여 활용하여 수 있게 하는 토대를 마련해 준다. 인지적 동화와 정서적 공감은 핵심 아이디어를 독자의 의식 내용으로 만들어 핵심 아이디어가 중추 의미 텍스트의 기능을 할 수 있게 한다.

중추 의미 텍스트를 습득하기 위해서는 의식 내용이 된 중추 의미 텍스트 역할 확인하는 것이 필요하다. 중추 의미 텍스트의 역할 확인은 관련 있는 책을 읽고 실제 개별 의미 텍스트들이 어떻게 연결되는지를 확인하는 것이다. 예를 들어 『중용(中庸)』의 핵심 아이디어인 '군자는 쉼 없이 변하는 세상의 균형을 이루어야 한다'는 것을 이해하면, 유학의 경전인 『논어』, 『맹자』, 『대학』은 물론 『시경』이나 『주역』도 이 핵심 아이디어가 들어있음을 확인하고 이들 책에 대한 의미의 구성이 『중용』의 핵심 아이디어로 이루어짐을 인식하는 것이다. 이들 책을 읽어 가면서 독자는 책의 행간에 『중용』의 핵심 아이디어가 면면이 자리를 잡고 있음을 알고, 핵심 아이디어가 들어있는 중추 의미 텍스트를 중심으로 의미 텍스트 네트워크가 만들어짐을 확인할 수 있다. 중추 의미 텍스트의 역할을 확인한다는 것은 중추 의미 텍스트가 다른 책을 읽고 이해하는 데 중추적 역할을 하는 것을 인식하는 것이면서 의미 텍스트 네트워크의 존재를 확인하는 것이다.

독자가 중추 의미 텍스트의 습득을 완결하는 것은 중추 의미 텍스트를 관련된 책을 읽을 때 활용하는 것이다. 중추 의미 텍스트의 활용을 실제 책을 읽으면서 중추 의미 텍스트를 떠올려 의미를 파악하여 보는 것이다. 중추 의미 텍스트의 활용은 책의 내용 일체를 중주 의미 텍스트로 재단하는 것이 아니라, 각 책의 내용에서 중요 아이디어가 관련이 있음을 확인하면서 개별 의미 텍스트를 구성하는 것이다. 즉, 개별 의미 텍스트를 의식 내용 속에 존재하는 중추 의미 텍스트와 연결을 하는 것이다. 예를 들어, 현대에 쓰여진 『논어』 관련 책이나 『주역』 관련 논의(개별 의미 텍스트)를 읽으면서 『중용』에 대한 이해 내용(중추 의미 텍스트)을 떠올려 책의 의미를 연결함으로써 핵심 아이디어의 존재감을 실제로 경험하는 것이다. 이런 중추 의미 텍스트의 활용에서의 그 존재감에 대한 인식은 중추 의미 텍스트의 습득을 공고하게 한다.

학생들의 중추 의미 텍스트 습득에는 교사의 도움이 필요하다. 중추 의미 텍스트의 습득은 책이나 글의 핵심적인 내용을 정확하고 깊이 있게 아는 것에서 비롯된다. 내용을 정확하게 알기 위해서는 책의 내용을 세심하게 읽고, 책에서 무엇을 말하려고 하는지를 분명하게 알아야 한다. 이를 위해서는 학생들이 책을 읽고 이해하는 과정에 교사가 관여해야 한다. 학생들이 글의 내용과 구성 및 전개 구조를 세밀하게 파악하고, 글의 의의와 의미를 판단하는 데 교사가 필요한 것이다. 학생들이 글의 내용을 파악하였다고 하더라도 그 내용의 가치를 잘 판단할 수 없기 때문이다. 중추 의미 텍스트를 담고 있는 책이라도 학생들이 글의 내용을 깊이 있게 이해하지 못하거나 그 가치를 인식하지 못하고 구성한 의미 텍스트는 네트워크상에서 그 기능을 제대로 할 수 없다.

학생들이 특정 글의 내용을 중추 의미 텍스트로 구성하기 위해서는 상호작용을 할 필요가 있다. 학생들이 글의 내용을 파악하고, 의미 텍스트를 구성하는 활동의 과정과 결과를 다른 학생들과 함께 하는 것이다. 다른 학생들과 함께 의미 텍스트를 구성하게 됨으로써 학생들은 글의 내용 파악을 세밀하게 할 수 있게 되고 자신의 의미 텍스트에 대한 점검을 받을 수 있게 된다. 사회적 상호작용은 학생의 중추 의미 텍스트를 주체화하고 공식화하여 그 기능을 효율성을 높여 주게 된다.

나. 중추 의미 텍스트의 구성

학생이 보편적인 핵심 아이디어가 들어있지 않은 글을 읽고 구성한 의미 텍스트를 중추 의미 텍스트로 만들 수도 있다. 이는 학생들이 좋아하거나 관심이 가는 글을 중심으로 중추 의미 텍스트를 만드는 것이다. 글이 사회적으로 중추 의미 텍스트를 구성할 수 있는 것으로 받아들여지고 있지 않더라고 학생이 책에 가치를 부여하여 내용을 깊이 탐구하고, 의미 텍스트를 구성하면 중추 의미 텍스트를 만들 수 있다. 중추 의미 텍스트를 학생이 만들 수 있다는 것은 읽기 양이 늘어나고 읽기 수준이 높아지면 중추 의미 텍스트가 변화할 수 있음을 함의한다.

중추 의미 텍스트의 구성을 위해서는 핵심 아이디어를 찾아내어 이해해야 한다. 핵심 아이디어를 찾기 위해서는 핵심 아이디어가 될 내용을 담고 있는 책의 선택이 이루어져야 한다. 이는 책을 읽고 개별 의미 텍스트를 구성하는 과정에서 핵심 아이디어가 될 수 있는 요소를 파악하는 것이기도 하다. 핵심 아이디어가 다른 독자들에 의하여 드러나 있지 않기 때문에 학생이 책을 읽고 의미를 파악해야만 핵심 아이디어가 될 수 있는 내용을 확인할 수 있는 것이다. 핵심 아이디어 찾기는 어떤 독자나 할 수 있는 것이기는 하지만 능숙한 독자일수록 효과적으로 할 수 있다. 핵심 아이디어를 인식한다는 것은 내용에 대한 독자의 안목이 요구되기 때문이다. 핵심 아이디어는 다른 내용과 차별성을 가지면서 본질적이고 고유한 특성이 있어야 한다. 독자가 이 핵심 아이디어를 찾으면 습득에서와 같이 아이디어에 대한 깊이 있는 이해를 이루어야 한다.

중추 의미 텍스트를 구성하기 위해서는 학생이 찾아낸 핵심 아이디어에 의미 부여를 해야 한다. 의미 부여는 핵심 아이디어에 대한 가치 판단과 함께 그 효용 가능성의 예측하는 것이다. 가치 판단은 핵심 아이디어가 본질적 내용이고 고유성을 지니고 있음을 인식하는 것이다. 그리고 효용 가능성의 예측은 핵심 아이디어가 다른 책이나 글의 이해에 활용되고, 의미 텍스트 네트워크 구성에서 중추적 역할을 할 수 있음 알아채는 것이다. 예를 들어 <종이 봉지 공주>를 읽은 초등학생은 '어린이나 여성이 용기를 갖고 지혜를 발휘하면 어른이나 남성보다 적극적인 삶을 살 수 있다'는 것 알게 된다. 학생은 이것이 남성성을 중심으로 문제 해결을 이루는 이야기 전개 방식과는 차별성을 갖는 아이디어라는 것을 인식해야 한다. 그리고 이 아이디어의 여성적 용기와 지혜가 여성적 인물들의 적극성을 드러내는 핵심적 아이디어로 다른 이야기에 이 아이디어가 활용될 수 있음을 예상해야 한다.

중추 의미 텍스트의 구성을 완결하기 위해서도 다른 책에 이해에 핵심 아이디어를 적용하여 확인해야 한다. 내용 면에서 관련 있는 책들을 읽고 핵심 아이디어를 활용하여 개별 의미 텍스트를 만들고, 의미 텍스트 네트워크를 만드는 것이다. <호랑이와 토끼>, <백조 왕자>, <미운 오리 새끼>와 같은 어린 약자나 여성성이 문제 해결을 이루는 이야기를 읽고, <종이 봉지 공주>의 핵심 아이디어를 활용한 개별 의미 텍스트를 구성하면서 네트워크를 만들어 보는 것이다. 아이디어의 적용과 확인으로 핵심 아이디어를 다시 확인하고, 의미 텍스트 네트워크에서의 역할을 인식해야 한다. 의미 텍스트의 핵심 아이디어와 원형이 될 수 있는 내용 및 전형될 수 있는 내용을 점검해 봄으로써 중추 의미 텍스트의 구성을 확고하게 할 수 있다.

중추 의미 텍스트 구성에서는 핵심 아이디어의 이해뿐만 아니라 내용 전개 구조와 논리 구조, 글의 형식과 표현 특성 등을 전체적으로 파악하고 확인하는 것이 필요하다. 이는 글에 대한 충실한 이해가 이루어져야만 학생의 의도에 맞게 중추 의미 텍스트를 주도적으로 구성하여 자기화할 수 있게 되기 때문이다. 그래서 학생이 좋아하는 글은 여러 번 읽고, 글의 내용과 구조에 깊은 관심을 두고 의미 텍스트를 구성해야 한다. 구성한 중추 의미 텍스트가 다른 의미 텍스트 구성을 돕고, 의미 텍스트 연결의 구심점이 되는 역할을 충실히 할 있도록 하는 것이 필요하다.

이 중추 의미 텍스트의 구성은 핵심 아이디어와 원형성이나 전형성의 요인을 활용하고, 확인하면서 보완할 수 있는 특징이 있다. 구성한 중추 의미 텍스트의 내용보다 본질적인 의미 텍스트를 구성하게 되면 이를 보완할 수 있다. 습득의 대상이 된 중추 의미 텍스트는 완결성이 높지만 구성한 중추 의미 텍스트는 완결성이 낮을 수 있기 때문이다. 중추 의미 텍스트의 보완은 의미 텍스트 네트워크의 효율성을 높게 된다. 이는 근본적인 핵심 아이디어가 의미 텍스트 네트워크의 성장을 이끌어 줄 수 있기 때문이다.

다. 의미 텍스트 네트워크의 구성

의미 텍스트 네트워크는 독자가 구성한 의미 텍스트의 연결로 이루어진다.

독자는 의미 텍스트 네트워크를 구성함으로써 글에 대한 이해뿐만 아니라 글과 관련된 생각을 더 깊고 넓게 할 수 있게 된다. 그렇지만 많은 독자는 한 가지 글을 읽게 되면 그 글에 충실한 내용 파악만을 하려고 하는 경향이 있다. 글의 내용을 다른 글과 관련지으려면 더 많은 사고를 해야 하고, 이를 위한 읽기 전략을 사용해야 하기 때문이다. 그래서 글들 사이에 관계가 있다는 것을 알면서도 굳이 그 관계에 대하여 깊이 생각하려고 하지 않는다. 현재의 읽기 교육도 한 가지 글을 중심으로 읽는 능력을 높이기 위한 접근을 하고 있다. 그러다 보니 학생들은 글 간의 관계나 의미 텍스트 네트워크 구성에 관심이 적다. 사회적 상호작용을 강조하는 읽기 방식에서도 의미 텍스트 네트워크의 구성을 돕기보다는 개인의 한정된 의미 텍스트 구성의 지원을 강조한다.

의미 텍스트 네트워크를 구성하려면 의미 텍스트의 연결이 필요하다. 의미 텍스트의 연결을 위해서는 읽는 글들의 내용 관련성을 알아보고, 관련 요인들을 확인하면서 개별 의미 텍스트를 구성하여야 한다. 글들의 관련성은 책을 선택하면서도 알 수 있고, 읽는 과정에서도 파악할 수 있다. 학생이 글을 읽으면서 의미의 관련성에 관심을 두면 관련 요인이나 부분이 파악되고, 의미 텍스트에서의 연결점을 찾을 수 있다. 이야기 글들에서는 인물, 화제, 내용 구조, 사건의 구성, 사건의 해결, 주제 등을 비교해 보고 서로 연결점을 찾아볼 수 있다. 일반적인 글에서는 글감, 아이디어, 관념, 주장, 논의 구조, 논리 등에서 연결점을 찾을 수 있다. 글들의 연결 요인이 확인되면 연결점을 만들 수 있고, 의미 텍스트 네트워크를 구성할 수 있다.

의미 텍스트 간의 연결은 연결되는 의미 텍스트들의 공통점은 묶고, 차이점을 밝히는 의식적 활동이다. 공통점의 요인은 의미 텍스트들이 구심성을 바탕으로 선택적 연결을 이루게 하고, 차이점의 요인은 원심성을 바탕으로 네트워크의 성장을 이룬다. 이 과정에서 중추 의미 텍스트의 역할이 드러나고, 개별 의미 텍스트들의 존재감이 인식된다. 학생이 의미 텍스트를 연결할 때, 읽기 능력이 낮으면 의식적으로 글들의 관계를 확인하면서 의미 텍스트를 연결하는 활동을 할 필요가 있다. 글들의 내용 관련성을 확인하여 공통점과 차이점을 명료하게 찾아서 의미 텍스트를 구성하는 것이다.

의미 텍스트 네트워크 구성에서는 개별 의미 텍스트끼리의 연결과 중추 의미 텍스트와의 연결을 필요로 한다. 독자가 의미 텍스트 네트워크를 구성할 때, 직접 글들의 내용을 확인하면서 하는 연결은 주로 개별 의미 텍스트끼리의 연결을 이루는 것이다. 글의 내용 관계를 확인하면서 의미 텍스트 네트워크를 구성하는 것은 의미 텍스트가 독자의 의식에 확고하게 자리를 잡고 있지 않기 때문이다. 그렇지만 글들을 관계를 확인하지 않고 의미 텍스트 네트워크를 구성할 때는 개별 의미 텍스트와 중추 의미 텍스트를 연결할 때이다. 중추 의미 텍스트는 독자의 기억 속에서 쉽게 회상되고, 의미적 연결이 곧바로 이루어지기 때문이다. 독자가 의미 텍스트를 연결하려는 의도를 가지게 되면 의식에 먼저 떠오른 것이 중추 의미 텍스트이다. 독자는 개별 의미 텍스트와 중추 의미 텍스트의 연결을 통하여 글의 이해를 깊이 있게 할 수 있게 되고, 이해의 폭을 넓힐 수 있게 된다. 따라서 독자는 깊이 있는 이해력과 폭넓은 생각을 하기 위하여 의미 텍스트 연결을 이룰 필요가 있다.

의미 텍스트 네트워크는 독자에게 가치 있는 역할을 한다. 의미 텍스트 네트워크는 글의 내용을 기억하고, 해석하고, 활용하거나 응용할 수 있게 해 준다. 의미 텍스트 네트워크를 이루게 되면 의미 텍스트들이 서로 연결되어 관계 속에서 존재한다. 관계 속에 있는 의미 텍스트들은 자주 회상되면서 오랫동안 기억되게 된다. 관련된 글을 읽을 때마다 회상됨으로써 독자가 읽고 있는 글에 대한 이해와 해석을 돕는다. 이는 관련된 표현 활동이나 사고 활동에서도 마찬가지로 작용함으로써 의미 텍스트의 활용을 높이는 역할을 한다. 네트워크를 이루고 있는 의미 텍스트들은 비교/대조를 통하여 의미 텍스트의 재구성, 분류, 확장, 비판, 종합하는 것을 가능하게 한다.

라. 의미 텍스트 네트워크의 확장

의미 텍스트 네트워크는 의미 텍스트 간의 연결을 통하여 확장된다. 의미 텍스트 간의 연결은 하나의 중추 의미 텍스트의 확장을 이루기도 하지만 의미 텍스트 네트워크의 확장을 가져오기도 한다. 의미 텍스트 네트워크의 확장은 중추 의미 텍스트 간에 연결이 이루어졌을 때 효과적으로 이루어진다. 중추 의미 텍스트들은 서로 다른 특성을 띠고 있기 때문에 직접적으로 연결되지 않을 수 있다. 따라서 중추 의미 텍스트의 연결은 매개 의미 텍스트의 역할로 이루어진다. 두 중추 의미 텍스트를 연결하는 매개 의미 텍스트는 두 중추 의미 텍스트의 내용을 모두 포함하는 개별 의미 텍스트이다. 중추 의미 텍스트의 연결은 여러 매개 의미 텍스트를 거쳐 이루어질 수도 있다.

의미 텍스트 네트워크의 확장을 위한 네트워크 간의 연결은 약한 연결로 이루어진다. 약한 연결은 중추 의미 텍스트들끼리 직접 연결되는 것이 아니고, 중추 의미 텍스트와 연결된 개별 의미 텍스트 즉, 매개 의미 텍스트의 연결을 통하여 이루어진다. 그래서 의미 텍스트 네트워크들 사이의 소통은 매개 의미 텍스트만을 통하여 이루어진다. 이 약한 연결은 낯선 네트워크 사이의 연결이기 때문에 새로운 의미의 소통이 일어나게 하여 독자에게 변화가 큰 생각을 불러일으킬 수 있다. 학생이 의미 텍스트 네트워크를 확장하려면 매개 의미 텍스트를 구성할 수 있는 책을 읽으면서 네트워크 간의 관계를 확인해야 한다. 그래서 네트워크 간의 연결점을 분명하게 확인하고 연결하였을 때 의미 텍스트 네트워크의 연결이 이루어지고 네트워크의 확장이 일어난다.

의미 텍스트 네트워크의 확장은 글을 새로운 시각에서 이해할 수 있게 한다. 하나의 글을 여러 중추 의미 텍스트로 해석을 할 수 있게 됨으로써 글에서 서로 다른 의미 텍스트를 구성할 수 있도록 하기 때문이다. 이는 고소설인『흥부놀부』를 전통적인 권선징악의 관점과 능률적인 경제생활의 관점에서 이해하게 하는 것과 같다. 즉, 의미 텍스트 네트워크의 확장은 글에 대한 독자의 의미 텍스트 구성을 다양화할 수 있는 계기를 마련하는 것이다. 이것은 글을 충실하게 이해하면서 타당성을 갖춘 여러 의미 텍스트를 구성할 수 있게 한다. 이 과정의 반복으로 의미 텍스트 네트워크의 확장이 일어나기도 한다.

중추 의미 텍스트를 많이 습득하거나 구성하는 것도 읽기 능력을 높이는 것이지만 의미 텍스트 네트워크의 확장도 읽기 능력을 높이는 역할을 한다. 학생들이 확장된 의미 텍스트 네트워크를 가지게 되면 글의 내용 파악을 잘 할 수 있게 됨은 물론 질 높은 여러 의미 텍스트를 구성할 수 있게 된다. 의미 텍스트 네트워크의 작용으로 학생들은 글을 더 깊이 있고 폭넓게 이해할 수 있게 되기 때문이다. 학생들이 글을 읽을 때 관계된 의미 텍스트를 신속하게 회상해 글의 이해 시간을 단축하게 되고, 글에서 독자만의 새로운 의미를 구성할 수 있게 된다.

의미 텍스트 네트워크의 확장은 통섭적 의미 텍스트를 구성할 수 있게 한다. 네트워크는 서로 다른 글이나 책들의 내용이 소통될 수 있게 함으로써 독자가 새로운 생각을 하게 돕기 때문이다. 독자는 의미 텍스트 네트워크 구성에서 연결점이 분명하지 않은 의미 텍스트들을 연결하게 됨으로써 통섭적 의미 텍스트를 구성할 수 있게 된다. 통섭적 의미 텍스트는 독자가 읽은 글과 의미 텍스트 네트워크의 요인들이 종합적으로 결합된 의미 텍스트를 만들게 하는 것이다. 통섭적 의미 텍스트는 독자의 글에 대한 충실한 이해이면서 발전적으로 의미를 구성한 결과이다.

4. 의미 네트워크 활용

네트워크 이론은 읽기를 설명할 수 있는 한 가지 논리 틀이다. 독자가 글을 이해한다는 것은 책의 네트워크에 독자의 생각을 연결하는 일이기도 하고, 독자의 마음속에 의미 텍스트 네트워크를 구성하는 것이기도 하다. 읽기를 네트워크의 관점에서 보면, 독자의 읽기 활동은 네트워크에 참여하고, 네트워크를 구성하는 과정이다. 독자는 글을 읽으면서 필연적으로 책 네트워크와 의미 텍스트 네트워크에 관여하게 된다. 독자의 네트워크 관여는 무의식적으로 일어나기도 하지만 의식적으로 할 때 그 의의를 확대할 수 있다. 독자의 읽기 행위를 다른 시각에서 볼 수 있게 하고, 읽기의 활동에서 다른 요인을 강조하여 글의 이해 효과를 높일 수 있기 때문이다.

네트워크의 관점에서 읽기 교육을 보면 학생들에게 읽기를 지도하면서 강조해야 할 다른 측면이 나타난다. 책의 네트워크에 대한 이해와 이를 활용한 읽기 방법뿐만 아니라 의미 텍스트 네트워크에 대한 이해와 구성 방법을 알려주어야 한다. 덧붙여 다른 독자와의 의미 텍스트 네트워크를 이루어 글의 이해를 넓히고, 새로운 생각을 열어가는 방법을 알려주어야 한다. 이 글에서는 독자가 읽기를 하면서 마음속에 구성하게 되는 의미 텍스트 네트워크를 설명해 보려고 하였다. 이것은 네트워킹 읽기의 논의 토대를 마련하는 것이면서, 이후 논의에서 강조해야 할 것을 분명하게 하기 위한 것이다.

능숙한 독자들은 읽기 교육에서 네트워크 이론을 교육받지 않았지만 이미 그렇게 읽고 있다. 다만 학생들은 책을 읽고 마음속에 의미 텍스트 네트워크를 구성하지 않음으로써 이해한 내용을 쉽게 잊어 글을 읽은 효과의 지속성과 이해한 내용의 활용성이 낮다. 이들 학생에게 네트워킹 읽기를 강조함으로써 네트워크의 관점에서 읽기를 활동을 할 수 있는 계기를 마련할 수 있다. 또한 네트워킹 읽기의 기능을 익히게 함으로써 효과적으로 의미 텍스트 네트워크를 구성하게 할 수 있다. 이는 학생들이 읽기에 흥미를 느껴 관심을 가지는 계기가 될 수 있다. 글에 대한 깊이 있는 이해와 새로운 의미 생성의 즐거움을 느끼게 하기 때문이다. 이는 결국 학생들의 읽기 능력을 높이게 되는 것이다.

읽기 교육은 학생들이 평생 독자가 되기를 기대한다. 네트워킹 읽기는 학생들이 평생 독자가 되게 하는 하나의 방법이 될 수 있다. 책의 네트워크와 의미 텍스트 네트워크가 독자에게 계속 책을 읽게 하는 관심을 불러일으키기 때문이다. 또 읽은 책과 관련된 책의 내용은 독자에게 늘 궁금증을 갖게 하고, 의미 텍스트 네트워크는 이해의 즐거움을 제공하기 때문이다. 또한 의미 텍스트 네트워크는 읽는 책의 내용을 쉽게 파악할 수 있게 돕고, 깊이 있는 이해를 할 수 있도록 돕기 때문이다. 그리고 의미 텍스트들을 연결하여 네트워크를 확장할 때도 인지적 즐거움을 느끼게 되기 때문이다. 읽기 교육의 측면에서는 이를 위한 토대를 마련하기 위하여 학생들이 중추 의미 텍스트를 많이 가지게 되도록 하는 것이 필요하다. 여러 중추 의미 텍스트가 읽는 글에 대한 이해력을 높이고, 읽기의 효율성을 높여 주기 때문이다. 아울러 의미 텍스트 네트워크의 확장을 할 수 있도록 해야 한다. 이 논의의 내용을 읽기 교육에서 강조하여 지도하기 위해서는 네트워킹 읽기에 대한 폭넓고 깊이 있는 논의가 이루어져야 한다.

참고문헌

강병남·김명남 역(2010), 버스트, 동아시아.

강병남·김기훈 역(2009), 링크-21세기를 지배하는 과학, 동아시아.

한세희 역(2005), 네트워크 전쟁, 한올아카데미.

강수정 역(2006), 넥서스, 세종연구원.

김도남(2005), 상호텍스트성과 텍스트 이해 교육, 박이정.

배한식, 인터넷 하이퍼텍스트 그리고 책의 종말, 책세상.

복잡계 네트워크(2006), 복잡계 워크숍, 삼성경제연구소.

여국현 외(2001), 하이퍼텍스트 2.0, 문화과학사.

이덕환 역(2008), 물리학으로 보는 사회, 까치.

한세희 역(2005), 네트워크 전쟁, 한올아카데미.

이향재(2001), 사이버스페이스의 개념과 문화적 특성, 한국정보디자인학회, 정보디자
    인학연구 4집.

3장

정보의 자기조직화

1. 정보의 자기조직화 개념

읽기는 글에서 의미를 생성하는 활동이다. 독자가 생성하는 의미는 글의 정보들에 고스란히 담겨 있는 내용이기보다는 정보들의 관계에서 새롭게 창발¹되는 생각이다. 글에 있는 정보는 독자가 연결하는 형태에 따라 새로운 의미를 드러낸다. 글에서 생성하는 의미는 결국 독자가 글의 정보를 어떤 형태로 연결했는가가 결정한다. 글의 정보를 표상하고, 연결 짓는 것은 독자의 몫이기 때문이다. 독자가 정보를 표상할 때 정보들이 질서 있게 연결되지 않으면 복잡성을 느낀다. 이때 독자는 복잡성을 해소하기 위해 정보들을 구조적으로 연결하여 정보 네트워크를 구성한다. 독자가 표상한 정보들이

---

1 '창발'은 복잡계 이론에서 온 말이다. 창발이란 시스템의 각 부분의 성질만을 이해해서는 예측하기 어려운 성질이 시스템 전체의 수준에서 나타나는 현상을 말한다.(최창현, 2010: 53) 복잡계는 우선 많은 요소로 구성되어 있으며 이들 구성 요소들은 독립적으로 존재하지 않고 다양한 상호작용을 주고받는다. 그 결과 구성 요소들을 따로따로 놓고 보았을 때의 특성과는 사뭇 다른 거시적인 새로운 현상과 질서가 나타난다. 이 새로운 질서의 출현을 창발(emergence)이라 하며, 이로 인해 나타나는 질서적인 현상을 창발현상(emergent behavior)이라 한다.(윤영수·채승병, 2011:55)

체계적으로 연결되어 네트워크를 이루면 복잡성의 해소와 함께 의미 창발이 일어난다. 독자가 표상한 정보들이 체계적인 네트워크로 연결될 때 복잡계 과학[2]의 자기조직화(self-organization)[3]의 특성을 갖는다.

독자는 글을 읽으며 정보들을 표상할 때, 글에 나타나 있는 순서대로 하지 않는다. 독자는 글을 읽으면서 관련된 정보끼리 묶어 클러스터 단위로 만들어 표상하고,[4] 표상된 정보 클러스터들은 각 단위별로 작용하여 다른 클러스터와 연결된다. 이 정보 클러스터들이 체계적인 연결 조직으로 파악되지 않으면 독자는 복잡성을 느낀다. 그래서 독자는 글을 읽으면서 클러스터를 질서 있게 연결하려고 노력한다. 개별 정보가 결합하여 클러스터를 이루고, 클러스터들이 서로 연결되어 네트워크로 구성될 때 복잡성이 해소되고 의미의 창발을 이룰 수 있기 때문이다.[5] 정보의 자기조직화는 독자가 표상한 정보들이 일련의 관계 속에서 결합하거나 연결되는 속성이다.

독자는 정보 클러스터의 내적 질서를 확립하여 정보 네트워크를 만든다. 이 정보 네트워크는 표상된 정보들의 자기조직화로 이루어진다. 정보 네트워

---

2 복잡계(complex system)란 수많은 구성 요소들의 상호작용을 통해 구성 요소 하나하나의 특성과는 사뭇 다른 새로운 현상과 질서가 나타나는 시스템을 말한다. 간단히 말해 복잡계 이론은 아무리 복잡한 체제라도 단순한 규칙에 의해 지배된다는 것이다.(최창현, 2010:21)

3 자기조직화는 불균형 상태에 있는 시스템이, 구성 요소들 사이에 집합적 상호작용을 통해, 조직화된 질서를 스스로 만들어 내는 현상을 말한다.(최창현, 2010:64) 시스템에 에너지가 공급되면 시스템은 종종 스스로 새로운 조직을 이룬다. 자기조직화의 예로는 열을 받은 액체에서 나타나는 베르나르 대류, 생명의 발생, 또는 화학에서의 벨루소프·차보틴스키 반응(BZ 반응) 등을 들 수 있다.(박상화 역, 2010:146)

4 독자가 정보를 클러스터 단위로 표상하는 것에 대한 논의는 김도남(2015)의 논의를 참조할 수 있다. 정보 클러스터는 중심(허브)이 되는 정보 주위에 주변(노드) 정보들이 모여들어 하나의 덩어리로 연결된 것을 가리킨다.

5 독자의 정보 표상의 복잡성과 이를 해소하는 네트워크 구성을 통한 창발적 의미 구성에 대해서는 김도남(2015)을 참조할 수 있다. 복잡성을 띤 정보를 어떤 네트워크로 구성하는 가에 따라 창발 의미는 달라진다.

크 구성에 독자의 요인이 중요하게 작용하지만 표상된 정보들은 그들 간의 내적 관계를 찾아 연결된다. 독자가 표상한 정보들은 관련성이 있으면 서로 연결되려고 하는데, 조건에 맞는 정보들끼리 능동적으로 연결된다. 즉 독자가 각각의 정보를 하나씩 연결하는 것이 아니라 정보들이 자발적으로 연합을 이룬다. 표상된 정보들이 연합하여 조직적인 정보 네트워크가 형성되면 복잡성이 해소된다. 독자가 표상한 정보의 복잡성을 느낄 때, 특정한 조건에서 정보들은 자기조직화로 네트워크를 구성한다.

독자가 표상한 정보들이 자기조직화를 통하여 입체적 네트워크를 이룰 때 의미의 창발이 일어난다. 정보의 입체적 네트워크는 정보들이 클러스터 단위로 묶이고, 이 클러스터들이 중심이 되는 허브 클러스터에 집중적으로 연결됨을 뜻한다. 의미의 창발은 독자가 표상한 정보의 클러스터들을 연결하여 정보 네트워크를 이루면 그 속에서 일어난다. 독자가 글에 제시된 순서대로 정보를 선조적으로 표상하는 성실한 읽기에서는 의미의 창발이 일어날 수 없다. 의미의 창발은 독자가 정보들을 다른 형태로 연결하여 정보들의 합 이상의 내용을 생각해 낼 때 일어난다. 이는 독자가 표상한 정보들이 조직화되어 네트워크를 이루었을 때만 가능하게 된다. 독자가 표상한 정보들은 여러 가지 다른 형태의 네트워크를 이룰 수 있기에 한 편의 글로 다양한 의미를 창발할 수 있다.

의미를 창발하는 정보 네트워크는 독자의 의지를 반영한 정보의 자기조직화 과정을 통해 이루어진다. 복잡성을 띠는 정보들이 질서 있게 연결되도록 하기 위해서는 복잡성의 임계점을 넘게 하는 요소가 필요하다. 이 요소를 독자가 제공해야 한다. 복잡성을 띠고 있는 정보들을 하나로 묶을 수 있는 단서가 제공되면 정보들은 자기조직화를 이루게 된다. 정보의 자기조직화는 독자가 표상된 정보의 복잡성을 해소하는 과정이고 정보의 네트워크를 구성하여 의미를 창발하는 과정이다.

읽기 교육은 독자가 글을 읽고 의미를 창발하는 과정에 대한 이해를 바탕으로 이루어져야 한다. 학생에게 글의 의미를 찾을 것을 요구할 때 어떻게 하여 의미를 찾을 것인지를 알려주어야 한다. 이 글에서는 독자의 읽기 과정을 복잡계 과학의 자기조직화 이론의 관점에서 살펴보고, 이를 통하여 읽기 교육에 대한 논의의 장을 확장해 본다.

2. 정보의 자기조직화 작용

독자의 의미 창발은 복잡성을 띤 정보들이 질서 있는 네트워크로 구성되어 안정된 상태의 연결이 이루어졌을 때 일어난다. 독자가 글을 읽고 표상한 정보 네트워크의 구성 과정[6]은 정보의 자기조직화 과정을 거쳐 이루어진다. 독자는 표상한 정보들의 복잡성을 해결하기 위하여 정보 하나하나를 연결할 수 없다. 정보들은 특정 조건이 성립되면 자연적으로 자기조직화를 함으로써 정보 네트워크가 구성되고 의미 창발이 일어난다. 독자가 표상한 정보들이 네트워크를 이룰 때의 자기조직화 방식과 특징을 살펴본다.

가. 자기조직화의 작동 방식

복잡계 과학은 물질의 구성 요소를 분석하는 것이 아니고 구성 요소의 작용을 탐구한다.[7] 물질이나 사건의 구성 요소들이 어떻게 움직이고, 어떤

---

6 정보의 네트워크 구성에 대한 논의는 김도남(2015)의 2장 '읽기 활동과 복잡계 네트워크'를 참조할 수 있다.

7 구성 요소가 무엇인지 알아내기 위해 사물을 잘게 쪼개는 대신에, 복잡성은 비교적 간단한 구성 요소들이 모인 집합체에서 어떤 새로운 현상들이 일어나는지에 초점을 맞춰 왔다.

현상으로 드러나는지에 관심을 갖는다. 개별 구성 요소보다는 요소들의 연합 작용에 의해 일어나는 현상을 설명하려 한다. 균류, 식물, 동물, 주식, 교통, 대중, 우주 모두가 복잡계의 특성을 갖고 있다. 이들은 모두 여러 구성 요소들로 이루어져 있고, 구성 요소들은 상호관계 속에서 특정 현상을 드러낸다.

독자가 글을 읽고 이해하는 활동도 마찬가지로 표상한 많은 정보의 상호관계 속에서 이루어진다. 독자는 글을 읽으면서 많은 기호를 해독하고, 정보를 표상한다. 표상된 정보들은 간단하게 연결되어 의미를 드러내기도 하지만 그렇지 않은 경우도 있다. 어떤 글은 여러 번 반복하여 읽어도 표상된 정보들의 관계가 정리되지 않는다. 독자가 내용이 어렵다고 느끼거나 복잡하다고 느끼는 글이다. 이런 글은 관점을 바꾸거나 특정한 정보에 초점을 맞추어 생각하면 정보들의 복잡성이 해소되면서 의미가 드러나는 경우도 있다. 이럴 때 독자는 복잡성을 띤 표상된 정보들이 일정한 연결 관계를 이루어 하나의 의미를 드러내는 것을 알게 된다.

이해는 독자가 글을 읽고 표상한 정보들을 통일성 있는 연결 관계로 파악할 때 일어난다. 독자가 표상한 정보를 통일성 있게 연결하기 위해서는 이를 위한 단서를 찾아 투입해야 한다. 독자가 투입하는 요소는 특정한 정보, 개념, 관점, 논리, 방법, 이론 등 다양할 수 있다. 연결 요소는 표상된 정보들을 특정 형태로 연결될 수 있게 하는 기능을 한다. 독자가 투입한 요소가 정보들의 연결에 효과가 있을 때 정보들은 연결되어 네트워크를 이룬다. 이때 글의 각 부분이나 특정 정보가 지닌 내용이 분명하게 인식된다. 이를 통해 독자는 이해에 이르고 의미를 창발할 수 있게 된다.

다른 말로 하면, 복잡성은 다소 단순해 보이는 개체들의 집합체가 상호작용으로 창발할 수 있는 복잡하면서도 놀라운 일에 주목한다.(한국복잡계학회, 2015:39)

(가) 이 피아제의 (동화와 조절)설명을 교육 사태, 또는 보다 구체적으로 발견 학습 사태에 적용하면 어떻게 되는가? 그의 주된 관심이 교육에 있지 않은 만큼, 피아제 자신이 이 문제에 관하여 직접 발언하였으리라고 생각되지 않지만, 짐작하건대 피아제가 말하는 정신구조－학생들이 사태를 보는 데 필요한 안목－는 보통의 수업사태에서 가르쳐질 수 있는 것이 아니라고 보아야 한다. 그러면 보통의 수업사태에서는 어떻게 해야 하는가? 피아제의 이론을 교육의 사태에 적용하면서 브루너의 지식의 구조를 가르치는 방법으로서 세 가지 '표현 방식'을 말한 것은 충분히 납득할 수 있다. 브루너에 의하면, 세 가지 표현방식은 각각의 발달 단계에 따라 동일한 정신구조(또는 원리)를 활용하는 상이한 방식을 가리킨다. 그리하여 작동적, 영상적, 상징적 표현에 의하여 이해할 때, 학생들은 각각의 방식으로 표현되는 내용을 동일한 정신구조에 의하여 파악할 수 있는 것이다. 피아제의 설명과 브루너의 견해를 관련지어 보면, 예컨대 자기 자신의 몸을 움직여서, 또는 도형이나 모형으로 어떤 내용을 배울 때, 학생들은 이미 그 내용을 파악하는 원리를 마음속에 가지고 있다고 말할 수 있다. 학생들이 동작이나 영상의 의미를 파악할 수 있는 것은 바로 그 원리가 마음속에 있기 때문이다. 피아제에 의하면, 그 마음속에 있는 원리는 그 당시까지 학생들이 경험한 '동화'와 '조절'의 결과이다. 그러므로 피아제와 브루너의 견해에 비추어 보면 발견학습에서 학생들이 원리를 발견해야 할 때 우리는 학생들이 이미 그 발견해야 할 원리를 가지고 있어야 한다고 가정하지 않으면 안 된다. 이 가정은 학습에서 학습자가 학습의 내용을 '비추는 과정'을 강조하는 한, 필연적으로 받아들여야 할 가정인 것처럼 보인다.(이홍우, 2010:455-456)

이 글은 이홍우(2010)의 '원리는 가르칠 수 있는가: 발견학습의 논리'의 결론의 일부분이다. 주요 내용은 학생들이 사물이나 현상에 내재한 원리를 발견하게 되는 것은 학생의 정신구조 속에 이미 그 원리가 내재해 있기 때문이라는 것이다. 저자는 발견학습과 관련된 브루너의 『교육의 과정』에 대한 글을 읽으면서[8] 피아제와 브루너의 표현에 대한 글을 떠올렸음을 알 수 있다. 발견학습을 설명하는 텍스트를 이루고 있는 어휘(기호)를 해석하면서 관련 인터텍스트를 떠올려 발견학습에 대한 정보를 표상했음을 짐작할 수 있다. 그러면서 피아제의 동화와 조절에 관련된 인터텍스트와 브루너의 표상 방식을 연결하여, 발견학습의 논리 속에 담긴, 학습은 '비추는 과정'임을 드러내고 있다. 즉 원리의 발견은 학습자가 이미 가지고 있던 원리로 발견할 원리를 비춤으로써 일어난다는 것이다.

이 글을 보면 저자는 브루너의 『교육의 과정』을 읽으면서 발견학습의 방법에 의식을 집중하고 있고, 발견학습으로 학생이 원리를 발견해 낼 수 있는 내적 조건을 밝히려고 하고 있다. 이 저자가 브루너의 『교육의 과정』을 읽을 때를 떠올려 표상된 정보의 연결 과정을 생각해 볼 수 있다. 저자는 표상된 여러 인터텍스트 정보들을 발견학습 또는 원리 발견이라는 허브 정보를 중심으로 연결을 지으려고 했음을 짐작할 수 있다. 그 결과 저자는 인터텍스트들의 질서를 확립하고, 원리는 대상(사물, 상황) 속에 있는 것이 아니라 학습자의 마음속에 이미 존재하고 있었다는 의미의 창발을 이루었다. 또한 원리 발견은 학생 마음속에 있던 원리 발견의 잠재성이 발현되어 이루어진다는 생각이 드러나도록 표상된 정보들이 연결됨으로써 복잡성이 해소되었다.

이로써 독자가 글을 읽으면서 표상한 인터텍스트 정보들이 어떻게 자기조직화를 이루게 되는지를 생각해 볼 수 있다. 독자가 표상한 정보들로 정보 네트워크를 구성할 때 정보들의 자기조직화는 몇 가지 작동 방식에 의하여 이루어진다. 이 작동 방식을 구체적으로 살펴보면 다음과 같다.

---

8   발견학습에 대한 내용은 브루너의 『교육의 과정』 2장 '구조의 중요성' 부분에서 중점적으로 다루어진다.(이홍우, 2006:301-316)

1) 편향

복잡계는 주변과 상호작용하는 열려 있는 경향성을 띤다. 복잡계의 구성 요소들이 주변과 상호작용을 하면서 이들 요소가 특정한 방향으로 배열이 이루어지는데 이것이 편향이다. 구성 요소의 특정한 배열에 의하여 창발이 일어난다고 할 수 있다. 복잡성을 띠는 구성 요소들이 일정한 질서를 이루기 위해서는 외부 요인의 작용이 필요하고, 외부 요인의 작용으로 구성 요소들이 특정한 관계를 이루어야 한다. 편향은 복잡한 상태에 있던 개별 요소들이 특정 요인의 작용으로 나름의 질서를 갖춘 안정된 상태에 도달하는 특성이라 할 수 있다.

글(가)에서 보면, 저자가 브루너의 『교육의 과정』을 읽으면서 발견학습에 의식을 집중할 때 표상한 내용을 짐작해 볼 수 있다. 물론 글에 나타난 내용은 글을 읽을 때 표상한 내용을 조리 있게 정리하여 제시한 것이다. 이를 통해 볼 때, 저자는 피아제의 글을 읽으며 인식한 인터텍스트를 떠올리고 있음을 확인할 수 있고, 또한 브루너가 다른 쪽에서 언급한 인터텍스트를 함께 떠올렸음을 알 수 있다. 이들 인터텍스트들을 처음 떠올렸을 때는 지금과 같이 명료한 관계가 아니었을 것이다. 책을 읽고 표상한 인터텍스트들을 바로 결합하는 일은 쉽지 않기 때문이다. 일단 독자는 '발견학습'이라는 허브 정보와 '원리의 학습'이라는 허브 정보를 중심으로 이들 정보의 분명한 관계를 확인해야 하기 때문이다. 글(가)의 저자가 브루너의 글을 읽으면서 표상한 정보는 글(가)에 제시된 정보보다 많았을 것이다. 그런데 저자는 여러 정보를 간추리고 선별하여 꼭 필요한 정보들만으로 글(가)를 구성한 것이다.

글(가)는 저자가 독자로서 표상한 여러 정보를 일정한 관계를 중심으로 체계화한 것이다. 글(가)의 정보들은 '비추는 과정'을 드러내기 위해 서로 관계를 맺고 있다. 피아제의 '동화와 조절'과 브루너의 '작동적, 영상적, 상징적 표현'의 인터텍스트들이 하나로 연결되었다. 이들 인터텍스트가 다른 정보와 연결되면 '비추는 과정'을 설명할 수 없게 된다. 즉 표상한 인터텍스트들이 발견학습에서 원리의 학습은 비추는 과정이라는 것을 드러내는 방향으로 질서화된 것이다. 표상된 정보들이 특정한 정보를 중심으로 의미를 드러내기 위해 특정한 질서로 정리되는 편향성을 띠고 있다.

독자가 글을 읽는 과정에서 의미의 창발을 이루는 네트워크 구성의 조건이 편향이다. 편향은 허브 정보를 중심으로 정보들이 특정한 질서 상태를 이루는 것인데 이 질서 있게 정보를 배열할 때 편향이 있게 된다. 특정한 조건에 따라 정보들이 편향되어 연결되어야 의미의 창발을 이룰 수 있게 된다. 이 편향이 있어야 정보들이 결합되어 일정한 정보 네트워크를 구성할 수 있다. 복잡성의 해소는 어떤 것이나 편향의 특성을 갖는다고 할 수 있다. 독자의 글의 이해도 마찬가지이다.

2) 상호 의존

복잡계는 여러 구성 요소들이 존재하면서 일정한 질서를 이루고 있는 상태이다. 하나의 구성 요소로는 복잡계가 존재할 수 없다. 복잡성을 띠고 있는 구성 요소들은 각기 개별적이어서 무질서의 현상을 보이지만 특정 조건 속에서는 연합하여 질서가 있는 현상을 만든다. 질서 속에 작용하는 구성 요소들은 개별적 속성을 감추고 서로 연합하여 의존관계에 놓이게 된다. 구성 요소들이 서로의 관계 속에서 특정한 질서 잡힌 현상을 만드는 것이다. 즉 하나의 구성 요소는 다른 구성 요소와 연결되어 자기조직화를 이루게 된다. 구성 요소들이 서로 특성을 드러내지 않고 연결되어야 복잡성이 해소된다. 어떤 형태로든 구성 요소들이 서로 의존할 수 있게 될 때 자기조직화가 일어난다.

글(가)에서 보면, 글 속에 많은 인터텍스트들이 있다. 피아제의 동화와 조절, 브루너의 지식의 구조, 발견학습, 표현의 방식, 원리의 학습, 비추는 과정 등이다. 이들 인터텍스트들은 각기 서로 다른 개념적 속성을 지니고 있다. 브루너의 『교육의 과정』에서 비롯된 지식의 구조, 발견학습, 표현의 방식 등과 관련된 인터텍스트들은 각기 다른 쪽에서 다른 목적으로 사용되었던 것이다. 그러던 것이 이 글의 '비추는 과정'을 설명하기 위한 장에 모이면서 그 개별성은 드러내지 않고, 서로 의존적인 관계에 놓여 있다. 인터텍스트들이 서로 의존관계를 가지게 되면서 질서를 이루게 되고, 표상된 정보들을 중심으로 자기조직화가 일어나게 된다.

독자가 글을 읽고 이해한다는 것은 정보들의 의존관계를 확립하는 일이다. 정보의 의존관계를 확립한다는 것은 표상된 정보의 관계를 확인하는 일이면서 정보들을 연결하여 네트워크를 구성하는 일이다. 정보들의 관계를 확립하는 일은 임의적으로 정보들 사이에 다리를 놓고 그 다리가 유지되도록 정당화를 하는 일이기도 하다. 글(가)에서 피아제와 브루너의 글에서 비롯된 인터텍스트들은 관련성이 많지 않았다. 그런데 저자가 발견학습과 관련된 글을 읽으면서 표상한 인터텍스트들을 연결 지어 서로 의존하게 했다. 물론 피아제의 글에 있던 인터텍스트들은 브루너를 읽는 독자의 마음속에 표상되면서 연결 가능성이 있었고, 이를 독자가 확정지어 연결함으로써 이들 인터텍스트는 상호 의존하게 된 것이다.

복잡계의 자기조직화에서 구성 요소의 의존성은 서로의 요구에 의한 것이다. 복잡계의 구성 요소들은 동일하기보다는 다른 요소들이 섞여 있다. 읽고 있는 글의 정보도 여러 다른 요소들이 연결되어 있지만 독자의 떠올린 정보들은 이질적인 경우가 많다. 그렇기 때문에 독자가 복잡성을 느끼는 것이기도 하다. 이들 복잡한 구성 요소들이 의미를 창발하는 조직체를 이루기 위해서는 개별 정보들이 서로를 위해 연결되어야 한다. 복잡계에서 구성 요소의 의존성은 질서 있는 현상을 만들기 위한 조건이라 할 수 있다.

3) 상호작용

복잡계에서 의미의 창발이 일어나게 하는 것은 구성 요소의 상호작용이다. 상호작용은 구성 요소가 만났을 때, 두 구성 요소의 합 이상의 것이 나타남을 의미한다. 구성 요소들은 선택적으로 연결되어 새로운 질서를 만들어 냄으로써 새로운 것이 나타나게 한다. 구성 요소들의 상호작용은 선택과 배제, 결합과 연합을 반복한다. 구성 요소들은 서로를 선택하고, 서로 배제한다. 그래서 만나야만 하는 요소끼리 만나게 된다. 구성 요소들이 서로 만나게 되어도 그 만남의 방식에 따라 연합과 결합으로 나누어진다. 결합은 구성 요소들끼리 합쳐져서 하나의 덩어리(클러스터)가 되는 것이고, 연합은 가깝게는 있으면서 영향을 주고받지만 하나로 뭉쳐지지는 않는 것이다. 선택과 배제, 결합과 연합을 통하여 구성 요소의 관계가 만들어지고, 새로운 질서가 생성된다.

글(가)를 보면, 글을 이루고 있는 인터텍스트들이 원리의 학습은 '비추는 과정'이라는 것을 드러내기 위하여 상호작용을 하고 있다. 피아제의 동화와 조절의 정신구조는 브루너의 세 가지 표현방식과 상호작용을 하면서 발견학습에서의 원리의 학습이 일어나는 방식을 드러내고 있다. 글 속의 인터텍스트들이 피아제의 생각과 브루너의 생각으로 구분되어 결합되고, 피아제의 생각과 브루너의 생각이 연합을 이루어 원리의 학습은 '비추는 과정'이라는 생각의 창발을 이루어내고 있다. 동화와 조절이 표현의 과정을 통하여 이루어진다면 원리의 학습은 학생에게 내재 되어 있던 것이 외현화되면서 이루어지는 것이라는 결론을 내고 있다. 이는 피아제의 생각과 브루너의 생각이 상호작용으로 보완되어 생겨나게 된 것이다.

복잡계에서 구성 요소의 상호작용이 새로운 질서 창발의 주역이듯 읽기에서도 마찬가지이다. 인터텍스트들이 상호작용하여 그 관계 속에서 새로운 생각이 드러나도록 또는 정당화되도록 하고 있다. 이들 정보의 상호작용은 정보들의 표상과 연결이 단순한 합 이상의 속성이 있음을 나타낸다. 피아제와 브루너의 생각이 단순히 결합되어서는 학습이 '비추는 과정'이라는 논리를 정당화하기 어렵다. 피아제와 브루너의 생각이 상호작용하면서 연결되어 학습의 원리에 대한 생각을 드러내게 된 것이다. 구성 요소의 상호작용은 관계 속에서 새로운 질서의 의미를 분명히 한다.

구성 요소의 상호작용은 개체로 존재하던 요소들이 일정한 관계 질서 속에서 각자의 역할을 하는 것이다. 무질서하고 관계가 드러나지 않던 요소들이 특정 조건 속에서 결합되거나 연합하는 것이다. 독자가 글을 읽고 표상한 정보들이 상호작용을 하는 일련의 질서 있는 네트워크를 구성해야 의미의 창발이 일어나는 것이다. 글(가)에서 보면 의미의 '비추는 과정'을 드러내기 위하여 피아제와 브루너의 생각들이 상호작용하고 있다. 이 정보의 상호작용은 독자의 의지이면서 조건에 따른 필연적 연결이다.

4) 되먹임

되먹임은 특정 요인이 투입되어 특정 질서의 형태가 나타나도록 하는 작용이다. 다시 말하면, 되먹임은 복잡성을 띠고 있는 구성 요소들이 질서 있는 상태가 되어 그 상태를 유지할 수 있게 하는 요인의 반복적 작용이다. 복잡성을 띠던 구성 요소들이 질서를 이룰 수 있게 필요한 요인을 투입하고, 또 질서를 이룬 상태가 지속되게 하는 요인이 반복적으로 작용하는 것이 되먹임이다. 되먹임은 구성 요소들이 일정한 상태에 이르고, 그 상태를 유지하게 하는 요인이다. 복잡한 구성 요소들이 질서화되어 고착되거나 현상이 사라지는 경우도 있고, 특정 현상이 지속적으로 반복하여 일어나게 하는 경우도 있다. 이 되먹임은 구성 요소들이 자기조직화를 이룰 수 있게 하는 내적 조건이다.

글(가)에서 보면, 피아제와 브루너와 관련된 정보들이 나열되고 있다. 이들 정보가 일정한 질서를 이루어 특정한 의미를 가질 수 있게 하는 것은 '비추는 과정'이라는 말 때문이다. 학생들이 사물이나 현상을 이루는 '원리'를 발견하는 것은 학생들이 그 원리를 이미 가지고 있어야 한다는 생각을 드러내기 위한 것이다. 글에 나타난 여러 가지 정보들에 일련의 질서가 있도록 해 주는 것은 이 '비추는 과정'이 여러 정보 사이에 되먹임되기 때문이다. 저자가 표상한 정보들이 무질서한 상태에 있다가 '비추는 과정'이라는 아이디어가 투입되는 순간 일정한 질서를 이루게 된 것이다. 저자는 이 질서화된 정보들을 활용하여 글을 구성한 것이라 할 수 있다.

되먹임은 구성 요소들이 특정한 상태에 놓이게 한다. 글(가)에서 보면, 여러 인터텍스트가 복잡하게 얽혀 있는 듯이 보이지만 '비추는 과정'을 중심으로 정보들이 조직화된다. 글(가)를 읽는 독자는 '비추는 과정'을 인식하는 순간 글 내용의 확연한 질서를 인식하게 된다. 글(가)의 원글 전체를 보아도 마찬가지이다. '원리'를 발견하는 학습이라는 것은 '비추는 과정'이라는 정보의 되먹임으로 글에 나타난 정보들이 질서를 이루어 이해가 일어나게 된다. 서론부터 시작된 여러 정보에 대한 이해가 성립하고, 발견학습을 통한 원리 학습의 의미가 무엇인지를 이해할 수 있게 된다.

되먹임은 구성 요소들이 특정 질서 상태를 이루어 지속되게 하는 요인의 작용이다. 복잡성을 띠고 있는 구성 요소가 질서 있는 복잡계를 나아가는 데 작용하는 요인이다. 되먹임으로 작용하는 요인은 복잡성을 띠고 있는 요소가 무엇인가에 따라 달라진다. 글을 읽고 표상한 정보의 복잡성도 그 구성 요소가 읽을 때마다 달라 되먹임의 요소는 달라질 수 있다. 그렇지만 되먹임의 요소가 같을 때도 있다. 그렇게 되면 독자가 표상한 정보들의 질서 속에서 드러나는 의미는 유사한 생각의 반복일 수 있다.

나. 자기조직화의 특징

독자는 표상한 정보의 복잡성을 해소하기 위해 정보의 자기조직화를 하게 된다. 독자가 정보의 자기조직화를 이루면 표상한 정보들은 네트워크를 이루게 되어 의미를 창발하게 된다. 독자가 표상한 정보가 자기조직화의 과정을 거쳐 정보 네트워크를 이루는 데는 몇 가지 특징이 있다. 이들 특징은 표상된 정보들이 자기조직화되면서 보이는 활동 경향성을 말한다.

(나) 大學之道는 在明明德하며 在親(新)民하며 在止於至善이니라. 知止而后有定이니 定而后能靜하고 靜而后能安하고, 安而后能慮하고, 慮而后能得이니라.[9]

(다) 정(定)자는 자성(自性)의 본체가 고요해서 움직이지 않고 맑아서 항상 안정하여 익히지 않고도 본래 定인 것임을 가리킨다. 다만 배운 사람들이 마음의 본체가 본래 항상 정(定)임을 사무치지 못하고 이에 닦아 익히어 억지로 정을 하려고 하여 평생에 익힌 지견을 가지고 선악 두 갈래에 있어서 생멸의 마음 위에서 정을 구하는 것이 마치 원숭이가 포대(布帶)에 들어가는 것과 같고 물 위에서 뒤웅박(호리병박)을 어루만지는 것 같으니 그와 같이 정(定)을 구함에 해가 다하도록 定을 얻을 수가 없다.

무슨 까닭이냐? 그 병통이 생멸심을 가지고 선악의 소견을 두어서 마음의 본체를 통달하지 못하고 전적으로 망상과 더불어 서로 섞임을 이룸에 있나니 이른바 "도적을 오인하여 아들로 여긴" 것이며 크게 그칠 줄을 알지 못한 것이다. 진실로 마음의 본체를 요달(了達)하여 당장에 고요해지면 이것이 자성정(自

---

9   대학의 도는 명덕을 밝힘에 있으며 백성을 새롭게 함에 있으며 지선에 그침에 있다. 그칠 데를 안 후에 정함이 있으니 정한 뒤에 능히 고요하고, 고요한 뒤에 능히 편안하고, 편안한 뒤에 능히 생각하고, 생각한 뒤에 능히 얻는다.(성백효, 2004:23-24)

性定)이니 이것은 억지로 구하여 얻는 定이 아니다.

다만 육조(六祖)대사께서 학인(學人)들에게 용심(用心)하는 것을 개시(開示)하여 말씀하시기를 "선(善)도 생각하지 말고 악(惡)도 생각하지 마라. 어떤 것이 상좌(上座)의 본래 진면목인가?" 하신 것과 같이 학인들이 당장에 한 칼로 두 조각을 내어서 서 있는 그 자리에서 곧 자성(自性)을 보아서 미친 마음이 단박에 쉬어버리고, 그런 후에는 다시 따로 구하지 아니하고, "자기 자신이 원래 언제나 요동함이 아닌 것"을 비로소 깨닫게 되면, 그것이 곧 이 그칠 줄을 안 후에 정(定)함이 있는 양상이다. 또한 말씀하시기를 "그대가 다만 선과 악을 모두 생각하지 않으면 저절로 그 마음의 본체를 보게 될 것이다."라고 하셨으니 이것이 곧 그칠 줄을 아는 양상이다. 그런 까닭에 학생들이 그칠 줄 아는 것이 가장 소중하나니 그칠 줄을 앎에 저절로 정해진다.[10]

글(나)는 『대학』의 일부이다. 글(다)는 글(나) 중에서 '知止而后有定(지지이 후유정)' 부분에 대한 감산대사(1546-1622, 명나라)의 설명이다. 감산대사가 글(나)의 '知止而后有定'을 읽으면서 마음속에 표상된 인터텍스트를 자기조 직화하여 표현한 결과가 글(다)라 할 수 있다. 감산대사는 승려이기 때문에 글을 읽고 표상한 인터텍스트들은 그의 경험과 관련되어 있음을 짐작할 수

---

10 定字는 乃指自性本體가 宿然不動하며 湛然常定 不待習而后定者라. 但學人이 不達本體가 本來
    常定하고 乃去修習强要去定하야 只管將生平의 所習知見하야 在善惡兩頭하야 生滅心上에 求
    定이 如猢猻이 入布袋하며 水上에 按葫蘆하니 似此求定에 窮年也不得定이라. 何以故오? 病在
    用生滅하며 存善惡見하야 不達本體하고 專與妄想으로 打交滾이니 所謂認賊爲子며 大不知止
    耳라. 苟能了達本體하야 當下寂然하면 此是自性定이요 不是强求得的定이라. 只如六祖大師가
    開示學人用心云하사대 "不思善不思惡하라 如何是上座의 本來面目인고?" 學人이 當下에 一刀
    兩段하야 立地에 便見自性하야 狂心이 頓歇하고 此後에 再不別求코 始悟自家가 一向原不曾動
    하면 此便了知止而后에 有定的樣子라. 又云 "汝但善惡을 都莫思量하면 自然得見心體라"하시
    니 此便是知止的樣子라 所以學人이 貴要知止니 知止에 自然定이니라.(원조각성 역, 2002:62-
    78)

있다. 글(다)를 보면, 감산대사가 『대학』의 한 구절을 읽으면서 표상한 인터텍스트들이 많고, 이들은 인터텍스트들은 일정한 결합과 연합으로 자기조직화되어 의미를 창발하고 있음을 알 수 있다.

글(다)를 보면, 글(나)의 '知止而后有定'의 부분을 읽고 표상한 정보의 자기조직화가 앞서 살핀 작동 방식들을 중심으로 표현되어 있음을 알 수 있다. 여러 가지 정보들이 편향적으로 상호 의존한 상호작용을 통해 드러내는 생각은, '그침을 안다'가 '마음의 본체가 그러함을 아는 것'이라는 것이다. 이는 감산대사가 불교의 의식 중 하나인 '모든 것은 마음에 있다'를 되먹임의 기제로 표상한 내용을 자기조직화한 것이다. 이렇게 의미를 창발하기 위해 표상한 정보를 자기조직화하는 특징을 몇 가지로 정리하면 다음과 같다.

1) 구조의 체계성

복잡계의 자기조직화된 구성 요소들은 체계성을 갖는다. 체계성은 낱낱의 구성 요소들이 하나의 통일된 전체를 이룸을 뜻한다. 복잡계에서 구성 요소들이 질서 있는 상태가 되면 각각의 요소들은 특정한 조직 체계를 갖추게 된다. 그래서 각 구성 요소들은 연합하여 일정한 경향성을 드러낸다. 개별 구성 요소들은 각기 다른 속성이 있지만 그 속성들이 하나의 요인을 중심으로 조건화된다. 각 구성 요소들은 하나의 특성을 드러내는 데 기여한다. 이 하나의 특성을 드러내면서 연합된 구성 요소들은 자기조직화를 이룬다.

글(다)를 보면, '定(정함)은 마음속에 이미 있는 것이다'라는 것을 알리기 위하여 인터텍스트들이 제시되어 있다. '마음의 본체가 본래 정한 것', '포대 속에 든 원숭이', '물에 뜬 뒤웅박 만지기', '도적을 아들로 오인하기', '육조대사의 용심(用心)에 대한 말씀' 등 인터텍스트들이 일정한 질서와 서로의 관련성을 가지고 연결되어 있다. 이들 인터텍스트들을 개별적으로 보면 독자적인 속성을 가지고 있지만 '마음 본체가 이미 정이다'라는 의미와 관련지어 보면 모두 통일된 전체인 하나를 이루고 있음을 알 수 있다.

자기조직화된 정보들은 필연적으로 체계성을 갖는다. 각각의 정보들이 유기적으로 연결되어 하나의 질서 있는 조직체를 이루어야 복잡성이 해소되기 때문이다. 표상 정보의 복잡성 해소는 정보들의 통일된 조직화를 요구한다. 독자는 글의 의미를 이해했다는 것은 표상된 정보들이 질서 있는 조직화를 이루었음을 뜻하는 것이다. 조직화된 정보들은 논리를 바탕으로 내용 전개가 이루어지고, 내용 앞뒤의 관계에 조리가 있다. 글(다)의 내용 체계를 보면 논의의 전개 방식과 주장의 내용은 일관된 생각을 드러내고 있다.

2) 선택의 임의성

자기조직화된 정보들은 임의적이다. 임의적이라는 것은 독자의 정보 선택과 조직이 일정하지 않음을 가리킨다. 독자가 글을 읽을 때 표상되는 정보들도 임의적이지만 표상된 정보들의 조직화도 임의적이다. 표상된 정보들에 되먹임되는 요인에 따라 자기조직화되는 정보의 형태가 달라진다. 이는 조직화되는 정보의 선택이 임의적으로 이루어지기 때문이다. 독자가 투입하는 되먹임 요인에 의하여 중심 정보와 주변 정보의 관계가 확립된다. 독자의 되먹임 요인에 따라 정보들의 연결 관계가 달라지는 것이다. 그렇기에 같은 인터텍스트라도 독자가 투입하는 되먹임의 요인에 따라 역할이 달라진다.

글(다)에서 보면, 선택된 인터텍스트들의 필연성은 존재하지 않는다. 저자가 글을 쓸 때, 글을 읽고 표상된 인터텍스트들을 선별하기는 했지만 그 선택된 인터텍스트들이 반드시 그것이어야 하는 이유는 없다. 표상된 인터텍스트들 중에서 저자로서의 입장을 구체화해 줄 것으로 판단된 것을 선택하였을 뿐이다. 또한 자기조직화의 과정에서 인터텍스트의 관계도 필연적이지 않다. 어느 한두 가지 인터텍스트를 생략하여도 되고, 덧붙여도 된다. 이는 독자가 글을 읽고 표상한 정보들을 모두 이용하여 내용을 조직화하지 않음을 의미한다. 글(다)에서 보면, 독자는 '知止而后有定'을 읽으면서 여러 가지 인터텍스트를 표상하고 있고, 주로 독자의 경험에서 비롯된 인터텍스트를 활용하여 입장을 구체화하고 있다.

표상된 정보들이 자기조직화될 때 임의성에 의하여 창발될 의미가 구체화된다. 독자가 표상된 정보를 임의적으로 연결하는 것은 드러내려는 의미를 분명하게 하기 위한 것이다. 정보의 네트워크를 특정한 형태로 구성함으로써 창발 의미의 세부적 속성이 달라지는 것이다. 같은 입장에서 같은 글을 읽고도 창발한 의미의 차이가 있는 것은 정보의 연결이 달라지기 때문이다. 정보의 자기조직화에 있어 정보 선택의 임의성은 독자마다, 읽는 상황마다 다르게 이루어져 창발한 의미의 차이가 있게 한다.

3) 형태의 가변성

정보의 자기조직화는 형편에 따라 변화될 수 있다. 자기조직화는 같은 정보라도 늘 같은 형태로 이루어지는 것이 아니다. 독자는 같은 글을 읽고 표상한 정보를 활용하여 자기조직화를 해도 할 때마다 달라질 수 있다. 같은 의미를 창발하는 정보의 조직화를 하더라도 조직화의 형태는 달라진다. 이는 기본적으로 독자가 표상하는 정보의 변화에서 비롯되지만 되먹임되는 요인과 편향 때문이다. 독자가 표상한 정보에 특정 요소를 되먹임하는 것은 상황에 따른 것이다. 독자가 글을 읽는 상황이 달라지면 되먹임을 하는 요인이 달라질 수 있고, 이로 인하여 정보의 자기조직 형태도 달라질 수 있다. 이 정보의 자기조직 형태의 변화는 편향의 특성도 가지게 한다.

글(다)에서 보면, 독자가 표상한 정보와 정보의 형태를 확인할 수 있다. 첫 문단은 '知止而后有定'의 定의 개념과 定을 익히려고 하는 사람의 폐단을 말하고 있고, 둘째 문단은 폐단의 까닭을 밝히고 있다. 그리고 세 번째 문단은 폐단을 버리는 방법을 말하고 있다. 이는 마음의 본체를 드러내는 것이 定임을 밝히기 위한 정보의 조직을 보이기 위한 것이다. 이러한 정보의 조직이 필연적이고 절대적이라고 보는 사람은 없다. 정보의 조직은 상황과 조건에 따라 달라질 수 있다. 글(다)의 각 문단의 정보나 문단 간의 정보 위치를 바꾸거나 삭제를 하여도 같은 의미를 드러낼 수 있다.

정보의 자기조직화는 정보들이 일련의 질서 속에서 체계를 이룬다는 것이지 개별 정보들이 절대값을 가지고 작용한다는 것이 아니다. 독자는 표상한 정보들을 몇 가지 범주로 클러스터를 만들 수 있고, 클러스터들을 연결하여 네트워크를 만들 수 있다. 이때 정보 클러스터나 클러스터 연결 관계가 유동성을 갖는다는 것이다. 이는 독자가 표상한 복잡한 정보들이 모두 연결되거나 변할 수 없는 고착된 형태로 연결되지 않음을 의미한다. 일련의 정보들이 필요한 만큼 선택되어 연결이 이루어지면 자기조직화가 됨을 의미한다.

4) 활동의 반복성

독자가 표상한 정보의 자기조직화는 반복된다. 복잡계의 특정한 상태의 유지가 되먹임의 반복 작용으로 일어나듯 독자가 표상한 정보의 자기조직화도 반복 작용으로 이루어진다. 여기서 반복이라는 말은 세 가지의 의미를 갖는다. 첫째, 같은 글을 읽을 때에 표상한 정보가 반복적으로 자기조직화가 된다는 것이다. 둘째, 정보를 자기조직화하는 방법과 형태가 반복적으로 일어난다는 것이다. 셋째, 자기조직화의 부분과 전체의 형태가 반복적인 형태를 갖는다는 것이다. 읽기에서 많은 관심이 가는 것은 둘째와 셋째이다. 첫째는 독자가 같은 조건에서 글을 읽으면 정보의 조직화가 반복될 수 있다. 둘째는 독자가 여러 글을 읽을 때 정보를 표상하고 자기조직화하는 형태가 반복되는 것이다. 셋째의 경우는 표상한 정보의 조직에서 부분의 형태와 전체의 형태가 유사한 구조를 갖는 것이다.

글(다)를 볼 때, '知止而后有定'의 다음 글귀를 해석할 때 어떤 방식으로 해석될지 예상할 수 있다. 그리고 만약 이 글의 저자가 다른 경전이나 글을 읽을 때를 생각해 보면 정보의 조직화 방식이 같게 될 수 있음을 상상할 수 있다. 셋째의 경우로, 글(다)의 첫 번째 문단 조직과 다른 문단의 내용 조직을 살펴볼 수 있다. 그러면서 원글 전체의 조직을 생각해 볼 수 있다. 원글 전체는『대학』8조목(條目)[11]이 불교의 깨침의 수행 방법이 될 수 있음을 밝힌다. 이를 보면, 글(다)의 정보 조직과 원글 전체의 조직 형태는 똑같지 않지만 같은 형태가 반복됨을 짐작할 수 있다.

독자가 복잡성을 가진 정보를 자기조직화하는 방법은 글마다 다를 수도 있지만 반복되는 경우도 많다. 독자가 복잡한 정보의 자기조직화를 반복하는 이유는 독자가 선택할 수 있는 되먹임의 요소가 제한되어 있기 때문이다. 복잡계를 이루는 다른 대상들도 자기조직화의 형태는 반복적으로 일어난다. 글(다)에서 보면, 저자의 되먹임 기제는 마음 작용에 대한 불교적 신념이다. 글(다)의 저자는 어떤 글을 읽던 이 신념의 기제를 활용하여 글을 읽게 된다. 그럴 경우 독자가 표상한 복잡성을 띤 정보의 자기조직화는 반복될 수밖에 없다.

3. 정보의 자기조직화 특성

독자의 의미 창발은 표상 정보의 자기조직화에 달려 있다. 독자가 표상한 정보들이 어떻게 연결되느냐에 따라 창발 의미가 결정된다. 독자가 글을 읽고 창발하는 의미는 표상한 정보의 자기조직화 형태에 따라 달라지는 것이

11 　격물(格物), 치지(致知), 성의(誠意), 정심(正心), 수신(修身), 제가(齊家), 치국(治國), 평천하(平天下)

다. 의미의 창발이 정보의 연결에서 비롯되기 때문이다. 읽기 교육은 독자가 어떻게 의미를 창발하는지를 인식하고 이로부터 창발적 읽기의 접근 방법을 찾아야 한다. 이를 위해 여기서는 의미 창발을 위한 정보의 자기조직화 특성을 몇 가지 살펴본다.

가. 정보의 자의적 연결

독자가 표상한 정보의 자기조직화는 부분적으로는 필연적일 수 있지만 전체적으로는 자의적 선택과 연결로 이루어진다. 독자는 표상한 정보가 복잡성을 띠게 되면 필요한 정보만을 선택하여 연결한다. 이는 정보의 조직화가 자의적으로 이루어지게 됨을 의미한다. 독자가 정보를 자의적으로 조직화하는 것은 읽기 조건이나 인지 특성에서 비롯된다. 독자는 글을 읽는 특정한 관점이나 입장을 지니고 있을 수도 있고, 그렇지 않다 하더라도 각자의 인지적 특성이 있다. 독자가 표상한 정보의 자기조직화에는 이들이 관여한다. 글(가)를 쓴 저자가 독자일 때도 그렇고, 글(다)의 저자가 독자일 때도 특정한 입장이 있다. 글(가)는 교육 현상을 해명하는 입장이고, 글(다)는 불교의 인식 논리를 드러내는 입장이다. 각 글에 제시된 정보들을 보면, 정보의 조직화는 독자의 입장에 따라 이루어진다. 또한 각 독자의 인지적 특성이 반영됨을 알 수 있다.

정보의 자의적인 선택과 연결은 의미 창발의 근원이다. 의미 창발은 정보들의 연결 형태에 따라 달라진다. 정보의 자의적 연결은 다양한 형태의 네트워크 구성을 가능하게 한다. 독자가 복잡성을 띠는 표상 정보에 어떤 요소를 투입하느냐에 따라 정보 네트워크의 형태가 달라지는 것이다. 만일 복잡성을 띠고 있는 표상 정보들에서 정보의 연결이 필연적이어야 한다면 독자의 의미 해석은 일어나지 않을 것이다. 필연적인 정보들만 연결하는 것은 정해진 의미를 드러내기 때문이다. 그렇지만 어떤 읽기에서도 표상한 정보를 필연적으로 연결하지 않는다. 독자마다 또는 읽을 때마다 표상한 정보가 다를 뿐만 아니라 표상 정보를 모두 선택하여 연결하는 것도 아니다. 독자는 글을 읽는 상황과 조건에 따라 자의적으로 정보를 선택하고 연결하여 네트워크를 구성한다. 글(가)와 글(다)를 볼 때, 저자들이 글을 읽고 표상한 인터텍스트들의 연결에서 필연적인 이유를 찾기 어렵다.

독자가 표상한 정보들의 자의적인 연결을 통한 정보 네트워크는 약한 연결의 특성을 갖는다. 약한 연결의 정보 조직화로 된 네트워크는 두 가지 속성을 갖는다. 첫째는 클러스터 간의 연결이 쉽게 달라질 수 있다는 것이다. 클러스터 간의 관계가 필연성이 없기 때문에 어떤 다른 클러스터와도 연결될 수 있다. 같은 내용과 수의 클러스터로도 다른 여러 네트워크를 만들 수 있음을 의미한다. 둘째는 같은 글을 읽어도 창발한 의미가 다양할 수 있다는 것이다. 같은 정보를 담고 있는 클러스터들이라도 서로 다르게 연결되면 다른 네트워크를 구성한다. 독자의 표상 정보 조직에는 일정한 질서와 체계는 있지만 필연적 관계나 원칙은 없다. 이는 정보의 자기조직화가 특정한 경향성은 가질 수는 있지만 고정된 형태로는 이루어지지 않음을 의미한다.

나. 조건화된 되먹임

독자의 정보 네트워크 구성은 조건화되어 있다. 독자가 복잡성을 느끼는 표상된 정보를 자기조직화하여 네트워크로 구성하는 활동은 특정한 정보를 중심으로 이루어진다. 이때 중심이 되는 허브 정보(클러스터)와 이에 연결되는 주변 정보를 독자는 조건적으로 선택하게 된다.[12] 독자가 선택하는 정보들

---

12 조건적으로 선택한다는 말이 앞에서 살핀 선택의 임의성과 배치된다고 할 수 있으나 이는

은 독자의 의도에 맞는 특정한 요건을 갖추고 있어야 한다. 중심이 되는 정보는 독자가 의미를 창출할 때 효과적인 기능을 할 수 있어야 한다. 그리고 주변 정보들은 독자의 의미 창출을 적극 지원할 수 있어야 한다. 독자는 표상된 정보들에서 허브 정보와 주변 정보를 결정할 때, 이들 조건을 갖춘 정보를 선택하게 된다. 정보를 선택하는 과정에서 조건에 맞는지를 따져보는 판단작용이 되먹임이다.

글(가)와 글(다)를 보면, 저자가 글을 읽으면서 표상한 정보 중에서 특정 정보를 중심에 두고 있음을 알 수 있다. 글(가)에서 허브 정보는 '비추는 과정'이고, 글(다)는 '마음의 본체'라고 할 수 있다. 이들 정보를 중심으로 관련된 정보들이 연결되어 있다. 이는 독자가 글을 읽으면서 표상한 정보들에서 순간적으로 선택한 것이 아니라, 글을 읽는 과정에서나 평소에 관심을 두었던 문제를 해결할 수 있는 정보를 중심 정보로 선택한다. 주변 정보도 표상된 모든 정보를 네트워크로 연결하지 않는다. 의미 창발에 효율적으로 기능할 수 있는 정보를 선별적으로 연결하게 된다. 이는 정보들이 자기조직화되어 연결되기는 하지만 그 과정에서 독자의 선택이 관여하여 특정한 정보의 네트워크가 되도록 한다.

이는 독자의 의미 창발이 특정한 경향성을 가지게 됨을 의미한다. 글(가)의 저자나 글(다)의 저자가 글을 읽고 창발하는 의미가 일정한 경향성을 가지게 됨을 짐작할 수 있다. 글(가)는 교육활동과 관련된 의미를, 글(다)는 불교적 깨침과 관련된 의미를 창발하게 될 것임을 예측하게 한다. 이는 독자가 복잡성을 띠는 정보들이 일정한 자기조직화로 네트워크를 구성할 때 되먹임되는 요인이 독자에 의하여 조건화되어 있기 때문이다. 독자가 조건화된 되먹임의

같은 현상의 다른 측면이다. 선택의 임의성은 글에 있는 정보나 표상한 정보를 모두 선택하는 것이 아니라 필요한 정보만 선택한다는 의미(외현 측면)이기 때문에 조건적으로 선택한다는 말과 같은 현상의 다른 측면(내재 측면)을 가리킨다.

요인을 가지고 있지 않으면 복잡성을 가진 표상 정보를 네트워크로 구성하는 활동이나 의미를 창출하는 활동을 할 수 없음을 뜻한다.

다. 독자의 의도 관여

독자가 표상한 정보들이 자기조직화로 의미를 창발한다. 정보들이 자기조직화를 이루기 위해서는 정보들이 자기조직화를 이루기 위한 조건이 주어져야 한다. 복잡계가 설명하는 여러 현상도 복잡성을 이루고 있는 요소들은 외부에서 특정한 조건이 주어질 때 새로운 질서를 확립하게 된다. 그리고 외부 조건이 지속적으로 관여를 할 때 특정한 상태를 유지하게 된다. 독자가 표상한 복잡한 정보들이 질서 잡힌 특정한 네트워크를 구성하기 위해서는 독자의 의도가 관여해야 한다. 독자가 글을 읽고 정보를 복잡하게 표상하는 자체가 의도적 활동이고, 표상한 정보들을 연결하여 네트워크를 구성하는 일도 의도적 활동이다.

독자가 표상한 정보의 자기조직화에는 독자의 의도가 관여한다. 글(가)와 글(다)를 볼 때, 저자들이 관련된 글을 읽을 때 글의 내용을 그대로 표상하고 있지 않다. 글을 읽으면서 다양한 인터텍스트를 표상하고, 이들 인터텍스트가 특정한 의미를 창발하도록 조직화하고 있다. 이는 독자의 읽기 의도가 반영되어 이루어진 결과물이다. 독자가 표상한 정보들이 자기조직화를 이루어 의미를 창발하는 과정에는 독자 의도 요인이 중요하게 작용한다.

독자 의도의 관여는 의미의 창발이 의지적으로 이루어짐을 의미한다. 독자가 글을 읽고 창발하는 의미는 정보들을 순서대로 결합해서는 이루어지지 않는다. 독자는 특정한 형태로 의미를 창발하려는 의도가 있기 때문이다. 독자가 글을 읽고 곧바로 의미의 창발을 이룰 수 없기에 의도하는 의미 창발을 위해 여러 가지 방식으로 표상 정보들을 조합하여 본다. 이 정보의 조합

과정에서 의도한 의미의 단서가 있으면 정보들을 적극적으로 연결한다. 정보들이 연결되어 창발한 의미가 분명하게 드러나면 관련 정보는 통일성 있는 조직화를 이룬다. 이를 통하여 독자는 자신이 의도한 의미를 창발하게 된다.

라. 창발 의미의 상세화

독자의 의미 창발은 일순간으로 완성되지 않는다. 독자는 몇 가지 정보 클러스터를 연결하여 창발할 의미의 단초가 만들어지면, 관련된 정보들이 적극적으로 자기조직화할 수 있게 하여 창발된 의미를 명료하게 한다. 이를 위해 독자는 표상한 정보들의 연결에서 창발 의미의 단초가 보이면 정보의 연결을 확대하며 점검해야 한다. 점검의 결과 창발된 의미가 타당성이 있으면 적극적으로 정보들의 조직화를 이루게 된다. 이는 정보의 조직화와 의미의 창발이 상보적으로 이루어짐을 의미한다. 이 상보적 과정을 통하여 독자가 창발하는 의미는 상세화된다.

글(가)와 글(다)의 원글을 보면, 저자들이 글을 읽으면서 떠올린 많은 정보를 확인할 수 있고, 저자가 글을 읽으면서 창발한 의미를 구체화하는 과정을 짐작할 수 있다. 글(가)의 원글에서는 원리의 이해 학습에 대한 장자와 소크라테스, 피터즈, 오우크쇼트 등의 글을 언급하며 창발한 의미에 대한 상세화를 하고 있음을 확인할 수 있다. 글(다)의 원글에서도 여러 가지 불교의 가르침의 내용이나 글귀를 인용하여 창발한 의미를 상세화하고 있다. 독자가 표상한 정보들의 연결로 의미를 창발하기는 하지만 창발한 의미로 인하여 정보들의 연결이 분명해지기도 하는 것이다. 독자의 표상 정보의 자기조직화는 의미 창발을 위하여 이루어지면서 창발된 의미에 의하여 분명해진다.

독자가 글을 읽고 의미를 창발하는 활동은 지속적인 노력의 결과라 할 수 있다. 일순간 글을 읽고 의미를 창발하는 읽기는 일어날 수 없다. 의미의 창발은 표상한 정보를 끊임없이 점검하면서 정보들을 조직할 수 있는 되먹임 요소의 작용이 반복적으로 일어날 때 이루어진다. 독자는 표상한 정보에서 창발적 의미를 발견하였다 하여 정보의 연결과 확인을 멈추어서는 안 된다. 글에 대한 이해의 넓이는 정보 간의 관계를 창발된 의미로 확연하게 밝혔을 때 이루어지고, 이해의 깊이는 창발된 의미가 갖는 보편성과 설명력에서 이루어진다. 글(가)와 글(다) 저자의 읽기를 떠올려 보면 각 저자들이 읽을 글에 대한 이해의 넓이와 깊이를 가늠할 수 있다.

4. 정보의 자기조직화 활용

독자는 여러 가지 이유로 글을 읽는다. 독자가 글을 읽고 구성하는 의미의 형태도 다양하다. 글의 내용에 충실한 의미를 구성하기도 하고, 독자가 필요해 독자에게 충실한 의미를 구성하기도 한다. 복잡계의 특성을 반영한 창발적 읽기는 표상한 정보들의 연결 특성에 충실한 의미 창발을 강조한다. 이 접근은 글의 정보와 독자의 정보가 연합하여 새로운 의미를 창발한다고 본다. 창발적 읽기에서는 독자가 글을 읽고 표상한 정보들을 특정한 네트워크로 연결하여 가치 있는 의미를 찾아낼 수 있다고 여기는 것이다. 그리고 이 찾아낸 의미로 독자가 새로운 인식을 할 수 있기를 기대한다.

이 논의에서는 독자가 복잡성을 띠는 표상된 정보를 질서 있는 네트워크로 구성하는 자기조직화의 특성을 검토하여 보았다. 독자는 글을 읽고 복잡성을 띠는 정보를 표상할 경우가 있다. 이때 독자는 정보들의 자기조직화를 통하여 네트워크를 구성한다. 이러한 정보의 자기조직화는 독특한 속성을 갖는다. 독자가 표상한 정보로 네트워크를 구성하는 정보의 자기조직화는 편향, 상호 의존, 상호작용, 되먹임의 작동 방식에 의하여 이루어진다. 이 정보 자기조직화는 구조의 체계성, 선택의 임의성, 형태의 가변성, 활동의 반복성의 특징을 갖는다. 이런 표상 정보의 자기조직화 특성으로는 정보의 자의적 연결, 조건화된 되먹임, 독자의 의지 관여, 창발 의미의 상세화를 들 수 있다. 독자는 글을 읽고 표상한 정보들로부터 의미를 창발한다. 의미의 창발은 정보들의 관계에서 이루어지며 독자의 글에 대한 이해를 넓고 깊게 하는 역할을 한다.

독자의 읽기 활동을 복잡계 이론을 활용하여 설명하는 것은 새로운 과제이다. 독자의 이해가 복잡성을 가지는 정보들에서 질서가 있는 정보로 변화되면서 의미를 만들어내는 것으로 설명하는 방법이다. 독자가 읽는 모든 글이 정보 표상에서의 복잡성을 갖는 것은 아니다. 또한 독자가 같은 글이라도 정보의 표상을 다른 관점에서 다른 방식으로 하면 복잡성이 생기게 된다. 표상한 정보의 복잡성은 독자가 글을 새롭게 보려는 의도에서 시작되고, 정보를 질서 있는 네트워크로 연결하여 새로운 의미를 창발하면서 해소된다. 복잡성을 띠는 정보의 표상으로 새로운 의미를 창발하는 읽기를 '창발적 읽기'라고 하면, 읽기 교육에서는 이 창발적 읽기에 관심을 가져야 한다. 그래서 학생이 창발적 읽기를 할 수 있도록 지도해야 한다. 이 창발적 읽기는 좁게 보면 창의적인 의미 구성의 한 방식이다. 창의적 읽기의 구체적인 설명 틀이면서 이를 위한 단서를 제공한다. 넓게 보면 읽기를 새롭게 규명하는 관점이 될 수 있다. 독자의 텍스트 이해에 대한 인지적 접근을 복잡계 이론으로 확장하여 인식할 수 있게 한다. 이를 위해서는 창발적 읽기에 대한 다각적인 검토가 필요하다.

참고문헌

강병남·김기훈(2013), 『링크』, 동아시아.

김도남(2011), 「네트워킹 읽기의 교육 방향 탐색」, 『독서연구』 26, 한국독서학회, 383-
412.

김도남(2015), 「읽기 활동의 복잡계 네트워크 특성 고찰」, 『새국어교육』 104, 한국국어
교육학회, 7-38.

박상화 역(2010), 『카오스와 카오스의 질서』, 자음과모음.

성백효 역(2004), 『대학·중용 집주』, 전통문화연구회.

원조각성 역(2002), 『대학강목결의』, 현음사.

윤영수·채승병(2011), 『복잡계 개론』, 삼성경제연구소.

이홍우(2006), 『지식의 구조와 교과』, 교육과학사.

이홍우(2010), 『교육과정 탐구』, 박영사.

최창현(2010), 『신과학 복잡계 이야기』, 종이거울.

한국복잡계학회 역(2015), 『복잡한 세계 숨겨진 패턴』, 바다출판사.

4장

장면적 이해

1. 장면적 이해의 개념

> Sean(션 선생님께)
>
> If the professor calls about that job, just tell him: sorry, I had to go see about a girl.
>
> (교수님께서 제 일자리 때문에 전화하시면 죄송하다고 전해주세요. 꼭 붙잡아야 할 여자가 있거든요.)
>
> will(윌 드림)

이 쪽지는 영화 <굿 윌 헌팅(Good Will Hunting, 1997)>에서 주인공 윌(Will Hunting)이 새 삶을 찾아 떠나면서 심리상담 교수 션(Sean)에게 남긴 것이다. 영화에서 윌은 다른 사람들과 정상적인 관계를 맺지 못하는 삶을 살고 있다. 어릴 적 일로 사람에 대한 마음의 문을 닫았기 때문이다. 윌은 수학에 대한 재능을 갖고 있지만 이를 계발하려고 하지 않고, MIT 대학의 청소부 일을 한다. 대학에서 윌은 자기 재능을 알아본 램보 교수에게도 마음을 열지 않을 뿐만 아니라 전문 상담사들에게도 마찬가지이다. 그러다 램보 교수에게 이끌려 션을 만나게 된다. 윌은 처음엔 션에게도 마음을 열지 않지만 결국 션의 도움으로 마음의 문제를 해결한다. 이 쪽지는 그 윌의 새 출발을 알리는 단서이다.

사람은 자기 이해로 자기 삶을 생성한다. 사람이 자기를 이해하는 방식은 다양할 수 있다. 그중 하나가 텍스트 읽기이다.[1] 하이데거나 가다머의 해석학 관점에서 보면, 텍스트 이해는 자기 이해이고, 삶의 생성이다.[2] 독자가 텍스트를 읽고 이해를 한다는 것은 윌과 같이 자기 이해로 삶을 생성하는 것이다. 어떤 이해도 마찬가지일 수 있지만 텍스트 읽기를 굳이 강조하는 것은 보편성과 일상성 때문이다. 읽기는 누구나 할 수 있고, 늘 반복할 수 있다. 사람들은 누구나 읽기를 해야 한다는 마음을 갖고 있다. 텍스트를 읽는 것은 무언가를 얻는 것이고, 그 얻음으로 자기 이해를 이루고, 자기 삶을 생성할 수 있다고 여기기 때문이다. 그래서 실제로 텍스트 읽기를 하기도 하지만, 그렇지 않을 경우는 마음 깊은 곳에서 불안감을 느낀다.[3] 그렇기에 부모는 자녀에게,

---

1 　예술 작품을 접하는 경험은 하나의 세계를 열어준다. 이 경험은 단순히 형식의 외면성에 대한 감각적인 쾌락이 아니다. 우리가 더 이상 하나의 작품을 대상으로 보지 않고 세계로 간주하게 되자마자─즉 우리가 작품을 '통하여' 세계를 보게 되면─우리는 곧 예술이란 감각지각이 아니라 인식이라는 사실을 깨닫게 된다. 우리가 예술을 접할 때면, 우리의 세계와 자기 이해의 지평들은 확대되어 우리는 세계를 '새로운 빛에 비추어'보게 된다. 이는 마치 세계를 처음으로 보는 것과 마찬가지이다. 심지어는 생활 속의 평범하고 일상적인 대상들도 예술에 의해 조명될 경우에는 새로운 빛으로 나타나게 된다. 따라서 예술 작품은 우리 자신의 세계와 분리된 세계가 아니며, 우리가 그것을 이해하게 될 경우에도 사실은 그것이 우리의 자기 이해를 밝히는 것이 아니라 세계를 밝히는 것이다.(이한우 역, 2014: 275-276)

2 　하이데거는 이해를 현존재의 존재론적 관점에서 논의한다. 박찬국(2018, 198-205)의 하이데거의 『존재와 시간』에 대한 강의에서 보면, 현존재는 존재자의 존재를 공속(共屬)하는 존재이다. 현존재의 존재 공속은 현존재가 존재가능성을 갖게 하고, 이 존재가능성의 실현을 위한 기투로 실존하게 한다. 이때 현존재는 존재 물음으로 자기 이해를 이루고, 이 실존을 가능하게 한다. 이에 대한 읽기 교육적 논의는 김도남(2021)을 참조할 수 있다.

3 　하이데거는 불안이 현존재가 본래적 현존재로 존재하지 못할 때, 양심의 작용에서 비롯된다고 설명한다.(박찬국, 2018:246-254)

교사는 학생에게 책 읽기를 강조한다.

해석학의 전개 과정에서 이해의 개념에 대한 가다머와 하버마스와의 논쟁이 있었다. 최고원(2021)의 논의에 따르면, 가다머는 이해가 일상언어를 사용한 참여와 경험을 토대로 이루어진다고 본다. 이를 이해의 보편성이라고 규정한다. 이 이해의 보편성에 대하여 하버마스는 예외적인 것으로 정신분석학을 든다. 정신분석학에서 환자의 치료는 이해의 속성을 반영하고 있지만 이는 일상언어로의 대화를 넘는 메타언어의 속성이 있다[4]는 것이다. 이의 근거로 로렌쩌(A. Lorenzer, 1970)의 '장면으로서의 이해(장면적 이해)'[5]를 제시한다.[6] 장면적 이해는 상담사가 언어를 사용한 환자와의 대화로 특정한 장면을 구성하여 환자의 정신증을 이해하고 치료하는 것이다. 장면의 구성은 상담사가 환자와의 대화에서 특정 사건의 정보들을 선별하여 사건의 일정한 형식을 도출하는 것이다.[7] 상담사는 환자(내담자)와의 대화에서 문제적 일이 일어난 사건을 파악하고, 그 사건에서 장면 구성에 필요한 정보를 얻는다. 이 장면 구성은 실제 장면, 유아기 장면, 전이 장면으로 구분된다.

---

4 가다머의 일상언어와 하버마스의 메타언어에 대한 논의는 최고원(2021:199-207)을 참조할 수 있다.

5 장면적 이해는 분석가가 환자의 진술들을 '장면화(Inszenierung)'하고, 그 장면들 사이의 의미연관(Sinnzusammenhang)을 밝히는 방법이다. 장면화 이전의 환자 진술들은 전문가에게 아직 개별적인 정보들일 뿐이며, 그것들은 분석가에 의하여 특정한 방식으로 장면화된 다음 비로소 환자의 삶의 역사가 담긴 '전체연관(Gesamtzusammenhang)'의 맥락에서 파악될 수 있다.(최고원, 2009:222)

6 로렌쩌의 장면으로서의 이해(장면적 이해)는 최고원(2008, 2009, 2021)의 논의를 참조하였다.

7 만약 그 환자가 '나는 오늘 시간 할당 때문에 직장 상사와 충돌이 있었습니다'라고 말한다면, 우선 이 특성한 상변은 다음과 같은 하나의 진술로 요약된다.(최고원, 2008:302-303)

·실제 장면: 환자-근무시간-과장 ·전이 장면: 환자-상담시간-의사 (·유아기 장면: 환자-특정사건-아버지)(필자)	·실제 상황: 근무시간을 놓고 벌어진 과장과의 충돌 ·전이 상황: 상담시간을 놓고 벌어진 상담사와의 충돌 ·유아기 상황: 실제 상황, 전이 상황과 같은 식으로 벌어졌던 아버지와의 충돌

실제 장면은 상담사가 환자의 이야기를 듣고 구성한 것으로, 현재 환자에게 일어난 일의 상황과 그 구체적인 내용을 알게 한다.[8] 이 실제 장면은 환자의 증상을 파악하는 데 도움을 주지만 증상(정신증)의 원인을 알기는 어렵다. 그래서 상담사는 실제 장면을 이루는 환자 증상의 원인을 파악하기 위해 환자 과거의 일을 찾아 분석한다. 환자가 과거에 겪었던 일 중에 증상의 원인이 될만한 사건을 찾아 장면화하고, 그 사건의 상황을 재구성하여 필요한 정보를 얻는다. 이 사건은 주로 환자가 분명하게 기억하지 못하는 어릴 적 일인 경우가 많다.[9] 상담사가 이때의 사건 상황에서 찾아내 구성한 장면을 '유아기 장면'이라 한다. 상담사는 실제 장면과 유아기 장면으로 환자의 증상(문제)을 알 수 있다. 하지만 대화를 분석하여 파악했기 때문에 완전하지 못한 점이 있다. 그렇기에 상담사는 환자와 상담 중에 자신과의 관계에서 일어나는 증상과 관련된 상황 속에서도 증상의 원인을 더 찾게 된다.

전이 장면은 상담사가 환자의 문제 상황을 직접 경험하여 구성한다. 상담사와 환자 사이에서도 환자의 증상이 반복하여 일어나는 일이 전이이다. 상담사는 이 전이 상황에서도 정보를 찾아 장면을 구성하게 된다. 이 장면이 '전이 장면'이다. 전이 장면은 상담사가 환자의 문제 상황에 직접 참여해 겪고 구성했다는 점에서 앞의 두 장면과는 다르다. 상담사는 이들 세 장면을 토대로 환자를 이해하고 증상을 치료하게 된다. 이 장면적 이해는 독자의 텍스트 이해를 설명할 수 있는 하나의 논리적 단서를 품고 있다.

8　환자가 했던 각각의 진술이 분석가의 해석을 통해 장면화되면 그것으로부터 각 장면에 담긴 상황들과 그 장면 속 행위자들의 구체적인 역할도 드러나게 되며, 분석가는 그러한 상황들을 기술적으로 연결시킴으로써 그 상황에 담긴 '상호작용 구조(Interaktionsstrukter)' 혹은 '상호작용 유형(Interaktionsmuster)'을 파악할 수 있게 된다.(최고원, 2009:222)

9　환자가 기억하지 못하는 어릴 적 일을 정신분석의 방법으로 찾아서 현재의 일과 관련지어 그 의미를 해석하는 일을 '사후성'이라 한다. 정신분석에서의 사후성 논의는 서동욱(2002: 92-105)을 참조할 수 있다.

이 논의에서는 로렌쩌의 장면적 이해를 독자의 텍스트 이해 원리로 검토한다. 장면적 이해의 세 가지 장면 구성의 원리를 독자의 텍스트 이해의 논리로 살펴본다. 상담사가 환자와의 대화를 통하여 환자의 정신증을 해석하고, 이해하여 문제를 해결하는 논리가 독자가 텍스트를 읽고 이해하는 논리와 관련이 있기 때문이다. 하버마스가 가다머의 이해의 보편성 개념의 한계를 지적하기 위하여 주목한 점도 텍스트 이해 논리의 가능성을 보증한다. 다만 상담사와 환자의 관계가 독자와 텍스트의 관계가 일치하지 않는 측면이 있음을 고려할 필요가 있다. 장면적 이해의 구조가 독자의 텍스트 이해의 어떤 면을 밝힐 수 있는지를 살피고, 이를 바탕으로 장면적 이해의 논리로 독자의 텍스트 이해의 방법을 알아본다.

2. 장면적 이해의 구조

로렌쩌의 장면으로서의 이해(장면적 이해)는 정신분석의 한 방법이다. 이 방법은 가다머의 철학적 해석학에서 말하는 이해[10]의 속성을 내포한다. 이해가 일상언어에 의한 인간 자체의 존재 방식(이해의 보편성)라는 가다머의 주장에 대한 반론의 근거로 하버마스가 제시한 것이다. 세 가지의 장면 구성으로 이루어지는 장면적 이해는 독자의 텍스트 이해를 설명하는 데에 유용한 단서를 제공한다. 장면적 이해의 개념을 영화 <굿 윌 헌팅>을 통해 살피면서,

---

10 이해란 객관(혹은 대상)보다 우위에 서서 그와 대립하는 인간의 주관적인 과정(subjective process)이 아니라 인간 자체의 존재 방식(Seinsart)이라는 것이다. 따라서 해석학은 이제 정식과학을 위한 일반적인 보조 분야로 규정되어서는 안 되며 인간의 ─유일무이한─ 존재론적 과정으로서의 이해(Verstehen)를 설명하려는 철학적 노력이라고 정의되어야 한다. 이러한 재해석의 결과는 기존의 해석학과는 전현 다른 해석학 이론, 즉 가다머의 '철학적' 해석학으로 나타났다.(이한우 역, 2014:269)

독자의 텍스트 이해와의 상관성을 살펴본다.

가. 실제 장면: 관찰하는 독자

실제 장면은 상담사(의사)와 내담자(환자) 사이의 대화에서 비롯된다. 상담사는 내담자의 정신증의 치료를 위해 대화를 한다. 상담사는 먼저 내담자와의 대화를 통해 내담자의 정신증 증상을 파악한다. 정신증 증상이 어떻게 드러나고, 왜 문제적인지, 생활에서 어떤 문제가 되는지 등을 알아본다. 상담사는 반복되는 상담 대화 과정에서 내담자의 정신증의 정보를 찾아내고, 정신증의 증상을 확인하게 된다. 실제 장면은 내담자의 현재 정신증 증상을 규명하기 위한 것이다.

> 진정한 상실감이 어떤 건지 넌 몰라. 타인을 네 자신보다 더 사랑할 때 느끼는 거니까. 누굴 그렇게 사랑한 적이 없을 걸? 내 눈엔 네가 지적이고 자신감 있기보다 오만에 가득한 겁쟁이 어린애로만 보여. 하지만 넌 천재야. 그건 누구도 부정 못해. 누구도 네 지적 능력의 한계를 측정하지도 못해. 그런데 달랑 그림 한 장 보고는 내 인생을 다 안다는 듯, 내 아픈 삶을 잔인하게 난도질했어. 너 고아지? 네가 얼마나 힘들게 살았고 네가 뭘 느끼고 어떤 애인지, '올리버 트위스트'만 읽어 보면 다 알 수 있을까? 그게 널 다 설명할 수 있어? 솔직히, 젠장! 그따위 난 알 바 없어. 어차피 너한테 들은 게 없으니까. 책 따위에서 뭐라든 필요 없어. 우선 너 스스로에 대해 말해야 해. 자신이 누군지 말이야. 그렇다면 나도 관심을 가지고 대해 주마.
>
> ―<굿 윌 헌팅>에서 션(상담사)의 대사 일부

위 대사는 <굿 윌 헌팅>에서 션(Sean)이 윌(Will)과의 본격적인 상담을 시작하면서 한 것이다. 영화에서 윌은 램보 교수의 도움으로 심리상담 교수인 션과 만나게 된다. 윌은 션과의 첫 만남에서 션의 연구실에 있는 그림에 대해 말하던 중 윌은 션이 홀아비인 것을 알고는, 션의 부인이 부정을 저질러 이혼한 것으로 짐작해 말을 한다. 이에 션은 크게 화를 내며 윌을 쫓아낸다. 션은 처음 만난 윌을 쫓아내고 나서, 윌에 대해 많은 생각을 한다. 그는 윌의 말과 행동에서 실제 상황을 구성하여 정보를 얻는다. 위 대사는 그다음 상담 시간에 션이 윌에게 한 말의 일부이다. 윌은 오만하고, 천재적 재능이 있고, 남을 함부로 판단하고, 고아이고, 남에게 자신을 솔직하게 드러내지 못하는 문제가 있다는 것이다. 이를 치료하기 위해서는 스스로에 대해 말해야 함을 알린다.

> 윌: 걱정하지 마세요. 알아서 하고 있으니까. 하여간 그 여자애는 정말 예쁘고
> 똑똑하고 재미있어요. 그간 사귄 여자들하고는 달라요.
> 션: 그럼 전화해. 로미오.
> 윌: 왜요? 그러다 똑똑하지도 않고 재미없는 여자란 것만 알게요? 지금 그대
> 로가 완벽하다고요. 이미지를 망치기 싫어요.
> 션: 반대로 완벽한 네 이미지를 망치기 싫어서겠지. 정말 대단한 인생철학이
> 야. 평생 그런 식으로 살면 아무와도 진실되게 사귈 수 없어. 내 아내는
> 긴장하면 방귀를 뀌곤 했었어. 여러 가지 앙증맞은 버릇이 많았지만 자면
> 서까지 방귀를 뀌곤 했어. 지저분한 말을 해서 미안하군.
> ―<굿 윌 헌팅>에서 션과 윌의 대화 일부

위 대화는 그 후 상담 시간에 션과 윌이 한 대화이다. 윌은 여자 친구를 사귀고 있지만 마음을 열고 다가가지 못하고 있음을 드러낸다. 윌은 예쁘고 똑똑하고 재미있는 스카일라를 좋아한다. 그렇지만 자신의 마음을 열고 다가가지 못하고 있다. 그래서 여자 친구에게 전화하라는 션의 말에, 전화하면

여자 친구의 좋은 이미지를 망칠 것이라고 말한다. 이에 션은 월이 남에게 마음을 열고 다가가지 못하는 정신증이 있음을 다시 확인하게 된다. 그래서 자신의 아내 이야기를 통해 남녀의 만남에서 완벽한 이미지에 대한 단서를 제공한다. 션은 월과의 이와 같은 대화에서 월의 실제 장면(월-거리두기(마음닫힘)-스카일라)을 구성하고, 필요한 정보를 모으게 된다.

상담사는 여러 번의 대화에서 얻은 내담자에 대한 정보들을 활용하여 실제 장면을 구성한다. 실제 장면은 각각의 사건별로 만들 수 있다. 월은 램보를 만나 관계를 맺지만 마음을 열지 못한다. 여러 전문 상담사에게 마찬가지이다. 여자 친구를 만나도 마음을 열지 못하고, 램보가 추천하는 회사의 면접관들에게도 마찬가지이다. 이는 월이 다른 누구를 만나도 마음을 열지 못한다는 장면을 구성하게 한다. 구성된 실제 장면은 '월이 사람을 만나면 마음을 열지 못해 원만한 관계를 형성하지 못함'(월-마음닫힘-남)이 된다. 월의 정신증은 여러 사건에서 같은 형식이 반복적으로 나타나기 때문에, 사건의 정보를 종합하면 하나의 장면을 구성할 수 있게 된다. 경험이 있는 상담사는 이런 장면 구성으로 구체적 상황에서의 일을 파악할 수 있다. 션은 월이 처음 방문한 날 했던 월의 말에서, 그의 심리 문제와 고아라는 것, 자신을 솔직하게 드러내지 못하는 것 등을 파악하는 것과 같다. 그렇지만 상담사는 내담자에 대한 더 많은 정보가 있어야 그의 현재 정신증의 증상을 치료할 수 있다.

실제 장면 구성은 독자가 텍스트를 읽고 내용을 파악하는 속성을 내포하고 있다. 독자가 처음 텍스트를 읽을 때는 텍스트에 제시된 사실적인 정보에 집중한다. 텍스트의 각 항목이나 절, 장에서 사건, 일, 대상에 대한 설명, 의견, 감정 등의 내용을 파악한다. 독자가 상담사라면 텍스트는 내담자가 된다. 물론 그 역도 성립한다. 이때의 독자는 환자를 관찰하는 상담사의 입장에서 텍스트와의 대화(읽음)로 여러 정보를 얻게 된다. 이 정보로 텍스트의 각 내용 단위(상황, 사건, 일, 대상 등)에 내재한 형식 구조를 인식한다. 독자는 텍스트의 각 단위 내용에 내재한 형식 구조로 실제 장면을 구성할 수 있다. 즉 독자는 텍스트의 각 단위 내용을 인식하면서 실제 장면을 구성한다. 이 실제 장면은 각 단위 내용에서 반복된다. 예로 <종이 봉지 공주>를 보면, 로널드를 찾아 나선 엘리자베스가 일으키는 사건들에는 내적 형식 구조가 존재한다. 용을 찾아 나서는 일, 용과 싸우는 일, 로널드를 다시 만난 일, 로널드와 헤어지는 일 등의 내적 형식 구조는 동일하다. 독자는 이들 일에서 '엘리자베스-주체적·적극적-일'이라는 실제 장면을 구성할 수 있다. 즉 엘리자베스가 주체적이고 적극성을 가지고 자신에게 닥친 문제를 해결한다는 것을 인식한다.

실제 장면을 구성하는 독자는 텍스트와 대화하는 형태를 취한다. 이 대화에서 독자의 관심은 텍스트 내용의 내적 형식 구조 정보를 얻어 실제 장면을 구성하는 것에 있다. 독자가 구성할 단위 내용별 실제 장면은 텍스트의 전체 내용을 파악할 수 있게 하기 때문이다. 독자가 실제 장면을 구성하면 텍스트의 각 단위 내용에 반복되는 내적 형식 구조를 알게 된다. 이는 텍스트 전체 내용을 실제적으로 파악할 수 있게 한다. 실제 장면은 독자가 텍스트 내용의 내적 형식 구조를 인식할 수 있게 함으로써, 독자가 텍스트의 내용을 모두 외우거나 기억하지 않아도 파악할 수 있게 한다. 또한 텍스트에 나타나 있지 않은 내용도 관련 상황을 구성해 봄으로써 알 수 있게 한다. 독자가 텍스트 내용에 내재된 형식 구조로 실제 장면을 구성하게 되면 텍스트 내용의 인식은 명료성을 갖게 된다.

나. 유아기 장면: 탐구하는 독자

유아기 장면은 상담사가 내담자의 정신증의 원인이 되는 사건을 탐색하여 구성한다. 유아기 장면 구성은 상담 대화에서 상담사가 내담자의 과거의 사건에서 정보를 얻어 이루어진다. 상담사는 내담자와의 대화에서 현재의 증상의 원인이 되는 과거의 일이나 사건에서 찾는다. 내담자의 증상의 원인이 되는 사건을 크게 분류하면, 내담자가 회상하고 점검할 수 있는 사건과 회상할 수 없어 점검할 수 없는 무의식에 해당하는 것이 있다.[11] 의식적으로 회상할 수 있는 문제적 사건은 내담자의 통제가 가능하기에 정신증을 일으키지 않을 수 있다. 문제가 되는 것은 내담자가 분명하게 회상할 수 없고 점검할 수 없는 사건으로 무의식에 내재한 것이다. 이 사건은 어릴 때 일어났을 가능성이 있고, 방어기제로 인하여 잘 드러나지 않는다. 그렇지만 내담자의 현재 의식에 관여하여 정신증을 일으키는 원인이다.

<굿 윌 헌팅>에서 보면, 윌은 함께 일하는 친구들에게는 마음을 열고 있지만 새로 만나는 사람들에게는 마음을 열지 못한다. 자기의 능력을 알아주는 램보 교수에게도 마음을 열지 못하고, 연인이 된 스카일라에게도 마음을 열지 못한다. 사람들과의 정상적인 관계를 맺지 못함으로써 자신의 뛰어난 재능을 기르고 활용할 기회를 얻지 못한다. 자신의 재능을 정상적으로 드러내지 못하고, 그 재능을 발휘할 수 있는 일자리를 거절한다. 더 나아가 사랑하는 연인도 떠나게 만든다. 션과의 상담도 계속하여 겉돈다. 윌의 현재 생활에서 일어나는 일련의 일들은 현재에서 비롯된 문제이거나 윌이 의식적으로 해결할 수 있는 문제가 아니다. 윌이 점검하고 개선할 수 없는 무의식적인 것으로 의식 작용에 영향력을 미치고 있는 것이다.

윌: 왜 그러세요? 혹시… 선생님도 경험 있으세요?
션: 20년 간 상담하다 보니 별별 끔찍한 것 다 봤다.

---

11 유아기 장면 구성과 관련된 환자의 어릴 적 사건에 대한 논의는 최고원(2009:220)을 참조할 수 있다.

월: 아니 직접 경험 하셨냐구요?

션: 나 말이야?

월: 네.

션: 그래, 있어.

월: 더러운 기분이었겠죠?

션: 아버지가 알코올 중독자셨다. 늘 고주망태였지. 완전히 술에 취해서 팰 사람을 찾곤 했어. 난 엄마와 동생이 맞지 않게 하려고 먼저 덤볐지. 반지를 끼고 계신 날이면 더 재미있었어.

월: 그 남자는 늘 ……. 탁자에 렌치와 막대기와 혁대를 늘어놓곤 선택하라고 했었죠.

션: 나 같으면 혁대로 하겠다.

월: 전 렌치를 택하곤 했어요.

션: 왜?

월: 할 때까지 해보란 심정이었죠.

션: 네 양부였니?

월: 네.

— <굿 윌 헌팅>에서 션과 월의 대화 일부

이 대화에서 보면, 션이 먼저 어릴 적 아버지의 폭력에 대한 경험을 이야기한다. 션은 아버지가 술에 취하여 가족들에게 폭력을 행사할 때 엄마와 동생을 보호하기 위해 아버지와 맞섰다고 이야기한다. 그러자 월도 자신의 양아버지에 의한 폭력의 경험을 이야기한다. 월이 어떤 마음으로 양아버지의 폭력을 마주하게 되었는지를 알게 한다. 이런 일로 월은 마음을 다쳐 다른 사람들과 관계를 맺을 때 문제가 발생함을 알 수 있다. 션이 찾고 있던 사건이 이것이다. 이 사건에 대한 이야기를 통하여 션은 월의 어릴 적 문제의 사건에서 '유아기 장면'(월-폭력-양부)을 구성한다. 이 유아기 장면으로 월에게 일어났던 일의 상황을 구체화하여 파악할 수 있게 된다. 즉 월의 마음이 양부의 폭력으로 닫히게 되었음을 알게 된다.

사실 션은 월이 이런 말을 하기 전에 월의 정신증의 원인을 짐작하고 있었다. 다만 월이 겪은 일의 구체적인 상황을 확인하지 못한 상태에 있었다. 상담사로서 실제 장면에서 내담자의 정신증의 문제를 파악하고는 있었지만 그 원인이 되는 유아기 장면을 확인하지 못한 상태였다. 그렇기 때문에 내담자의 정신증을 전체적으로 이해하지 못하고 있었다. 내담자의 문제를 제대로 이해하기 위해서는 실제 장면과 유아기 장면을 상호작용적인 관계 속에서 전체적으로 파악하는 것이 필요하다. 그렇지 않고 어느 한 장면만으로 내담자의 증상을 이해하는 것으로는 증상을 제대로 해결할 수 없기 때문이다. 위의 대화를 나누기 전에 있었던 램보와의 대화를 보면, 션이 유아기 장면을 확정하고 있지 못함을 알 수 있다.

> 션: 그래, 게다가 문제까지 있지.
> 램보: 대체 무슨 문제? 청소부나 범죄자가 되는 게 낫단 거야? 멍청이들과 취해 해롱대는 게?
> 션: 월이 왜 그런다고 생각하나? 이유를 생각이나 해봤어?
> 램보: 그런 문제쯤은 극복할 거야. 자네도 못 당하잖아.
> 션: 이봐, 내 말 잘 들어. 왜 현실을 회피하고 왜 아무도 못 믿을까? 그건 사랑하는 사람들에게 버림받았기 때문이야.
> 램보: 젠장! 프로이트 타령 그만해!
> 션: 대체 왜 멍청한 친구들과 해롱대며 어울리냐고 했나? 왜냐면 걔들은 월이 부탁만 하면 자넬 칠 수 있는 신의를 갖고 있기 때문이야.
> 램보: 퍽도 감동적이군.

선: 그 애가 어떤 앤 줄 아나? 사람들이 자길 떠나기 전에 먼저 떠나게 만들고
있어. 바로 방어심리라고, 알아? 그 때문에 20년이나 외롭게 산 애야.
지금 자네가 그 앨 몰아치면 또 그 악순환이 반복돼. 그렇게 되게 보고만
있을 수 없네. 제발 참아줘.

　　　　　　　　　　　　　　　　　—<굿 윌 헌팅>에서 선과 램보의 대화 일부

　션은 상담을 통하여 윌이 대인관계에서 다른 사람과의 원만한 관계를 형성
할 수 없음을 알고 있다. 어릴 때부터 친했던 친구들과는 원만히 지내지만
그 외 사람들과의 관계에서는 마음을 열지 못해 함께 할 수가 없는 것이다.
그래서 친해지려고 다가가면 마음을 닫고 밀쳐내는 것이다. 션은 이를 방어
심리라고 말하고 있다. 이 방어심리가 작용하고 있는 상황에서는 윌이 다른
사람들과 무엇을 하도록 하는 것은 안 된다는 것이다. 윌의 정신증이 해결되
지 않았기 때문이다. 이때의 션은 아직 윌의 정신증의 원인(유아기 장면)을
확인하지 못한 상태였다. 이일 이후에 있었던 위의 윌과의 대화에서 유아기
장면을 구성하고, 정신증의 원인을 알게 된다. 정신증의 원인을 알게 되면
내담자에게 그 원인을 이해시키고 자신을 새롭게 인식하고 받아들이게 함으
로써 정신증을 치료하게 된다.
　독자의 텍스트 이해 과정에서도 마찬가지일 수 있다. 물론 텍스트 읽기가
정신증과 같은 유아기의 장면을 구성해야 하는 것은 아니다. 텍스트의 내용
이 내포하고 있는, 정신증의 원인에 해당하는 것을 알았을 때 텍스트 내용이
전달하는 의미를 해석할 수 있다. 또는 독자가 인식하고 있는 실제 장면과
관련될 수 있는 원인이 되는 장면이나 조건, 원리를 알게 되었을 때 텍스트를
이해할 수 있게 된다. 독자가 구성하는 유아기 장면의 경우, 독자는 저자의
의도나 내용 해석과 관련된 요인(지평, 이론, 관점 등)을 활용하여 구성한다.
이 장면은 텍스트 내용의 이면에 작용하는 의미 해석의 근거가 되는 요인으

로 이루어진다. 따라서 독자의 유아기 장면은 텍스트 내용의 의미를 해석하기 위한 근거 요인으로 이루어진다고 할 수 있다. 이를 근거 장면[12]이라 할수 있다. 독자는 텍스트 내용의 실제 장면의 의미를 해석하기 위하여 이 근거 장면을 구성해야 한다. 예로 <종이 봉지 공주>를 읽는 독자는, 엘리자베스가 한 일의 의미를 해석할 내적 근거 요인(근거 장면)을 찾아야 한다. 성에 사는 엘리자베스는 부족함이 없는 만족한 생활을 하고 있었다. 이때 용의 등장으로 모든 것이 파괴되어 만족감을 상실한다. 이 일을 겪은 엘리자베스는 물리쳐야 할 적을 가진 주체가 되면서, 마음속(무의식)에 만족감 회복에 대한 욕망이 자리 잡는다. 즉 독자는 '엘리자베스-욕망-주체'라는 근거 장면을 구성할 수 있다. 이로써 엘리자베스는 주체적으로 용을 물리치고 로널드를 구하고, 로널드를 떠나는 일련의 행위를 일관성 있게 이해할 수 있다. 이는 근거 장면이 실제 장면과 의미연관을 이룸으로써 실현된다. 이로써 <종이 봉지 공주>의 본질 의미[13]가 '주인공(인물)의 주체화 과정'임을 알게 한다. 이때 근거 장면의 구성과 실제 장면과의 의미연관으로 텍스트 본질 의미를 찾는 독자는 탐구자의 역할을 수행한다.

독자의 근거 장면 구성은 텍스트 생성의 의도와 관련되거나 텍스트의 의미를 해석하는 논리적 단서(이론)의 활용과 관련된다. 즉, 실제 장면의 의미를 밝힐 수 있는 인과 관계가 있는 정보들로 이루어진 장면이다. 읽기에서 근거 장면의 구성 정보는 텍스트 내에 주어져 있을 수도 있고, 독자가 외부에서 가져올 수도 있다. 텍스트의 내용이 인과적 논리 관계나 문제 해결의 논리

---

12 텍스트 이해에서는 유아기 장면을 '근거 장면'이라 할 수 있다. 텍스트 이해에서는 정신분석에서와 같이 유아기 장면을 구성해야 할 때도 있지만, 텍스트 내용(실제 장면)을 해석하기 위해서는 해석의 근거가 되는 요인(의도, 선입견, 배경지식, 논리 구조, 비평이론, 해석이론(관점), 분석이론 등)을 찾아 근거 장면의 구성이 필요하다.

13 본질 의미는 텍스트의 내용에서 객관적으로 도출된 의미를 지시한다. 본질 의미와 대비되는 의미는 독자가 배경지식을 활용하여 구성한 '구성 의미'이다.

관계로 제시된 경우에는 근거 장면은 구성은 어렵지 않다. 관련 정보가 주어져 있지 않은 경우에는 독자가 선정하여 구성해야 한다.[14] 이때 독자는 실제 장면의 의미를 해석할 수 있는, 자신의 가진(알고 있는) 정보를 활용해야 한다. 정신분석에서의 유아기 장면을 구성하는 것이 상담사이듯, 읽기에서의 근거 장면을 구성하는 것은 독자이다. 독자가 어떤 정보에 집중하고 초점화하는가에 따라 근거 장면 구성은 달라진다. 독자는 근거 장면과 실제 장면을 관계지어 텍스트의 의미를 해석하게 된다.

다. 전이 장면: 경험(참여)하는 독자

전이 장면은 상담사가 내담자의 정신증을 다른 사람들처럼 경험하는 대화 상황에서 구성한다. 상담사는 상담 진행 과정에서 내담자의 정신증을 직접 경험하는 일이 있다. 내담자의 정신증의 증상은 상담사와의 관계에서도 나타나는 것이다. 내담자가 자신의 심리 상태(증상)를 상담사에게 드러내는 것이 당연한 일이다. 이를 통해 상담사도 내담자의 증상을 경험하여 이를 장면화한다. 이것이 '전이 장면'이다. 이 전이 장면은 상담사가 내담자의 정신증을 직접 경험하여 얻은 정보로 구성된다는 점이 앞의 두 장면과의 차이이다. 실제 장면과 유아기 장면은 내담지의 증상을 객관적으로 이해할 수 있게 한다. 한편, 전이 장면은 내담자의 증상을 경험으로 확정적이고 정확하게 알게 한다. 또한 증상의 원인에 맞는 치료 방법을 강구(講究)하여 치료의 효과를 높일 수 있게 한다.[15] 전이 장면은 상담사가 내담자의 증상을 실제로 경험

---

14 <종이 봉지 공주>의 의미(주제)를 해석할 수 있는 비평이론은 다양할 수 있다. 패러디, 상호텍스트성, 페미니즘, 정신분석학 등 독자의 상황에 따라 필요한 해석 근거를 선택할 수 있다.

15 전이 상황을 통한 환자에 대한 치료도 문제점이 있을 수 있다. 이에 대해서는 최고원

하는 상황에서 확인할 수 있게 하기 때문이다. 전이 장면은 내담자가 정신증의 증상을 드러내는 대상이 상담사로 바뀌었을 뿐, 증상의 형상은 실제 장면이나 유아기 장면과 같다(실제 장면 = 유아기 장면 = 전이 장면)고 할 수 있다.

> 션: 소울 메이트(soul mate) 있어?
>
> 윌: 무슨 뜻이죠?
>
> 션: 널 북돋아 주는 사람말이야?
>
> 윌: 처키요.
>
> 션: 처키는 널 위해 목숨도 내놓을 가족 같은 애지? 소울 메이트란 네 마음을 열고 영감을 주는 존재야.
>
> 윌: 그런 친구라면…….
>
> 션: 누구?
>
> 윌: 그런 친구는 많아요.
>
> 션: 이름을 대봐.
>
> 윌: 셰익스피어, 니체, 프로스트, 칸트, 교황님, 로크 등!
>
> ─<굿 윌 헌팅>에서 션과 윌의 대화 일부

위 대화에서 보면, 윌이 소울 메이트의 의미를 몰라 셰익스피어나 칸트 등의 이름을 대는 것이 아니다. 션에게 자신을 드러내어 보이기 싫은 방어기제의 작용으로 대답을 회피하는 것이다. 윌은 정신증으로 인해 이렇게 대답할 수밖에 없다. 이런 전이 상황에서 상담사도 내담자의 정신증의 증상을 직접 경험하게 된다. 상담사 자신과의 관계 상황 속에 내재해 있는 현재 내담자의 증상을 경험하는 것이다. 상담사는 이 전이 상황에서 내담자의

(2021:193-199)을 참조할 수 있다.

무의식적인 증상의 원인을 찾는다. 상담사는 내담자의 무의식적 원인의 존재와 증상과의 상호작용 관계를 밝히지 못하면 내담자의 증상을 이해할 수 없다. 월의 의식에는 마음의 문을 닫게 하는 방어기제가 작용하기에 자신을 드러내지 못하는 것이다. 션은 이 전이 상황에서 월의 증상을 직접 마주하게 된다. 그래서 월의 증상을 분명하게 이해할 수 있게 된다. 상담사는 전이 상황을 통하여 전이 장면을 구성하고, 실제 장면과 유아기 장면과의 의미 연관성을 밝혀 월의 정신증을 전체적으로 이해할 수 있게 된다.

> 션: 그래 모든 직업은 귀해. 40분씩 전철을 타고 가서 대학의 쓰레기통을 비우는 청소부 일도 그렇지.
>
> 월: 맞아요.
>
> 션: 그래, 고귀한 일이야. 아마 그래서 네가 청소부를 택했을 거다. 그렇지만 한 가지 물어보마. 청소부라면 어디서든 할 수 있었어. 근데 왜 하필 세계 최고의 MIT에서 일하기로 했지? 왜 밤에 칠판 앞에 어슬렁대며 세계에서 몇 명만 풀 수 있는 문제를 푼 거야? 청소부가 고귀한 직업이라 그런 것 같지 않구나. 진짜 하고 싶은 게 뭐야?
>
> 월: 목동이 되고 싶어요.
>
> 션: 그래?
>
> 월: 나슈아로 가서 넓은 땅을 사서 양을 치고 싶어요.
>
> 션: 그럼 그러렴.
>
> 월: 네?
>
> 션: 쓸데없는 짓거리를 하려면 당장 놀아가.
>
> 월: 절 내쫓으시는 거예요?
>
> 션: 당장 나가!
>
> ─<굿 월 헌팅>에서 션과 월의 대화 일부

이 대화에서는 션은 윌의 문제를 해결하기 위해 상담사와 내담자의 형식적 관계를 넘어서려고 한다. 윌의 의식과 행동 속에 내재된 정신증의 문제를 찾기 위해 언쟁을 벌인다. 전이 상황이 전개되는 것이다. 윌의 의식 속에 감추어져 있는 것을 드러내게 하기 위한 것이다. 언행에 논리적 모순이 있음을 윌에게 알려주고, 감추어져 있는 정신증의 원인을 드러내게 하려고 한다. 하지만 션의 노력에도 윌의 마음은 다시 닫히고, 대화를 지속할 수도, 관계를 개선할 수도 없다. 션은 이 전이 상황 속에서 윌의 증상을 더 깊이 이해하게 되고 증상의 해결 방안을 탐색하게 된다. 윌이 다른 사람과의 원만한 관계 맺음을 할 수 있으려면, 의식 활동을 억누르는 방어기제를 없애야 한다. 이는 윌이 자신이 그렇게 하고 있다는 것을 깨닫게 하는 것이다. 션은 전이 장면을 통하여 윌의 증상의 원인을 정확하게 알고, 증상을 치료할 수 있는 해결책을 마련하게 된다.

> 션: 털어놓고 싶니?
>
> 윌: 아니오.
>
> 션: 윌. 나도 아는 게 많지 않지만, 이 기록들… 모두 다 헛소리야. 네 잘못이 아니야.
>
> 윌: 알아요.
>
> 션: 내 눈을 똑바로 봐. 네 잘못이 아니야.
>
> 윌: 알아요.
>
> 션: 네 잘못이 아니야.
>
> 윌: 안다고요!
>
> 션: 아니, 몰라. 네 잘못이 아니다.
>
> 윌: 알아요.
>
> 션: 네 잘못이 아니야.

월: 알았어요.

션: 네 잘못이 아니야. 네 잘못이 아니야.

월: 성질나게 하지 말아요.

션: 네 잘못이 아니야.

월: (션을 밀치며) 성질나게 하지 말란 말이에요. 선생님만이라도!

션: 네 잘못이 아니었어.

월: (울며)…….

션: 네 잘못이 아니야.

월: (션을 끌어안으며) 젠장, 정말 죄송해요.(운다)

션: 다 잊어버려.

―<굿 윌 헌팅>에서 션과 윌의 대화 일부

위 대화는 션이 닫힌 윌의 마음을 열기 위하여 치료(설득)하는 내용이다. 션과 윌이 부모의 폭력에 대한 이야기를 한 직후, 션은 윌의 정신증을 치료하는 행위를 시작한다. 윌이 양아버지의 폭력이 자신의 잘못이 아님을 깨쳐 알고, 지기를 바르게 받아들이도록 한다. 양부의 폭력이 윌의 잘못이 아님을 받아들여 마음의 문을 열 때까지 션은 집요하게 '네 잘못이 아니다'라는 말을 반복한다. 윌은 처음엔 션의 말을 거부하지만 션이 진심에서 거듭하여 강조함에 결국은 인정하고 받아들인다. 그 결과 윌은 닫혀 있던 자신을 풀어 놓고 마음의 문을 열게 된다. 윌의 정신증 증상의 원인이 해소된 것이다. 션은 윌의 정신증의 원인을 해소하도록 함으로써 치료를 완료한다. 이후, 윌은 달라진다. 윌은 친하지 않은 사람과의 관계를 거부하는 무의식적 방어 심리를 버리게 된다. 이로써 사람들에게 다가갈 수 있는 열린 마음을 가지게 된다.

이 전이 장면의 구성을 독자의 텍스트 이해와 관련지어 보면, 텍스트의 내용을 독자가 경험하는 것과 같다. 독자는 텍스트 내용을 경험하여 텍스트의 본질 의미를 밝히고, 텍스트와 의미연관을 갖게 된다. 텍스트 이해가 자기 이해라는 면에서 보면, 전이 장면에 의한 전이 상황의 구성은 독자의 자기 이해의 도구이다. 텍스트의 내용이나 본질 의미가 독자와 의미연관을 이루어 독자가 전체연관 속에서 의미를 생성하게 한다. 이는 독자에 의하여 일어나며, 독자의 의식 내용과 텍스트 본질 의미가 의미연관을 이루어 자기 이해를 하게 한다. 독자와 텍스트의 관계에서 전이 장면 구성과 의미연관은 상담사와 내담자의 관계에서와는 달리, 텍스트의 본질 의미를 독자의 의식 내용과 삶으로 받아들이는 일이다. 텍스트 이해에서의 전이 장면 구성을 통하여 다른 장면과의 전체연관은 독자가 자기 이해를 이루게 한다. 예로, <종이봉지 공주>를 읽는 독자는 엘리자베스의 주체적 문제해결 태도를 자신 속에서도 찾으려 한다. 즉 독자는 자신도 주체적으로 문제를 해결하는 사람이 되어야 한다는 생각을 갖는다. 그리고 주체적으로 자기 일을 해결하려 한다. 자기 이해를 이루는 것이다.

이 전이 장면의 구성을 독자의 텍스트 이해와 관계지을 때 세 가지 문제점이 있다. 첫째는 텍스트의 수동성이다. 전이 상황에서는 내담자의 정신증의 증상이 상담사에게 그대로 드러난다. 그런데 텍스트와의 대화(읽기)에서는 상담에서와 같은 전이 상황에 의한 상호작용이 없다. 이 상호작용을 하려면 독자 스스로 상황을 상상으로 구성해야 한다. 즉 읽기에서의 전이 상황은 독자의 의지와 노력에 달려있게 된다. 둘째는 경험의 문제이다. 전이 상황은 내담자의 정신증 작용을 상담사가 직접 경험함으로써 내담자의 증상을 깊이 이해하고, 해결 방법을 찾게 한다. 읽기에서 독자는 텍스트와의 전이 상황을 직접 경험하기 어렵다. 이 경험도 독자의 노력에 달려있다.[16] 셋째는 이해의

---

16   독자의 내용에 대한 경험은 딜타이가 제시한 추체험의 방식이 있을 수 있다. '이해란 단순

완결성의 문제이다. 상담사는 전이 장면을 통하여 내담자의 증상 이해의 완결성을 확보할 수 있다. 그렇지만 독자는 상담사와 같은 완결성을 확보하기 어렵다. 이러한 문제는 독자를 상담사의 위치에 놓기 때문에 생긴다. 그렇다면 독자를 내담자의 위치에 놓고, 텍스트를 상담사 위치에 놓으면 어떻게 될까? 즉 역전이 상황이나 독자의 내담자 역할을 상정해 볼 수 있다.[17]

이는 앞의 두 단계와 논리적 모순의 문제가 발생할 수도 있다. 그렇지만 해석학의 이해는 독자의 자기 이해이고, 자기 삶의 생성이라면 상담사와 내담자를 텍스트와 독자로 바꾸어 생각할 수도 있다. 텍스트 이해를 가다머의 놀이 개념에 비추어 보면, 놀이자의 역할을 바꾸어도 놀이는 진행된다. 역전이 상황은 텍스트의 의미 구조를 독자가 자신의 의미 구조로 수용하는 것이다. 또는 내담자의 역할로 텍스트를 읽으면, 독자는 자신의 의식 내용을 드러내 점검하고 새롭게 할 수 있다. 이들 활동은 위의 세 가지 문제를 모두 해결할 수 있다. 첫째는 독자의 능동성으로 텍스트와의 대화에서 자기를 적극적으로 드러내고, 둘째는 텍스트의 내용에 있는 상황을 자신의 상황과 관련지음으로써, 셋째 이해의 완결성도 이룰 수 있다. 독자는 텍스트를 읽으면서 구성한 전이 장면을 통하여 밝힌 이해의 활동을 역할 교차로 해결하는 것이다. 이로써 독자는 경험하는 독자가 된다. 이는 텍스트 이해를 자기 이해와 삶의 생성으로 연결할 수 있게 한다. 예로 <종이 봉지 공주>에서 엘리자베스의 주체적 의식과 적극적 행동의 본질을 독자가 자기의 주체적 의식의 확립과 적극적 문제 해결의 과제로 받아들이는 것이다. 이로써 독자는 실제

한 사고 행위가 아니라 타자의 세계에 대한 체험의 전위를 통해 추체험하는 것이다. 또한 이해는 의식적이고 반성적인 비교행위가 아니라 전반성적 차원에서 자아를 타자 속에 전위시키는 사고 행위이다. 우리는 타자 속에서 스스로를 재발견한다.'(이한우 역, 2014:192)

17 전이 상황에서 의사는 환자의 이야기를 듣고 해석하는 사람인가, 아니면 그때만큼은 더 이상 의사(로서)가 아니라, 환자와 직접 갈등을 겪고 있는 사람인가? 당연히 둘 다일 것이다.(최고원, 2021:201)

적인 이해의 본질에 도달할 수 있다.

3. 장면적 이해의 본질

독자의 장면적 이해는 텍스트와의 관찰적 대화로 실제 장면을 구성하고, 탐구적 대화로 근거 장면을 구성한다. 이를 통하여 텍스트의 본질 의미를 밝힌다. 독자는 전이 장면 구성으로 경험적 대화를 통하여 자기 이해를 완성한다. 이 이해는 텍스트의 본질 의미를 이해는 것에 머물지 않고, 독자의 자기 이해를 이루게 한다. 이 장면적 이해를 바탕으로 이루어지는 독자의 텍스트 이해의 본질을 살펴본다.

가. 독자: 상담사 겸 내담자

독자의 텍스트 이해는 텍스트를 읽으면서 바로 이루어지는 것이 아니다. 특히 텍스트 이해가 자기 이해가 되기 위해서는 독자의 의식 내용과 깊이 있게 의미연관을 이루는 과정이 필요하다. 로렌쩌가 제시한 장면적 이해는 이를 위한 유일한 방법은 아닐 수 있지만, 이를 위한 단서는 제공한다. 독자는 텍스트와의 대화를 속에서 단위 내용의 내적 형식 구조 관련 정보를 찾아내고, 실제 장면을 구성한다. 그런 후 실제 장면을 해석할 근거 장면을 탐구할 필요가 있다. 근거 장면은 정신분석에서와 같은 '유아기 장면'이 아니지만, 실제 장면의 의미를 해석할 수 있게 한다.

천지는 인하지 않다. 만물을 모두 풀강아지로 여긴다. 성인은 인하지 않다. 백성을 모두 풀강아지로 여긴다. 천지 사이는 풀무와 같구나. 텅 비어 있지만 작용은 그치지 않고, 움직이면 움직일수록 생명력이 넘쳐난다. 말이 많으면 금방 한계에 봉착한다. 중을 지키는 것이 제일이다.(天地不仁, 以萬物爲芻狗, 聖人不仁, 以百姓爲芻狗. 天地之間, 其猶橐籥乎. 虛而不屈, 動而愈出. 多言數窮, 不如 守中. <도덕경(道德經)> 5장)(최진석 역, 2002:64-65)

위 인용문은 노자(老子) <도덕경(道德經)>의 다섯 번째 글(5장)이다. 독자는 이 글을 읽고 내용을 파악할 수 있다. '하늘과 땅이 인하지 않듯(不仁) 성인도 그러하다. 하늘과 땅은 생성은 무한하다. 그런데 말이 많으면 어려움에 처하 기에 중(中)을 지켜야 한다.' 독자는 도덕경이라는 책의 정보와 5장의 내용을 토대로 '인(仁)하지 말고 중(中)을 지키라'(사람-중(中) 지킴-생성)는 실제 장면을 구성할 수 있다. 그렇다고 독자는 5장을 이해했다는 확신을 가질 수 없다. 그렇기 때문에 5장의 본질 의미를 탐구해야 한다는 생각을 한다. 이를 위하여 도덕경을 이루고 있는 근원적인 아이디어(근거 장면)를 찾게 된다. 도덕경의 의미를 이야기할 때 첫째 근거가 무위(無爲)이다. 이로 5장 내용을 보면, 무위 는 천지나 성인이 할 수 있는 일이다. 즉, 5장의 본질 의미의 해석 기제인 근거 장면은 '성인-인하지 않음·편벽되지 않음-무위'로 구성할 수 있다. 이로 써 5장의 본질 의미를 '천지나 성인과 같이 무위로 편벽되지 않게 중(中)을 지키면 무한한 생성을 이룰 수 있다'(무위하라)로 밝힐 수 있다.

독자가 도덕경 전체의 의미나 5장의 의미를 이해한다는 것은 무엇인가? 도덕경의 본질 의미를 밝히면, 도덕경을 읽는 본질 목표에 도달했는가? 부모 가 자식에게, 교사가 학생에게 책 읽기를 권하고, 독자로서 책을 읽어야 한다 는 강박감이 해소되는가? 글을 읽는 근원에는 자기 이해가 내재해 있다. 이 자기 이해는 자기가 어떤 존재인지를 밝히고, 어떻게 존재해야 하는지를 정립하는 것이다. 즉 자기 삶을 생성하는 것이다.[18] 그렇기 때문에 도덕경의 본질 의미를 밝힌 것만으로 독자는 만족하지 못한다. 그래서 전이 상황으로 텍스트의 내용 상황을 자기 삶의 상황으로 구체화해 내는 것이 필요하다. 도덕경 5장의 내용을 자기 삶의 상황으로 구체화하기 위해서는 자신의 생활에서 중을 지켜야 하는 상황을 떠올려야 한다. 이 상황에서 자신이 중(中)을 어떻게 지킬지 밝혀야 한다. 즉, 자기 이해는 실제 장면, 근거 장면, 전이 장면의 의미연관을 독자가 포함된 전체연관으로 확장함으로써 가능하다.

독자가 장면적 텍스트 이해로 자기 이해를 실행하기 위해서는 전이 장면의 구성을 독자가 주도적으로 하는 것이 필요하다. 텍스트 읽기에서 전이 상황은 앞에서 말했듯이 독자 자신이 구성해야 한다. 정신분석에서 보면, 전이는 상담사가 내담자의 증상을 직접 경험하는 것이다. 텍스트 읽기에서 상담사와 내담자의 구분이 없다. 그렇기에 독자가 선택하여 상담사의 역할을 할 수도 있고, 내담자의 역할을 할 수도 있다. 독자가 상담사의 역할을 하는 때는 텍스트의 실제 상황을 자신이 참여한 실제 상황으로 상상하여 전이 상황을 구성해야 한다. 이로써 텍스트 본질 의미와의 전체연관을 이룰 수 있다. 내담자의 역할을 할 때는 독자에게 실제 있었거나 앞으로 있을 자기 일을 드러내 전이 상황을 구성해야 한다. 이로써 텍스트 본질 의미와의 전체연관으로 자기를 확인하고 점검하여 이해하고 생성할 수 있다. 이런 전이 장면의 구성은 텍스트의 본질 의미로 독자의 자기 이해를 실행하는 수단이 된다.

독자의 전이 장면 구성에서 상담사와 내담자의 역할은 다른 측면이 있다. 상담사와 내담자의 역할 수행의 결과는 같을 수 있지만 그 실행 과정은 다를 수 있다. 상담사의 역할은 텍스트의 본질 의미가 실현되는 과정을 독자의 삶 속에 내재화하게 한다. 텍스트의 본질 의미를 체험함으로써 본질 의미를 자신의 생활 속에서 실현하고 밝히는 것이다. 한편 내담자의 역할은 자기의

---

18 영화 <굿 윌 헌팅>에서 윌을 치료한 션도 자신의 현 생활(아버지의 폭력, 죽은 아내에 집착 등)에서 벗어나 새로운 삶의 출발을 위해 여행을 준비한다.

삶을 텍스트의 본질 의미로 점검하여 새롭게 생성하고 정립하는 것이다. 내담자는 상담사와의 대화에서 자기를 드러내는 일을 수행한다. 내담자의 역할을 하는 독자도 텍스트의 내용에 따라 자기의 생활 상황을 드러내고 장면화하여 밝혀보는 것이다. 결과적으로 도덕경을 상담사의 역할로 읽든 내담자 역할로 읽든, 독자가 자기 이해를 이루고 자기 삶을 새롭게 생성할 수 있게 한다.

읽기에서 독자는 상담사와 내담자의 역할을 넘나들 수 있다. 독자가 텍스트를 읽어 가면서 필요에 따라 상담사나 내담자를 선택할 수 있다. 두 가지 역할이 혼동되거나 뒤섞이지는 않는다. 동시에 두 가지 입장을 견지할 수도 있지만 상황과 필요에 따라 넘나들 수 있다. 텍스트를 읽고 이해하는 활동의 주관자가 독자이기 때문이다. 그리고 텍스트 읽기로 자기 이해를 이루는 것도 독자이기 때문이다. 텍스트는 그 내용이 고정된 속성이 있는데 이에 맞추어 유연성을 발휘해야 하는 것은 독자이다.

나. 방법: 관찰자 겸 참여자

독자의 텍스트 이해는 텍스트의 의미를 밝히는 활동과 자기를 발견하는 활동이 함께 이루어진다. 상담사가 내담자와의 대화로 실제 장면과 유아기 장면을 구성하는 활동에 해당하는 독자의 활동은 텍스트의 본질 의미를 밝히는 활동이다. 독자가 텍스트와 하는 대화에서 독자는 텍스트의 본질 의미를 탐구는 일이 필요하다. 텍스트의 본질 의미 탐구는 상담사가 내담자의 말을 듣고 실제 장면과 유아기 장면을 구성하여 이들 장면의 상호관계를 밝혀 의미연관(최고원, 2009:222)을 밝히는 일과 같다. 독자는 텍스트 내용의 실제 장면과 근거 장면을 구성하여 이들 장면의 의미연관을 밝힘으로써 텍스트의 본질 의미를 파악하게 된다. 독자는 이 텍스트의 본질 의미에 만족할 수 없다. 텍스트의 본질 의미 이해는 독자의 자기 이해와 연결되지 않기 때문이다.

텍스트 내용에 대한 실제 장면과 근거 장면의 의미연관으로 파악된 본질 의미에 독자는 연관되어 있지 않다. 독자가 텍스트의 본질 의미를 탐구하여 찾기는 하였지만 그 의미는 객체로써 존재할 뿐이다. 비유하면, 광부가 광상 (鑛床)에서 보석을 찾아낸 것과 같다. 독자는 텍스트에서 실제 장면과 근거 장면을 구성하고 이들 간의 의미연관을 밝히기만 한 것이다. 독자가 실제 장면과 근거 장면을 구성하고, 이들 사이의 의미연관으로 텍스트 전체의 의미를 밝히는 역할은 관찰자라고 할 수 있다. 자기의 삶은 관련 짓지 않고, 텍스트에 충실한 의미를 밝히는 역할만 하기 때문이다. 관찰자적 입장과 위치에서 텍스트의 본질 의미를 찾아내고 밝히는 것이다. 관찰자의 입장에서 밝힌 텍스트의 본질 의미는 독자의 수고로움이 있기는 했지만 독자의 자기 이해와 삶의 생성과는 거리가 있다.

독자의 자기 이해와 삶의 생성은 전이 장면의 구성으로 이루어진다. 독자의 전이 장면 구성은 텍스트의 상황과 독자 삶의 상황이 의미연관을 맺음으로써 이루어진다. 독자의 전이 상황 구성은 그 상황에 독자가 참여자로서 개입하는 것이다. 독자가 텍스트의 상황을 자기 삶의 상황으로 구성해 냄으로써 텍스트 상황과 독자의 삶이 전체연관 관계를 이루게 하는 것이다. 독자가 텍스트와 연관된 상황에 참여자가 되어 전이 장면을 구성하는 것은 자기 이해의 계기를 마련해 준다. 이 계기는 독자가 관찰자로서 밝힌 본질 의미와 경험자로서 밝힌 구성 의미가 전체연관을 이루게 함으로써 텍스트 본질 의미 이해에서 자기 이해로 나아갈 수 있게 한다. 독자가 텍스트와의 대화로 장면화를 실행하고, 장면들을 전체연관을 통하여 의미 이해를 이루는 것은 결국 자기 이해로 이어지고, 이는 삶의 생성과 연관된다. 장면적 이해를 위해 독자는 관찰자이면서 참여자의 역할을 한다.

이념 차원에 잠입한 학습자의 인식 능력은 어떻게 작동하는지 정리해 보자. 이념에 잠입한 학습자가 마주하는 인식대상은 '다양체'다. 이 다양체를 인식대상으로 삼을 때 학습자의 인식 능력들은 조화롭게 통일되지 않는다. 왜냐하면 다양체에는 전체를 통일하는 일차적 능력이 없기 때문이다. 인식 능력들은 서로 배타적이고, 각 인식 능력은 자신만의 고유한 다양체를 겨냥하기 때문에 한데 통일되지 않고 각기 부조화 속에 놓인다.

한편 인식 능력들의 부조화 가운데서도 어떤 공통성을 갖는다. 인식 능력들은 모두 '…할 수 없으면서도 반드시…해야 하는' 역설에 직면한다. '역설적 실행'이라는 말이 함축하는 바와 같이, 인식 능력들은 현실화된 현재적 능력을 와해(파괴)시키고 새로운 능력을 생성(창조)하는 역설적인 두 활동을 동시에 수행한다. 즉, 인식 능력들 각각은 무언가를 '할 수 없는' 현재적 능력을 와해시키고 '반드시 해야만 하는 것을 할 수 있는' 차이적인 능력으로 새롭게 생성된다. 바로 이런 맥락에서 인식 능력들의 역설적 실행은 와해와 생성의 변화 운동으로 연결된다. 이같이 인식 능력들은 하나의 조화되지는 않지만 와해와 생성의 변화 운동을 서로 전달하면서 모두 다 함께 발생 상태에 놓이게 된다.(그림 26)[19]

이런 논의를 통해 우리는 이념의 차원에서 인식 능력들이 작동하는 핵심적인 원리를 도출할 수 있다. 바로 '와해와 생성'의 운동이다. 이념 차원에서 이루어

19 그림 26 와해와 생성의 운동을 전달하면서 역설적 실행 중인 인식능력들

(김재춘·배지현, 2016:177)

지는 와해와 생성 운동, 즉 현재적 틀을 파괴시키고 새로운 틀을 창조하는 이 운동을 통해 학습자에게 끊임없이 새로운 인식 능력이 발생한다.(김재춘·배지현, 2016:177-178)

이 인용문은 차이 생성을 위한 학습에서 인식 능력의 변화를 설명하는 내용이다. 학습자는 학습활동에서 의식의 이념적 차원에서 '…할 수 없으면서도 반드시 … 해야 하는' 역설에 직면한다. 이 역설적 실행은 현재의 '할 수 없는 능력'을 와해(파괴)하고 '반드시 해야만 하는 것을 할 수 있는' 차이적인 능력을 생성(창조)하는 활동이다. 학습자는 학습을 통해 이런 역설적 실행으로 변화를 이루어 차이적인 능력을 새롭게 생성한다. 이 글을 읽는 독자는 글에 내재한 학습에 대한 실제 장면을 구성할 수 있다. '학습자-이념 차원의 와해와 생성-능력' 즉 학습은 이념적 차원에서 현재 할 수 없는 능력을 와해하고 반드시 해야만 하는 것을 할 수 있는 능력으로 생성하는 활동이다. 독자는 이 실제 장면의 의미를 밝히기 위하여 텍스트 이면에 존재하는 요인으로 근거 장면을 구성하고, 의미연관을 이루어야 한다. 이를 위해서 독자는 들뢰즈의 동일성 반복이 아니라 '차이의 반복이 변화를 생성'한다는 논의와 차이의 반복은 강도적 차원이 아니라 이념적 차원에서 이루어져야 한다는 앞부분의 논의(또는 다른 책의 논의)를 참조해야 한다. 그래서 '주체-차이의 반복-생성'의 근거 장면을 구성할 수 있다. 이 근거 장면을 실제 장면과의 의미연관으로, 학습은 이념적 차원에서 새로운 능력을 생성하는 것임을 밝힐 수 있다.

윗글의 독자가 그 본질 의미를 밝혔다고 이해를 완결한 것은 아니다. 독자는 윗글을 이해하기 위해서는 자신의 생활(삶) 차원에서 이를 경험하고 확인하는 활동을 수행하는 것이 필요하다. 자신의 구체적인 학습 내용 습득의 활동을 점검하여 능력의 생성을 확인할 수도 있고, 자신의 학습활동 과정을 되짚어 봄으로써 능력 생성을 확인할 수도 있다. 예를 들어, 교육대학교의 예비교사가 정신분석의 관점에서 동화 읽기를 학습할 수 있다. 이때 예비교사가 정신분석의 관점에서 동화를 읽는 방법을 이해하고, <종이 봉지 공주>를 정신분석의 관점에서 이해할 수 있다. 엘리자베스의 행동을 2자적 관계에서 3자적 관계로의 변화에 주목하여 주체로서의 행동 의미를 이해할 수 있다. 이는 예비교사로서의 동화 읽기(지도) 능력을 생성하는 것이다.

다. 실행: 텍스트 이해 겸 자기 이해

독자는 자신을 위하여 텍스트를 읽는다. 여기서 자신을 위한다는 말은 지식적인 이득보다는 자기 자신을 밝혀 이해함을 뜻한다. 자기를 밝힌다는 말은 자기가 어떤 존재가 되어야 하고, 그 존재를 어떻게 왜 실현해야 하는지를 정립하는 것이다. 사람은 남들을 따라 하는 것에 익숙해 있다. 남과 같거나 비슷하게 생각하고 그렇게 사는 것을 당연시한다. 이것은 자기를 잊고 자기를 버리는 일이다. 분명 남과 다른 존재인데 남과 같아져야 할 본질적인 이유가 없다. 그런데 자기를 잊고 사는 사람은 자기를 잊고 있다는 것조차도 잊는다. 그렇기 때문에 자기를 잊지 않기 위해 끊임없이 자기 이해를 이루어야 한다. 자기 이해를 이루는 손쉬운 방법이 텍스트 읽기이다. 그래서 우리는 책을 읽어야 한다는 의식 속에 갇혀 산다.

텍스트를 읽음에도 여러 가지 방법이 있다. 텍스트에 종속된 읽기를 하기도 하고, 텍스트와 독립된 읽기를 하기도 한다. 텍스트에 종속된 읽기는 텍스트의 의미를 밝히기 위한 읽기이다. 텍스트에 대한 지식과 텍스트가 전달하려는 정보나 가치에 집중하는 읽기이다. 독자와는 상관없이 텍스트는 고유한 본질 의미를 내포하고 있는데 그 내포된 본질 의미를 찾아내는 일을 강조하는 읽기이다. 이 읽기에서 읽기 능력이 상대적으로 낮은 경우에는 상대적으로 높은 읽기 능력자가 찾은 의미를 반복하여 찾는 경우가 많다. 읽기 능력이 높은 독자가 사용한 방법을 익혀서 활용하고, 그가 찾은 의미를 찾는 것을 목표로 읽기를 한다.

한편 텍스트와 독립된 읽기는 텍스트의 의미를 독자가 임의로 결정하는 것이다. 이 읽기에서 독자는 지신이 활용할 수 있는 방법과 정보를 활용하여 텍스트의 의미를 구성한다. 텍스트 내용의 존재에 대하여 인정은 하지만 그 의미와 가치는 독자의 조건에 의하여 결정된다고 여긴다. 독자가 인식할 수 없거나 가치 없는 것으로 판단하면 가치가 없는 것이다. 또한 주변적인 내용이지만 독자가 가치 있다고 판단하면 의미 구성의 주요 단서가 된다. 텍스트를 도외시하는 것은 아니지만 독자의 요소를 강조함으로써 독자는 텍스트와 관계없이 독립적인 의미 구성을 할 수 있다. 이 경우 텍스트의 내용이 이해되지 않는 것은 텍스트의 문제이고, 독자에게 어려운 내용의 텍스트를 읽기 위한 노력의 여부는 선택의 문제가 된다.

장면적 이해는 이들 관계에 타협점을 제시한다. 장면적 이해의 관점에서 텍스트 이해를 보면, 종속된 읽기와 독립된 읽기는 텍스트 이해의 일련의 과정 속에 포함된다. 종속된 읽기와 독립된 읽기는 상보적인 관계에 있는 것이고, 이는 독자의 자기 이해를 위한 것이다. 독자가 텍스트를 읽는 근원적인 이유도 그렇지만 최종의 결과도 자기 이해를 위한 것이다. 독자는 자기 이해를 통하여 자기 삶의 생성을 위하여 텍스트를 읽는다. 유아가 책을 읽어도 그렇고 어른이 책을 읽어도 마찬가지이다. 종속적 읽기와 독립적 읽기 중 어느 한쪽을 강조하는 읽기는 근원적이고 본질적인 읽기를 실행할 수 없다.

창조는 삶을 긍정의 대상으로 만들고 사유를 적극적인 어떤 것으로 만듦으로써 우리에게 기쁨을 가져다준다. 현존하지 않는 것을 창조하는 활동인 배움·사유를 통해 우리의 삶은 거듭 새로운 지평 위에서 펼쳐지게 된다. 이 삶은 누군가가 우리에게 부여한 삶이 아니라 우리 자신의 배움·사유를 통해 우리로부터 탄생한 삶이기에 긍정의 대상이다. 또한 우리가 새롭게 생성될 삶을 소망하기 때문에 보다 적극적으로 사유하고 배우게 된다. 이 사유와 배움은 기존의 가치를 재현하는 '반응적 힘'이 아니라 새로운 삶과 차이적인 가치를 잉태하는 '적극적인 힘'이다. '사유를 적극적인 어떤 것으로 만드는 삶, 삶을 긍정적인 어떤 것으로 만드는 사유,'(Deleuze. 1962; 이경신 역, 2003:185) 배우는 자, 곧 사유자는 창조 안에서 사유와 삶이 주는 이 같은 기쁨을 맛보게 된다. 이같이 들뢰즈의 배움론에서 학습자는 창조 활동인 배움을 통해 사유의 적극적인 힘을 실험하고 배움을 통해 자신에게 생겨난 새로운 삶을 긍정함으로써 창조적 사유와 새로운 삶이 주는 기쁨을 향유할 수 있다.(김재춘·배지현, 2016:254-255)

교육에 관심 있는 독자는 이 텍스트를 읽는 경우, 실제 장면과 근거 장면을 통해 텍스트의 본질 의미를 찾을 수 있다. 이 독자가 위 텍스트의 본질 의미를 찾아 파악한 것이 어떤 의미가 있을까? 또는 독자가 자기 나름의 논리나 근거로 위 텍스트에 대한 의미를 구성한 것은 어떤 가치를 가질까? 텍스트가 의미하는 바를 알거나 나름의 의미를 구성한 것만으로는 독자에게 아무 일도 일어나지 않는다. 아는 것만으로도 독자가 변화했다고 할 수도 있다. 몰랐던 것을 새롭게 알게 되었기에 변화라고 할 수 있다. 그런데 위 인용문과 같은 텍스트의 본질 의미를 알거나 그 의미를 규정하는 것만으로 독자가 자기 이해를 이루는 것은 불가능하다. 교육하는 생활에 아무런 변화도 가져오지 않는다. 교육하는 생활에 변화를 위해서는 윗글의 내용이 자기 삶에서 실현될 수 있도록 해야 한다. 이를 위해서는 텍스트의 본질 의미 찾기나 의미 규정하기를 넘어 전이 장면을 통한 자기 삶을 생성하는 읽기를 이루어야 한다.

4. 장면적 이해의 과제

독자의 텍스트 이해 과정에 대한 해명은 우리가 읽기를 새롭게 보게 한다. 인지심리학의 도움으로 독자의 텍스트 이해 과정에 대한 해명은 적극적으로 이루어진 측면이 있다. 인지적 관점을 수용하기 전에 이루어진 텍스트 이해는 텍스트에 내재한 객관적 의미 탐색과 확인에 중점이 있었다. 독자는 객체인 텍스트를 객관적으로 탐구하여 의미를 찾아내는 존재였다. 인지적 관점에서 텍스트 이해는 독자의 주관적인 접근을 강조했다. 독자 요인의 관여로 텍스트를 읽는 독자는 자기만의 의미를 구성한다는 것이다. 인지적 관점의 읽기는 텍스트의 객관적인 주제 찾기와는 다른 독자의 개별적인 의미 구성을 강조한다. 이들 '주제'와 '의미'의 속성을 비교해 보면, 두 가지는 다른 점도 있지만 공통점도 있다. 공통점만 보면, 이들은 지식(어떤 대상에 대하여 배우거나 실천을 통하여 알게 된 명확한 인식이나 이해(표준국어대사전))의 특성을 갖는다는 것이다. 비판적으로 말하면, 독자가 자기를 밝혀 이해하는 데 관여하지 않는 읽기라는 것이다.

이 논의는 텍스트 이해는 자기 이해라는 해석학적 관점을 토대로 한다. 이 논의에서 다룬 로렌쩌의 장면적 이해는 텍스트 이해가 자기 이해를 설명하고, 자기 이해를 위한 텍스트 읽기 방법을 제공한다. 장면적 이해는 실제 장면, 유아기 장면, 전이 장면으로 이루어진다. 정신분석의 이 방법을 텍스트 이해와 관련지어 보면 다음과 같다. 실제 장면은 독자가 관찰자의 입장에서 텍스트 내용을 파악하는 것이다. 근거 장면(유아기 장면)은 독자가 탐구자의 입장에서 텍스트를 해석할 수 있는 근거를 찾고, 그 근거로 텍스트 본질 의미를 규명하는 것이다. 전이 장면은 독자가 경험자의 입장에서 텍스트 상황을 직접 경험하여 자기 이해의 계기를 마련하는 것이다. 장면적 텍스트 이해는 이들 세 가지 장면을 구조적으로 상호작용하게 함으로써 독자가 의미의 전체연관을 통하여 자기 이해를 이루게 한다.

　텍스트 이해의 본질은 텍스트의 본질 의미를 찾는 것이 아니라 독자가 자기 이해로 자기 삶을 생성하는 것이다. 독자가 텍스트를 읽는 근본 목적은 의식을 새롭게 하는 것이다. 이는 독자 자신의 삶을 생성하기 위한 것이다. 로렌쩌의 장면적 이해는 독자가 자기 이해를 위한 읽기를 할 수 있는 논리적 단서를 제공한다. 하버마스가 가다머의 이해의 보편성에 대한 반론의 근거로 주목한 것이지만 독자의 텍스트 이해에도 시사하는 바가 있다. 독자의 텍스트 이해 과정을 새롭게 인식할 수 있는 요소를 담고 있다. 그러면서 이해는 자기 이해라는 가다머의 이해론을 실천할 수 있게 하는 한 가지 방법도 제공한다. 독자는 자기 이해를 위한 텍스트 읽기를 이해하고, 자기 삶을 생성하는 읽기를 실행해야 한다. 읽기 교육은 독자가 자기 이해로 삶을 생성하는 읽기를 실행할 할 수 있도록 하는 접근에 관심을 가져야 한다.

참고문헌

김도남(2021), 독자 현존재의 텍스트 이해 특성 고찰, 한국국어교육학회, 새국어교육 126집.

김재춘·배지현(2016), 들뢰즈와 교육: 차이생성 배움론, 학이시습.

박찬국(2018), 하이데거의 『존재와 시간』 강독, 그린비.

서동욱(2002), 들뢰즈의 철학: 사상과 그 원천, 민음사.

이한우 역(2014), 해석학이란 무엇인가, 문예출판사.

임홍배 외(2014) 진리와 방법1, 2, 문학동네.

최고원(2008), 참여와 관찰의 동시성: 가다머 '놀이' 개념과 로렌쩌의 '장면적 이해', 범한철학회 논문집, 범한철학 51집.

최고원(2009) '장면적 이해'의 '전이상황'에 대해서 가다머가 취할 수 있는 입장: 가다머와 하버마스 논쟁의 결론으로서의 '해석학의 보편성', 한국하이데거학회, 존재론 연구 20집.

최고원(2021), 가다머 대 하버마스, 세창출판사.

최진석(2002), 노자의 목소리로 듣는 도덕경, 소나무.

5장

해석 공동체

1. 해석 공동체의 서설

大學之道 在明明德 在親(新)民 在止於至善

위의 글귀는 유교 경서인 『대학』 첫 구절이다. 이 구절의 풀이는 '대학의 도는 밝은 덕을 밝히는 데 있고, 백성을 새롭게 하는 데 있으며 지극한 선에 머무름에 있다'이다.(박일봉, 1988:27) 독자들은 이 구절 풀이를 읽고, 글귀의 의미를 생각한다. 글귀에 대한 의미는 독자마다 다르기보다는 독자 집단마다 다르다. 유학 경전을 학습한 독자 집단은 같은 의미로 해석할 것이다. 그러나 다른 경전을 공부한 사람은 다른 의미로 해석한다. 이 글귀 해석에서 중요한 것 중의 하나가 '明德(명덕)'이다. 이 명덕(明德)의 의미는 종교적 신념에 따라 다를 수 있다. 종교적 신념은 독자 집단이 텍스트를 해석하는 데 사용하는 기제가 되기 때문이다. 기독교와 불교와 유교적 신념에서 명덕(明德)의 의미를 짐작해 볼 수 있다. 기독교적 신념을 가진 독자는 명덕(明德)을 '하나님 말씀'의 뜻으로 해석하고, 불교적 신념을 가진 독자는 부처가 가르친 '불법의 이치' 의미로 해석하며, 유교적 신념을 가진 독자는 공자가 말한 '바른 삶의 도리'로 해석할 것이다. 이와 같이 한 낱말도 어떤 신념을 가진 독자가 해석하느냐에 따라 달라질 수 있다. 독자들은 텍스트를 집단적 의식에 기초하여 해석하는 경우가 있다. 이렇게 집단적 의식(공동체 의식)을 바탕으로 텍스트를 해석하는 독자 조직체를 '해석 공동체'[1]라 한다.

읽기 교육에서는 학습자의 상호작용을 강조한다.[2] 학습자의 상호작용을 강조하는 관점의 근저에는 해석 공동체가 존재한다. 그러나 읽기 교육에서는 집단[3]내에서의 개별적 관념 구성을 강조함으로써 해석 공동체를 소홀히 한다. 즉, 읽기 교육에서는 집단적 텍스트 해석을 강조하지만[4] 그 해석의 내용은 개별 독자에게 일임된다. 그래서 학습자들은 공통된 관념 구성을 하지 못한다. 이 읽기 교육에는 종교적 신념과 같은 공동체 의식의 부재와 관념을 공통으로 구성하는 방법이 없다.[5] 학습자들은 개별 관념을 구성하기 위하여 집단을 이용할 뿐이다.[6] 그 결과 학습자들은 해석 공동체를 구성할 수 있는

---

1   해석 공동체(interpretive communities)는 피쉬(Fish. 1980:167-173)가 사용한 말이다. 한 독자가 두 텍스트를 같은 방식을 해석하거나 두 독자가 한 텍스트를 같은 방식으로 해석하는 이유를 탐색하면서 해석 공동체라는 말을 사용하였다. 피쉬는 해석 공동체 구성 조건으로 구성원의 해석 전략 공유를 들었다.

2   현재의 읽기 교육은 독자(학습자) 중심의 읽기 교육이다. 그래서 학습자 간의 상호작용보다는 학습자의 주체적 독서를 강조한다. 다만 비고츠키의 논의가 읽기 교육에 받아들여지면서 상호작용이 강조되고 있으나 학습자 간의 상호주관적 의미 구성을 할 수 있는 상호작용은 이루어지지 못하고 있다.(김도남, 2006) 독자의 상호작용을 강조하는 대표적인 교육 방법은 협동학습이다.(신헌재 외, 2003 참조)

3   집단과 공동체는 다르다. 집단은 구성원들이 심리적인 유대가 없는 사람들의 조직체이고, 공동체는 구성원들이 심리적 유대를 가진 사람들의 조직체이다. 집단과 공동체의 구체적인 논의는 아그네스 헬러(편집부(백산성당), 1984:11-34)와 강선보(2005:190-201)를 참조할 수 있다.

4   여기서 집단적 텍스트 해석을 강조한다는 것은 독자 중심 읽기와 같이 개별 독자의 관념 구성을 강조한다는 의미이다.

5   읽기 주체들의 관념 공유 부재에 대한 논의는 김도남(2006)을 참조할 수 있다.

6   사회구성주의적 관점에서 보면 관념의 합의나 공유가 있다고 말할 수 있다. 읽기 협동학습 (신헌재 외, 2003)에서 보면, 학생들의 학습 내용 공유가 중요한 활동 목표이다. 그러나

능력을 갖추지 못한다. 독자의 해석 활동은 공동체 내에서 소통할 수 있는 관념을 구성할 때 더 큰 가치를 갖는다. 실제 독자의 해석 활동은 해석 공동체 속에서 이루어진다. 다만, 해석 공동체가 주목받지 못하고 있을 뿐이다. 읽기 교육에서는 해석 공동체의 역할에 관심을 기울일 필요가 있다.

텍스트 읽기에 대한 해석 공동체의 논의는 문학 해석이나 영화 감상 등에서 찾아볼 수 있다. 문학 해석에서는 작품 읽기에서 해석 공동체가 하는 역할을 규명하고(박경일, 2005), 문학 작품이 담고 있는 시대적 여건에서 비롯된 해석 공동체의 의미와 기능을 논의한다.(김건우, 1996) 영화 감상에서는 대학생들의 영화 감상문 분석을 통하여 드러나는 해석 공동체의 존재와 속성을 분석하고 있다.(이소희, 1998) 이들 논의는 해석 공동체의 존재적 특성을 밝히고, 작용 양상을 드러내 보여준다. 이를 통해 해석 공동체는 독자가 텍스트를 해석하고, 이해하는 데 의식적 토대가 된다는 것을 알 수 있다. 이러한 점에서 읽기 교육을 전제한 해석 공동체에 대한 풍부한 논의가 필요하다.

그동안의 텍스트 이해 교육은 자유주의[7]를 강조하는 관점에서 이루어졌

종교적 신념과 같은 공동체 의식에 기초한 관념의 공유가 아니다. 단지 집단적 필요로 또는 상황에 따라 공유할 뿐이다. 박태호(1996:34-38)의 논의를 통하여 사회구성주의와 공동체 주의를 비교할 수 있다. 사회구성주의는 반정초주의(antifoundationalism) 입장을 견지한다. 반정초주의는 독자들이 종교적 신념과 같은 공동체의 기반이 되는 관념이 없다는 것을 뜻한다. 그렇기에 공동체를 구성하는데 정초가 필요하다고 보는 공동체주의에 입각한 해석 공동체는 사회구성주의와 다르다.

[7]　자유주의(liberalism)는 공동체주의(communitarianism)와 대립되는 관점이다. 자유주의는 '인간은 나면서부터 자유롭고 평등하다'는 믿음에서 출발한다. 인간은 다른 동물과 달리 삶의 양식에 대해서, 추구하는 목적에 대해서, 그리고 만족을 추구하는 활동의 종류에 대해서 자유의 능력 혹은 선택의 능력을 갖는다. 자유주의는 자유의 능력이야말로 모든 인간이 평등하게 공유하는 것이며 인간의 존엄성을 해명해 주는 것이라고 역설한다. 따라서 자유주의의 핵심적 가치는 개인의 자유이다.(김선구, 1999:25-26) 자유주의는 그 사상과 운동의 역사적 발전 과정에서 개인의 자유로운 표현과 능력 발휘의 기회를 확보하고 보다 평등한 자유의 분배를 실현하는 데 많은 기여를 하였다. 그러나 자유가 적절히 절제될 때 인간 사회의 진정한 가치가 실현될 수 있다는 측면을 소홀히 함으로써 많은 문제를 야기했다.

다.[8] 개별 독자를 존중하고, 창의적(독창적) 관념 구성에 많은 가치를 부여했다. 이 자유주의에 입각한 읽기 교육은 다른 독자와의 관계를 차이의 측면에서 접근한다. 독자들은 다른 독자와 구별되는 자신만의 관념을 중요시하게 되었고, 다른 독자를 존중하기는 하지만 그 내용에 관심을 집중하지는 않는다.[9] 그렇게 됨으로써 독자들은 해석 공동체를 형성하지 기여하지 못하는 점이 있다. 해석 공동체는 공동체주의[10] 관점에 기초를 둔다. 독서에서의 공동체주의는 독자 간의 관념 공유를 강조한다. 개별 독자만이 구성할 수 있는 창의적 관념이 아니라 공동체 구성원이 공유할 수 있는 관념의 구성에 관심을 둔다.[11] 독자들은 공유할 수 있는 관념을 구성할 때 해석 공동체를 구성할 수 있다.[12]

더 큰 문제는 잘못된 개인주의를 이끌어내고, 다시 이기주의로 연결됨으로써 사회 해체를 노정하고 있다는 점이다.(유병렬, 2002:37-38)

8   읽기 교육에서의 자유주의는 독자 중심 읽기 교육을 가리킨다.

9   협동학습의 원리는 학습자들이 서로 비계를 만들어 주는 것이다. 비계설정은 학습자의 개별성을 강조하는 관점과 연결되면서 서로를 이용하는 것으로 변화한다. 즉, 개별성은 서로 간의 차이성과 경쟁심을 유도하므로 학습자들은 서로를 이용하게 된다.

10 공동체주의는 자유주의의 병폐를 극복하고자 등장하게 되었다. 공동체주의의 자유주의에 대한 비판은 자유주의가 개인의 자유를 과도하게 강조함으로써 인간 공동체적 삶이 무너지고, 이에 따라 개인의 진정한 삶의 질 향상과 자아실현이 불가능하게 되어가고 있다는 데 있다. 그리하여 공동체주의자들은 자유주의 병폐를 치유하고 인간의 참된 자아를 실현하여 복된 삶을 누리기 위해서는 진정한 의미의 바람직한 공동체를 새로이 창출하는 것이 필요하다고 주장한다. 그들이 추구하는 공동체는 타인의 존중과 온정적 배려, 더불어 복된 삶을 사는 인간들의 모임, 상호의존과 연대성에 기초한 인간관계, 공유된 가치와 공통의 목적에 대한 헌신, 그리고 사회적 연대와 결속의 이미지가 담겨 있다. 그들은 이러한 공동체 속에서 구성원들이 의무와 책임을 다하고 서로의 복지와 안위를 염려하며, 서로 도우면서 따뜻한 인간관계를 맺고 사는 그러한 인간과 사회의 모습을 추구한다.(유병렬, 2002:88)

11 제7차 국어과 교육의 목표는 창의적 국어능력 향상이다. 읽기와 관련하여 목표를 정의하면 창의적 읽기 능력 향상이다. 창의적이라는 것에 중요한 요소가 독창성이다. 독창성은 다른 사람과의 구별되는 것이다. 즉 창의적이라는 것은 독자 간 관념의 공유보다는 구별을 강조한다.

12 건강한 공동체의 구성원들은 서로를 인간적으로 대우하고, 개인적 차이를 존중하며, 각자

텍스트 이해는 독자가 마음속에 관념을 구성하였을 때 이루어진다. 독자가 구성한 관념은 텍스트 속에서 독자 마음속으로 이송되거나 독자가 임의적으로 만든 것이 아니다. 독자가 텍스트를 특정한 방식으로 해석함으로써 구성한 것이다. 앞에서 명덕(明德)은 종교적 신념에 따라 의미가 달라진다. 텍스트 해석에 사용하는 이 신념은 독자 고유의 것이 아니다. 같은 종교적 신념을 가지고 있는 공동체 모두의 것이다. 공동체 구성원은 공동체에 들어가면서 공동체 의식을 다른 공동체 구성원에게서 배운다. 해석 공동체 구성원이 공유해야 할 의식은 많다. 해석 공동체 소속감과 타 구성원과의 심리적 연대, 공동체 내에서의 역할 등이 있어야 한다. 이들 해석 공동체 구성원이 되기 위한 필수 요건은 공동 관념[13]과 해석 전략[14]이다. 이 외에 해석의 관점과 해석의 지향점 등이 중요 요건이 된다.

읽기 교육은 읽기 주체[15]들의 텍스트 해석에 관심을 갖는다. 읽기 주체들이

의 존엄성을 가치 있게 여긴다. 건강한 공동체는 집단들이 각각의 목적을 추구하도록 배려해 주고, 서로의 목적이 본질적으로 침해당하지 않을 것이라는 신뢰를 제공하며, 협력과 관계의 분위기를 조장한다. 어려운 일에 대한 격려와 칭찬 감사가 존재하면 구성원들은 그들이 서로 필요로 한다는 것을 안다. 이것은 곧 한 마디로 '이차적 덕'이 존재한다고 할 수 있다. 모든 사람은 포용되어 진다. 이단이나 다른 의견을 소유한 자들에 대한 여지가 존재한다. 추방자가 존재하지 않는다.(김태훈, 2002:106)

13 공동 관념은 개별 독자가 관념을 구성할 때 배경지식과 같이 관념의 바탕이 되는 공동체 구성원이 공유하고 있는 관념이다. 김태훈(2002:102-105)은 공동체의 구성 조건으로 핵심 가치의 공유를 들었다. 그는 공동체의 핵심 가치로는 이타적 덕(배려, 신뢰, 협력)을 제시한다. 그 외에 정의(유병렬, 2002:51-53), 공동선(박찬석, 2002:142) 등을 핵심 가치로 제시한다. 이들 핵심 가치는 도덕 공동체의 것이다. 해석 공동체의 바탕이 되는 공유 핵심 가치로 공동 관념을 들 수 있다.

14 해석 전략은 텍스트를 해석하는 방법이다. 피쉬(Fish:1980:171)는 해석 공동체의 구성 조건으로 해석 방법을 들었다. 같은 해석 방법을 사용할 때 해석 공동체 구성원이 된다는 말이다. 읽기 교육에서 텍스트 중심 접근, 독자 중심 접근, 상호작용 중심 접근 등을 구분하는데 이들 접근의 차이는 해석 전략의 차이라 할 수 있다.

15 읽기 주체는 텍스트를 읽는 행위의 주관자이다. 읽기 주체는 텍스트를 읽고, 관념을 구성하고, 관념을 대표한다.(김도남, 2005) 여기서는 텍스트 해석에 초점이 맞추어지기에 해석의

텍스트 해석을 타당하게 하도록 교육하기 위해서이다. 이 논의는 읽기 주체들이 공동체를 바탕으로 타당한 관념 구성의 가능성을 논의한다. 해석 공동체의 구조 체계와 기능을 논리적으로 따져보고, 공동체 내에서의 해석 주체의 역할을 점검한다. 그동안의 읽기 교육을 비판적으로 살피면서 해석 공동체를 바탕으로 한 읽기 교육의 지향과 읽기 활동의 원리 조건을 생각해 본다. 이는 읽기 교육에서 해석 공동체에 관심을 가지자는 의도이다. 읽기 교육에 대한 관점이나 주장이 교육에 활용되기 위해서는 구체적인 내용과 방법이 필요하다. 그러나 이 논의에서는 이 모두를 다룰 수 없다. 그래서 여기서는 해석 공동체의 기초적인 개념을 중심으로 살피고, 구체적인 읽기 교육적 접근 방법은 다음 논에서 다루고자 한다.

2. 해석 공동체의 개념

해석 공동체는 공동체주의에 기초한다. 공동체는 사람들의 특정한 의도로 모인 조직체이다.[16] 안전한 삶을 영위하기 위하여 촌락을 이룰 수도 있고, 공부를 위하여 학교를 이룰 수도 있다. 공동체주의는 개인의 자유보다 공동체 의식과 구성원의 공동체 관계를 지향한다. 공동체는 생활 속에서 의식적 필요에서 또는 무의식적으로 구성된다. 개별 주체의 공동체 가입과 탈퇴는

행위 주관자라는 의미에서 '해석 주체'라는 말을 사용한다.

16 공동체는 관계망 속에 결속되어있는 한정된 사람들로 형성된다. 그 성원은 일단의 가치관과 신념을 공유한다. 그 관계는 인격적이고 직접적이고, 보통 대면적이다. 그 성원들을 결합시키는 것은 자기 이익보다는 우정이나 의무감이다. 성원간의 유대는 몇 가지 측면만이 아니라 각 사람의 전체에 얽혀 있다. 성원들은 소속감, 즉 '우리 의식'을 느낀다. 각 성원의 이익과 정체성은 전체 이익과 정체성에 의존하고, 또 이를 형성한다. 그리고 성원들은 서로의 결속력을 표현한다.(이지헌 편저, 1997:55)

공동체의 성격에 따라 다르다.[17] 공동체의 성격과 지향은 구성원들에 의하여 결정되는 것으로 공동체에 내재한다. 공동체는 구성원들의 정신적 연대를 이루고 있고, 그 정신적 연대에 의하여 존속된다. 정신적 연대가 사라지면 공동체는 사라진다.

해석 공동체는 '공동 관념'[18]에 기초한 해석 주체들의 '해석 관념'[19]의 연대 (連帶)로 이루어진다. 해석 주체들은 타 해석 주체가 해석 관념을 구성하는 과정에 참여한다. 그래서 해석 주체들은 서로의 해석 관념에 영향을 미친다. 서로의 해석 관념에 대하여 공유하는 부분을 갖는 것이다. 해석 주체들이 공유하는 이 공유 관념[20]이 관념의 연대를 이루게 한다. 해석 주체들은 표면적으로 해석 관념을 매개로 공동체의 연대를 이룬다. 그렇지만 해석 공동체 구성에 심층 조건은 공동 관념[21]이다. 공동 관념은 해석 공동체 구성원이 모두가 공유한 관념이다. 해석 주체들이 공유한 공동 관념이 있어야 해석

---

17 롤즈(Rawls, 1971)는 개인들이 공동체를 자유롭게 선택한다고 본다. 공동체는 자유롭게 선택된 가치를 가지고 있는 개인들의 결사체이다. 공동체에 가입하는 것은 중요한 가치일 수 있다. 그러나 그것은 이미 형성되어 있는 자아에 의해 선택된 것이다. 공동체는 나의 것이지 나일 수 없다. 이것은 출생이 공동체의 성원됨의 기초일 수 없다는 점을 의미한다. (김선구, 1999:45)

18 공동 관념은 공동체 의식의 한 요소이다. 공동 관념은 해석 공동체의 특성을 드러내는 요소이다. 그래서 이 논의에서는 해석 공동체 의식을 공동 관념을 중심으로 논의하고, 필요한 경우에만 공동체 의식을 언급한다.

19 해석 관념은 해석 주체가 텍스트를 해석하여 구성한 관념이다. 해석 관념은 공동 관념에 기초한 관념이면서 공동체 구성원들과 상호작용을 통하여 상호주관적으로 구성한 관념이다. 필요에 따라 '관념'이라고 쓴다.

20 공유 관념과 공동 관념은 구별해야 한다. 공유 관념은 텍스트 해석에 참여하는 해석 주체들이 상호작용을 통하여 공동으로 구성하고 소유한 관념이다. 반면, 공동 관념은 해석 주체가 구성한 관념이 아니지만 해석 공동체 구성원으로서 소유해야 하는 관념이다.

21 공동 관념은 해석 공동체 구성원들이 공유하고 있는 관념으로 텍스트 해석에 바탕이 된다. 해석 공동체 구성원의 심층 의식 속에 존재한다. 본문의 明德을 해석할 때 각 독자가 가진 종교적 신념과 같은 것이 공동 관념이다. 이 공동 관념은 해석 공동체의 구성원이 되는 조건이다. 해석 주체가 구성하는 관념의 뿌리이다.

공동체가 된다. 해석 공동체에 공동 관념이 있으면 몇몇 해석 주체가 떠나도 공동체는 유지된다. 그러므로 해석 공동체는 공동 관념을 공유한 해석 주체들의 해석 관념 연대에 의하여 구성되고 유지된다.

해석 공동체는 텍스트 해석을 목적으로 구성된 공동체이다. 해석 공동체는 하나의 텍스트 해석을 위한 공동체라기보다 텍스트를 특정한 방식으로 해석하는 공동체이다. 해석 공동체 구성원은 공동체의 특성을 바탕으로 텍스트를 해석한다. 이러한 해석 공동체의 구성 조건을 앞의 제시된 내용을 참조하여 정리하면 다음과 같다. 첫째, 둘 이상의 해석 주체가 있다. 이들 해석 주체들은 서로의 관념에 대한 연대 의식을 갖는다. 둘째, 텍스트 해석에 대한 특정한 성향을 가진다. 해석 주체들이 공유한 성향을 '해석 관점'이라 할 수 있다. 셋째, 텍스트 해석에 필요한 방법이 있다. 해석 주체들이 공유한 해석 방법을 '해석 전략'이라 할 수 있다.[22] 넷째, 공동적인 의식의 기반이 되는 관념이 있다. 해석 공동체 구성원들이 공유하고 활용하는 이 관념이 '공동 관념'이다. 다섯째, 텍스트 해석에 대한 특정한 의도를 갖는다. 해석 주체들은 의도 없이 텍스트를 해석하지 않는다. 해석 주체들이 공유한 의도를 '해석 지향점'이라 할 수 있다.[23] 이들 조건으로 인하여 해석 공동체는 존재할 수 있게 된다.

해석 공동체의 바탕이 되는 공동 관념은 해석 주체에 대하여 객체이다.

---

22 피쉬(Fish, 1980)는 해석 공동체를 해석 전략의 공유로 구성된 공동체라고 했고, 피쉬의 영향을 받은 비치(Beach, 1993)는 공동체의 내적 의식을 이야기하면서 전략과 관습을 해석 공동체의 구성 매개로 보았다.(신헌재·진선희, 2006:31-32) 해석 전략과 해석 관습은 해석 주체들이 해석 공동체를 만들게 하는 표면적인 매개이다. 해석 주체들이 해석 전략과 관습의 공유만으로 해석 공동체를 만들 수 없다. 해석 공동체는 해석 주체들의 관념 공유가 바탕이 된 의식적 연대가 있어야만 된다.

23 해석 주체의 지향점은 해석 주체 간의 관념적 연대를 추구하는 '구심적 지향'과 해석 공동체의 변화와 발전을 추구하는 '원심적 지향'으로 구분할 수 있다.

해석 주체와는 거리를 두고 있다. 독자의 배경지식이 독자 고유의 것이라면 공동 관념은 공동체 고유의 것이다. 공동체 구성원들이 공유한 것이지만 주체 고유의 것은 아니다.[24] 이 공동 관념은 해석 주체들의 합의로 결정될 수도 있지만 이미 공동체 내에 존재하는 경우가 많다. 해석 주체는 다른 주체와 직접 대화를 통하여 공동 관념을 알 수도 있고, 간접적으로 참조를 통하여 알 수도 있다. 이 공동 관념의 공유는 학습을 통하여 이루어지는 경우가 많다. 공동 관념의 학습은 공동 관념을 전달하는 주체(지도자, 교사)에 의하여 이루어진다. 해석 주체는 공동 관념을 공유함으로써 공동체 구성원이 된다. 예를 들어 구조주의 텍스트 해석 공동체의 구성원은 소쉬르의 '구조 개념'을 공유해야 한다. 이 구조 개념을 갖지 못하면 텍스트를 구조주의적 방식으로 해석하기 어렵다. 공동 관념은 해석 주체에게 이해되고 받아들여지는 것으로 공동체 구성원에게 요구되는 필수 요건이다. 해석 주체는 공동 관념과 상보적이다. 해석 주체는 공동 관념에 영향을 주기도 하지만 영향을 받기도 한다.[25]

해석 공동체의 해석 주체가 구성하는 해석 관념은 두 가지 속성을 갖는다. 하나는 타 주체와 공유하는 '공유 관념'이고, 다른 하나는 주체의 개별성을

---

24 상호주관성의 관점에서 보면, 공동 관념은 상호주관적 특성을 갖는다. 해석 공동체 구성원들이 상호주관적으로 공유한다. 그러나 상호주관은 주체의 개입이 있어야 성립하지만 공동 관념은 주체의 개입 없이 자립적으로 존재할 수 있다. 선험적 상호주관성과도 유사한 특성을 갖는다. 선험적 상호주관은 주체들이 선험적으로 갖는 것이지만 공동 관념은 해석 주체가 갖기 이전에 해석 공동체 구성원들 사이에 존재할 수 있다.(김병길·김신욱, 2002 참조)

25 예를 들어 <심청전>의 주제를 불교나 유교의 관념에서 '불공에 따른 불교적 극락왕생 또는 불교적 재의(齋儀)로 보거나 심청의 효'로 본다. 이러한 해석은 공동 관념이 주체의 해석에 영향을 준 것이다. 한편, 조동일은 표면적 주제는 유교 이념을 긍정하는 보수적인 효이지만, 이면적 주제는 유교 이념을 부정하는 진보적 현실주의라고 나누어 파악하기도 한다. 이 조동일의 해석도 의미 있게 받아들여지고 있다(해석 공동체를 이루고 있다). 이것은 해석 주체가 공동 관념에 영향을 준 예라 할 수 있다.(엠파스 백과사전 참조) http://100.empas.com/dicsearch/pentry.html/?i=167422)

갖는 '개별 관념'이다. 공유 관념은 타 주체와 상호주관을 갖는 부분이고, 개별 관념은 주체가 타 주체와 구별되는 주관의 부분이다.[26] 해석 주체가 공동 관념을 바탕으로 구성한 이 해석 관념을 '공(共)주관'이라 한다.[27] 大學之道 在明明德 在親(新)民 在止於至善을 불교적 신념을 가진 해석 주체는 '큰 공부의 길은 부처님 말씀의 바른 뜻을 밝히고, 그 말씀의 바른 뜻을 사람들에게 가르쳐 사람들이 극락정토에 들도록 하는 것이다'로 해석할 수 있다. 이러한 해석은 불교적 신념(공동 관념)이 바탕이 된 해석 주체들의 관념과 관련(공유 관념)을 맺고 있다. 그러면서 지선(至善)을 극락정토로 바라보는 해석 주체의 관념(개별 관념)도 함께 한다. 이러한 해석 주체의 관념이 공주관이다.

읽기 교육 활동에도 해석 공동체는 존재한다. 텍스트 중심이나 독자 중심의 읽기 교육에서 해석 공동체는 항상 존재한다. 학급은 하나의 해석 공동체이다. 다만, 읽기 교육 상황에서 해석 공동체가 부각되지 못하여 그 역할을

---

26 해석 주체의 상호주관 구성에 대해서는 김도남(2006)을 참조할 수 있고, 주관 구성에 대해서는 김도남(2005)를 참조할 수 있다. 해석 주체의 주관과 상호주관을 그림으로 나타내면 다음과 같다.

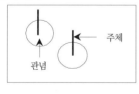
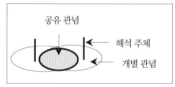

<주관의 구조>　　　　　　　　<상호주관의 구조>

27 공주관의 구조를 그림으로 나타내면 다음과 같다.

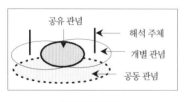

<공주관의 구조>

하지 못했다. 소집단 읽기 학습이나 읽기 협동학습이 그 좋은 예이다. 소집단 읽기 학습은 텍스트 해석을 집단 구성원들이 각자 책임량을 나누어 맡아서 하고, 그 결과를 집단의 해석 결과로 제시한다. 집단 구성원들이 함께 참여하였으나 공동 관념에 관심이 없다. 과제 해결에 모든 의식을 집중한다.[28] 읽기 협동학습도 개인 책무성이나 상호의존성, 적극적 참여 등을 강조한다. 그러면서 개인 학습자의 발달을 강조한다. 표면적으로는 관념을 공유하기도 한다. 그러나 개인 간의 차별(이질집단 구성, 향상점수)이나 경쟁뿐만 아니라 집단 간의 경쟁의식을 강조한다.[29] 구성원 간의 목적 있는 관계를 맺기는 하지만 해석 주체들이 근본적으로 관념의 연대 의식을 갖게 하지는 못한다. 두 학습 방법 모두 개인들이 서로의 이익을 위하여(승승의 법칙) 서로를 이용하는 것이다. 해석 공동체로 발전할 수 있는 조건을 마련하지 못한 활동이 된 것이다. 학교의 읽기 수업이 해석 공동체를 구성하는 활동이 되기 위해서는 해석 주체의 주관이나 상호주관 구성을 넘어 공주관 구성을 하도록 해야 한다.

3. 해석 공동체의 체계

텍스트 해석 공동체는 개별 해석 주체가 활동하기 전부터 존재한다. 텍스트가 있고, 독자가 있으면 텍스트는 해석되어왔다. 해석 공동체의 시작은 텍스트가 존재하면서부터이다. 그러나 해석 주체의 입장에서 보면 다른 해석 주체를 의식하면서부터 해석 공동체는 존재하기 시작한다. 해석 주체는 자신

---

28   이에 관련된 학습활동은 프로젝트 학습법(지정옥, 1995)을 참조할 수 있다. 프로젝트 학습법의 주요 관심은 소집단 구성원이 협력하여 집단에 주어진 과제를 효과적으로 해결하는 것이다. 과제 해결을 위하여 구성원들이 어떻게 효율적으로 협력할 수 있는가가 관건이다.
29   읽기 협동학습에 대해서는 신헌재 외(2003)를 참조할 수 있다.

과 구분되는 다른 해석 주체를 만나야 해석 공동체가 성립될 수 있기 때문이다. 이 해석 공동체는 기능에 따라 몇 가지 형태로 구분할 수 있다. 몇몇 해석 주체들이 특정 텍스트를 해석하면서 만든 해석 공동체가 있다. 학급 독서 모둠이나 독서 동아리와 같은 것이다. 개별 해석 주체들이 특정한 의도에서 만들어진 해석 공동체이다. 이와 달리 대학의 학과나 학회와 같은 시간적으로 오래되고, 구성원이 많은 해석 공동체가 있다. 전자를 '미시 해석 공동체'라 한다면, 후자는 '거시 해석 공동체'이다. 이 두 공동체는 서로 긴밀한 연관관계에 있다. 이 두 공동체를 연결하는 '중재 해석 공동체'가 있기 때문이다. 이들 세 해석 공동체를 묶어서 '총체 해석 공동체'라고 할 수 있다. 이들에 대하여 살펴보면 다음과 같다.

가. 미시 해석 공동체

미시라는 말은 작게 본다는 뜻이다. 특정한 대상을 구체적으로 인식할 수 있게 축소해서 보거나 특정 부분만을 보는 것을 가리킨다. 미시 해석 공동체는 거시 해석 공동체의 일부 공동체이다. 두 개 이상의 공동체가 연합한 거시 해석 공동체와 상대적인 의미를 갖는다. 미시 해석 공동체는 거시 해석 공동체에 비하여 작고 분명하다. 구성원, 활동 특성, 활동 목적, 활동 전략, 활동 과정, 활동 결과 등을 분명하게 인식할 수 있다. 미시 해석 공동체 구성원들은 서로를 분명하게 알고 있다. 외부에서도 공동체에 대하여 분명하게 인식할 수 있다. 이런 미시 해석 공동체는 우리의 생활 주변에 많이 있다. 가정에도 있고, 학교에도 있고, 사무실에도 있다. 공동체라는 것이 물리적인 범주를 갖는 것은 아니지만 인식이 가능하다.

미시 해석 공동체는 해석 주체들이 자발적으로 만들기도 하지만 타의에 의하여 만들어지기도 한다. 학교 독서 동아리는 자의적이지만 학급의 모둠은 타의적이다. 공동체의 운영에 있어 해석 주체의 의지가 중요하다. 해석 주체들의 의지에 따라 공동체의 특성이 달라진다. 해석 주체들은 공동체 내에서 해석 전략을 익히고, 공동 관념을 학습한다. 이를 바탕으로 텍스트를 해석한다. 그러면서 타 주체와 관념 소통을 통한 유대를 형성한다. 해석 주체들은 텍스트 해석에서 서로 의지한다. 해석 전략의 사용과 해석 관념의 내용에 대하여 서로 점검한다. 즉, 해석 주체들은 서로 관심을 가지며, 해석 공동체 활동에 적극적으로 관여한다. 해석 주체의 공동체 관여는 타 주체와 대립과 협력으로 서로의 차이점을 조정하는 것이다. 해석 주체들은 각기 공주관을 구성하고, 공주관의 일정 부분을 공유하는 것이다.

해석 주체들은 텍스트에 대한 개별 관념을 구성하지만 그 관념은 공동체 내에서 강조되지는 않는다. 해석 공동체는 개별 주체의 해석 관념이 갖는 차이는 인정하지만, 그 차이는 극복되거나 최소화해야 한다고 본다. 이것은 자유주의 관점(개인주의, 독자 중심)과 반대되는 부분이다. 자유주의 관점에서는 주체의 개별 관념은 다른 모든 것보다 우선한다. 그러나 공동체주의 관점에서 주체의 개별 관념은 해석 공동체에 기여해야 한다. 그래서 주체의 해석 관념이 해석 공동체의 관념 범주를 벗어나면 제지가 가해진다. 해석 주체가 공동체의 조정을 받아들이지 않으면 해석 주체는 공동체에 머무를 수 없다. 미시 해석 공동체는 해석 주체의 관계가 분명하기 때문이다. 그렇다고 개별 주체의 특성을 완전히 무시하는 것은 아니다. 근본적으로 존중을 하면서 공동 관념의 허용 범주 내에서 조절하도록 한다.[30] 개별 주체들은 관념에

---

30 해석 주체들은 해석 관념을 두 가지 입장에서 구성한다. 공동체 지향의 관념 구성과 공동체 이탈의 관념 구성이다. 공동체를 지향하는 해석을 '구심적 해석', 공동체 이탈을 지향하는 해석을 '원심적 해석'이라 할 수 있다. 구심적 해석은 공동체를 유지시키고, 원심적 해석은 공동체를 변화시킨다. 해석 주체의 구심적 해석과 원심적 해석은 공동체 유지와 발전의 동력이다.

대한 합리화보다는 객관화를 지향한다. 즉, 타 주체와의 타협을 통하여 관념을 수정한다. 그렇게 하면서 해석 주체들 간의 공유 관념의 영역을 확대한다. 이는 해석 주체들이 해석 관념의 획일성을 요구하는 것이 아니라 공동체의 특성이 반영된 관념 구성을 추구하는 것이다. 관념의 조정은 주체 간의 합의를 통한 결정이기보다 공동 관념에 기초한 판단이다. 공동 관념이 해석 관념을 판단하는 준거이다. 해석 주체들의 상호작용은 공동체의 공동 관념을 반영한 공주관을 만들어가는 것이다. 그래서 미시 해석 공동체 구성원의 텍스트 해석은 일정한 경향성을 띤다. 해석의 경향성은 주로 공동 관념과 해석 전략 때문이기도 하지만 해석 주체들 간의 상호작용 결과이다.

미시 해석 공동체는 공동 관념과 해석 전략을 학습하고, 실세적인 해석이 일어나는 공간이다. 학교에서는 개별 학급이 미시 해석 공동체의 최대 단위가 된다. 학급 내에 작은 모둠들이 존재할 수 있다. 이 작은 모둠들은 하위 미시 해석 공동체가 된다. 미시 해석 공동체의 해석 활동은 토론이 주가 된다. 형식적으로 읽기 협동학습이나 독서 클럽, 독서 워크숍과 같은 활동이다. 그러나 협동학습이나 독서 클럽, 독서 워크숍 등이 해석 공동체의 특성을 갖는 활동이 되기 위해서는 해석 공동체의 의식을 바탕으로 이루어져야 한다. 읽기가 개별적 반응을 형성하여 명료화하고 심화하는 것이 아니라 공동의 반응을 형성하여 조정하고, 공유해야 한다. 이러한 텍스트 해석은 공동체의 속성을 반영한 해석이다. 반응의 심화가 주체를 존중하는 해석이라면 반응의 공유는 공동체를 존중하는 해석이다.[31] 공동체 해석은 해석 전략의 공유나 관념의 연대 및 공동체 의식을 공유한 해석 활동이다.

---

31 해석 주체 중심의 해석은 공동체 입장에서 보면 원심적 해석이고, 공동체 중심 해석은 구심적 해석이다. 원심적 해석은 공동체의 발전을, 구심적 해석은 공동체의 연대감을 높인다. 공동체 구성원으로서의 해석 주체는 이 두 가지를 모두 추구해야 한다.

나. 거시 해석 공동체

거시라는 말은 크게 본다는 의미이다. 크게 본다는 의미는 개별적이거나 부분적으로 보는 게 아니라 전체적으로 본다는 의미이다. 거시 해석 공동체는 두 개 이상의 미시 해석 공동체로 이루어진다. 구성원을 달리하는 미시 해석 공동체의 연합이다. 그래서 거시 해석 공동체는 그 존재를 인식할 수 있지만 분명하게 드러나지 않는다. 그러면서 해석 주체들의 심리적 의지처로 작용한다. 거시 해석 공동체는 단순히 미시 해석 공동체의 연합 이상의 의미를 지닌다. 공동 관념과 해석 전략의 심리적 원천이고, 공동체 의식의 구심점이다. 해석 주체들이 추구하는 텍스트 해석의 이상적 표준이 존재하는 곳이다. 이러한 심리적 거시 해석 공동체는 개별 주체들이 활동하기 이전부터 존재하며, 미시 해석 공동체에 의하여 확장되고 변화한다. 공동체의 변화는 미시 해석 공동체의 해석 전략과 관념을 수용으로 이루어진다. 거시 해석 공동체의 예는 한 지역의 같은 학년 학생들이나 대단위 학회, 대학의 한 학과 등이다. 각 대학의 학과는 단위 학과로 출발할 수 있지만 그 학과의 구성에는 역사적인 학문적 전통이 있다. 그리고 다른 대학의 학과와 공동 관념에 기초한 연대감을 가지고 있다.

거시 해석 공동체의 범위는 시간적 공간적으로 제한되지 않는다. 해석 주체들이 공동체 요건(전략, 관습, 관념, 의식 등)을 갖추고 있으면 모두가 구성원이다. 공동체 요건의 공유는 거시 해석 공동체에서 미시 해석 공동체에게 전달하여 이루어진다. 요건의 공유는 고대와 현대를 따지지 않고, 도시와 지방을 괘념치 않는나. 해석 공동체 구싱 요건은 구성원 전체가 합의한 것은 아니지만 공동체가 구성되고 발전하는 과정에서 형성된 것이다. 그래서 공동체의 구성원들은 암묵적으로 동의를 하기도 한다. 해석 공동체가 지진 요건은 고정되지 않는다. 새 요건이 제기되어 그 타당성이 인정되면 곧 공동체의 요건으로 작용할 수 있다. 거시 해석 공동체는 이들 공동체 요건을 결정하고 유지하고 관리한다.

거시 해석 공동체는 관습, 관념, 목적, 지향점, 전략, 연대 의식 등을 미시 해석 공동체에 제공한다. 학교 공동체를 보면, 거시 해석 공동체의 핵심부에 있는 교육과정과 교과서가 공동체 구성 요소를 제시한다. 학급 공동체에서는 교사를 통하여 이들 공동체 구성 요소를 학습한다. 그 결과 학습자들은 거시 해석 공동체의 구성원이 된다. 그러나 현재의 읽기 교육에서 보면, 학교 해석 공동체는 거시 해석 공동체의 기능을 충분히 수행하지 못한다. 개별 학습자들이 공동 관념을 바탕으로 공주관을 구성하지 못하기 때문이다. 학습자들은 표면적으로는 거시 공동체의 형태를 띠고 있지만 심층적으로는 그렇지 못하다. 학습자들이 공유해야 할 공동 관념이 분명하지 않기 때문이다. 지금의 읽기 교육은 공동체주의 관념을 선택하고 있지 않다. 자유주의 관념에서 해석 전략을 강조하고, 개별 관념을 중요하게 여긴다. 공동 관념과 공유 관념의 강조 없이는 거시 공동체의 다른 요건을 강조한다고 하여 해석 주체가 공주관을 구성할 수 없다. 진정한 해석 공동체를 이루지 못하는 것이다. 읽기 교육이 해석 주체들이 공주관을 구성할 수 있도록 하기 위해서는 공동체주의 관점을 수용해야 한다.

다. 중재 해석 공동체

거시 해석 공동체와 미시 해석 공동체는 중재 해석 공동체에 의하여 그 기능을 다한다. 중재 해석 공동체는 거시 해석 공동체와 미시 해석 공동체의 중간에 위치한다. 두 공동체를 넘나들면서 미시 해석 공동체와 거시 해석 공동체에 연결한다. 이를 통하여 거시 해석 공동체를 확장시키는 역할을 한다. 중재 해석자 공동체는 자체적으로 텍스트 해석을 수행하기도 하고, 해석 전략이나 해석 관념을 구성하기도 한다. 하지만 중재 해석 공동체의 주 역할은 미시 해석 공동체를 교육하여 거시 해석 공동체에 연결하는 것이다.

중재 해석 공동체의 구성원은 주로 미시 해석 공동체와 함께 활동한다. 중재 해석 공동체 구성원은 표면적으로 미시 해석 공동체의 구성원이다. 그러나 이면에는 거시 해석 공동체를 지향하고 있다. 이러한 지향이 미시 해석 공동체를 거시 해석 공동체와 연결하는 기능을 한다. 만약 중재 해석 공동체의 구성원이 미시 해석 공동체만을 지향하게 되면 거시 해석 공동체는 존재 의미가 없고, 미시 해석 공동체는 발전이 없다. 그래서 사회는 중재 해석 공동체의 바른 역할을 강조한다. 학교의 교사는 거시 해석 공동체와 미시 해석 공동체를 연결하는 대표적인 중재 해석 공동체 구성원이다. 사회 곳곳에는 교사와 같은 기능을 하는 중재 해석 공동체 구성원들이 있다.

중재 해석 공동체의 구성원은 거시 해석 공동체의 경험을 갖는다. 그래서 공동체 의식에 기초한 텍스트 해석을 할 수 있는 능력이 있다. 중재 해석 공동체의 해석 전략과 공동 관념 및 공동체 의식의 소유는 거시 해석 공동체의 표식이기 때문에 권위를 갖는다. 즉, 미시 해석 공동체를 지도할 수 있는 권한을 부여받는다. 이러한 권한은 공동 관념을 전달할 수 있게 하는 내재적인 힘이다. 중재 해석 공동체 구성원은 해석의 주체이면서 중재의 주체이고, 해석 공동체를 유지 발전시키는 주체이다. 그래서 중재자는 근본적으로는 미시 해석 공동체에 대한 지도의 책임을 큰 의미로 받아들인다.

중재 해석 공동체 구성원은 거시 해석 공동체의 해석 준거를 활용하여 미시 해석 공동체를 지도한다. 지도는 미시와 거시 해석 공동체를 연결하는 중요한 활동이다. 해석 전략을 지도하여 해석 관념을 구성하고, 소통할 수 있는 조건을 마련하여 구성원의 유대를 강화하는 기능을 한다. 공동체 구성원들이 중재자(교사)의 도움이 없어 관념의 공유와 유대를 이루지 못하게 되면 공동체는 존재의 의미를 상실하게 된다. 교사의 역할은 해석 전략의 지도만이 아니라 미시 해석 공동체가 유지되도록 하는 것이다. 교사는 교육 활동 과정에서 지도 내용에 대한 평가를 한다.[32] 평가는 학습자들이 해석 공동체 구성원이 되기 위한 통과의례이다.

라. 총체 해석 공동체

총체 해석 공동체는 미시, 거시, 중재 해석 공동체 전체를 가리킨다. 총체 해석 공동체는 이들 세 해석 공동체가 각 공동체의 역할을 하면서 안정된 상태를 유지하고 있는 공동체이다. 안정된 상태라고 하지만 계속해서 변화 발전한다. 새로운 미시 공동체의 등장과 거시 공동체의 대처를 통하여 중재 공동체의 생성과 미시 공동체의 변화를 이끌어간다. 미시와 거시의 지속적인 상호작용을 통하여 총체 해석 공동체는 변해가는 것이다. 새로운 공동 관념과 해석 전략을 개발하고, 새로운 해석 관념을 생성해 낸다. 새로운 전략과 관념은 새로운 해석 공동체를 만들게 된다.

총체 해석 공동체는 다양한 미시 해석 공동체를 갖는다. 거시 해석 공동체의 핵심에 있는 공동체도 있지만 주변부에 있는 공동체도 있다. 이들의 관계는 공동체의 해석 요건 공유의 차이에서 비롯된다. 공동체 해석 요건의 공유에는 공동체 간 시간적 거리가 존재한다. 해석 주체들 사이의 공동 관념과 해석 전략 등의 전달은 전광석화처럼 이루어지지는 않는다. 미시 해석 공동체 구성원들이 이들을 공유하는 데는 일정한 시간이 있어야 한다. 그러다 보니 공동체 간에 차이가 날 수 있다. 또한 공동체의 특성에 따라 새로운 해석 전략보다 기존의 해석 전략을 고수할 수도 있다. 공동체 구성원들의

---

32 김상욱(2004:81)은 해석 공동체가 해석 주체의 주관성에 대한 객관적 여와 장치를 마련하기 위하여 고안된 개념이라고 본다.

의지나 특성이 다르기 때문이다. 미시 해석 공동체들은 공동체 간에 구별되는 특성을 갖고 싶어 한다. 같은 거시 공동체에 속하더라도 해석 전략의 변화를 통해 새로운 해석을 추구한다. 이러한 구성원의 의식은 다양한 속성의 미시 해석 공동체를 만들어낸다. 그렇기에 총체 해석 공동체는 다양한 미시 공동체로 이루어진다.

총체 해석 공동체는 공동체 간의 유대 관계를 바탕으로 구성된다. 미시나 거시 공동체 간에 같은 전략의 공유나 공동 관념이 없으면 총체 해석 공동체를 이룰 수 없다. 같은 전략의 공유나 공동 관념을 갖지 못한 공동체는 전혀 다른 공동체가 된다. 예를 들어 텍스트 중심 해석 공동체와 독자 중심 해석 공동체는 서로 다른 해석 공동체가 된다.[33] 그들은 해석 전략이 다르고, 그 결과 읽기 주체들이 구성하는 관념이 달라진다. 이 경우 해석 공동체 간에는 벽이 생기게 된다. 텍스트 중심 해석 공동체는 하나의 총체 해석 공동체가 되고, 독자 중심 해석 공동체는 또 다른 총체 해석 공동체가 된다. 하나의 총체 해석 공동체는 거시 해석 공동체의 전략을 미시 해석 공동체에게 전달하는 중재 공동체의 역할에 크게 의존한다. 중재 공동체의 역할이 거시와 미시의 유대를 형성하도록 하는 것이기 때문이다.

총체 해석 공동체는 계속 변화한다. 공동체의 크기와 전략의 정교화가 이루어져 해석 관념이 풍부해지는 양적 변화도 있을 수 있지만, 해석 관점과 공유 관념 및 해석 전략이 전면적으로 바뀌는 질적 변화도 있다. 양적 변화는 해석 공동체의 내실을 다지는 것이지만 질적 변화는 새로운 해석 공동체로의 변화이다. 예를 들어 텍스트 중심 해석 공동체가 여러 미시 해석 공동체를 가지게 되는 것과 텍스트 형식 구조 활용 전략이 텍스트 내용 구조 활용

---

33 텍스트 중심 해석 공동체와 독자 중심 해석 공동체는 피쉬(Fish, 1980)가 말하는 전략을 공유한 해석 공동체이다.

전략을 바뀌게 되는 것은 양적 변화이다. 그러나 텍스트 중심 해석 공동체가 독자의 배경지식이나 인지 독해 전략을 강조하는 독자 중심 해석 공동체로 바뀌는 것은 질적 변화이다. 텍스트 요인에 기초한 해석이 독자의 요인에 바탕을 둔 해석으로 바뀌었기 때문이다. 질적 변화는 기존 공동체의 해체와 재구성을 통하여 이루어진다.

4. 해석 공동체의 구성

해석 공동체는 해석 주체들로 구성된다. 단지 해석 주체들의 모임이 아니라 해석 주체들의 심리적 연대를 바탕으로 만들어진다. 해석 주체들을 읽어 주는 내적인 조건이 존재하지 않으면 해석 주체들은 공동체를 유지하지 못한다. 독자 중심의 읽기 방식의 경우, 독자들은 자신의 관념을 지나치게 강조하기 때문에 다른 주체와 공동체를 유지할 수 없다. 사회적 상호작용을 강조하는 읽기 소집단 학습이나 읽기 협동학습도 공동체의 형식을 띠고는 있지만 근본적으로 해석 공동체라고 하기 어렵다. 해석 주체들의 관념 연대가 공동체를 이루기에는 부족하기 때문이다. 구체적으로 주관적 해석이나 상호주관적 해석 모두 해석 공동체를 지향하지만 공동체를 이루기에는 부족하다. 상호주관은 공동체를 이룰 수 있는 조건은 많이 갖추기는 했다. 그러나 근본적으로 공동 관념을 공유하고 있지 않다. 또한 해석 주체 간의 해석 관점이나 지향점의 공유를 전제하지 않는다. 다만 활동의 과정이 같을 수 있다는 전제를 한다.

해석 공동체 구성은 해석 주체들의 학습을 기반으로 한다. 해석 주체들은 공동 관념과 해석 전략 등을 학습을 통해 익힌다. 해석 주체들은 중재 해석 공동체의 지도로 학습을 한다. 중재 해석 공동체의 대표 격인 교사들은 학생들에게 해석 공동체 구성원이 지녀야 하는 요건들을 가르친다. 학생들은 교사로부터 해석 공동체의 구성원이 되는 데 필요한 내용을 배운다. 교사의 교육 활동은 형식적·비형식적으로 이루어진다. 해석 주체들은 교사의 지도를 받아야 하고, 평가도 받아야 한다. 공동체 구성원의 도움도 받아야 한다. 교사의 지도와 평가의 결과로 학습자들은 해석 공동체의 구성원으로 인정된다. 평가의 결과에서 공동체가 원하는 기준을 넘으면 해석 주체는 공동체 구성원으로서의 소속감을 갖는다. 타 주체들도 공동체 구성원으로 인정한다. 그러나 형식적인 평가보다는 구성원들의 심리적 인정이 구성원의 소속감을 결정하는 데 우선하는 경우가 많다.

해석 주체들이 공동체를 이루기 위해서는 구성원 간 상호작용이 필수적이다. 해석 공동체는 해석 주체의 상호작용으로 이루어진다. 상호작용은 텍스트의 선택과 읽기 활동, 역할의 분담과 정보의 공유는 물론 심리적 친밀감을 바탕으로 이루어진다. 기본적으로 활동의 목적이나 의도를 공유하고, 활동을 함께 계획하고, 활동을 함께한다. 해석 주체는 텍스트의 해석을 위하여 필요한 활동을 함께하는 것이다. 해석 활동의 과정에서 해석 주체들 간의 차이는 대화를 통하여 조정한다. 공동체를 이루고 있는 해석 주체들은 서로의 차이점이 있을 것을 전제하지만 해석 활동에서는 서로의 차이점이 큰 의미가 없음을 안다. 그래서 다른 주체의 관념에 관심을 가지고 공동 관념으로 조정하려는 의도를 드러낸다. 구성원들은 서로를 구분하기 위한 상호작용을 하기보다는 서로 동질감을 갖기 위한 상호작용을 한다. 해석 주체의 상호작용은 공주관 구성에 기여하고, 그것이 해석 주체의 관념을 정교화하고, 공고히 하는 것으로 이어진다.

해석 주체들은 공동 관념을 기반으로 한 관념의 연대를 형성한다. 읽기 주체들은 공동 관념을 활용함으로써 해석 관념을 구성하고 공유한다. 예를 들어 심청전을 '효행은 복을 받는다'로 해석하는 공동체가 있다면 이 해석 공동체에 참여하고 있는 구성원들은 심청전을 효행 이야기로 받아들인다. 심청전을 효행으로 받아들이는 것은 심청의 모든 행동을 효의 의도를 가진 행동으로 보기 때문이다. 그래서 전체의 내용 줄거리는 효와 관련하여 표상하고, 심청의 행동에서 효의 의미를 찾는 해석을 한다. 그 결과 해석 주체들은 공동체가 '효도의 미덕'이라고 규정한 관념을 텍스트 해석에서 다시 확인하고, 해석 관념을 효라고 구성한다. 이러한 해석의 방식은 해석 주체들이 동일한 해석 전략을 사용한 결과로 공동 관념에 수렴되는 관념을 구성하게 한다. 즉, 해석 주체들이 공동 관념을 기반으로 한 연대를 하게 한다. 이러한 연대는 춘향전 등의 텍스트도 같은 방식으로 해석한다. 이러한 관념의 연대가 이루어지지 않으면 해석 공동체는 와해된다. 예를 들어 심청전의 주제를 유교 이념을 부정하는 진보적 현실주의(조동일, 1971)라고 해석을 한다면[34] 이는 기존의 해석 공동체를 벗어나는 관념을 제시하는 것이다. 이 해석 방식과 관념은 기존의 해석 공동체에서 받아들여지지 못하고 새로운 해석 공동체를 형성하게 된다. 텍스트를 해석하는 데 필요한 전략과 그 공동 관념이 다른 것이기 때문이다.

해석 주체들은 거시 해석 공동체로의 발전 의지를 갖는다. 해석 주체들은 자신의 관념이 다른 주체들에게 인정되기를 바란다. 해석 주체가 관념에 대하여 타 주체의 인정을 바라는 것은 미시 해석 공동체를 넘어 거시 해석 공동체로 확장되기를 기대하는 것으로 이어진다. 이러한 인정에 대한 기대 의식은 해석 주체의 필연적인 욕망이다. 공동체 구성원으로서 자기 정체성을 분명히 드러내는 것이기 때문이다. 또한 공동체의 정체성을 드러내는 것이기도 하다. 이 인정 기대는 미시 해석 공동체가 거시 해석 공동체로 발전하기 위한 조건도 된다. 새로운 해석 전략을 바탕으로 한 관념의 구성이 미시

---

34   각주 26 참조.

해석 공동체에서 성립되었을 경우 이 관념은 다른 공동체와 연대를 함으로써 거시 공동체가 될 수 있다. 이런 공동체 변화의 기반이 되는 것이 발전하려는 의지이다. 모든 해석 주체들은 공동체를 유지하기 위한 구심적 관념의 구성과 공동체를 벗어나려는 원심적 관념의 구성 의지를 갖는다. 이 관념 구성 의지는 공동체를 변화시키는 단서가 된다.

5. 해석 공동체의 지향

해석 공동체는 다양한 해석 주체들로 이루어져 있다. 이들 주체는 공동체의 유지를 위한 구심적 지향과 주체의 변화와 공동체의 발전을 추구하는 원심적 지향을 함께 갖는다. 구심적 지향은 관념 소통을 통한 공동체 유지 욕망의 발현이고, 원심적 지향은 해석 공동체의 변화를 추구하는 공동체 이탈 욕망의 발현이다. 그래서 주체들은 공동체에 대한 소속 의식과 이탈 의식을 함께 가진다. 구심적 지향은 해석 주체 간의 공동 관념과 해석 전략 및 해석 관념의 공유를 추구하는 것이다. 특히 원심적 지향은 새로운 공동 관념의 구성과 해석 전략 및 해석 관념의 변화를 추구하는 것이다. 이들 지향은 상호 길항작용을 하면서 공동체를 유지 발전시킨다. 해석 공동체가 지향하는 내용을 공동 관념의 공유, 해석 주체의 유대 강화, 해석 전략의 공유, 관념의 소통, 공주관의 구성으로 구분하여 살펴본다.

가. 공동 관념의 공유

해석 공동체의 공동 관념은 공동체마다 다르다. 종교적 신념일 수도 있고, 관점이나 이론에 근거한 관념일 수도 있다. 해석 주체들의 텍스트 해석에 바탕이 되는 관념이면 공동 관념이 될 수 있다. 전통적으로는 국가관, 민족관, 선(勸善懲惡), 덕(仁義禮智信), 충, 효, 자비, 신념 등이 공동 관념이었고, 오늘날에는 미, 가치, 진리, 이론, 관점, 과학, 논리 등이 공동 관념이다. 이들은 일반적 공동 관념이다. 공동체들은 자체의 공동 관념을 선택하거나 만들어야 한다. 공동 관념은 찾아야 하지만 해석 주체들의 의식의 한 부분이기도 하다. 해석 공동체에서는 특정 관념을 구성원들이 합의 하에 선택함으로써 공동 관념이 된다. 해석 주체는 해석 공동체에서 정한 공동 관념을 수용한다. 해석 주체들이 공동 관념을 수용하지 않으면 해석은 서로 다른 방향으로 흘러갈 것이다. 공동체 구성원들이 서로 소통할 수 있는 관념의 부분을 사라지게 된다.

공동 관념은 해석 공동체 내에서 체계적으로 설명되고 합의된 관념이다. 그래서 해석 주체들이 타당하게 받아들일 수 있고 의미 있는 것으로 인식하는 관념이다. 임의적으로 선택된 생각이나 의견이 아니다. 타당한 근거와 논리가 바탕이 된 관념이다. 예를 들어, '미'를 공동 관념으로 설정하기 위해서는 '미'에 대한 체계적인 설명과 합의된 규정이 있어야 한다. '미'(아름다움)의 개념, 조건, 구조, 기능, 의의 등이 공동체 구성원들이 납득할 수 있도록 규정되어야 한다. 그래야 모든 해석 공동체 구성원들이 공유할 수 있다. 개인의 편협한 생각이나 사회적으로 가치가 없는 관념은 해석 주체들이 받아들이지 않는다. 공동 관념은 그 자체가 의미 있는 내재적 가치와 공동체 구성원에게 의미 있는 것이어야 되는 외재적 가치를 모두 지녀야 한다. 물론 외재적 가치는 해석 공동체 구성원이 아닌 다른 해석 공동체에도 의미 있는 것이어야 한다. 이러한 가치를 갖지 못하는 공동 관념은 사회적으로 의미 있는 해석 공동체를 만들지 못한다.

공동 관념은 해석 공동체의 특성을 결정한다. 해석 주체들은 공동 관념을 바탕으로 관념 구성하기 때문이다. 즉, 공동 관념은 해석 주체들의 관념이 일정한 경향성을 갖도록 한다. 해석 주체들이 갖는 공동 관념이 다르면 해석의 경향성은 달라진다. 해석 주체들이 어떤 공동 관념을 공유하는가에 따라해석 관념이 달라지는 것이다. 해석 공동체는 해석 주체들이 공동 관념을바탕으로 해석을 하지 않게 되면 제지를 한다. 공동체 내에서 수용할 수있는 관념을 구성할 것을 요구하는 것이다. 물론 그 요구에 따를 것인지는해석 주체가 판단한다. 해석 공동체는 공동 관념을 내세워 해석 주체의 해석관념이 해석 공동체적 특성을 갖도록 한다. 이러한 공동 관념의 특성은 다른공동체와의 구별을 의미한다.

해석 공동체 구성원은 텍스트 해석을 하기 위하여 공동 관념을 공유해야한다. 해석 주체의 공동 관념의 공유는 해석 공동체 내에서 요구하는 것이고,해석 주체가 따라야 한다. 해석 공동체의 구성원으로서 타 구성원과의 관계의 증진이나 관념의 유대를 위해서는 필수적이기 때문이다. 해석 주체의공동 관념 공유는 해석 공동체가 적극적으로 지원한다. 지도자를 통하여교육하거나 다른 해석 주체들이 적극적으로 알려준다. 예를 들어 세 살배기자녀를 둔 어머니는 책을 읽어 주면서 특정한 내용이나 장면에 대하여 설명을 한다. 이러한 설명은 어머니가 속한 해석 공동체의 공동 관념을 아이에게가르치는 것이다. 학교나 다른 해석 공동체에서도 이러한 공동 관념 공유를위한 공동체 구성원의 활동이 활발하게 이루어진다.

나. 해석 주체의 유대 강화

해석 주체는 디 헤석 주체와의 관계 맺기를 통하여 존재한다. 타 주체를전제하지 않는 주체는 없다. 주체는 타 주체에서 비롯된다. 주체의 관념도타 주체의 관념과 관계 속에 있다. 주체는 타 주체가 없으면 존재 가치를잃는다. 주체의 특징은 관념에서 드러난다. 주체가 구성한 관념과 타 주체가 구성한 관념이 구분될 때 주체는 분명하게 드러난다.[35] 해석 공동체의 해석 주체는 타 해석 주체와 관념을 공유하는 부분을 가지면서 차이 나는 부분을 함께 갖는다.[36] 즉, 해석 주체는 텍스트 해석을 통하여 공유 관념과 개별 관념을 함께 구성한다. 그래야 주체의 유대나 공동체가 의미를 갖게 된다. 주체 간의 관념 일치는 해석 공동체를 이룰 수 없다. 공동체는 서로의 차이에 대한 인정을 바탕으로 관계를 맺은 조직체이다. 근본적으로 해석 주체들은 차이를 갖는다. 이 차이를 바탕으로 함께 하자는 의식이 공동체주의이다. 공동체주의에서 강조하는 연대(유대)라는 것은 바로 주체 간의 차이를 인정하는 것을 대변한다. 차이가 없으면 연대가 필요 없기 때문이다. 해석 관념 속의 공동 관념을 확인하여 공유 관념을 확장하는 것이 연대를 강화하는 것이다. 그렇게 하여 해석 주체들은 동질의 공유 관념 구성을 통하여 유대를 강화하게 된다.

해석 주체들의 상호작용 방식은 다양할 수 있다. 타 주체와 구별되는 관념만을 고집하는 고립적 상호작용 방식도 있고, 타 주체와 관념을 서로 일정 부분 공유하는 연대적 상호작용 방식도 있다. 전자가 주관 중심 상호작용이고, 후자가 상호주관 중심 상호작용이다. 전자는 해석 주체에 관심이 놓여 있고, 후자는 해석 관념에 관심이 놓여 있다. 전자는 주체가 다른 주체와 얼마만큼 구별되는가가 중요하고, 후자는 주체 간에 공유할 수 있는 관념이 얼마나 되는가가 중요하다. 그러나 해석 공동체 중심의 관점에서는 주체나 관념 어느 한쪽에 관심이 놓이는 것이 아니다. 주체와 관념 모두 중요하다.

---

35   주체와 관념에 대한 논의는 김도남(2005)을 참조할 수 있다.
36   후설은 상호주관성을 논의하면서 주체들 간의 완전한 이해는 있을 수 없다고 말한다. "타자에 대한 완전한 이해란 원칙적으로 존재할 수 없다. 타자는 내가 실제로 그의 어떤 한 구간에서나마 완전히 해명할 수 없는 그의 개별적 역사성, 그의 발생적 자기 구성 과정으로부터 존재하는 것이다."(이남인, 2003:41 재인용)

해석 주체는 타 주체의 존중과 공동체를 의식해야 한다. 그것은 주체가 구성하는 관념의 특성으로 나타난다. 해석 주체가 구성하는 공주관은 주체의 관념과 타 주체의 관념 그리고 공동체의 공동 관념이 연합된 것이다. 주체가 타 주체와 유대를 강화하기 위해서는 주체는 주체대로의 역할이 있고, 관념은 관념대로의 역할을 한다. 주체만 강조되면 해석 전략만 남고, 관념만 강조하면 공동체만 남는다. 그래서 주체도 자기 역할을 해야 하고, 관념도 자기 역할을 해야 한다. 이를 통하여 해석 주체들은 서로 연대를 강화하여 해석 공동체를 구성한다.

다. 해석 전략의 공유

해석 공동체의 해석 주체의 특성은 해석 전략에서 드러난다. 해석 주체들은 같은 전략을 사용함으로써 공동체를 이룬다. 예를 들어 텍스트 중심 해석 전략을 사용하는 해석 주체들은 하나의 공동체를 이루게 된다. 같은 방식으로 텍스트를 해석할 수 있게 됨으로써 동질감을 느끼게 되는 것이다. 해석 전략은 텍스트에 접근하는 방법이면서 관념을 구성하는 방법이다. 또한 해석 주체들의 행동 방식을 결정한다. 해석 전략이 달라지면 해석 주체들의 행동 방식이 달라진다. 즉, 다른 해석 공동체를 구성하게 된다. 그러므로 해석 공동체의 구성은 해석 주체의 해석 전략 공유가 있어야 한다.

전략의 공유는 학습으로 이루어진다. 읽기 주체들은 다른 읽기 주체로부터 해석 전략을 배워야 한다. 전략의 학습은 주로 중재 공동체의 구성원에게 배울 수 있다. 학교로 치면 교사를 통하여 해석 전략이 학생들에게 교육된다. 학생은 교사로부터 해석 전략을 배우기 전까지는 해석 공동체가 될 수 없다. 서로 다른 방식으로 텍스트를 해석하고 있기에 서로에게 공통점이나 관념적 유대를 가질 수 없다. 교사에게 해석 전략을 배우게 되면 학생들은 해석 공동체를 이루게 된다. 교사의 교육을 통하여 학생들은 미시 해석 공동체를 이루고, 거시 해석 공동체의 구성원이 된다.

해석 공동체는 해석 전략을 바탕으로 서로 유대감을 강화한다. 해석 주체는 근본적으로 타 주체와의 관계에서 탄생하였고, 타 주체와의 관계 증진을 추구한다. 주체는 타 주체와 관계 맺기를 근원적으로 원한다. 해석 주체는 같은 해석 전략의 사용으로 타 주체와 관계를 맺는다. 타 주체와 같은 해석 전략의 공유는 서로에게 신뢰를 주어 협력 관계를 공고하게 한다. 해석 전략의 공유는 주체의 존재 방식이자 해석 공동체의 구성 조건이다. 따라서 해석 주체들은 해석 전략을 통하여 공동체의 소속감을 갖고 타 주체와의 심리적 연대를 강화하게 된다.

라. 관념의 소통

해석 주체들은 관념의 소통을 지향한다. 관념의 소통은 서로의 관념을 인정하고, 발전적으로 상호작용을 하기 위한 것이다. 아울러 소통은 공동 관념에 비추어 주체의 해석 관념을 점검하는 역할을 한다. 관념의 소통은 해석 주체의 관념을 정교화하거나 확장하기 위한 것일 뿐만 아니라 공동체에서 받아들일 수 있는 관념인지를 확인하는 것이다. 해석 공동체는 관념의 소통을 통하여 유지된다. 해석 주체들이 같은 해석 전략을 공유한다고 하여서 관념을 소통하지 않으면 의미가 없다. 해석 전략은 공동체로서의 조건만 마련해 주는 것이지 공동체의 작용을 이끌지는 못한다. 공동체의 유기적 관계를 유지시키는 것이 관념의 소통이다.

해석 주체들은 공동체 속에서는 다른 해석 주체와 만나게 된다. 주체들은 해석하고, 대화하고, 조정한다. 이들 활동을 통하여 주체들은 여러 관념을 인식한다. 그리고 자신의 관념을 다른 관념과 비교·대조하여 공통점과 차이점을 알게 된다. 주체는 관념의 차이를 인식하면 그 차이를 줄이기 위해 소통을 한다. 관념의 소통은 해석 주체 간의 관념을 연결하고, 재구성하는 활동이다. 해석 주체는 소통을 통하여 타 주체의 관념과 연합함으로써 연대 의식을 갖는다. 해석 주체들의 관념 조정은 연대감을 높이는 좋은 기제이다. 해석 주체는 해석 관념이 공동체 의식과 가까울수록 깊은 연대 의식을 갖고, 멀수록 낮은 연대 의식을 갖는다. 그러므로 공동체 구성원들의 연대 의식을 높이기 위해서는 해석 관념 구성을 공동체 구성원과 소통하는 것이 필요하다.

관념의 소통은 공동체 발전의 핵심이다. 읽기 주체들은 대화를 통하여 서로의 관념을 주고받는다. 학생 미시 해석 공동체 내에서는 서로의 생각을 주고받는 것으로 마무리될 수 있다. 그러나 교사의 개입이 이루어지면 거시 해석 공동체의 관념이 개입하게 되고 학생들의 관념은 새로운 변화를 맞이하게 된다. 관념이 정교해지고 확장된다. 즉, 교사는 미시 공동체의 해석 주체를 거시 공동체의 해석 주체로 이끌어 간다. 그 결과 미시 해석 공동체는 거시 해석 공동체로 편입되면서 해석 주체의 발전이 일어난다. 관념의 소통은 해석 공동체를 확장하며 해석 주체의 변화를 이끈다.

마. 공주관의 구성

해석 주체가 구성하는 공주관의 뿌리는 공동 관념이다. 해석 주체가 구성하는 관념은 해석 공동체 내에서 이루어진다. 해석 공동체는 해석 주체에게 일차적으로 공동 관념을 바탕으로 관념을 구성할 것을 요구한다. 해석 주체도 해석 공동체의 일원이기 때문에 공동 관념을 바탕으로 관념을 구성한다. 공주관은 일차적으로 해석 주체와 해석 공동체 간의 상호주관이다. 이 상호주관의 공유 관념은 해석 주체와 해석 공동체의 사이에서 발생한다. 그리고 해석 주체의 개별 관념은 해석 공동체와 차이를 드러내는 관념이다.

공주관은 해석 주체들 간의 상호주관도 갖는다. 해석 주체의 관념 구성은 다른 해석 주체와의 상호작용을 요구한다. 해석 주체들은 상호작용을 통하여 관념의 재구성을 한다. 그래야 해석 공동체의 특성을 갖는 관념을 구성할 수 있게 된다. 해석 주체 간의 상호주관은 서로의 개별 관념의 차이를 조정한 것이다. 해석 주체들은 서로의 관념을 드러내 놓고 대화를 통하여 개별 관념을 조정하여 공유 관념을 구성한다. 공동 관념과의 상호주관도 그렇지만 개별 관념에 대한 상호주관도 서로의 차이점을 완전하게 없애서 통일된 관념을 만들자는 것이 아니다. 해석 주체들의 개별 관념은 어디에서나 존중된다. 공주관은 서로 형제와 같은 닮은꼴이다. 공주관은 같은 공동 관념과 해석 주체들의 개별 관념의 상호작용으로 구성되었기에 같은 면이 있고, 개별 관념이 존중되기에 다른 면이 있다. 해석 주체의 관념은 서로 닮았지만 각자의 특성을 갖는다.

공주관은 해석 주체들의 관념적 연대를 공고히 한다. 공주관은 해석 주체의 관념이 얽혀서 구성된 것이다. 그래서 해석 주체의 관념에 대하여 다른 해석 주체도 책임감을 지닌다. 해석 주체들은 공주관의 구성에 공동체 구성원으로서 그리고 상호작용의 상대로서 관여하였기 때문이다. 공주관은 공동체 구성원의 관념적, 신념적, 의지적 활동의 결과이다. 이 공주관을 통하여 해석 주체들은 해석 공동체 구성원으로서의 연대 의식을 다지게 된다.

6. 해석 공동체의 과제

그동안의 읽기 교육은 독자 중심의 개인주의 또는 자유주의 관점을 바탕으로 이루어졌다. 그래서 해석 주체의 창의적 관념 구성을 강조한다. 이 관점의 읽기 교육은 읽기 주체의 존중과 해석 관념의 개별성 및 다양성을 지향한다.

그 결과 학습자들은 텍스트 해석에서 자율성을 바탕으로 주체적 관념을 구성한다. 그러나 독자들은 자신의 관념에만 관심을 둘 뿐 다른 독자의 생각에는 관심을 갖지 않는다. 독자들이 각자의 관념 속에 갇혀버린 것이다. 독자들은 다른 독자의 관념을 이해하려고 하지 않는다. 자신의 관념만 중요하게 여길 뿐이다. 이러한 읽기 교육은 개선될 필요가 있다.

읽기 교육의 개선을 위해서는 공동체주의 관점을 수용할 필요가 있다. 읽기 교육에서 공동체주의 관점은 해석 공동체의 기반이 된다. 해석 공동체는 해석 주체들의 관념 연대로 이루어진다. 해석 주체들은 공동 관념과 해석 전략을 사용하여 서로 소통할 수 있는 관념을 구성한다. 해석 주체들의 관념 소통은 주체들이 하나의 해석 공동체를 이루도록 유대를 강화한다. 그 결과 해석 주체들은 해석 공동체를 구성하게 된다. 공동체주의에 입각한 해석 공동체 구성을 위한 읽기 교육은 독자 중심(자유주의, 개인주의) 읽기 교육의 대안이 될 수 있다.

이 논의에서는 해석 공동체의 의미를 해석 주체가 해석 전략과 공동 관념을 활용하여 해석 관념을 공유하는 조직체라고 보았다. 이 해석 공동체는 세부적으로 미시 해석 공동체, 거시 해석 공동체, 중재 해석 공동체, 총체 해석 공동체로 구분된다고 보았다. 미시 해석 공동체는 명시적으로 확인할 수 있는 공동체이고, 거시 해석 공동체는 미시 해석 공동체가 두 개 이상 연합한 공동체이다. 중재 해석 공동체는 미시와 거시 해석 공동체를 매개하는 공동체이며, 이들 해석 공동체는 공동 관념의 공유, 해석 주체들의 유대 강화, 전략의 공유, 관념의 소통, 공주관의 구성 등을 지향한다.

해석 공동체는 독자 중심 읽기가 갖는 한계를 극복하게 한다. 독자 중심 읽기는 읽기 주체의 주관을 강조한다. 이는 읽기 주체가 구성하는 관념의 독창적이고, 개별적인 면을 부각시켜 타 주체와의 소통을 어렵게 만든다. 그 결과 해석의 무정부주의로 나가게 되는 것이다. 해석 공동체는 이런 문제를 다소 해결해 준다. 해석의 무정부주의를 완전하게 해결하는 것은 아니지만 그래도 공동체 구성원 간 소통 가능한 관념 구성은 지향한다. 이 글에서는 해석 주체들이 소통 가능한 관념 구성을 할 수 있는 조건을 탐색하였다. 그 결과 해석 주체의 공주관 구성이 그 해결책이라고 보았다. 이 논의는 앞으로의 읽기 교육이 읽기 주체들의 공주관 구성에 관심을 두어야 한다는 것을 강조한다.

공동체주의 관점을 바탕으로 한 읽기 교육을 위해서는 해석 공동체 구성에 대한 구체적인 방법의 탐구가 필요하다. 이는 읽기 교육에서 추구해야 할 공동체의 성격 규정에서 시작해야 한다. 또한 해석 주체들이 공동체를 이룰 수 있도록 하기 위한 구체적인 교육 내용과 교육 방법의 탐구가 필요하다. 이를 통하여 학급에서 어떻게 공동체를 구성하고, 공동체를 어떻게 운영해야 하는지에 대한 논의가 이루어져야 한다. 이 연구에서는 공동체주의에 기초한 해석 공동체의 개념을 살피면서 교육적 접근의 가능성을 엿보았다. 읽기 교육에서는 해석 공동체 구성을 위한 구체적인 실제적인 실천이 필요하다.

참고문헌

강선보(2005), 마르틴 부버 만남의 교육철학, 원미사.

김건우(1996), 한국 전후세대 텍스트에 대한 서론적 고찰, 외국문학 49집.

김도남(2005), 라캉의 욕망 이론과 읽기 교육의 문제, 국어교육학회, 국어교육학연구 24집.

김도남(2006), 읽기 주체의 관념 구성 교육 방향, 국어교육학회, 국어교육학연구 25집.

김명환·정남영·장남수 역(2005), 문학이론입문, 창작과비평사.

김병길·김신욱(2002), 후설의 상호주관성 구성의 교육적 함의, 한국교육철학회, 교육철학 20집.

김상욱(2004), 소설 교육의 연구 방법, 서울대학교출판부.

김선구(1999), 공동체주의와 교육, 학지사.

김태훈(2002), 공동체의 기본 요소들, 정세구 외, 공동체주의교육, 교육과학사.

박경일(2005), 비교문학과 학문공동체, 한국비교문학회, 비교문학 35집.

박일봉(1988), 대학·중용, 육문사.

박찬석(2002), 공동체주의 기능과 공동체의 구성원의 역할, 정세구 외, 공동체주의교육, 교육과학사.

박태호(1996), 사회구성주의 패러다임에 따른 작문 교육 이론 연구, 한국교원대 석사논문.

신헌재 외(2003), 국어과 협동학습 방안, 박이정.

신헌재 외 역(2004), 구성주의와 읽기·쓰기, 박이정.

신헌재·진선희(2006), 학습자 중심의 시 교육론, 박이정.

오혁진(2005), 학습공동체의 다차원적 성격과 구현 원리에 관한 연구, 한국평생교육학회, 평생교육학연구 11(1)집.

유병렬(2002), 공동체주의 도덕교육론, 정세구 외, 공동체주의교육, 교육과학사.

이남인(2003), 발생적 현상학과 상호주관성 문제, 서울대학교 철학사상연구소, 철학사상 16집.

이소희(1998), 영화 '칼라퍼플'에 대한 독자반응 연구, 영어문학교육학회, 영어문학교육 2집.

이지헌 편저(1997), 개인·공동체·교육 Ⅱ, 교육과학사.

조동일(1971), 심청전에 나타난 비장과 골계, 최동현·유대영 편(1999), 심청전 연구, 태학사.

지정옥(1995), 프로젝트 접근법, 창지사.

추병완(2002), 자유주의와 도덕교육 이론의 한계와 공동체주의적 도덕교육 이론의 관점, 정세구 외, 공동체주의교육, 교육과학사.

편집부 엮음(1984), 개인과 공동체, 백산서당.

Fish, S.(1980), *Is there a text in this class?*, Harvard University press.

제3부

독자의 보법

1장

늘림 읽기

1. 늘림의 근원

읽기는 독자를 변화시킨다. 독자의 변화는 다양하다. 필요한 정보를 갖기도 하고, 즐거움을 느끼기도 한다. 볼 수 없던 것을 볼 수 있게 되기도 한다. 독자는 텍스트를 통하여 변화한다. 독자의 변화에는 인식의 '늘림'도 있다. 늘림도 어떻게 보는가에 따라 다양할 수 있다. 여기서는 인식할 수 없던 것을 인식할 수 있게 되는 것을 늘림이라고 본다. 독자는 책을 읽음으로써 인식의 늘림을 얻는다. 즉 모르던 것을 알게 되고, 지각하지 못하던 것을 지각할 수 있게 된다.

읽기는 독자가 인식할 수 있는 세계를 변화시킨다. 세계는 독자가 지각할 수 있는 인식의 총체이다. 독자는 각기 다른 인식 세계가 있다. 독자의 인식 세계는 텍스트에서 비롯된다. 읽기는 독자에게 텍스트에 내재한 인식 세계를 볼 수 있게 하고, 그 인식 세계를 갖게 해 준다.[2] 이 인식 세계는 인식의

---

1   '늘림'은 리쾨르의 '늘어남(surcroît)'을 변형한 말이다. 리쾨르는 예술작품은 세계가 우리로 하여금 다른 시선으로 새롭고 풍성하게 세상을 바라볼 수 있게 하는 것을 '늘어남(surcroît)' 이라고 했다.(김한식, 2019:378-380)

범위에 따른 경계가 있다. 독자들은 서로 다른 인식의 경계를 지니고 있다. 이 인식의 경계는 고정된 것이 아니다. 읽기 경험에 따라 인식 경계가 변화한다. 텍스트에서 어떤 인식 세계를 경험하느냐에 따라 인식 경계가 달라진다.[3]

독자는 텍스트에서 여러 인식 세계를 만나고, 이 인식 세계로 자신의 인식 세계를 늘린다. 이는 독자가 텍스트를 읽는 이유 중 하나이다. 독자는 여러 가지 이유로 텍스트를 읽지만, 그 근원적인 이유 중 하나는 자신의 인식 세계를 늘릴 기대 때문이다. 독자는 이 기대 때문에 읽기를 실행한다. 리쾨르는 이러한 인식 경계의 늘림을 이야기한다.(김한식, 2019:378-391) 특히 예술가의 역할과 관련하여 이들을 언급한다. 예술가는 사람들이 인식할 수 없었던 것을 인식할 수 있게 해 준다. 다고네는 이것을 '도상적 증가(augmentation iconographique)'[4]라고 하고, 리쾨르는 '늘어남(surcroît)'이라 한다. 예술가나 과학자는 우리가 인식할 수 없는 세계를 탐구하고, 새로운 세계를 발견하여 인식할 수 있게 해 준다. 우리는 예술가나 과학자가 보여주는 인식 세계를 볼 수 있게 됨으로써 인식 경계를 늘리게 된다.[5] 이는 볼 수 없고, 알 수 없고, 느낄 수 없던 것을, 보고, 알고, 느낄 수 있게 됨을 의미한다.

이 논의에서는 독자의 인식 경계의 늘림에 대하여 알아본다. 독자가 텍스

---

2 모든 작품은 언제나 읽는 이에게 무엇인가 행한다는 점에서 전에 없었던 무엇인가를 세계에 추가한다.(김한식 역, 2000:49)

3 리쾨르가 말하는 텍스트의 세계 또한 현실의 세계와는 구별되는 허구적인 세계이지만, 현실 세계가 지닌 다양한 양상들 가운데 어느 독특한 양상, 세계의 본질이라고 말할 수 있는 어떤 것을 두드러지게 드러냄으로써 세계를 늘어나게 한다.(김한식, 2019:382)

4 리코르가 다고네(F. Dagognet, 1973)의 도상적 증가(augmentation iconographique) 개념에 상응하는 '늘어남surcroît'이라는 개념을 끌어들이면서 예술의 발견적 기능에 주목하는 것은 그 때문이다.(김한식, 2019:380)

5 예술이 존재하므로 오로지 하나의 세상, 즉 우리가 알고 있는 세상만을 보는 대신에 우리는 우리의 세계가 곱절이 되는 것을 볼 수 있다. 독창적인 예술가가 새롭게 나타날 때마다 우리의 세계는 무한대로 늘어난다.(M. Proust, 1954; 김한식, 2019:378 재인용)

트를 읽어 어떻게 자기의 인식 경계를 늘리는지, 늘림 읽기가 어떻게 일어나는지를 탐구한다.[6] 이는 읽기를 하는 독자의 근원적 의식을 밝히고, 텍스트 이해의 본질을 탐구하기 위한 것이다. 이 논의에서 독자의 인식 경계의 늘림에 대하여 알아보고, 이를 위한 교육적 접근의 가능성을 검토하여 본다. 늘림 읽기 교육의 구체적인 방법은 다음 기회에 논의한다.

2. 늘림과 읽기

늘림은 인식 경계의 늘어남이다. 인식 경계의 늘림은 의식 활동과 인식 능력이 향상됨을 함의한다. 사람은 인식 경계가 늘어나면 세상을 새롭게 인식할 수 있다. 이로써 다른 인식 세계를 경험하거나 얻을 수 있다. 이 인식 경계의 늘림을 알아보고, 읽기와의 관계를 살펴본다.

가. 늘림의 개념

인식 경계의 늘림은 인식하지 못했던 것을 인식할 수 있게 한다. 우리는 이 늘림을 추구한다. 세계에 대한 호기심과 탐구심 때문이다. 이 늘림은 한계가 정해져 있거나 제한되지 않는다. 관심이 없었던 것에 흥미를 갖거나 일상적인 것을 새롭게 보는 것도 늘림이다. 새로운 지식을 얻고, 다른 시각과 관점을 갖게 되는 것도 늘림이다. 사람은 다양한 방식으로 인식의 경계를

---

6 읽기 연구는 독자가 텍스트를 읽는 근원적 이유와 이해의 본질을 밝힐 때 읽기에 대한 인식의 늘림이 생겨나게 한다. 읽기 활동이나 읽기 교육에 대한 늘어난 인식 세계가 있다면 이는 읽기 탐구에 기초한다. 읽기의 탐구는 읽기에 대한 인식 경계를 늘리기 위하여 이루어진다.

늘려왔다. 인류 전체로 보아도 인식 경계의 늘림이 존재하고, 개인으로 보아도 존재한다. 인식 경계의 늘림은 개인과 전체가 상보적이다. 이 논의에서의 관심은 개인, 또는 독자의 인식 경계의 늘림이다.

[그림 1] 김득신의 〈야묘도추(野猫盜雛)〉

위의 〈야묘도추(野猫盜雛)〉 그림은 우리에게 익숙하다. 어느 봄날 마당에서 일어난 일의 순간을 표현하고 있다. 병아리(雛)를 훔쳐(盜) 가는 들고양이(野猫)를 막으려는 주인 내외의 부산한 모습과 주변 상황이 잘 나타나 있다. 생활 주변에서 일어날 수 있는 일순간 갑작스런 일을 포착하고 있다. 그림의 내용이 고요함을 깨는 순간을 표현했기에 파적도(破寂圖)라고도 한다.

이 그림은 미술에 관심 있는 감상자에게 몇 가지 미(美)에 대한 인식 경계의 늘림을 준다. 첫째, 우리 것을 미적 대상으로 삼은 것이다. 이 그림이 조선시대의 풍속화다. 풍속화는 특정 시대의 세정(世情)과 생활을 그린 것으로 우리의 것을 미의 대상으로 삼는다. 이 그림을 통해 당시 우리 삶의 모습이 아름다움의 대상임을 알게 한다. 화가가 우리의 삶의 모습을 미의 대상으로 보는 인식 세계를 제공함으로써 감상자는 그림을 보면서 화가의 인식 세계를 얻게 된다. 두 번째는 우리의 일상을 소재로 한 것이다. 당시의 일상생활 속에서 볼 수 있는 일이 그림의 소재이다. 이는 우리의 일상생활이 미의 대상이 됨을 알려준다. 셋째, 인물의 평범함이다. 그림의 인물이 비범하거나 특별하지 않은 보통의 일반 사람이다. 이는 누구나 미의 대상이 될 수 있음을 알려준다. 넷째는 사건의 순간 포착이다. 그림의 장면은 영속적인 모습보다는 찰나의 모습을 표현하고 있다. 미의 속성이 아주 짧은 순간에도 존재함을 알게 한다. 다섯째는 상황의 역동성이다. 움직임이 없는 배경도 있지만 대부분의 대상은 약동한다. 이 약동이 감상자를 그림 속으로 끌어들인다. 그러면서 미에 대한 인식 세계를 갖게 한다. 이것들이 감상자의 미에 대한 인식 경계를 늘린다.

<야묘도추> 그림과 같이, 인식하지 못하던 것을 새롭게 인식할 수 있게 해주는 것이 인식 경계의 늘림이다. 이런 인식 경계의 확장은 어떤 대상에서나 일어날 수 있다. 예술가나 과학자, 학자 등과 같이 특정 문제에 집중하여 탐구하는 사람들이 인식 경계를 늘리고, 늘어나게 한다. 보통사람도 생활과 삶 속에서 다양한 대상과 일에서 인식 경계를 늘릴 수 있다. 다만 보통 사람의 인식 경계의 늘림은 개인적인 일이 되는 경우가 많다. 그것은 다른 사람이 그 늘림을 인식할 수 있게 하는 수단이 없어서이다. 인식 경계의 늘림을 다른 사람도 가능하게 할 수 있게 하는 이는 예술가와 같은 이들이다. 이들은 자신의 인식 경계 늘림을 다른 사람도 경험할 수 있게 하는 수단을 가지고 있기 때문이다.

인식 경계의 늘림의 의미는 여러 분야에서 다루었다. 교육을 전공한 이들은 인지심리학자인 피아제의 '스키마의 조절'이나 비고츠키의 '잠재적 발달 영역'이라는 말을 알고 있다. '스키마의 조절'은 기존 스키마가 새로운 형태의 스키마로 바뀌는 것을 가리킨다. '잠재적 발달 영역'은 다른 사람의 도움으로 현재 인지 수준보다 더 발달할 수 있는 수준의 영역이다. 잠재적 발달

영역이라는 말은 늘림의 가능성을 함의하고 있다. 실존주의 교육철학자인 키에르케고르의 '주관적 진리, 형성, 이중반사'라는 말(이홍우·임병덕 역, 2003)이나, 유학(儒學)의 치지(致知), 불교의 '반야(般若)', '해탈(解脫)' 등에도 인식 경계의 늘림의 의미가 들어 있다. 현상학이나 해석학에서는 '초월'이라는 말을 사용한다.(이남인, 2018:336) 초월도 인식 내용과 인식 작용(능력)이 향상되는 것을 의미한다.

늘림은 인식 내용이나 인식 능력이 현재 수준을 넘어섬이다. 이는 주체가 새로운 인식 활동을 할 수 있음을 뜻한다. 인식 영역을 얻거나 인식 세계를 넓혀 가지게 되고, 늘린 만큼 더 인식하게 된다. 보이지 않던 것을 볼 수 있고, 의식하지 못하던 것을 의식하고, 느끼지 못하던 것을 느낄 수 있게 되는 것이다. 특정 대상에 대하여 더 많이, 더 깊이, 더 다양하게 인식할 수 있어서, 새롭게 대상을 볼 수 있게 하는 것이 늘림이다. 늘림의 기준은 주체의 현재 인식 상태이고, 현재에 의식 조건에서는 하지 못하던 것을 노력이나 도움으로 할 수 있게 됨이다. 늘림은 현재 인식 경계를 넘어서는 것이고, 그 넘어선 인식 세계를 자기 것으로 갖는 일이다.

늘림은 인식 능력을 새롭게 불림이다. 여기서 새롭다는 것은 지금 것과는 다른 것, 내 것이 아니었던 것, 내게 없는 것 등을 의미한다. 그리고 불림은 '많아짐'과 '커짐', '가짐'의 의미를 지닌다. '많아짐'은 더 생겨남, 넉넉해짐, 여러 가지 등을, '커짐'은 넓어짐, 깊어짐, 높아짐, 자라남, 잘함 등을, '가짐'은 내면화됨, 몸에 뱀, 마음속에 자리 잡음 등의 뜻을 함의한다. 늘림은 현재까지는 적고, 작고, 낮고, 좁은 것이 많고, 크고, 높고, 넓게 됨을 뜻한다. <야묘도추>를 예로 들면, 감상자는 이 그림을 통해 미에 대한 인식 능력을 새롭게 불린다. 그래서 그림을 외현만 보지 않고 미적 특성을 감별하면서 감상할 수 있게 된다. 늘림은 전체를 완전히 새롭게 인식할 수 있게 하기보다는 부분적으로 확장되고, 모호함이 분명해지고, 혼란함이 조리가 서게 되는 것을 뜻한다. 전체를 단번에 꿰뚫어 인식하는 통찰과는 달리 점차 증대되는 것이 늘림이다.

늘림은 습득(習得)하는 것이다. 습득의 지식이나 기술을 익히거나 얻어서 자기의 것으로 만듦이다. 여기서의 습득은 인식 내용이나 인식 능력을 익히거나 얻는 것이다. 익힌다는 것은 자신의 노력과 경험으로 능숙하게 되는 것이고, 얻음은 외부의 것을 받거나 터득하여 자기의 것으로 삼음이다. 늘림은 특정 활동에 능숙하게 되거나 책이나 다른 사람의 도움을 받아 무엇인가를 내 것으로 가지는 것이다. 즉, 주체가 새로운 인식 내용이나 인식 능력을 자기의 것으로 갖는 것이다. 전문가는 직접 탐구 활동을 통하여 인식 세계를 얻게 되지만 학습자나 일반인은 책이나 다른 사람의 도움으로 습득(習得)한다.

사람은 누구나 늘림을 통하여 인식 경계를 넘어 새로운 인식 세계를 얻는다. 이 늘림으로 의식이 성장하고, 발달한다. 이런 늘림은 다양한 방식으로 이루어진다. 학교 학습과 생활 경험이 이를 위한 토대이다. 학교 학습과 생활 경험의 여러 공통 지점 중 하나가 읽기이다. 텍스트를 읽는 활동을 통하여 독자는 여러 가지를 인식하고 심리적 경험을 한다. 그 과정에서 특정한 대상을 인식하는 것에 능숙해지기도 하고, 특정한 인식 경계를 자기의 것으로 가지기도 한다. 읽기가 독자의 인식 경계를 넘어서게 하고, 새로운 인식 세계를 가지게 한다. 독자는 텍스트 읽기로 새로운 인식 세계나 인식 경계를 갖는다.

나. 늘림 읽기

늘림은 두 가지 방식으로 일어난다. 탐구와 학습이다. 탐구는 자신의 노력이 중심이고, 학습은 남의 도움이 중심이다. 읽기는 남의 도움이 중심인 학습이다. 독자는 텍스트의 도움으로 늘림을 얻는다. 텍스트에는 여러 인식 세계가 내재하고, 독자는 읽기로 이들 인식 세계를 만난다. 독자가 만나는 인식 세계는 독자의 인식 경계 안쪽의 것도 있고, 바깥쪽의 것도 있다. 독자의 인식 경계를 늘리게 하는 것은 독자의 인식 경계 밖의 것이다. 독자의 인식 경계 안쪽에 있는 것도 그 나름의 가치가 있지만, 경계의 늘림에는 도움이 되지 않는다. 독자의 인식 경계 밖에 있는 인식 세계가 늘림을 제공한다.

독자가 텍스트의 도움을 받아 인식 경계를 늘리려면 인식 세계를 체득해야 한다. 인식 세계의 체득은 의식 작용을 통하여 일어난다. 인지적인 추체험이나 상상, 연상, 추론, 판단 등을 통하여 지각하고 분석하고 확인해야 한다. 인지적으로 심상적, 개념적, 명제적, 관념적, 논리적으로 표상하여 의식적으로 겪어보아야 한다. 의식적 경험을 하게 되면 인식 세계가 의식에 각인되어, 확인하고 판단할 수 있게 한다. 인식 세계에 대한 독자의 판단과 확인은 자기의 인식 세계를 기준으로 하게 된다. 이 판단과 확인의 기준인 독자의 인식 세계와 경계는 텍스트를 읽으면서 드러나게 되고 알아차릴 수 있게 된다.

(가) 겸허하면 형통하다. 하늘의 도는 그 기운이 내려와서 만물을 도와 생장시키지만 천체는 더욱 밝게 빛나고, 땅의 도는 그 기운이 낮은 곳에 머물지만 지기는 끊임없이 상승하도다. 하늘의 법칙은 가득 찬 것을 이지러지게 하고, 겸허한 것을 채워 주며, 땅의 법칙은 가득 찬 것을 무너뜨려 함몰시키고 겸허한 것을 채워 충실하게 하며, 귀신의 법칙은 가득 찬 것을 해치고 겸허함에 복을 베풀며, 사람의 법칙은 가득 찬 것을 미워하고 겸허함을 좋아하도다. 겸허한 사람은 높은 지위에 있으면 그 덕이 더욱 빛나고, 낮은 지위에 있어도 그 품행을 보통 사람은 넘볼 수 없으니, 군자만이 한결같이 겸허할 수 있다.[7](<주역(周易)>

---

7   (<周易>, 謙卦,) 象曰: 謙 亨. 天道 下濟而光明, 地道 卑而上行. 天道 虧盈而益謙, 地道 變盈而流

의 겸괘(謙卦)의 단사(彖辭), 박삼수 역, 2007:244-245)

글(가)는 <주역(周易)>의 겸괘(謙卦, 겸손에 대한 괘)에 대한 공자(孔子)의 단사(彖辭)[8]이다. 겸손함에 대하여 설명하는 말이다. 겸손은 하늘, 땅, 귀신, 사람의 성정(性情)으로, 배운 사람(군자)이 갖추어야 할 성품이라는 것이다. 글(가)는 겸손의 본질과 속성을 밝히고, 겸손을 내적으로 갖추고 실행할 것을 요구한다. 겸손의 본질을 밝히고 겸손할 것을 설득하고 있다. 이 글(가)는 얼핏보면 단순한 고전의 한 구절이다. 그렇지만 그 내용을 조금 더 음미해 보면 심오한 인식 세계를 담고 있다. 보편성이 있고 설득력이 있다. 글(가)를 읽는 독자는, 군자가 아니면 겸손하지 않아도 된다고 말하는 것이 아니라 누구나 겸손해야 하고, 왜 겸손해야 하는지를 알게 한다.

텍스트는 독자가 체득할 인식 세계를 담고 있다. 글(가)는 겸손에 대한 인식 세계를 담고 있다. 우리가 겸손에 대하여 여러 가지 이야기를 들었다는 측면에서는 독자도 겸손에 대한 인식 세계를 가지고 있다. 이 자기의 인식 세계에 의식을 집중하면 자각할 수 있다. 글(가)에서 보면, 겸손에 대한 인식 세계가 일상적인 독자의 인식 세계와는 다르다. 일상적으로 겸손은 다른 사람을 존중하고 함께 하기 위한 행동 규칙으로, 지키면 좋은 것으로 여긴다. 글(가)는 이와 달리 하늘과 땅, 귀신, 사람 모두가 추구하는 것으로 우주의 보편적인 이치로 규정한다. 겸손은 이치와 순리를 따르는 것으로 사람이 존중받는 존재가 되는 것임을 밝힌다. 글(가)를 보면, 겸손에 대한 인식이

謙, 鬼神 害盈而福謙, 人道 惡盈而好謙. 謙 尊而光 卑而不可踰 君子之終也

[8] 단사(彖辭)는 단전(彖傳)에 들어있는 말이다. 단전은 십익(十翼) 중 하나이다. 십익(十翼)은 공자가 쓴 10권의 책으로 주역(易)의 의미를 설명한다. 단전(彖傳) 상·하(上下)편 2권, 상전(象傳) 상·하(上下)편 2권, 계사전(繫辭傳) 상·하(上下)편 2권, 문언전(文言傳), 서괘전(序卦傳), 설괘전(說卦傳), 잡괘전(雜卦傳)이다.

사람을 넘어 작용하는 것으로 확대되어 있다. 겸손에 대한 인식 세계가 독자 것보다 넓다.

독자는 텍스트의 인식 세계를 알아보고, 의식을 집중해야 한다. 글(가)를 보면, 우리가 일반적으로 생각하는 겸손의 인식 세계가 아니다. 우리는 겸손을 개인의 행동 수칙 정도로 여긴다. 그런데 글(가)에서는 개인의 문제가 아니라 누구나 반드시 따라야 할 규범이다. 우리가 일상적으로 생각하는 겸손에 대한 인식 경계가 아니다. 겸손에 대한 인식 세계가 깊고 본질적이다. 이 인식 세계에 독자가 관심을 집중하면 의식에 그 인식 세계가 분명하게 표상되고 각인된다. 반면, 독자가 관심을 두지 않으면 기표에 의한 기의 정도로 인식되어 의식에서 사라진다.

독자는 텍스트의 인식 경계가 자신의 것과 차이 남을 직시해야 한다. 그래서 텍스트의 인식 세계가 독자의 인식 경계 밖에 있음을 알아차려야 한다. 독자가 글(가)를 읽으면서 겸손에 대한 인식 세계를 당연한 것으로 받아들이는 것이 아니라 독자 자신의 겸손에 대한 인식 세계와 차이 남을 자각해야 한다. 이는 인식 세계에 대한 의식의 민감성이 필요함을 뜻한다. 민감성은 관심과 의식의 집중에서 비롯된다. 독자가 글을 읽을 때, 인식 세계에 관심과 의식의 집중이 이루어져야 직시할 수 있다. 인식 세계가 경계를 넘어서는 것임을 인식하게 되면 독자는 그 인식 세계를 탐구하게 된다. 자신의 인식 세계와의 다름을 알게 되고, 그 경계를 확인하게 된다.

늘림을 위해서는 인식 세계를 의도적으로 탐구해야 한다. 탐구는 인식 세계를 세부적으로 알아보고 그 가치를 따져보는 것이다. 인식 세계의 탐구는 인식 내용과 구조, 논리, 가치 등을 확인하는 것이다. 글(가)는 겸손을 하늘과 땅, 귀신, 인간의 본성과 관련지으면서, 이들 모두가 겸손을 지향하고 있기에 군자도 겸손해야 한다는 내용의 구조로 되어 있다. 그러면서 누구나 겸손해야 함을 설득하는 논리를 펴고 있다. 메타적으로 점검해 보면, 글(가)

의 겸손에 대한 인식 세계는 겸손의 본질 속성을 밝히고 있고, 설득력을 갖추고 있어서 받아들일 수 있다. 독자는 글(가)의 겸손에 대한 인식 세계를 의도적이고 의식적으로 탐구할 때 인식 경계를 늘릴 수 있다.

독자는 주체적으로 인식 경계를 늘려야 한다. 인식 경계의 늘림은 인식 세계를 넓게, 깊게, 높게 키우는 것이다. 자신의 인식 경계에 의식을 집중하여 판단하고, 한계를 지각하고, 인식 경계를 생성하는 것은 주체이다. 글(가)의 겸손에 대한 인식 세계가 자기의 인식 세계보다 넓고 깊음을 자각하는 것은 독자 자신이다. 이를 바탕으로 독자는 겸손이 행동의 보편적 이치와 순리로써 개인의 품격을 고양하는 것임을 스스로를 설득해 알게 해야 한다. 이로써 겸손에 대한 인식 경계가 늘어난다. 독자가 의지로 인식 경계를 늘리지 않으면 글(가)는 한낱 옛사람의 평범한 말에 지나지 않는다. 독자가 자기의 인식 세계에 머물면서[9] 주체적으로 인식 한계를 의식하지 못한다면 인식 세계나 인식 능력의 늘림은 일어나지 않는다. 텍스트에 들어 있는 인식 세계는 텍스트마다 다르다. 일상적인 인식 세계도 있고, 전문적이고 학문적인 인식 세계도 있다. 독자는 자신의 의지에 따라 텍스트 속의 인식 세계를 선택하여 만날 수 있다. 독자는 선택한 텍스트의 인식 세계로 인식 경계를 늘린다.

늘림을 지향하는 읽기가 늘림 읽기이다. 독자는 자신의 인식 경계를 늘리기 위하여 늘림 읽기를 한다. 늘림 읽기는 독자가 현재 인식할 수 있는 경계를 넘어섬을 지향한다. 늘림의 크기와 한계는 분명하지 않다. 다만 독자가 인식 경계를 한 번에 아주 크게 확장할 수는 없다. 교육이론에 통찰 이론도 있지만 독자의 인식 경계는 대부분 순차적 점진적으로 확장된다. 읽기를 통한 인식 경계의 늘림은 독자가 텍스트 선택을 통하여 조절할 수 있고, 교육적으로

---

9 텍스트 이해에 대한 인지적 관점(노명완·박영목·권경안, 1994)에서 보면, 독자는 자기의 스키마(배경지식)를 활용하여 텍스트 내용을 이해한다고 설명한다. 읽기에서 독자의 스키마의 역할을 강조한 접근을 자기 인식 세계에 머무는 관점이라 할 수 있다.

촉진할 수 있다.

다. 늘림 읽기의 기제

독자가 늘림 읽기를 하려면 기제(機制: 인간의 행동에 영향을 미치는 심리의 작용이나 원리, 표준국어대사전)를 활용해야 한다. 그림의 감상자가 화가의 인식 세계를 의식하면 인식 경계를 늘리기 위한 심리작용이 있다. 텍스트를 읽는 독자도 늘림을 하기 위해서는 심리작용이 필요하다. 늘림은 독자에게서 일어나지만 텍스트와의 관계가 있어야 한다. 독자의 늘림을 위한 읽기의 기제는 텍스트의 인식 세계를 지각하는 측면과 텍스트의 인식 세계와 독자의 인식 세계를 연결하는 측면, 독자의 의식 세계를 변화시키는 측면, 그리고 이들을 전체적으로 조절하는 측면의 기제가 있다. 이들 늘림 읽기의 기제를 살펴보면 다음과 같다.

> (나) 새의 목소리는 꽃이다./ 새는/ 꽃빛깔로 운다.// 새벽녘/ 마알간 부리로/ 꽃빛깔 한 모금 물어다가/ 창 곁에 놓아두고/ 하늘한 실가지 끝/ 날개 접고 앉아서/ 보랏빛으로 운다.// 수수깡 마른 줄기에/ 된장 잠자리/ 앉았다 날아가는 어스름녘/ 새는/ 그 고운 목소리/ 꽃잎에 토해 놓고/ 창 곁에 귀를 잠재운다.// 새는/ 꽃이다./ 꽃빛깔로 운다.
>
> ─오순택, 새는 꽃빛깔로 운다, 전문

글(나)는 새소리에 대한 인식 세계를 담고 있다. 새를 꽃에 비유하고, 새소리를 꽃빛깔에 빗대어 표현하고 있다. 청각적인 새소리를 시각적으로 인식할 수 있게 해준다. 글(가)를 읽으면, 새소리를 일상과는 다르게 느낄 수 있다. 새소리에 대한 느낌이 밝고 곱고 상쾌하고 기분 좋다. 새소리의 심상이 마음의 눈에 밝고 고운 색으로 펼쳐낸다. 객관적 대상으로써의 꽃의 색이 아니라 주관적으로 교감하는 꽃의 색감으로 표상된다. 꽃빛깔의 '꽃'은 시각적으로 곱고 선명한 느낌을, '빛'은 투명하고, 맑고, 퍼지는 느낌을, '깔'은 강하면서 간결하고, 구분 짓는 느낌을 전달한다. 또한 '꽃빛깔'은 시각과 청각의 느낌을 강화하는 데, '꽃빛'은 시각을 자극하지만 '깔'은 청각도 강화하여 자극한다. 새소리가 정적인 꽃의 색이 아니라 동적으로 발산되는 빛깔이 되어 청각과 시각을 넘나든다. 독자는 이를 통해 새소리를 보랏빛 꽃의 색을 품고 사방으로 순간 발산되는 빛깔을 보는 것처럼 느낀다. 이로써 독자는 새소리에 대한 예전과는 다른 인식 세계를 체득한다. 이 새소리를 인식하는 기제를 살펴보자.

먼저 텍스트의 인식 세계를 지각하는 측면에서의 기제이다. 텍스트의 인식 세계를 지각하기 위해서는 인식 세계를 발견하고 알아채고, 확인해야 한다. 글(나)에서 보면, 새소리에 대한 인식 세계를 지각할 수 있다. 시에는 새소리에 대한 인식 세계가 있다. 그 인식 세계는 낯설다. 글(나)를 읽는 사람은 먼저 이 낯선 인식 세계를 알아차릴 필요가 있다. '그냥 그럴 수 있지'라고 관심을 두지 않으면 이 인식 세계는 의식 밖으로 밀려난다. 그러지 않도록 독자가 관심을 가지고 '의식하기'를 해야 한다. 의식하기는 인식 세계가 존재하고 있음을 알아차리는 심리활동이다. 그리고 나서 '인정하기'를 해야 한다. 인정하기는 의식을 집중하여 인식 세계의 실체를 알아채고 심정적으로 동의하고 수용하는 것이다.

둘째, 텍스트의 인식 세계와 독자의 인식 세계를 연결하는 측면에서의 기제이다. 텍스트의 인식 세계와 독자의 인식 세계를 연결하는 것은 독자에게 달려있다. 독자가 거부하면 인식 세계의 연결은 일어나지 않는다. 독자가 텍스트의 인식 세계와 자기의 인식 세계를 연결하기 위해서는 먼저 텍스트의 인식 세계를 '추체험하기'를 해야 한다. 추체험하기는 텍스트의 인식 세계를 자기의 인식 세계처럼 인지적으로 겪어보고 느껴보는 것이다. 추체험하기는 텍스트의 인식 세계를 독자의 인식 세계로 연결하는 주요 기제이다. 독자가 글(나)의 인식 세계를 추체험하면 새소리가 꽃빛깔이라는 인식 세계를 인지적으로 겪어보고 느낄 수 있다. 그다음은 인식 세계를 '모방하기'를 한다. 모방하기는 겪어보고 알게 된 인식 세계를 다른 대상을 인식하는 데 활용해 보는 것이다. 글(나)에서 새소리를 다른 시각적 대상에 빗대어 보거나, 주변의 소리를 꽃빛깔로 인식해 보는 것이다. 소리나 빛깔을 다양하게 빗대어 인식 세계를 떠올려 보는 것이다. 이 모방하기를 통하여 텍스트의 인식 세계를 자기의 인식 세계로 받아들일 수 있다.

셋째 독자의 인식 경계를 늘리는 측면에서의 기제이다. 인식 경계의 늘림은 독자의 의지에 달려있다. 독자가 의지를 갖고 절차적으로 실행할 때 인식 경계를 늘릴 수 있다. 이때의 실행 절차는 인식 경계 늘림의 필요함을 알고, 인식 경계를 늘리고, 늘린 인식 경계를 활용해 보는 것이다. 독자가 인식 경계를 늘리는 기제는 '비교하기', '생성하기', '활용하기'이다. 비교하기는 텍스트의 인식 세계와 독자의 인식 세계를 견주어 보는 것이다. 독자가 글(나)를 읽으면 새소리에 대한 텍스트의 인식 세계뿐만 아니라 독자의 인식 세계도 표상된다. 독자는 이 두 새소리의 인식 세계를 비교해 본다. 이 비교에서 두 인식 세계가 다르고, 텍스트의 인식 세계가 우월함을 알게 된다. 독자가 이 비교에서 비롯된 인식 세계의 차이를 의식하면 자기의 인식 세계를 늘릴 필요를 느끼게 된다. 생성하기는 새소리에 대한 인식 경계를 만드는 활동이다. 비교를 통하여 인식 방법이나 인식 내용, 인식 세계가 다름을 지각하면 이를 토대로 인식 경계를 생성한다. 독자가 자기의 인식 경계의 한계를 의식하고 그 인식 경계를 넓혀 가지는 것이다. 글(나)를 읽는 독자는 새소리를 시각적인 꽃빛깔로 인식하고, 새소리에 대한 시각적 인식 세계를 생성하게 된다. 새소리의 인식 방법, 인식 내용, 인식 세계를 늘리는 것이다. 독자는 소리를 색깔로 인식하는 인식 경계를 가지게 된다. 소리를 시각적 대상이나 색깔, 빛깔로 인식하는 경계를 생성한 것이다. 이때 이 인식 경계는 새소리로만 제한되지 않는다. 활용하기는 인식 경계가 늘어나면 그 인식 경계를 다른 것을 인식하는 데 이용하는 것이다. 새소리의 특성을 곱고, 밝음으로 하여 가을 하늘에 빗대거나, 분명하고 예리함에 빗대어 한겨울 얼어붙은 운동장을 가로지르는 회오리눈바람에 빗댈 수 있다. 또 여러 가지 소리를 다양한 방식으로 인식하는 활동을 한다. 이 활용하기를 통하여 인식 경계를 공고히 하고 분명하게 할 수 있다.

넷째는 인식 경계 늘리기를 메타적으로 점검하는 기제이다. 독자가 인식 경계를 늘리는 일은 기존의 인식 세계를 와해하고, 새 인식 세계의 생성으로 이루어진다. 독자는 새로 생성한 인식 세계를 점검하고 확인한다. 독자는 먼저 늘어난 인식 경계의 '평가하기'를 해야 한다. 글(가)를 통해 새소리에 대하여 늘어난 인식 세계와 인식 경계를 따지고 점검한다. 새소리에 대한 새로운 인식 세계가 타당한지, 가치 있는지, 효율적인지를 살피고 따진다. 그리고 나서 '확인하기'를 해야 한다. 자신의 새소리 관련 인식 경계의 늘림으로 향상된 인식 능력을 확인하는 것이다. 새소리를 새롭게 인식할 수 있는지, 예전의 인식 세계와 달라진 것이 무엇이지, 새소리뿐만 아니라 다른 소리에 대한 인식도 새롭게 할 수 있는지를 확인한다. 글(나)를 읽고, 늘어난 인식 세계가 적절하고 효율적인지 그 내적 가치를 따지는 것이다. 이 평가와 확인에서 인식 경계 늘림을 확정한다.

3. 늘림 읽기 방법

독자의 텍스트 읽기에는 인식 경계를 늘리려는 지향이 내포되어 있다.

독자는 텍스트를 읽으면서 모르던 세계를 인식하고, 못 보던 세계를 볼 수 있기를 기대한다. 그리고 텍스트를 통해 인식 경계의 늘림을 경험한다. 그렇지만 인식 경계가 늘었다는 것을 분명하게 인식하지는 못한다. 인식 경계의 늘림에 대한 의식이 없기 때문이다. 독자가 인식 경계의 늘림을 의식하면서 읽기를 하려면 이를 위한 읽기를 실행해야 한다. 독자의 늘림 읽기의 방법적 측면에서 논리적 절차[10]를 살펴본다.

가. 텍스트의 인식 세계 알기

독자의 늘림 읽기는 의지적 실행에 기초한다. 늘림이 우연히 일어날 수 있지만 그렇게 되면 그 늘림은 독자에게 의식되지 않아서 그 의의가 적다. 늘림 읽기를 위해서는 독자가 의도적으로 인식 경계를 늘리는 활동이 있어야 한다. 즉 인식 경계를 의도적으로 늘려야 늘림 읽기가 된다. 독자가 늘림 읽기를 위해서는 실제적인 의도적 접근이 필요하다. 늘림 읽기를 의식적으로 하기 위해서는 먼저 텍스트의 인식 세계를 알아보고, 늘림의 영역을 의식해야 한다.

> (다) '길(道)-닦음(修)'은 '길(道)←닦음(修)'과 '길(道)→닦음(修)'이 함께 어우러져 드러나는 세계이다. 그것은 '길(道)←닦음(修)'과 '길(道)→닦음(修)'이 각기 고유한 것으로 정립되면서도 하나로 조화를 이루는 윤무(輪舞)가 연출되는 가운데 길과 닦음의 구분마저도 넘어서는 원환으로서 '길(道)○닦음(修)'으로 발현된다. 우리는 길과 닦음의 구분을 하나로 녹여내며 연출하는 윤무인 '길(道)

---

10 논리적 절차라는 말은 늘림 읽기의 실제 활동의 과정에서 이들 절차는 동시적으로 일어나거나 회귀적일 수 있음을 의미한다.

○닦음(修)'을 하며 존재한다. 그리고 그 과정에서 그때그때의 관심과 자세에 따라 그것을 '길(道)←닦음(修)'이나 길(道)→닦음(修)'으로 경험하며, 진리-내-존재로서 또는 교육적 존재로써 살아간다. 이러한 길과 닦음, 또는 존재와 교육의 윤무는 인간을 필요로 한다. 인간을 통해서 존재와 교육의 윤무가 연출된다. 인간이 존재하는 이상, 존재와 교육의 윤무는 중단 없이 계속되며, 그럼으로써 길은 더욱 길답게, 그리고 교육은 더욱 교육답게 생기한다. 길을 길답게, 교육을 교육답게 만들어 주면서 윤무를 추는 가운데 인간은 더욱 인간다운 존재로 거듭난다. 존재와 교육과 인간은 떼려야 뗄 수 없는 하나로 공속하면서 '상생상성'한다. 이것이 우리에게 주어지는 근원적인 사태이다. '교육이 무엇인가?'라는 물음은 바로 이러한 원본적이며 근원적인 사태 속에서 생겨나는 것이며, 이 사태에 비추어 답이 모색되어야 한다.(엄태동, 2016:363)

글(다)는 하이데거의 학문론 또는 예술론에 토대를 둔 교육에 대한 설명이다. '길(道)-닦음(修)'에서 길(道)은 '근원적 진리(존재)'이고, 닦음(修)은 '근원적 진리와 하나가 되는 수행 활동'이다.(엄태동, 2016:340) 이 '길(道)-닦음(修)'에는 '길(道)←닦음(修)'과 길(道)→닦음(修)이 들어있다. '길(道)←닦음(修)'은 학자나 예술가가 '진리를 찾는 수행'의 의미를, '길(道)→닦음(修)'은 학생이 '진리와 하나 됨을(되는) 수행'한다는 의미를 나타낸다. 이들은 '길(道)-닦음(修)'에서 출발하기에 진리를 찾음과 진리와 하나 됨이 독립적인 것이 아니라 상호보완적 관계 속에서 구분된다. 그래서 학자나 예술가의 진리 탐구의 수행과 학생의 진리와 하나 됨의 수행은 서로 넘나들며 함께 어우러져 '길(道)○닦음(修)'이 된다. 이 관계 속에서 인간이 존재하며 진리와 교육이 그 본질을 실현한다는 것이다.

이 글(다)는 하이데거의 학문론과 예술론에서 교육을 설명하는 내용이다. 학자와 예술가가 근원적 진리를 찾아 드러내는 일과 교육적으로 학생이 진리를 깨쳐 아는 활동이 상보적임을 이야기한다. 교육에 대한 인식 세계가 일상적이 아님을 알 수 있다. 글(다)를 읽는 독자는 교육에 대한 다른 인식 세계를 만나고 있음을 알아차린다. 이 다름에 의도적으로 의식을 집중해야 한다. 다른 인식 세계임을 알아차리더라도 의식을 집중하지 않으면 관계 맺기는 일어나지 않는다. 그렇게 되면 텍스트의 인식 세계는 독자의 의식에 잠깐 표상되었다 사라지게 된다. 이는 독자의 인식 경계 늘리기가 의식 집중에서 비롯됨을 의미한다. 독자는 텍스트의 인식 세계에 의식을 집중함으로써 자신의 인식 경계를 늘린다.

텍스트의 인식 세계에 의식을 집중한다는 것은 세 가지 행위를 함을 의미한다. 첫째는 무엇에 대한 것인지를 파악해야 한다. 인식 세계의 영역을 확인한다. 글(다)에서 보면, 텍스트 인식 세계는 학문론과 예술론에 기초해서 교육론을 펼치고 있다. 텍스트에서 확인할 수 있는 영역은 교육에 대한 것이다. 교육을 어떻게 바라보고 규정해야 하는가에 대한 인식 세계이다. 인식 세계의 영역을 파악한다는 것은 의식적으로 집중하고 확인할 것을 지정하는 일이다. 이는 텍스트의 인식 세계에 관심을 두고 탐구해 본다는 의미이다.

둘째는 인식 세계의 내용을 알아보아야 한다. 텍스트의 의식 세계가 존재하고, 그것의 영역을 알았다면, 인식 세계에 대하여 알아보는 것은 당연하다. 글(다)를 읽는 독자는 텍스트의 인식 세계의 내용을 구체적으로 알아야 한다. 교육을 '길(道)○닦음(修)'으로 규정을 하기 위한 '진리를 찾는 수행'과 '진리와 하나 되는 수행'에 대한 인식 내용을 알아보아야 한다. 텍스트의 인식 세계는 진리를 찾는 수행과 진리와 하나 되는 수행의 관계를 다루고 있고, 이들은 상보적임을 밝히고 있다. 그러면서 교육은 진리 찾음과 진리와 하나 됨의 수행을 넘나들며 이루어진다고 보고 있음을 알 수 있다. 학문이나 예술이 교육과의 공속(共屬)의 관계에 있음을 그 인식 세계로 한다.

셋째는 인식 경계를 점검해야 한다. 이는 텍스트 인식 세계의 내용을 이루는 주요 요소로 그 범위를 따짐으로써 알 수 있다. 독자는 텍스트의 인식 세계를 구성하고 있는 내용 요소를 따져보고 내용의 범위를 의식할 때, 텍스트의 인식 경계를 확인할 수 있다. 글(다)의 주요 요소는 학자와 예술가가 근원적 진리를 탐구하는 수행과 학습자(교육자)가 진리와 하나 되는 수행이 어떻게 교육으로 실행되는가이다. 학자와 예술가와 학습자(교육자)의 수행 본질을 밝히는 내용 요소이다. 즉, 학자와 예술가와 학습자(교육자)의 진리를 위한 수행을 윤무(輪舞)하는 관계로 규정하는 인식 경계를 담고 있다. 학자와 예술가의 진리 탐구 행위와 학습자(교육자)의 진리 학습 행위가 공속 관계를 이룸이 교육이라는 인식 세계이다.

나. 자기 인식 세계 확인하기

텍스트의 인식 세계는 독자의 인식 경계를 의식하게 한다. 텍스트의 인식 세계가 독자의 인식 세계를 의식 속으로 불러오기 때문이다.[11] 텍스트의 인식 세계를 의식한 독자는 자신의 인식 세계도 의식할 수 있게 되고, 이로부터 자신의 인식 경계를 점검할 수 있다. 독자의 인식 세계의 의식은 자기를 의식하고, 자아를 발견하게 하는 계기가 되기도 한다. 텍스트를 통하여 자아 뿐만 아니라 자기 인식 내용과 그 경계를 확인할 수 있게 되는 것이다. 물론 이는 텍스트의 인식 세계를 파악했을 때 가능하다.

독자의 인식 세계는 텍스트의 인식 세계를 지각할 때 의식에 소환된다. 독자가 텍스트의 인식 세계를 의식하도록 돕는 것이 독자의 인식 세계이기 때문이다. 텍스트 읽는 독자가 순수하게 텍스트의 인식 세계만을 지각하는

---

11   독자의 텍스트의 내용에 대한 인식과 독자의 인식 내용의 상호 호응에 대한 논의는 김도남(2018:110-115)을 참조할 수 있다.

일은 일어날 수 없다. 독자의 인식 세계의 도움이 있어야 텍스트의 인식 세계가 의식에서 표상된다. 다만 독자의 의식이 집중하는 것은 텍스트의 인식 세계이다. 그렇기에 독자가 자기의 인식 세계를 의식하기 위해서는 의도적으로 자기의 인식 세계에 의식을 집중해야 한다. 글(다)를 읽는 독자가 텍스트의 인식 세계에만 의식을 집중하면 자신의 교육에 대한 인식 세계는 의식 속에 있지만 알아차릴 수 없다.

독자의 자기 인식 세계를 확인하기 위해서는 두 가지 활동이 필요하다. 의식 집중하기와 자각하기이다. 의식 집중하기는 자기의 의식 세계와 의식 경계에 관심을 가지는 것이다. 텍스트 인식 세계를 의식하면서 그 상대자로 의식에 표상된 자기의 인식 세계를 알아보는 것이다. 물론 텍스트의 인식 경계를 의식하면 독자 자신의 인식 경계도 의식된다. 글(다)의 인식 세계와 인식 경계를 의식한 독자는 자신의 교육에 대한 인식 경계를 떠올릴 수 있다. 독자 자신은 교육을 어떻게 인식하고 있는지, 교육에 대한 인식 경계가 어디에 머물러 있는지를 확인하는 것이 가능하다. 글(다)의 인식 세계와 경계가 독자의 교육에 대한 인식 세계와 경계를 의식할 수 있게 해 주기 때문이다. 텍스트의 의식 세계와 독자의 의식 세계는 상보적으로 작용하여 서로를 의식할 수 있게 한다.

자각하기는 독자가 자기의 인식 세계와 경계를 분명하게 알아채는 활동이다. 독자가 의식 속에 들어 있는 자기의 인식 세계를 알아보고, 어떤 내용으로 이루어져 있고, 그 경계가 어디 인지를 알아채야 한다. 이는 텍스트 인식 세계의 도움으로 이루어진다. 독자가 텍스트의 인식 세계를 세부적으로 파악하게 되면, 그 텍스트의 인식 세계로 인해 독자의 인식 세계도 세부적으로 알아챌 수 있게 한다. 인식 경계도 마찬가지로 방법으로 알아챌 수 있다. 요컨대, 독자는 텍스트의 인식 세계와 자기의 인식 세계에 의식을 번갈아 집중하면서 두 인식 세계를 파악해야 한다. 이를 통하여 독자는 자기의 인식 세계와 경계를 자각할 수 있다.

독자의 인식 경계의 자각은 늘림의 가능성을 준다. 인식 경계의 자각이 텍스트의 인식 세계에서 비롯되었기 때문에 무엇이 부족한지를 의식할 수 있다. 그리고 인식 경계가 어떻게 늘어날 수 있는지도 예상할 수 있게 한다. 인식 경계의 늘림의 범위를 텍스트의 인식 세계가 제시하고 있기 때문이다. 글(다)를 읽은 독자는 교육에 대하여 늘려야 할 인식 경계를 가늠할 수 있다. 예술과 관계 속에서 교육에 대한 인식 경계를 한정해야 함을 직감한다. 이는 독자가 교육에 대한 인식 경계의 부족함을 의식하는 것에서 비롯된다.

다. 자기 인식 경계 늘리기

독자는 텍스트의 인식 세계를 파악하면 자신의 인식 경계를 늘리려 한다. 텍스트를 읽는 본심에 그런 의식이 들어있기 때문이다. 독자는 텍스트의 인식 세계를 의식하게 되면 늘림의 경계가 구체화된다. 독자는 인식 경계의 늘림으로 새롭게 인식할 수 있게 되고, 이는 인식의 즐거움을 준다. 독자가 인식 경계를 늘리려는 의도가 있을 때의 늘림은 즐거움이 크다. 바라던 것을 얻을 수 있게 되었기 때문이다. 독자가 인식 경계를 늘리기 위해서는 세 가지 활동이 필요하다.

먼저 독자 자신의 인식 경계에 대한 한계를 자각해야 해야 한다. 인식 경계의 한계는 텍스트의 인식 세계와 자기 인식 세계의 견줌에서 비롯된다. 두 인식 세계는 독자가 의도적으로 견주려고 하지 않아도 의식 활동 속에서 견주어진다. 다만 독자의 의식이 견줌에 집중하게 되면 그 한계가 분명하게 부각된다. 독자의 인식 세계가 텍스트의 인식 세계와 견주어지게 되면 독자는 대부분 인식 세계의 한계를 자각할 수밖에 없다. 독자가 텍스트를 선택하여 읽는 이유는 다른 인식 세계에 대한 기대 때문이고, 텍스트는 그 기대에 부응한다. 이것은 저자의 텍스트 생성 자체가 독자와는 다른 인식 세계에서 비롯되었기 때문이기도 하다.

인식 세계의 한계를 자각한 독자는 인식 경계를 새로 생성한다. 인식 경계를 넓히게 되는 것이다. 인식 경계의 생성은 텍스트의 인식 세계를 토대로 한다. 텍스트의 인식 세계의 범위 내에서 독자는 새로운 인식 경계를 생성한다. 글(다)를 읽은 독자는 교육에 대한 새로운 인식 세계를 가지면서 그 인식 경계를 생성한다. '진리를 찾는 수행'과 '진리와 하나 됨의 수행'이 어우러지는 학문과 예술적 관점에서의 교육을 바라보는 인식 경계를 가지게 된다. 교육을 '진리를 찾는 수행'과 '진리와 하나 됨의 수행'의 어울림으로 인식하는 것은 글(다)의 인식 세계에서 비롯된 것이다. 이 교육의 인식 경계는 교육의 내용과 교육의 실행적 특성을 내포하면서 교육의 지향적 목표를 떠올리게 한다. 이 교육에 대한 인식 경계는 그 경계에 맞게 생각하고 규정하고 실천할 수 있게 한다.

독자는 인식 경계를 생성하게 되면 이 경계의 범위를 확정하려 한다. 텍스트 이해를 분명하게 하려는 것이기도 하다. 인식 경계의 범위 확정하기는 새로운 인식 세계의 점검에서 비롯된다. 글(다)에서 교육이라는 것에 대하여 새롭게 인식하게 된 것이 무엇인지 알아보고, 그것을 확인함으로써 경계의 범위가 확정된다. 이를 위해서는 '진리를 찾는 수행'과 '진리와 하나 됨의 수행'의 넘나듦의 교육적 실체가 독자에게 어떤 의미인지를 따져보아야 한다. 기존의 교육에 대한 인식 세계와 달리 '진리를 찾는 수행'과 '진리와 하나 됨의 수행'은 진리를 아는 문제가 아니라 진리 속에서의 삶을 지향하는 것이 교육이라는 인식 세계를 가지게 한다. 교육이 진리적 삶의 수행임을 인식 세계로 확인할 수 있게 한다. 이로써 늘어난 인식 경계의 범위는 확정된다.

라. 늘어난 인식 경계 굳히기

독자가 텍스트를 통하여 인식 경계를 확정하는 것으로 만족할 수 없다. 독자는 새로운 인식 경계를 시험하고 활용한다. 이를 통하여 인식 경계를 굳히게 된다. 인식 경계 굳히기는 새로 늘린 인식 경계로 인식 세계를 구체화하는 활동이다. 늘어난 인식 경계로 관련된 인식 세계를 가지는 것이다. 인식 경계 굳히기를 하면서 인식 세계를 분명히 하고 자기화를 하게 된다. 인식 경계 굳히기는 주요 대상 인식하기, 인식 세계 다지기, 인식 경계 벗어나기 등으로 이루어진다.

주요 대상 인식하기는 늘린 인식 경계 내에서 관계 대상들을 새롭게 규정해 보는 것이다. 관련된 주요 대상들에 대하여 인식 세계를 구체화하여 보는 것이다. 글(다)의 경우에는 '진리를 찾는 수행'과 '진리와 하나 됨의 수행'과 관련하여 교육의 주요 대상과 관련된 것의 인식 세계를 생성해 가질 수 있다. 교육 목표, 교육 내용, 교육 방법, 교육 평가, 교과서 등의 대상들에 대한 인식 세계를 생성한다. 주요 대상 인식하기는 여러 대상에 대하여 이루어질 수도 있고, 몇 가지 대상으로 정리될 수도 있다. 이 주요 대상 인식하기로 독자가 늘린 인식 경계는 좀 더 분명해진다.

독자가 인식 경계를 새롭게 가지게 되면 이를 확실하게 다지고 싶어 한다. 여기서 다진다는 것은 인식 경계 내로 여러 관련 대상들을 끌어들여 인식 세계를 떠올려 보는 것이다. 글(다)를 이해한 독자가 교육의 구체적인 활동들에도 '길(道)○닦음(修)'의 논리를 적용하여 인식 세계를 떠올려 보는 것이다. 수업의 실제적인 진행, 수업 준비 활동, 수업 자료의 제작, 학생 지도 방법, 학생과의 상호작용 등에 이 논리를 적용하여 인식해 보는 것이다. 이런 활동이 다짐이 되는 이유는 인식 경계 내에서의 대상에 대한 인식 세계를 갖게 하면서 독자에게 인식 경계가 의미 있는 것임을 확신할 수 있게 하기 때문이다. 구체적인 대상에 대하여 인식 세계를 가지게 될 때 인식 경계에 의의는 분명해진다.

인식 경계 벗어나기는 인식 세계의 영역과 직접 관련되지 않는 대상도 관련지어 인식하는 것이다. 인식 경계가 분명해지면 새로운 인식 경계를 만날 때까지는 인식 경계를 벗어나는 인식 활동을 한다. 이것저것을 인식 경계 내부로 끌어들여 인식 세계를 생성하고 점검한다. 글(다)를 이해한 독자는 교육이 아닌 것에도 '길(道)○닦음(修)'의 논리를 적용하여 인식 세계를 떠올려 보는 것이다. 삶의 방식, 직업 활동, 자기 계발, 종교 생활, 사회 현상 등에 이 논리를 적용하여 인식해 보는 것이다. 이 벗어나기는 활동은 성공적일 수 있고, 성공을 못할 수도 있다. 성공 못 했을 경우, 독자는 새로운 인식 경계의 늘림에 관심을 가질 수 있게 된다. 벗어나기는 인식 경계가 독자의 의식 속에 자리를 잡았음을 알게 하는 지표라 할 수 있다.

4. 늘림 읽기 세계

읽기는 다양한 방식으로 이루어진다. 늘림 읽기도 그 다양한 방식 중 하나이다. 여기서의 늘림은 독자의 인식 경계의 늘림이다. 독자의 인식 경계 늘림은 무의식중에 일어나기도 하지만 의도적일 때 효과적이다. 독자의 텍스트 읽기에는 인식 경계의 늘림을 지향하는 의식이 내재되어 있다. 독자는 누구나 텍스트를 읽어서 새롭게 다르게 인식할 수 있기를 바란다. 그렇지만 인식 경계의 늘림은 텍스트 내용 이해 또는 읽기 능력 향상이라는 표면적 목표에 짓눌려 있다. 그래서 텍스트 읽을 때 인식 경계의 늘림에 관심을 두지 않고 있다. 인식 경계의 늘림을 읽기의 근원적 지향이다. 그러므로 텍스트 읽기를 통하여 인식 경계의 늘림이 일어나면 표면적 목표의 달성이 쉬울 수 있다.

늘림 읽기는 리쾨르의 예술에 대한 설명에서 빌어 왔다. 예술가의 예술 행위 속에는 인식 늘림이 들어 있다. 예술작품을 보는 사람들은 예술가의 인식의 늘림을 지각하여 자기 인식의 늘림을 할 수 있다. 이는 텍스트 읽기에도 적용할 수 있다. 리쾨르는 문학 텍스트에 관심이 많은데, 문학 작품을 읽은 때도 독자의 인식 늘림이 일어난다고 말한다. 리쾨르의 말에 따르면, 독자의 읽기는 늘림을 수반한다. 이는 읽기가 늘림을 지향할 수 있고, 늘림 읽기를 할 수 있음을 뜻한다.

이 논의는 늘림 읽기를 위한 시론이다. 늘림 읽기라는 말을 처음 사용하고 있고, 그 의미도 생소하다. 늘림 읽기를 규정하기 위하여 늘림의 개념을 탐구하고, 늘림과 읽기를 연결 지어 늘림 읽기를 정의해 보았다. 그리고 늘림 읽기를 위한 기제를 살펴보았다. 이를 바탕으로 늘림 읽기의 단계를 설정하고, 단계별 세부 주요 활동들을 논의하였다. 이는 모두 늘림 읽기가 무엇인지를 밝히고, 그 특성을 알아보기 위한 것이다. 이 논의를 토대로 늘림 읽기에 대한 논의가 확대되고, 독자들의 늘림 읽기 실천을 기대한다.

참고문헌

김도남(2018), 텍스트 타자와 독자 자아, 한국국어교육학회, 새국어교육 114집.

김도남(2020), 참된 독자 탐구, 청람어문교육학회, 청람어문교육 78집.

김한식(2019), 해석의 에움길, 문학과지성사.

김한식·이경래 역(2001), 시간과 이야기 1·2, 문학과지성사.

박삼수 역(2007), 주역, 현암사.

엄태동(2016), 하이데거와 교육, 교육과학사.

이남인(2018), 현상학과 해석학, 서울대학교출판부.

이홍우·임병덕 역(2003), 케에르케고르의 교육이론, 교육과학사.

이희영 역(2015), 잃어버린 시간을 찾아서, 민음사.

2장

간접전달 읽기

1. 간접전달 읽기의 기초

누구나 책을 읽어야겠다고 생각한다. 다른 사람에게도 책을 읽으라고 권한다. 어린아이에게는 가족들이 책을 읽어 주고, 초등학생이 되어 책을 읽을 수 있게 되면 책을 읽으라고 강조한다. 그러면서 대부분의 사람은 막연하게나마 책을 읽어야 한다고 생각한다. 교사도 학생에게 책을 읽을 것을 요구한다. 초등학교 교사도 대학의 교수도 학생들에게 책 읽기를 강권한다. 사람들이 읽기에 마음을 쓰는 근본적인 이유는 무엇일까?

읽기 교육의 관점에서 보면, 책을 읽는 이유를 몇 가지로 구분할 수 있다. 첫째는 저자의 생각을 알기 위하여 읽는다.(정동화·이현복·최현섭, 1987:265) 다른 사람의 생각을 알기 위하여 책을 읽는 것으로 정리할 수 있다. 둘째는 책의 내용을 이해하기 위하여 읽는다.(노명완, 1994:91) 책의 내용은 여러 요소(정보)로 구성되어 있다고 보고, 독자는 요소들을 분석하고 종합함으로써 내용을 재구성하는 것으로 정리할 수 있다. 셋째는 독자가 새로운 의미를 구성하기 위하여 읽는다.(최현섭 외, 2009:272) 책에 대한 독자 나름의 생각을 가지기 위하여 책을 읽는 것으로 정리할 수 있다. 이 세 가지가 사람들이 책을 읽어야 한다고 생각하는 것의 근본적인 이유가 될 수 있을까?

독자가 책을 읽는 근본적인 이유는 다양할 수 있다. 그 근본적인 이유 중의 하나는 독자의 내적 성장이라 할 수 있다. 좀 더 구체적으로 말하면, 책을 읽으면 자아를 성장시킬 수 있다고 생각한다. 자아의 성장은 자기(자아)를 발견하여 이해하고, 그 자아에 책의 내용이 스며들게 함으로써 이루어진다고 여긴다. 독자는 책의 내용이 자아를 발견하게 하고, 자아를 변화시킬 수 있다고 믿고 있다.[1] 책에 내재된 어떤 힘이 독자의 자아를 새롭게 하고, 크게 하고, 바르게 한다는 것을 공부한 사람들을 통해 보았기 때문이다. 실제로 개인 자아는 책을 통하여 변화하고, 개인들은 이를 경험했거나 경험하고 있다.

독자가 책을 읽고 자아 성장을 이루는 기회는 많지 않다. 기대와 달리 책을 읽어도 자아 성장이 쉽게 일어나지 않는다. 책에 대하여 독자가 바라는 것과 행위의 결과가 일치하지 않는 것이다. 그래서 독자의 마음 한편에는 책을 읽지 않아도 된다는 의식이 있다. 그래서 책 읽기를 다른 일보다 후순위로 미룬다. 책을 읽어도 자아 성장이 일어나지 않고, 자아 성장을 이루는 것은 우연적인 결과일 수도 있기 때문이다. 독자의 자아 성장이 우연적인 것은 그 방법이 구체적이지 않아서 그런 것일 수 있다. 그 방법이 하나만 존재하는 것은 아니겠지만 독자가 그 방법을 사용하지 않기 때문일 수 있다.

독자가 책을 읽고 자아 성장을 이루는 방법은 여러 가지일 수 있지만 그중 한 가지가 간접전달 방법이다. 간접전달은 키에르케고르가 제시한 교육 이론이다. 임병덕(1998)에 의하면 키에르케고르는 소크라테스의 교육법과 예수의

---

[1]   읽기가 자아 이해 또는 자아 성장을 위해 이루어진다는 관점은 레비나스의 타자 철학 논의(강영안, 2005, 문대선, 2013)나 가다머의 논의(이길우 외 역, 2014)에서도 찾아볼 수 있다. 이 논의에서는 키에르케고르의 교육 방법 논의에서 강조되고 있는 자아 성장의 관점에 중점을 두고 살펴본다.

교육법을 분석하여 이를 제시하였다. 키에르케고르는 '참된 기독교인의 형성'을 위하여 간접전달 방법을 제시하였다(엄태동, 1996:85)고 한다. 참된 기독교인은 예수의 가르침을 앎의 수준으로 받아들이는 것이 아니라 내면화하여 자기화해야 한다고 본 것이다. 예수의 가르침 내용을 자기화한다는 것은 가르침의 내용이 기독교인 자아의 의식내용이 되게 하는 것[2]을 가리킨다.[3] 예수의 가르침의 내용이 배우는 사람의 자아의식 내용이 되면 사람들은 누구나 참된 기독교인이 될 수 있다.

참된 기독교인이 된다는 것은 개인의 자아가 성장을 이루었음을 의미한다. 그렇지만 예수의 가르침의 내용이 그대로 전달되어 모두가 예수와 같은 존재가 되었음을 의미하지는 않는다. 예수의 가르침으로 자아 성장을 이룬 개별적 존재자가 되었음을 의미한다. 키에르케고르는 이러한 존재를 '실존'적 존재라고 했다.[4] 키에르케고르의 실존적 존재는 현실성과 가능성을 함께 지

---

2 무엇인가 이해하는 일과 이해하는 바대로 실존하는 일 사이의 괴리를 해소하기 위하여 키에르케고르는 '복제(複製, reduplication)를 역설한다. 복제란 지식을 단순히 언어적으로 수용하여 간직하고 있다가 상황에 따라 입으로 되뇌는 것이 아니라, 그 지식을 자신의 내면성으로 들여와서 그에 맞게 실존하는 것을 지칭한다. 바꾸어 말하면, 복제는 지식을 머리로만 이해하는 데에서 멈추지 않고, 자기의 것으로 완전히 내면화하여 자신의 실존과 혼연일체가 되게 하는 것이다. 지식과 실존이 일치되도록 복제를 수행하는 과정을 키에르케고르는 '점유화'(占有化, appropriation)라고도 표현하며, 주체에게 점유화된 지식만이 진리일 수 있다고 본다.(엄태동, 1998:128)

3 임병덕(1998)에 따르면, 예수의 가르침의 내용이 그대로 기독교인의 자아의식 내용으로 된다는 것은 아니다. 간접전달이라는 말은 예수의 가르침을 그대로가 아닌 기독교인의 주체적 의식이 작용하여 의식 내용을 재구성함을 함의하고 있다.

4 키에르케고르의 실존은 '무엇보다 개별적이고 특수한 것을 수반하고 있다.'(엄태동, 1998: 124) 실존자로서의 인간은 구체적인 존재이다. 즉 그는 시간과 공간의 한 점을 차지하는 개별자이다.(이민호, 2002:72) 키에르케고르가 보기에, 소크라테스로 대표되는 '실존적 사고인'은 시간적 존재로서의 자신을 떨쳐 버리고 그 위치에 영원한 진리를 파악하려고 하는 사람이 아니라, 시간적 존재로서의 자신을 그대로 영원(永遠)에 변증법으로 관련지으려는 사람이다. 그의 사고에는 시간과 영원이라는 모순된 요소가 이루는 패러독스가 내포되어 있으며, 따라서 거기에는 그 패러독스를 극복하려는 열정이 수반된다. 이 열정은 그의 실존,

니고 있으면서 현실에서 가능성을 추구하는 의식을 가진 존재이다.[5] 완전한 존재가 아니라 계속하여 성장을 이루기 위하여 노력하는 존재가 실존자인 것이다. 개인이 실존적 존재자가 될 수 있도록 자아 성장을 이루는 방법이 '간접전달'이다.

간접전달은 직접전달 되는 것 너머에서 전달되는 것이다. 텍스트에 표현된 말의 내용이 그대로 독자에게 전달되는 것이 직접전달이라면, 간접전달은 표현된 말의 이면에 존재하는 내용의 전달이다. 간접전달의 대상인 이면의 존재 내용은 독자가 텍스트에 표현된 말에서 밝히고 규정한 것으로 전달되어야 할 본질적 대상이다. 이 본질적 대상을 '진리'[6]라고 명명할 수 있고, 이 진리를 독자가 자기 것으로 만드는 활동이 간접전달이다. 직접전달은 표층 의미의 전달이고, 간접전달은 심층 의미[7]의 전달이다. 직접전달은 사실적

또는 변화를 일으키고 그로 하여금 발달을 향하여 나아가도록 하는 추진력이 된다.(임병덕, 1998:52-53) 실존은 무한과 유한, 영원과 시간 사이에서 태어난 중간적 존재로서 무한과 유한을 부단히 추구하지만 결코 거기에 도달하지 못하는 개인의 삶의 상황을 나타낸다.(임병덕, 1998:19)

5 키에르케고르에 따르면, 실존이란 에로스와 마찬가지의 속성을 지니고 있다. 그것은 무한한 것과 유한한 것, 영원한 것과 시간적인 것 사이에서 태어난 자식으로 '부단한 추구'를 특징으로 한다. 실존은 자신의 현실성에 속하는 유한한 것과 시간적인 것을 '대지'로 삼아 그것을 딛고 서 있으면서도, 동시에 가능성에 속하는 무한한 것과 영원한 것을 그가 도약해야 하는 '대기'로 지니고 있다. 따라서 실존은 현실성에만 안주할 수도 없고, 또 가능성만을 몽상할 수도 없는 존재로서 현실성에 근거하여 끝없는 가능성을 추구할 수밖에 없는 중간자이다.(엄태동, 1998:124-125)

6 그(키에르케고르)에게 진리성의 기준은 자기가 진리라고 여기는 것을 굳게 잡을 때의 정직함과 성실함(내면성)의 정도에 있었다. 그리하여 객관적 사고의 강조점이 무엇(Hvad, Was)에 놓이는 것과는 달리 주체적 사고의 강조점은 어떻게(Hvorledes, Wie)에 놓인다. 객관적 진리가 문제일 때에는 다만 사고의 규정을 묻기만 하면 되지만 주체적으로는 내면성이 문제가 되기 때문이다. 곧 실존하는 사고자가 구체적으로 그 진리에 어떻게 관계하느냐고 하는 것이 중요한 것이다. 이 어떻게가 바로 주체의 내면성이고 그 정점은 무한한 정열이다. 이 무한한 정열이 곧 주체성이다. 이 주체성에 의하여 사람은 비로소 진리를 제 것으로 터득하고 참 자기가 된다.(표재명, 1995:234)

7 표층 의미와 심층 의미에 대해 레비나스의 '말하기'의 의미를 논의한 내용(이수영 역, 2013:

의미를 이해하는 것에 가깝고, 간접전달은 추론적·창의적 의미를 이해하는 것에 가깝다.[8] 간접전달이 추론적·창의적 이해와 같은 점은 독자의 주체적 활동이 바탕이 된다는 것이고, 다른 점은 추론적·창의적 이해는 의미를 구성하는 것에 초점이 있지만 간접전달은 진리를 찾아 자아의 의식내용으로 받아들이는 것에 초점이 있다. 자아의 의식내용이 되는 의미를 간접전달과 관련지은 말이 '진리'이다. 여기서의 진리는 객관적 참된 이치의 진리이기보다는 독자가 책을 읽고 마음속에서 밝혀 규정한 인식의 실제이다.[9] 간접전달로 전달되는 것은 이 진리이고, 독자는 이 진리를 내면화함으로써 자아 성장을 이루게 된다.

이 글에서는 독자의 읽기 활동 과정에서 이루어지는 간접전달에 대하여 살펴본다. 독자가 책을 읽는 이유가 자아 성장에 있다고 보고, 자아 성장을 위한 간접전달 읽기를 검토한다. 읽기에서의 간접전달의 개념을 구체화하여 보고, 간접전달 읽기 활동의 과정을 검토해 본다. 이를 통하여 읽기의 간접전달 특성을 살펴보고, 간접전달 읽기의 교육적 논의를 위한 토대를 마련해 본다.

66-75)을 참조할 수 있다. 표층 의미는 텍스트에 '말해진 것 = 의미된 것'이다. 심층 의미는 '말하려는 것=의미하는 것', '말할 수 있는 것=의미할 수 있는 것', '말해지지 않은 것=의미되어야 하는 것'이라 말할 수 있다. 읽기에서 심층 의미는 텍스트가 말할 수 있는 것의 본질로 키에르케고르가 말하는 진리라 할 수 있다.

[8] 간접전달은 텍스트에서 의미를 찾거나 해석하는 활동과 관련되기보다는 찾은 의미를 독자의 생각으로 만드는 활동과 관련된다. 즉 간접전달은 찾고 해석한 의미를 명료하게 규정하고, 그 의미의 가치가 인정되어 자아의 의식 내용으로 받아들이기로 결정한 후 일어나는 의지적 활동이다.

[9] 실존하는 자로서의 인간에게 진리는 실존하는 자로서의 그에게 본질적으로 관계하는 진리여야 한다. 실존자가 아닌 다른 어떤 것(가령 사유하는 자)으로서의 인간에게 본질적으로 관계하는 진리(가령 사유 대상으로서의 진리)는 그에게 진리가 될 수 없다. 왜냐하면 그는 본질적으로 실존자이기 때문이다. 달리 표현해 보면, 구체적인 존재로서의 인간에게 진리는 구제적인 존재로서의 그에게 본질적으로 관계하는 진리여야 한다. 따라서 인간에게 진리인 진리는 구체적인 진리, 즉 시간과 공간 속에서 개별성을 갖는 진리이다.(이민호, 2002: 72-73)

2. 간접전달 읽기의 구조

간접전달 읽기는 키에르케고르가 제시한 교육 방법에 토대를 두고 있다. 키에르케고르는 소크라테스와 예수가 사람들을 가르치는 방법을 분석하여, 교사가 학생을 가르치는 방법을 간접전달이라고 하였다. 교사가 제시한 진리를 학생이 자신의 주관적 진리로 받아들이는 활동이 간접전달인 것이다.[10] 교사가 제시한 진리를 학생이 자신의 상황이나 조건에 맞게 규정하여 자신의 주관적 진리로 만드는 활동을, 독자가 텍스트를 읽고 자신의 상황이나 조건에 맞게 텍스트의 진리를 규정하여 자신의 주관적 진리로 만드는 활동과 관계지어 볼 수 있다. 이를 토대로 독자의 읽기 과정에서 이루어지는 간접전달을 살펴본다.

가. 간접전달의 개념

독자는 텍스트에서 여러 층위의 의미를 찾을 수 있다. 독자가 찾는 텍스트의 의미는 기호로 표현된 표층 의미와 기호로 표현되어 있지 않은 심층 의미가 있다. 심층 의미는 다시 여러 층위로 나눌 수 있지만, 그 층위를 분명하게 구분하여 규정하기는 어렵다. 독자가 글을 읽을 때는 표층 의미를 파악하여 심층 의미로 나아간다. 심층 의미는 독자가 무엇에 관심을 두는가에 따라 달라진다. 심층 의미는 독자의 의도에 따라 달리 존재하고, 달리 인식된다.

---

10 간접전달 교수-학습에서 교사는 진리를 학생에게 전달하는 매개자이다. 읽기에서는 텍스트가 교사의 역할을 하는 측면이 있다. 교사가 진리를 전달하는 매개자이듯 텍스트도 진리를 독자에게 전달하는 매개자로 볼 수 있다. 교사와 텍스트의 매개자적 역할은 세부적으로 다를 수 있지만 여기서는 논의 초점이 아니므로 생략한다.

(가) 子曰 "君子和而不同, 小人同而不和."

공자께서 말씀하셨다. "군자는 화(和)하고 동(同)하지 않으며, 소인은
동(同)하고 화(和)하지 않는다.

ㅡ<논어>의 자로(子路)편 23(성백효 역, 2011:385)

글(가)는 공자의 말씀이다. '군자는 다른 사람의 의견을 존중하여 조화를
이루되 똑같은 의견을 갖는 사람이 되려하지 않고, 소인은 다른 사람도 똑같
은 의견을 가져야 한다고 생각하여 다른 의견을 가진 사람과 조화를 이루려
하지 않는다'는 뜻이다. 이 글귀의 의미는 표면적으로는 군자와 소인이 자신
과 다른 의견을 처리하는 차이를 말하고 있다. 표면적으로는 이 글귀를 이해
하기는 어렵지 않다. 그렇지만 이 글귀를 읽은 사람들이 생각하는 심층 의미
는 독자에 따라 달라진다. 어떤 독자는 '나는 일면 군자지만 일면 소인이기도
하군.'하고 생각한다. 또 어떤 독자는 '나를 경계하여 화(和)를 실현해 내야겠
군' 하며, '사람들과의 관계를 성찰하여 나를 바르게 세워야겠군.'하고 생각
한다.

글(가)에서 보면, 의견에 대한 화(和)와 동(同)이 군자와 소인을 구분하는
기준이라는 의미를 제공한다. 글(가)를 읽은 독자는 이 의미를 모를 수도
있지만 대부분 안다. 텍스트의 이런 의미는 독자에게 직접 주어진다. 직접
주어지는 의미는 텍스트의 기호 해석에 관심을 집중하게 되면 파악할 수
있다. 이 의미는 텍스트의 기호들에 의하여 직접 전달된다. 이런 의미는 텍스
트를 읽는 독자들에게 비슷하게 전달된다. 글(가)보다 긴 텍스트의 경우 독자
마다 표상하여 기억하는 부분이 다를 수는 있지만 같은 의미이다. 이 표층
의미는 심층 의미의 토대가 된다.

텍스트의 심층 의미는 읽을 때마다 또는 독자마다 달라진다. 글(가)의 심층
의미는 하나로 한정되지 않는다. 이 한정하기 어려운 의미도 텍스트에서

비롯된 것만은 분명하다. 독자가 아무것도 없는 상태에서 어떤 생각을 가질 수는 없다. 텍스트가 독자에게 생각하고 얻어야 할 것을 제공하는 것이다. 텍스트가 독자의 마음속에 떠올리거나 받아들이게 하는 의미의 층위는 독자의 처지에 따라 다를 수 있다. 글(가)의 심층 의미는 '자기발견'의 내용이 될 수도 있고, '실천의지'나 '행동방향'이 될 수도 있다. 이들 의미는 텍스트에서 독자에게 직접 제시되지 않는다. 독자가 찾아내는 것이고, 밝혀서 규명하는 것이다. 그렇기에 간접전달에 의하여 독자에게 전달되어야 할 것이다.

텍스트에서 간접전달로 이루어지는 의미는 기호로 전달되지 않는다. 기호가 지시하는 의미를 넘어 기호가 아닌 형태로 전달된다. 글(가)의 심층 의미는 자기 이해나 실천 행동, 반성과 자아확립 등과 같은 실체적인 것이다. 여기서 '전달'이라는 말은 나와 다른 외부가 있음을 전제한다. 독자의 의식적 사고 활동에 포함되지 않은 부분이 있음을 뜻한다. 그리고 전달은 이동을 뜻한다. 한 곳에서 다른 곳으로 옮겨짐을 함의한다. 또한 주고받음의 의미가 있다. 간접이라는 말을 곧바로 주고받지 않음을 내포한다. 대리인을 통하든 여러 단계를 거치든, 중간에 매개가 존재함을 함의한다. 이에 더하여 주어진 그대로가 아님의 의미도 포함한다. 그렇기에 간접전달은 무언가 그대로가 아닌 것을 건네받아 가지게 되는 것을 뜻한다. 독자가 텍스트에 직접 주어진 것이 아닌 것을 받는 것을 지시하는 말이다.

키에르케고르가 제안한 교육 방법에서 비롯된 간접전달은 의식 외부의 것이 의식 내용 체계 안으로 들어옴을 뜻한다. 의식 외부의 것은 개인이 현재의 의식 상황에서는 인식하고 있지 못한 인식 가능 대상이다. 다른 사람이 탐구하여 밝힌 지식이 일차 대상이지만 개인의 선험적 인식 대상이나 잠재적 인식 대상도 의식 외부에 속한다. 개인은 의식 외부의 것을 텍스트나 다른 사람의 도움으로 인식할 수 있게 된다. 의식 외부의 것을 인식할 수 있도록 누군가 안내하면 개인은 그것을 의식할 수 있다. 이렇게 하여 개인이 갖게 된 의식은 그 내용을 나름의 체계로 재조직하여 가지게 된다. 사람은 이렇게 조직화한 의식 내용 체계를 마음속에 가지고 있다. 이 의식 내용 체계는 개인의 사고 작용과 지적 경험을 통하여 만들어지고, 개인의 의식 내용의 총체를 이룬다.[11] 이 의식 내용 체계에서 비롯된 자기에 대한 의식이 자아이다. 개인의 의식 내용 체계가 바뀌면 자아가 변화하고 성장한다. 자아가 변화하기 위해서는 의식 내용 체계를 새롭게 해야 한다.

개인의 의식 내용 체계의 변화를 일으키도록 도움을 주는 대상은 많다. 교사, 선배, 부모, 독서(책), 경험 등이 도움을 주는 대상이다. 이 도움을 주는 대상 중 한 가지가 독서이다. 독서는 다른 대상들보다 강력하고 다양하다. 독서에서 독자의 의식 내용 체계의 변화에 도움을 주는 것이 심층 의미인 진리이다. 독자는 텍스트를 읽고 이 진리를 발견할 수 있다. 이 진리가 곧바로 독자의 자아의식 내용으로 바뀔 수는 없다. 독자의 의식 활동 속에서 정리되거나 기억되어 머물 수 있다. 이 텍스트에서 비롯된 진리가 내면화를 거쳐 독자의 진리가 되었을 때 주관적 진리가 된다.[12] 주관적 진리는 독자의 자아의식 내용으로 자리를 잡아서 자아 성장을 이루게 한 진리이다. 또한 독자의 실존을 실현한 진리이다.

나. 간접전달과 읽기 활동

독자의 간접전달 읽기는 문자로 표현된 것 너머에 있는 진리를 발견하고

11 　경험을 통한 지각 내용의 총체를 스키마라고 할 수도 있다. 다만 스키마가 인지적 경험 활동에 국한된다면 의식 내용 체계는 인지적, 정서적, 선험적, 경험적, 초월적 인지 활동에서 얻어진 의식 내용이라 할 수 있다.

12 　주관성 또는 주체성이 진리라는 것은 개별자의 진리임을 의미한다. 왜냐하면 여기서 문제되는 주관성은 실존하는 개별자의 주관성이기 때문이다.(이민호, 2002:75)

받아들이는 활동이다. 간접전달은 진리가 텍스트에서 독자에게로 직접전달되는 것이 아니라 독자의 마음속에서 다시 의식 활동을 거쳐 자아의 의식 내용으로 만들어지는 활동 과정이다. 텍스트에 표현된 것 너머에 존재하는 진리는 독자와의 관계에서 존재하는 진리이다. 독자가 인식할 수 있어야 하고, 독자가 내면화하여 자기의식 내용으로 만들 수 있어야 한다. 키에르케고르가 말하는 진리를 읽기와 관련지으면 독자가 주체적으로 받아들이는 진리이다. 독자가 주체적으로 받아들인다고 하여 독자가 임으로 지정하거나 정의할 수 있는 진리는 아니다. 텍스트에서 전달하려는 것을 온전히 인식한 진리라고 할 수 있다. 참된 기독교인이 되기 위하여 예수의 가르침을 온전히 받아들이는 것과 같이 독자가 자아 성장을 위하여 텍스트에서 전하려는 것을 온전히 받아들였을 때 지각되는 진리이다.

(나)

道可道 非常道

名可名 非常名.

無名天地之始

有名萬物之母.

故常無欲以觀其妙

常有欲以觀其徼.

此兩者同 出而異名.

同謂之玄

玄之又玄 衆妙之門.

―노자의 <道德經> 1章

도가 말해질 수 있으면 진정한 도가 아니고, 이름이 개념화될 수 있으면 진정한 이름이 아니다. 무는 이 세계의 시작을 가리키고 유는 모든 만물을 통칭하여 가리킨다. 언제나 무를 가지고는 세계의 오묘한 영역을 나타내려 하고, 언제나 유를 가지고는 구체적으로 보이는 영역을 나타내려 한다. 이들은 같이 나와 있지만 이름을 달리하는데, 같이 있다는 그것을 현묘하다고 한다. 현묘하고도 현묘하구나. 이것이 바로 온갖 것들이 들락거리는 문이로다.(최진석, 2002:21)

글(나)는 노자(老子)의 <도덕경(道德經)> 1장이다. 노자는 이 1장에서 <도덕경>에서 말하고자 하는 바를 압축하여 표현하고 있다. 이 1장의 핵심은 '사람의 세상에 대한 규정은 완전하지 않다'는 것이다. 전체 내용을 보면, 도(道)를 말로 온전히 규정할 수 없고, 대상을 규명하여 붙인 이름(名)도 온전하지 않다. 세상 전체는 이름이 지어지지 않은 시원인데 이름을 붙임으로써 개개의 것들이 구분되어 드러난다. 세상 전체를 마음에 기준을 세우지 않고 통찰하면 오묘함을 볼 수 있고, 기준을 세워 탐구하면 만물 하나하나를 알 수 있다. 세상 전체와 개개 만물은 근원이 같지만 서로 이름이 다르다. 전체와 개개의 같음을 이해하고 보면 그 관계가 매우 오묘하다.

글(나)를 읽는 독자는 이 글이 전하려는 진리를 곧바로 알기 어렵다. 글(나)가 전하려는 진리는 글에 표현되어 있지 않다. 독자는 글을 읽으면서 노자가 무엇을 생각했는지, 노자가 사유한 오묘함의 실체를 떠올려야 한다. 그 실체는 정의된 개념이나 몇 가지 어휘로 인식하기 어렵다. 표현된 전체 말속에 내재해 있으면서 상상과 추론을 통하여 체험적으로 지각된다. 세계 전체와 이름이 있는 개개 사물(만물)의 관계를 상상하고 확인해 보아야 한다. 그러면서 자신이 특정한 기준을 바탕으로 사물을 보았음을 인식하고 그 인식이 어떻게 부족한지를 생각해 보아야 한다. 이를 통하여 세계 전체와 만물 간의 관계를 떠올려 인식해야 한다. 그러면서 지금 나의 세계와 사물의 인식에 대한 의식의 전환이 필요함을 인지해야 한다.

<도덕경> 전체를 읽고 글(나)를 다시 읽는 독자가 인식하는 진리는 자아의 의식 내용을 새롭게 한다. 독자는 세상, 지식, 자아는 고정될 수 없고 끝없이 변화한다[13]는 의식 내용을 가지게 된다. 그러면서 세상 전체를 떠올려 보고, 개별 대상을 탐구하여 밝혀 놓은 지식과 그 지식의 학습을 상기해 본다. 더 나아가서는 자기 자아의 의식 내용은 어떠한지를 점검해 본다. 이 과정에서 독자는 세계, 지식, 자아에 대하여 고정성의 관념을 버리고 변화성을 받아들이게 된다. 이때 독자는 현재 자아의 의식 내용을 와해하고, 가능성의 새로운 의식 내용을 받아들이는 경험을 한다. 이 활동은 독자가 실존을 경험하는 과정이기도 하다. 현재 자아의 의식 내용이 와해되고 새로운 가능성의 자아 의식 내용으로 바꾸어 다시 변화된 현재 자아를 확인하게 된다. 세계와 지식에 대한 현재 인식 상태의 자아가 가능성의 인식 상태를 거쳐 다시 성장한 자아로 현재화되어 나타난다. 독자는 이 과정을 거치면서 실존적 존재자가 된다. 독자가 글(나)를 이해하고 세계, 지식, 자아를 들여다보지 않는다면 글(나)의 이해는 직접전달 수준에 머물게 되어 인식 상태의 변화도 실존 경험도 일어나지 않는다.

간접전달은 현실과 가능성 사이에서 갈등하고, 불안해하며, 상심(傷心: 마음의 상처)이 있을 때 이루어진다. 모든 것이 만족스럽거나 자신이 아니어도 된다고 여겨서는 일어나지 않는다. 글(나)의 독자가 <도덕경>에서 변(變)의 진리를 접했을 때, 현실의 자신과 오묘함의 진리를 깨치기 위한 가능성이 있는 자신 사이에 갈등, 불안, 상심을 느끼지 못하면 오묘한 진리를 자아의 의식 내용으로 만들기 어렵다. 또한 이에 더하여 가능성을 향해 나아가려는 열정[14]도 있어야 한다. 키에르케고르의 간접전달에 대한 논의를 보면, 간접전

---

13 노자의 사상은 '그대로 있는 것[常]은 없고 모든 것은 변화[變]한다'라고 할 수 있다. 도가도 비상도 명가명 비상명(道可道 非常道, 名可名 非常名)에서 확인할 수 있다.

14 소크라테스에게 있어서 진리에 대한 열정은 자신의 내면에 '미지의 것'의 형태로 존재하는

달의 조건으로 불안, 상심, 열정 등에 주목한다.

글(나)의 독자가 <도덕경>의 진리를 자아의 의식 내용을 받아들이기 위해서는 이들의 요소가 함께 작용해야 한다. 글(나)를 읽은 독자의 자아가 <도덕경>의 가르침인 진리를 가지지 못함에 대한 불안을 느끼지 않거나 <도덕경>의 진리를 얻으려는 열정이 없다면 <도덕경>의 진리는 전달되지 않는다. 독자가 텍스트에서 비롯된 진리를 내면화하기 위해서 주체적으로 활동을 해야 하기 때문이다. 특히 간접전달로 이루어지는 진리 전달은 읽기 주체의 적극적인 의식 활동이 있어야 가능하다. 물론 진리를 전달하거나 매개하는 사람이 있으면 얻기가 더 쉬워진다. 진리 전달을 매개하는 사람의 특성을 미행(微行, incognito)[15]으로 보고 있다. 미행은 전달자가 자신의 수준을 피전달자의 수준으로 낮추어 진리를 피전달자가 알 수 있게 하는 기제이다.

다. 간접전달 읽기의 과제

간접전달 읽기는 기존의 읽기 관점과 비교하면 몇 가지 점에서 다르다. 읽기에 대한 관점은 다양할 수 있다. 읽기에서 무엇을 강조하느냐에 따라 읽기를 달리 볼 수 있기 때문이다. 이 논의에서는 텍스트에서 독자로 간접전

진리를 부단히 추구하는 태도를 가리킨다. 이와 달리 예수에게 있어서의 진리에 대한 열정은 교사에 의하여 제시되는, 학생의 외부에 있는 진리를 자신의 것으로 만들려는 학생의 태도를 가리킨다. 키에르케고르는 진리에 대한 이 열정적 헌신을 '신앙'이라 부른다. 신앙은 교사로서의 예수가 그의 파라독스적 자세를 통하여 학생에게 불러일으키려고 하는 '진리에 대한 열정'이다.(임병덕, 1998:25)

15 미행(incognito)는 사용자들마다 다른 표현을 쓴다. 엄태동(1998:127)은 '인커그니토'라는 발음으로 쓰고, 심민수(2004:21)는 미행(微行, 미복잠행(微服潛行: 남이 알아보지 못하게 넌지시 다님))으로, 이홍우·임병덕 역(2003)에서도 미행으로 쓰고 있다. 미행은 가르치는 사람이 자신의 본래적 상태를 숨기고 배우는 사람과 동등한 상태가 되는 것을 가리킨다. 이 미행은 교사의 역할과 관련된 것으로 이 글의 논의 초점에서 벗어나 상세히 다루지는 않는다.

달 되는 진리와 이로 인한 독자의 자아 성장에 초점을 둔다. 이와 관련하여 기존의 읽기에서도 텍스트에서 독자로 전달되는 대상과 결과를 어떻게 보고 있는지를 살펴본다. 특히 읽기 교육에서 어떤 점을 강조하였는지를 살펴보아야 한다. 읽기 교육이 독자의 실제 읽기에 영향을 주기 때문이다. 그동안의 읽기를 텍스트 중심의 읽기와 독자 중심의 읽기로 대별하여 살펴본다.

텍스트 중심의 읽기는 독자가 텍스트에서 의미를 찾아 수용하는 것을 강조한다. 텍스트 중심의 읽기는 텍스트가 독자보다 우월한 조건이나 내용을 담고 있다고 전제한다. 이런 우월의 지위는 텍스트가 독자에게 일방적으로 전달할 것이 있음을 함의한다. 그렇기 때문에 독자는 텍스트에 객관적 진리가 내재되어 있음을 인정하고 읽기를 하게 된다. 텍스트에 객관적 진리가 있기에 독자는 그 객관적 진리를 찾아야 하고, 그 객관적 진리를 무조건 수용해야 한다. 이 객관적 진리는 독자의 주관적 진리와 관계가 낮아 자아의식 내용에 영향을 미치지 못한다. 즉 독자는 텍스트에 내재된 진리를 수동적으로 수용하는 입장을 갖게 된다. 객관적 진리는 독자마다 다를 수 없고, 독자가 텍스트를 읽는 조건과 상관없이 존재한다. 독자는 텍스트의 진리를 자신의 상황과는 관계없이 주어진 대로 찾아야 하고, 그것을 이해해야 한다. 독자는 텍스트의 진리를 기계적으로 찾아 이해해야 한다. 그리고 모든 독자는 동일한 진리를 수용하게 된다.

텍스트 중심 읽기에서 강조하는 객관적 진리는 두 가지로 대별할 수 있다. 저자의 사상[16]과 글의 주제[17]이다. 저자의 사상은 텍스트를 쓴 사람이 텍스트

---

[16] 문자가 말의 기호로서 읽혀지는 것은 약속에 의해 事象, 思想, 感情 등이 문자로 표현된 것을 읽는 것으로, 독서란 이러한 문자를 통해서 相對者와 意思疏通(communication)하는 것이다. 그런데 바른 의사소통이란 작가의 마음속에 생긴 생각이나 느낌이 문자에 의해 표출된 상심을 전달자와 가장 가깝게 感受 再生하는 것이다.(정동화·이현복·최현섭, 1987: 264-265)

[17] 텍스트 분석은 텍스트가 하나의 통일된 전체로서 특정 주제에 대한 저자의 지식 구조와

를 통하여 전달하려는 진리이다. 이 저자의 사상을 찾기 위하여 독자는 저자에 대한 정보를 모으고, 모은 정보에 기대어 저자의 사상을 찾게 된다. 독자는 저자에 대한 정보를 많이 가질수록 텍스트의 객관적 진리를 쉽게 찾을 수 있다. 그렇지만 텍스트를 읽는 일반 독자들은 저자 정보를 많이 가질 수 없다. 그렇기에 저자 정보를 많이 가진 전문가가 찾은 진리를 확인하는 읽기를 하게 된다.[18] 글의 주제는 텍스트에 제시된 내용 요소들의 관계 속에 내재된 객관적 진리이다. 독자가 글의 주제를 찾으려면 텍스트의 내용 요소를 분석해야 한다. 독자가 텍스트 구성 요소를 찾을 줄 알고 구성 요소 간의 유기적 관계를 잘 파악할 수 있으면 객관적 진리를 찾을 수 있다. 이 객관적 진리도 독자에게는 저자의 사상과 같이 찾아내기가 쉽지 않아 전문가의 견해에 의지할 수밖에 없다.

이 읽기에서는 독자의 읽기 주체나 주관적 진리는 의미를 갖지 못한다. 텍스트에서 찾아야 하는 진리가 객관적으로 존재하고 있다고 보기에 읽기 주체의 활동이 제한된다. 독자는 정해져 있거나 밝혀져 있는 텍스트의 진리를 찾는 역할만 하면 된다. 다른 활동들은 의미를 갖지 못한다. 읽기 주체의 역할이 소극적이기 때문에 주어진 객관적 진리의 처리도 소극적일 수밖에 없다. 텍스트의 객관적 진리를 전문가가 밝힌 대로 확인하고 그것을 아는 것으로 만족하게 된다. 텍스트의 객관적 진리가 독자의 자아 성장을 이룬다

전달의 의도가 결합되어 나타난 언어적 표현이라는 점을 전제로 삼는다. 이 전제는 저자가 글을 쓸 때 어떤 주제에 대한 자신의 지식을 있는 그대로 글자로 옮기기만 하지 않는다는, 또 그렇게 할 수도 없다는 점을 시사한다. 왜냐하면, 저자가 가지고 있는 어떤 주제에 대한 지식 요소들은 그것들이 기억 속에 저장되어 있을 때의 구조와 다른 모습으로 텍스트에 나타나기 때문이다.(노명완, 1994:151-152)

18 학문 중심 교육과정에서 활용되었던 탐구 학습 방법의 예를 들 수 있다. 탐구 학습 방법은 학생들이 과학자(또는 비평가)가 사용했던 탐구 방법을 써서 과학자가 찾은 원리를 확인하는 학습 방법이다.

는 의식이 낮다. 객관적 진리는 독자에게 지식의 형태로 주어져 독자의 자아와는 관계를 맺지 못하는 것이다. 독자가 주체적으로 텍스트의 진리를 만날 수 있다는 의식이 낮기 때문에 자아 성장에 대한 의식 또한 낮은 것이다. 이 관점을 가진 독자들은 저자의 사상이나 글의 주제가 무엇인지 알기 위하여 텍스트를 읽을 뿐이다. 혹 독자의 자아 성장이 일어나면 그것은 부수적인 것으로 여겨질 뿐이다.

독자 중심의 읽기는 독자가 텍스트에서 의미를 구성하여 제시할 것을 강조한다. 독자 중심의 읽기는 독자가 텍스트보다 우월한 조건이나 지위에 있다고 전제한다. 이런 우월의식은 독자가 텍스트의 진리를 일방적으로 결정할 수 있게 한다. 독자는 이 우월의식으로 진리를 주도적으로 구성한다. 독자가 구성한 이 진리를 구성적 진리[19]라고 할 수 있다. 독자는 이 구성적 진리의 구성에 관심이 크다. 텍스트에 잠재된 객관적 진리는 독자가 필요로 하거나 가치가 있다고 여겨야 존재적 의미가 있다. 구성적 진리는 독자의 우월의식에서 비롯되었기에 독자의 의식내용에 영향을 주기가 어렵다. 무소불위의 권위자인 독자가 텍스트의 진리를 자기중심적으로 결정하고, 그 가치를 소극적으로 판단함으로써 구성적 진리는 임의적이고 휘발(揮發)적이다. 이 독자의 구성적 진리는 독자마다 다를 수 있고, 독자가 텍스트를 읽는 조건에 따라 달라질 수 있다. 독자는 텍스트에서 구성적 진리를 상황에 따라 구성하고 폐기한다. 독자는 절대 권력자이기 때문에 자신의 구성적 진리를 소유하려고 집착하거나 책임감으로 지키려고 하지 않는다. 독자는 구성적 진리를 상황에 따라 임의로 처리한다.

독자 중심의 읽기에서 강조하는 구성적 진리는 특정한 형태로 제한되지

---

19 구성적 진리는 객관적 진리와 주관적 진리에 대비되는 말이다. 독자 중심 읽기에서 배경지식이나 지평을 활용하여 독자가 주도적이고 독자적(獨子的)으로 규명한 진리이다.

않는다. 독자가 자신의 배경지식(스키마)이나 지평을 활용하여 어떻게 결정하는가에 따라 달라진다. 이 접근에서의 구성적 진리 구성자를 개별 독자와 집단 독자로 구분할 수 있다. 이 두 독자의 구성적 진리의 형태는 각기 다른 모습을 취한다. 개별 독자의 구성적 진리는 동일성을 띤다. 개별 독자의 구성적 진리는 배경지식이나 지평에 의하여 결정된다. 독자의 배경지식이나 지평은 오랜 시간에 걸쳐 경험이 축적되어 만들어진 것이다. 독자의 일상 경험은 변화무쌍하거나 새롭지 않다. 늘 비슷하기에 이 배경지식이 텍스트를 읽을 때마다 바뀌기 어렵다. 그렇기에 배경지식에서 비롯된 구성적 진리는 어떤 텍스트를 읽어도 비슷하다. 집단 독자의 경우에는 집단 구성원들의 배경지식이 모두 다를 것을 전제하면 구성적 진리도 모두 다를 수 있다. 집단 구성원 개별의 주관적 진리는 이론적으로는 해석의 무정부주의를 가져올 수 있다. 독자 간에 다른 구성적 진리를 가지게 되기 때문이다. 그러나 현실적으로 집단 독자의 배경지식이 모두 다를 수 있는지는 분명하지 않다. 집단 독자의 구성적 진리가 무정부적인 것은 해석의 내용보다는 질(관점·입장)에 차이가 있기 때문이라 할 수 있다. 해석의 다양성이 문제가 아니라 해석 내용의 질에서 차이가 나 구성원 간에 소통이 일어나지 않을 수 있는 것이다.

독자 중심의 읽기에서의 읽기 주체나 진리는 텍스트 중심의 읽기와 다른 특성을 갖는다. 텍스트에서 찾아야 하는 진리가 구성적이라고 보기에 읽기 주체의 활동이 강조된다. 독자는 읽기 의도나 상황에 따라 텍스트 내용에 진리를 부여하는 역할을 하게 된다. 읽기 주체의 역할이 적극적이기 때문에 구성적 진리를 주도적으로 구성하게 된다. 독자는 텍스트에 대한 구성적 진리를 자신의 의지대로 구성하고 확인하는 것에서 만족감을 느낀다. 이 읽기 관점도 텍스트를 읽고 구성한 진리가 독자의 자아 성장을 이룬다는 의식은 크지 않다. 구성적 진리는 독자에게 임의적으로 주어져 독자의 자아와 관계를 맺지 못하는 것이다. 독자가 구성적 진리를 결정하는 권위를 갖기에 구성된 진리가 독자 자아에 영향을 줄 수 있는 대상이 되지 못하는 것이다. 그렇기 때문에 자아 성장에 대한 의식이 소극적이다. 이 관점을 가진 독자들은 배경지식에 한정하여 텍스트의 진리를 규명하고 드러내 말할 뿐이다. 이 관점도 혹 독자의 자아 성장이 일어나면 그것을 부수적인 것으로 여긴다.

간접전달 읽기는 자아 성장을 전제로 한다. 자아의 성장은 독자 실존의 문제이고 진리의 내면화와 관련된다. 독자 자아의 성장은 텍스트에서 비롯된 진리를 내면화함으로써 이루어진다. 이때 텍스트에서 비롯된 진리는 저자의 사상이나 텍스트 주제, 또는 독자가 구성한 의미일 수도 있지만 근본적으로는 텍스트 내용 너머에 존재하는 본질적 대상을 가리킨다. 글(가)에서는 군자의 본성이고 글(나)는 인식의 본질이다. 군자의 본성과 세계 인식의 본질은 표현된 말에서 확인할 수 없다. 독자가 자아를 성찰하거나 대상의 속성을 통찰하여 이치의 본질을 깨쳐 인식해야 한다. 독자는 글에서 진리를 직감하거나 사고를 통하여 발견한다. 직감한다는 것은 자신에게 선험적으로 잠재되어 있어 글을 읽으면서 어렴풋이 느끼는 것이고, 발견하는 것은 텍스트의 내용에서 추론을 통하여 감지하게 되는 것이다. 이들 진리는 곧바로 독자의 자아 의식내용으로 변환되는 것이 아니다. 특정한 인지적 작용을 거쳐서 일어나게 된다. 이들 작용을 키에르케고르는 간접전달이라고 말한다. 텍스트에서 비롯된 진리가 곧바로 자아의 의식내용으로 바뀔 수 없기에 일정한 과정을 거쳐야 한다.

이 간접전달은 독자의 마음을 밝히는 자아의 실존 문제이다. 실존은 자신이 누구인지를 밝혀 드러내는 것이다. 실존은 현재의 상태에서 가능성의 상태로 나아가는 것과 관련된다. 독자는 텍스트를 읽고 이해하는 과정에서 자아에 대하여 인식하고 자기가 어떤 사람인지를 밝혀 알게 된다. 자신의 실존을 경험하는 것이다. 구체적으로 실존은 현재의 상태에 대한 불안이나 상심을 해결하기 위한 열정을 쏟을 때도 드러난다. 독자는 텍스트에서 비롯된 진리를 마주하게 되면 자아를 의식하게 되고, 진리에 비하여 의식내용의 부족함을 인식하여 불안이나 상심을 갖게 된다. 글(가)에서 군자의 본성과 글(나)의 세계 존재의 본질을 감지하게 되면 자아는 부족함을 느끼게 된다. 독자의 이 부족함이 불안이고 상심이다. 자아에 대한 불안이나 상심은 좌절심도 가져올 수 있고 도전심도 가져올 수 있다. 자아의 성장은 도전심에서 비롯된다. 이 도전심 속에 들어 있는 독자의 열정이 진리를 자아의 의식 내용으로 내면화할 수 있게 돕는다. 이 진리의 내면화는 독자가 현실 상태에서 가능성의 상태로 나갈 수 있게 한다. 실존은 자아가 현재의 자기 인식에서 진리를 내면화한 자기 인식으로 변화하는 중에 있음을 의미한다.

독자의 실존과 자아의 성장을 이루게 하는 내면화의 기제는 형성(becoming)과 이중반사(double reflection)이다. 형성은 진리를 자신의 내부에서 이끌어내 의식에 자리를 잡게 하는 것이다. 텍스트를 읽고 자신의 내면에 잠재되어 있던 주관적 진리를 인식하여 그 실체를 확인하고 이를 자아의 의식 내용으로 만드는 것이다. <메논>에서 소크라테스의 질문에 답하는 청년이 내적인 절차에 따라 의식 활동을 진행함으로써 기하의 원리를 이해하는 것과 같다. 이중반사는 일차반사와 이차반사로 이루어진다. 일차반사는 객관적 진리가 독자의 의식에 인식되는 것이다. 독자가 텍스트에서 비롯된 진리를 알아채는 것이다. 텍스트의 내용을 파악한 후 객관적 진리를 알아내는 것이 일차반사이다. 이때의 진리는 독자의 의식이나 기억 속에 존재한다. 독자가 텍스트의 진리를 알아챘다고 하여 진리가 자아의 의식내용으로 곧바로 내면화가 되는 것은 아니다. 독자가 진리를 내면화하기 위해서는 진리를 자아의 의식내용으로 받아들이는 이차반사가 일어나야 한다. 이차반사는 의식이나 기억 속의 진리를 자아의 의식내용으로 받아들이는 활동이다. 형성이나 이차반사는 불안과 상심에서 비롯된다. 독자가 자아의 의식내용이 부족함을 느낄 때 진리를 기꺼이 받아들일 수 있는 조건이 된다. 이에 진리에서 비롯된 부족감은 독자가 주체적으로 열정을 갖고 자아의 의식내용을 새롭게 하는 내면화가 일어나게 한다. 내면화는 형성의 작용을 반영한 자각화와 이차 반사의 작용을 반영한 자기화의 과정을 거쳐 이루어진다.

3. 간접전달 읽기의 특성

간접전달 읽기는 읽기 후 활동에 초점이 놓여 있다. 독자가 텍스트를 읽고 밝혀낸 진리의 내면화와 관련되어 있다. 독자의 읽기는 텍스트 진리의 내면화를 통하여 완성된다. 읽기가 독자의 내적 성장을 지향하여 이루어진다고 볼 때, 독자의 자아 성장은 진리의 내면화가 있어야 하기 때문이다. 독자가 주관적 진리를 간접전달의 방식으로 내면화하는 읽기의 특성을 지향적, 원리적, 방법적 측면에서 살펴본다.

가. 지향적 특성

간접전달 읽기는 독자의 실존과 관련된다. 독자의 실존은 독자가 자기를 의식하여 자아의 현재 의식내용을 지향성을 가지고 새롭게 하면서 이루어진다. 즉 독자의 실존은 현재적 자아가 가능적 자아로 변화하면서 이루어진다. 독자가 텍스트를 읽고 저자의 사상이나 글의 주제를 파악하거나 일시적인 의미를 구성하는 것이 아니라 텍스트에서 비롯된 주관적 진리를 내면화할 때 이루어진다. 독자는 텍스트를 읽고 내용을 파악하고 나면 자신의 내면에 잠재되어 있던 진리를 의식하거나 다른 사람이 밝혀 놓은 진리를 자각하게 된다. 독자가 이들 진리를 확인하여 자각하고 자기화함으로써 새로운 자아의 의식 내용을 가질 수 있게 된다.

(다) 죽는 날까지 하늘을 우러러/ 한 점 부끄럼이 없기를/ 잎새에 이는 바람에
도/ 나는 괴로워했다./ 별을 노래하는 마음으로/ 모든 죽어가는 것들을
사랑해야지/ 그리고 나한테 주어진 길을/ 걸어가야겠다.// 오늘 밤에도
별이 바람에 스치운다.

―윤동주의 서시(序詩) 전문

글(다)는 누구나 잘 아는 시이다. 이 시는 윤동주의 시집 <하늘과 바람과
별과 詩>의 첫 번째 시 또는 서언과 같은 의미와 기능을 하고 있다. 시작하는
시라는 의미는 시집의 내용을 종합한다는 의미도 내포한다. 이 시를 읽는
독자는 시인이 본 또는 생각하는 진리를 느끼고 싶어 한다. 자신의 삶을
성찰하여 깨끗한 마음을 간직하고, 자신이 선택한 삶의 길을 흔들리지 않게
살아가려는 의지를 느낀다. 독자는 이 시를 읽으며 자신의 삶을 들여다본다.
무엇을 버리고 무엇을 지키며 어떻게 어떤 삶을 살아야 할지를 고민하게
된다. 독자의 의식 내부에서 추구하는 삶에 대한 자아의 의식내용을 떠올리
게 되는 것이다. 독자는 이 자아의 의식 내용에서 상심을 경험할 수 있다.
자신을 성찰하지 않고 삶의 지향이 불분명함을 의식하면서 상심이 일어난다.
이때 독자는 부끄럼이 없는 자기 삶의 실천에 대한 자아의 의식 내용을 마음
속에 마련하고 싶어진다. 독자는 자아의식을 늘 성찰하고 자기 삶의 지향과
실천의지를 가지려고 한다. 그래서 독자가 자기 삶의 지향을 새롭게 하는
마음을 가진다면 이 시를 읽고 간접전달을 이루었다고 할 수 있다.

간접전달 읽기는 독자의 주관적 진리를 지향한다. 독자가 주어진 사상이나
주제를 이해하거나 개인적인 의미를 구성하는 것도 읽기에서는 필요하다.
하지만 읽기의 근본적인 목적을 따져보면 사상과 주제 찾기나 의미 구성은
읽기 본질과는 거리가 있다. 읽기를 하는 본질적인 목적은 독자가 텍스트에
서 진리를 발견하고 이를 자아의 의식 내용으로 받아들이는 것이다. 글(다)를

읽고 작가의 사상이나 글의 주제를 찾는 것으로는 독자의 자아의식 내용이 변화되지 않는다. 독자가 배경지식을 바탕으로 의미를 구성하는 것도 마찬가지이다. 독자가 글(다)의 이면에서 자기 삶을 진정으로 들여다보고 얻은 자아에 대한 성찰적 삶의 태도가 진리이다. 독자가 이 성찰적 삶의 태도를 이중반사를 거쳐 자신의 자아의식 내용으로 만들었을 때 독자는 이 시에 대한 주관적 진리를 갖게 된다. 이 주관적 진리를 가지게 된 독자는 자아의 의식 내용을 새롭게 함으로써 자아 성장을 이루게 된다.

간접전달 읽기는 자아 성장을 지향한다. 독자가 글을 읽고 내용을 기억하거나 의미를 추론해 내는 것만으로는 자아 성장이 일어날 수 없다. 독자의 의식에 지각된 진리를 다시 자신의 자아의식 내용에 반사해 자아와 결합해야 한다. 진리와 자아의식 내용과의 연결은 자신의 존재를 규정하는 것이면서 실존하는 자기를 가지는 것이다. 진리가 어떤 것인지를 아는 것이 아니라 진리가 자기 자아의 의식 내용이 될 수 있도록 만드는 것이다. 독자가 텍스트를 읽고 찾은 진리를 자신의 주관적 진리로 만듦으로써 자아는 성장할 수 있다. 글(다)를 읽고 성찰하는 삶의 태도를 지닌 독자는 자신의 일상을 반성하고, 자기 삶을 성찰하여 삶의 가치를 찾으려고 노력한다. 그렇게 함으로써 쉽 없이 자기 삶의 태도를 점검하고 고양시키려 한다. 독자의 자아 성장이 이루어졌고, 계속 성장을 추구하게 된다. 이 독자의 자아 성장은 글을 읽는 본질적 목적을 이루는 일이 된다.

간접전달 읽기는 진리의 승화를 지향한다. 텍스트에서 비롯된 진리가 독자의 주관적 진리로 승화하는 것을 지향한다. 승화는 변화와 발전을 내포하는 말이다. 텍스트에서 비롯된 진리가 독자의 주관적 진리로 변화하고, 이 변화는 자아의 발전을 전제한다. 책을 읽고 주관적 진리를 형성하든, 반사하든 그것을 독자의 의식내용으로 승화하는 것이어야 한다. 독자가 텍스트에서 비롯된 진리를 알아채거나 기억하는 것만으로는 자아 성장을 이룰 수 없다.

간접전달이 이루어지도록 하기 위해서는 알게 된 진리를 자아의 의식 내용으로 승화시켜야 한다. 공자의 군자 본성이든 노자의 세상 인식 본질이든 윤동주의 성찰하는 삶의 지향이든 텍스트에 비롯된 진리는 독자의 자아의식 내용으로 변환하고, 자아를 발전시켜야 한다. 주관적 진리 자체가 승화를 필요로 한다.

나. 원리적 특성

간접전달 읽기가 이루어지기 위해서는 필수적으로 따라야 할 원리가 있다. 독자가 텍스트에서 비롯된 진리를 바탕으로 자아 성장을 이루는 읽기를 위하여 반드시 추구해야 할 활동의 속성이 있다는 것이다. 이 활동의 속성이 원리이다. 간접전달의 읽기는 텍스트의 표층 의미를 바탕으로 하는 것이 아니라 심층 의미를 바탕으로 이루어지는 것이고, 독자의 자아 성장을 과제로 하는 읽기이다. 이 읽기의 원리로 주관화의 원리, 실존화의 원리, 초월화의 원리를 들 수 있다.[20] 이들 원리를 구체적으로 살펴본다.

주관화의 원리는 텍스트의 진리를 독자의 진리로 만들어야 한다는 것이다. 텍스트를 읽고 밝혀 알게 된 진리를 객관적 대상으로 여겨서는 의미가 없다. 진리를 안다는 것만으로는 삶에서 의미를 갖기 어렵다. 독자가 밝힌 진리는 독자가 자신의 의식 내용으로 만들어야 한다. 텍스트의 진리를 찾아 밝히는 일차반사도 이 과정에서 필요하다. 이 일차반사는 독자가 텍스트의 진리가 무엇인지를 아는 것에 한정된다. 밝혀낸 진리가 독자의 의식 내용과는 상관

---

20 키에르케고르는 기독교인의 자아 성장 또는 실존의 단계를 심미적, 윤리적, 종교적 단계로 구분하였다.(임병덕, 1998:164-176) 이들 단계를 중심으로 간접전달 읽기의 원리를 찾을 수도 있으나 여기서는 간접전달의 핵심 과정이 윤리적 단계와 종교적 단계의 중간이라고 보고, 이에 작용하는 원리를 세 가지로 구분하여 정리해 본다.

없이 기억 속에 존재할 뿐이다. 객체화되어 존재하는 텍스트 진리는 독자에게 의미 없다. 진리는 독자의 기억에서 벗어나 자아의 의식 내용으로 바뀌어야 한다. 이차반사가 필요한 것이다. 독자가 밝힌 진리에서 불안과 상심을 얻고, 이를 해소하기 위하여 진리로 나아가려는 열정에서 진리는 자아의 의식 내용으로 전환된다. 객체로 존재하는 진리를 독자의 주관적 진리로 바꾸는 것이다. 물론 텍스트의 진리를 독자 것으로 만들 때는 독자의 현재적 조건이 그 토대가 된다. 그렇기 때문에 주관화의 원리는 진리가 독자에게 맞추어져 내면화된다는 의미를 포함하고 있다.

실존화의 원리는 현재적 상태에서 가능 상태로 나아가면서 자아를 밝혀 인식하는 원리이다. 자아의 의식내용을 바꾸어 자아의 성장을 이룬다는 것은 독자가 자신이 어떤 존재인지를 밝히는 것과 같다. 독자는 자아의 현재 상태에서 자신을 분명하게 규정할 수 없다. 그렇지만 텍스트에서 비롯된 진리와 대면하게 되면 자아의 현재 상태가 분명하게 파악된다. 독자가 자기의 존재감을 느끼면서 그 존재의 실체를 인식하게 된다. 독자가 자아의 현재 상태를 규정하여 인식하는 것 자체가 실존이다. 독자는 이런 현재적 실존에 머물지는 않는다. 독자는 가능 상태로 나가기 위하여 자아를 다시 규정해야 한다. 이 자아의 규정이 다시 독자를 실존과 마주하게 한다. 독자 자신이 어떤 사람인지 주변과 어떤 관계 속에서 존재하고 있는지를 알 수 있게 된다. 또한 텍스트에서 비롯된 진리가 독자의 진리로 바뀌게 되면 독자의 삶 그 자체도 변화를 이루게 된다. 자아의식의 내용이 생각뿐만 아니라 삶을 새롭게 만들어 놓기 때문이다.

초월화의 원리는 현재 상태를 벗어남을 의미한다. 독자 자아의 의식 내용이 현재의 상태를 벗어나 만들어져야 한다는 의미를 포함하고 있다. 이를 위해서는 텍스트의 진리를 찾아내고, 알거나 기억하는 것을 넘어 내면화하는 활동이 필요하고 자기의 의식을 뛰어넘어야 한다. 불안과 상심을 벗어나야 하고, 독자 자아의 현재 의식 내용을 넘어서야 한다. 간접전달 읽기에 초월이 내재되어 있지만, 독자는 초월을 위하여 관심을 집중해야 한다. 독자의 진리 찾기부터 진리를 자아의 의식내용으로 만드는 과정은 모두 초월을 기반으로 한다. 현재에 머물러 있기보다는 변화하는 것이다. 간접전달 읽기는 이 초월의 원리가 내재해 있을 때 그 특성이 살아나게 된다.

다. 방법적 특성

간접전달 읽기는 진리의 내면화로 이루어진다. 진리의 내면화는 텍스트에서 비롯된 진리를 주체적으로 자아의 의식내용으로 만드는 활동이다. 독자는 텍스트를 읽고 밝혀 알게 된 진리를 자기의 의식내용으로 만듦으로써 실존하는 존재로 거듭나며 자아 성장을 이루게 된다. 독자가 텍스트에서 비롯된 진리를 내면화하는 활동을 그 진리가 어디에 있었느냐에 따라 달라진다. 독자가 텍스트를 읽고 밝혀 알게 되는 진리는 두 가지 위치에 존재한다. 키에르케고르가 소크라테스와 예수의 교육 방법을 비교하면서 드러난 위치이다. 소크라테스가 아테네 청년들에게 무지를 깨우치면서 알리려고 했던 진리는 개인의 내면에 잠재되어 있었다. 소크라테스는 대화술 즉 질문을 통하여 청년들이 무지를 드러내는 산파술을 사용하였다. 이 산파술의 전제는 진리는 개인의 내면에서 발현한다는 것이다. 잠재된 내면에서 의식으로 발현되는 진리의 현현 방식을 형성(becoming)이라고 하였다.[21] 예수는 사람들에게 하나님의 진리를 설득하여 알리는 방법을 사용하였다. 하나님의 대리자인

---

21 소크라테스의 회상(回想)을 지식의 내면화(內面化)와 무관한 것으로 보는 것은 회상이론이 교육 방법에 주는 시사를 부당하게 소홀히 취급하게 되는 결과를 가져온다. 회상은 지식의 내면화와 별개로 이루어지는 것이 아니라 바로 그 과정을 반대 방향에서 규정한 것에 불과하다고 보아야 한다.(임병덕, 1998:59)

예수는 인간으로 모습으로 미행(微行)하여 하나님의 말씀을 사람들에게 전하여 깨우치도록 한 것이다. 예수가 사람들을 가르치는 방법은 사람들 외부에 있는 진리를 사람들의 마음속에 자리 잡도록 하는 것이었다. 외부에서 내부 의식에 진리가 자리를 잡도록 하는 방법은 반영(이중반사, reflection)이다. 반영은 앞에서 살핀 이중반사의 과정으로 작용한다. 이 형성과 반영은 진리의 위치 차이에서 비롯된 내면화 방법이다.

진리가 내부에서 일어나 자아의 의식 내용으로 자리잡게 하는 형성은 자각화라고 할 수 있다. 스스로 진리를 깨쳐 안다는 의미도 있지만 독자 마음 내부에서 진리를 발현시켜 가진다는 뜻이다. 독자는 글을 읽고 자신의 내부에서 진리를 발현시켜 내면화하는 경우도 많다. 글(가)와 글(다)를 읽은 독자는 진리를 자기 마음의 내부에서 찾아야 한다. 군자의 본성과 성찰하는 삶의 본질은 외부에 있지 않다. 독자가 텍스트에 표현된 말에서 표현되지 않은 본질(진리)을 자신의 마음속에서 찾아야 한다.[22] 독자가 글(가)와 글(다)를 읽으면 자신의 내면에서 군자의 본성이나 성찰적 삶의 본질을 규정해 내야 함을 느끼고 그것을 어렴풋이 인식하게 된다. 독자는 이 본성과 본질이 무엇인지 규명하여 밝혀야 한다. 그리고 본성과 본질을 자아의 의식 내용으로 받아들여야 한다. 자각화는 불안과 열정을 기제로 한다. 불안은 현재 자아의 의식 내용과 찾아낸 진리와의 괴리에서 발생한다. 이 괴리를 극복하는 기제가 열정이다. 자아의 의식 내용의 부족으로 생성된 불안은 열정의 작용으로 진리를 받아들여 자아의 의식 내용을 온전하게 함으로써 해소된다.

외부에 있는 진리를 자아의 의식 내용으로 자리 잡게 하는 반영은 자기화라고 할 수 있다. 자기화는 자기 것이 아닌 것을 자기 것으로 만든다는 의미도

---

22   지식의 기원이 전생의 경험에 있다는 회상이론의 주장은 지식이 개인의 내면 가장 깊은 곳에 도달해야 한다는 원리를 비유적으로 표현한 것일 볼 수 있다.(임병덕, 1998:59)

있지만, 외부의 것을 내부로 받아들여 자기 것으로 만든다는 의미도 있다. 독자는 글을 읽고 자신의 외부에 있는 진리를 발견하는 경우도 많다. 글(나)를 읽은 독자는 진리를 외부에서 찾아야 한다. 세상의 존재 이치에 대한 진리는 독자 외부에 존재한다. 이 진리는 독자가 텍스트에 표현된 말에서 표현되지 않은 이치(진리)를 텍스트 밖 삶의 실제에서 찾아야 한다. 독자가 글(나)를 읽으면 노자의 눈으로 세상의 존재 이치를 추적해야 한다. 그리고 노자가 글의 이면에서 밝히고자 했던 진리를 알아채야 한다. <도덕경>에서 알아채게 되는 세계 존재 이치는 독자가 보는 세상의 존재 이치와는 다른 것이다. 그래서 독자는 노자의 말에서 세계 존재 이치를 새롭게 규정해야 하고, 이를 자기화해야 한다. 글(나)의 진리와 같이 독자 외부에 있는 진리를 자아의 의식 내용으로 만드는 자기화의 기제는 상심과 열정이다. 상심은 마음의 상처를 입음이다. 구체적으로는 자아의식이 상처를 입은 것이다. 독자의 자아가 현재의 의식내용과 다른 진리를 접하게 되면 겪게 되는 심리는 상심일 수밖에 없다. 독자는 일차반사에서 상심을 겪게 되는 것이다. 이 상심의 마음은 불안과 마찬가지로 열정으로 문제를 해결할 수 있다. 텍스트에서 비롯된 진리로 상심한 주체는 자아가 무엇에 상처를 입었는지 어떻게 상심을 치료하는지를 안다. 발견한 진리를 기꺼이 자기화를 함으로써 상심은 치료된다. 상심이 치료되는 활동이 이차반사이다. 이를 통하여 독자는 상심을 치료하고 자아 성장을 이루어 실존하는 존재로 거듭난다.

4. 간접전달 읽기의 지향

그동안 읽기 논의는 독자의 내적 성장이 일어나는 메커니즘을 설명하지 못했다. 독자의 내적 성장을 읽기의 핵심 활동으로 여겼지만 이를 직접 설명한 논리를 가지지 못했다. 그래서 읽기를 내적 성장이 이루어지기 전까지만 설명한 점이 있다. 저자의 사상이나 글의 주제를 찾거나 배경지식을 활용하여 의미를 구성하는 단계까지만 설명할 수 있었다. 이런 설명은 학교에서 공부하는 학생들에게 책을 읽어야 하는 이유를 명확하게 설명하지 못한 점이 있다.

간접전달 읽기는 독자의 내적 성장을 설명하는 하나의 논리를 가지고 있다. 독자가 진리를 내면화함으로써 자아의 의식내용이 새롭게 되어 성장이 일어난다고 설명할 수 있게 되었다. 독자는 읽기를 통하여 내적 성장을 이루며 실존적 존재가 된다. 텍스트가 독자의 자아를 새롭게 변화시키기 때문이다. 독자의 변화는 텍스트를 읽고 발현되는 진리 때문이다. 텍스트의 진리는 텍스트에서 말해진 것이라기보다는 말할 수 있는 것, 말하려는 것으로 존재한다. 말해진 것은 독자와 텍스트의 소통으로 알 수 있지만 텍스트가 말할 수 있는 것이나 말하려는 것은 독자가 찾아 밝혀야 하는 것이다. 독자가 텍스트의 진리를 밝혀 아는 것만으로 간접전달 독서가 이루어지는 것은 아니다. 텍스트 진리를 내면화하는 과정이 있어야 간접전달의 읽기가 일어나게 된다.

읽기를 어떻게 보는가는 독자의 읽기 활동을 결정한다. 읽기를 자아 성장의 관점에서 바라보면 독자는 읽기를 통하여 자아를 성장시키게 된다. 읽기를 하는 본질이 독자의 자아 성장이라 할 수 있다. 독자의 자아 성장을 위한 읽기 방법은 아직 정교화되지 못한 점이 많다. 읽기를 통한 자아의 성장이 일어나는 실제적인 과정을 밝히지 못하고 있고, 그 구체적인 증거도 가지고 있지 못한 실정이다. 간접전달 읽기에 대한 논의가 독자의 자아 성장을 설명할 수 있는 하나의 논리를 제공할 수 있기를 기대해 본다. 또한 독자들의 간접전달 읽기의 실행을 소망해 본다.

참고문헌

강영안(2005), 타인의 얼굴－레비나스의 철학, 문학과지성사.

노명완(1994), 국어과 교육론, 한샘.

노희직(2003), 키에르케고르에 있어서 아이러니 개념, 한국독어독문학회, 독일문학 88권.

성백효 역(2011), 논어집주, 전통문화연구회.

엄태동(1998), 키에르케고르(S. Kierkegard)의 간접전달의 인식론적 의의, 한국교육철학학회, 철학교육 10집.

윤대선(2013), 레비나스의 타자 철학, 문예출판사.

윤동주(1974), 하늘과 바람과 별과 詩, 정음사.

이길우 역(2014), 진리와 방법, 문학동네.

이민호(2002), 실존과 진리－키에르케고어의 『철학적 단련 후서』를 중심으로, 고려대학교철학연구소, 철학연구, 25권.

이수영 역(2013), 레비나스의 사랑의 현상학, 갈라파고스.

이홍우·임병덕 역(2003), 키에르케고르의 교육이론, 교육과학사.

임병덕(1998), 키에르케고르의 간접전달, 교육과학사.

정동화·이현복·최현섭(1987), 국어과교육론, 갑을출판사.

최진석(2002), 노자의 목소리로 듣는 도덕경, 소나무.

최현섭 외(2009), 국어교육학개론, 삼지원.

표재명(1995), 키에르케고어 연구, 지성의 샘.

3장

성찰적 읽기

1. 성찰적 읽기의 토대

텍스트 이해는 독자 마음[1]의 재구성이다. 마음의 재구성은 정신[2]을 새롭게

---

1   '마음'이라는 낱말의 의미는 복잡하다. 사전(한컴사전)적으로 마음은 사람의 지(智)·정(情)·의(意)의 움직임이나 그 움직임의 근원이 되는 정신적 상태의 총체를 뜻한다. 사람의 심리 내용(마음내용)과 심리작용(마음작용)을 모두 포함하고 있다. 이 글에서는 '마음'의 개념을 구체화하기 위하여 몇 가지 새로운 용어를 사용한다.(새로운 용어들의 개념은 본문이나 각주에서 필요할 때 제시한다.) '마음'을 '생각'과 '정신'으로 구분한다. '생각'은 각성된 의식의 주목을 받아서 현재 활성화되어 작용하고 있는 표층적 마음을 지시하고, '정신'은 생각의 바탕으로 심층에 존재하면서 지속적으로 작용하는 근원적 마음을 가리킨다. 이 '생각'을 다시 '생각내용'과 '생각작용'으로 구분하고, '정신'을 '정신내용'과 '정신작용'으로 구분한다. 이들에서 '내용'은 생각과 정신을 구성하고 있는 질료적 성분을 가리키고, '작용'은 생각과 정신의 내용을 이용한 의식 활동이나 이들 내용을 구성하기 위한 의식 활동을 가리킨다. '작용'은 인식, 분석, 분류, 판단, 창의, 궁리, 비판하는 '사고'의 의미와 가깝다. 그래서 이 글에서 '생각작용'과 '정신작용'을 함께 이르는, 즉 '마음작용'을 가리킬 때 '사고'라는 낱말도 함께 사용한다.

2   '정신'이라는 낱말도 여러 개념을 갖는다. 사전(한컴사전)적으로는 ① 마음이나 영혼 ② 생각하고 판단하는 능력이나 작용 ③ 근본이 되는 이념이나 사상 등이다. 이 글에서 사용되는 '정신'의 개념은 주로 ②와 ③에 해당된다. ②의 개념은 주로 '정신작용'이라는 용어를 사용하고, ③의 개념은 주로 '정신내용'이라는 용어를 사용한다. 정신작용과 정신내용이 ②와 ③의 개념과 완전일치를 이루지는 못하지만 관련성은 깊다. 그리고 ①은 ②와 ③의

함이다. 정신을 새롭게 한다는 것은 정신내용과 정신작용의 변화를 의미한다. 텍스트 이해는 텍스트 내용을 바탕으로 읽기 주체의 정신내용과 정신작용을 변화시키는 것이다. 따라서 텍스트 이해는 텍스트의 내용이나 독자의 생각내용[3]을 마음에 담아두는 것이 아니다. 생각내용으로 마음의 바탕인 정신내용[4]을 바꾸는 것이다.[5] 읽기 주체는 텍스트로부터 생각내용을 마음속에 구성하고, 이 생각내용을 이용하여 정신내용을 새롭게 한다. 생각내용은 읽기 주체가 텍스트의 내용과 정신내용을 활용한 생각작용으로 구성되고, 읽기 주체의 의식적 주목을 받지 못하면 사라진다. 반면, 생각내용이 읽기 주체의 주목을 받으면 정신내용에 습합(習合)되어 변화된 정신내용을 이룬다. 정신내용은 마음의 바탕에 배어있기에 읽기 주체에게 주목받지 못한다고 사라지지 않는다.

읽기 주체가 생각내용을 정신내용으로 바꾸는 기제가 '성찰'이다. 성찰은 마음을 반성적으로 들여다보고, 그 마음의 상태를 점검한다. 마음에 담겨 있는 불필요한 내용을 버리고, 필요한 내용을 안착시킨다. 이를 통하여 마음

개념을 포함하는 포괄적인 의미로 사용한다.

3 '생각내용'은 읽기 주체가 텍스트를 읽고, 마음속에 구성해 놓은 체계화된 생각 내용물이다. 필자의 기존 논문에서 사용한 '관념'이라는 용어와 상통한다. 다만, 기존 논문에서의 '관념'은 생각내용과 정신내용을 모두 포괄하는 의미였다. 이 글에서의 '관념'은 주로 생각내용의 한 요소인 지(知)와 관련하여 사용된다. 즉, '관념'은 주로 지적(知的) 사고로 체계화된 생각내용을 지시한다. 그리고 이 글에서 사용되는 '생각내용'은 인지적 사고의 결과[知]와 정의적 사고의 결과[情感·意圖] 모두를 포함한다.

4 정신내용은 생각내용과 대비되는 개념이다. 생각내용이 읽기 주체가 텍스트를 읽고 의식에 표상한 의미라면, 정신내용은 읽기 주체가 표상한 의미를 의식 내부로 수용한 것이다. 다시 말하면, 읽기 주체가 텍스트를 읽고, 마음속에 떠올린 의미가 생각내용이고, 이 생각내용이 읽기 주체의 마음내용과 융합되어 마음 그 자체로 변한 것이 정신내용이다.

5 '생각작용'과 '정신작용'은 구분된다. 생각작용은 생각내용을 구성하기 위한 의식 활동이고, 정신작용은 정신내용을 구상하기 위한 의식 활동이다. 생각내용을 정신내용으로 바꾸는 의식 활동은 '내면화'와 '함양'이라는 용어를 사용한다.

내용을 재구성한다. 성찰은 이 과정의 반복으로 마음을 변화시킨다. 읽기 주체의 성찰은 생각내용을 확인하여 가치를 판단하고, 생각내용에서 가치 있는 구성소를 정신내용에 습합시켜 정신내용으로 바꾸는 역할을 한다. 이로써 정신내용을 새롭게 발전시켜 읽기 주체의 정신적 성숙을 이끈다. 요컨대, 읽기 주체의 성찰은 텍스트 내용으로 구성한 생각내용을 이용하여 마음의 본질인 정신내용을 새롭게 하고, 그 정신내용을 반성적으로 살펴 향상시키는 역할을 한다.

그동안 읽기 교육에서는 읽기 주체의 성찰에 관한 문제를 다루지 않았다. 독자의 마음속을 성찰해야 한다는 의식을 갖지 못했기 때문이다. 비판적 읽기는 텍스트의 내용을 점검하거나 독자의 생각내용을 확인하는 정도이다.[6] 읽기 주체가 구성한 생각내용과 정신내용이 마음속에 습합된 상태를 점검해야 한다는 제안이 없다. 읽기 교육에서는 이에 관심을 가지고 고민할 필요가 있다. 그래서 읽기 주체의 텍스트 이해를 깊게 하여 마음의 본질을 변화시킬 수 있는 성찰적 읽기 방법을 지도해야 한다. 이를 통하여 읽기 주체의 내적 성장을 이끌어야 한다. 읽기 주체의 정신내용을 변화시킬 수 있는 성찰적 읽기 지도가 이루어질 때, 읽기 교육은 진일보할 수 있다.

읽기 주체의 내적 성장은 풍부한 지식[智慧]과 세련된 정감[情操] 및 올곧음을 실천하려는 굳은 신념[意志]의 조화로 이루어진다. 지정의(知情意)가 고루 갖추어졌을 때 독자의 내적 성장이 이루어지게 되는 것이다. 독자의 내적 성장의 지향은 전인(全人)이다.[7] 성찰적 읽기는 독자의 내적 성장을 지향하는 전인적 독서를 목적으로 한다. 따라서 성찰적 읽기 교육에서 관심을 가져야 하는 것은 지(知)의 심리 내용인 지혜(智慧), 정(情)의 심리내용인 정조(情操),

---

6   비판적 읽기에 대한 종합적인 논의는 김혜정(2002)을 참조할 수 있다.

7   한혜정(2005:23)에서는 성찰을 자기정체성을 찾는 자아성찰로 보고, 성찰의 목적을 참 자아(authentic self)를 찾아 그 참 자아로 되돌아가는 데 있다고 본다.

그리고 의(意)의 심리내용인 의지(意志)의 요인이다. 이 글에서는 지혜가 정조·의지와 대비되는 개념으로 보고, 지(知)와 정의(情意)로 대별하여 논의한다.[8]

　이 논의에서는 성찰적 읽기를 위한 읽기 주체의 마음 문제를 다룬다. 읽기 주체가 조작하는 마음 문제는 다양하다. 읽기 주체의 성찰은 다양한 마음 문제를 조작하는 것 중의 하나일 뿐이다. 이 논의가 필요한 것은 학습자를 훌륭한 독자로 만들기 위함이다. 경이(輕易)하게 텍스트를 읽는 것이 아니라 진정으로 텍스트를 이해하는 독자 교육을 위한 것이다. 텍스트로부터 자기의 생각내용을 구성하고, 이를 정신내용으로 바꿀 수 있는 독자를 기르기 위한 것이다. 여러 읽기 방법이 모두 이를 위한 것이라 할 수 있다. 성찰적 읽기는 이를 위한 효율적인 방법이 될 수 있다. 이 논의를 위해 먼저 성찰적 읽기의 체계를 검토한다. 이를 바탕으로 성찰적 읽기의 교육 방향을 생각해 본다.

2. 성찰적 읽기의 체계

　성찰은 마음을 반성하여 살핌이다. 마음내용의 부족한 부분을 찾아 깁고, 보충하여 새롭게 하고, 마음작용이 바른지를 점검하여 바르게 되도록 하기 위한 의지적 행위이다.[9] 성찰은 사람의 마음내용을 충실하게 하고, 마음작용을 올바르게 하는 기제이다. 성찰적 읽기는 읽기 주체가 텍스트를 읽고 구성

8　이 글에서 지정의(知情意)를 지(知)와 정의(情意)로 대별하는 것은 그동안 국어교육 논의에서 사고를 인지적 사고와 정의적 사고로 구분한 의식을 반영한 것이다. 이에 대한 논의는 이삼형 외(2000)를 참조할 수 있다. 그러나 궁극적으로 지(知)와 정(情)과 의(意)를 구분하여 각각 논하여야 할 것이다.

9　듀이(Dwey, 1933)는 성찰을 자신이 가지고 있는 인지적, 정의적 문제를 발견하고 이를 능동적으로 해결해가는 과정으로 설명한다.(이상수·허희옥, 2002:14)

한 마음을 반성적으로 살피는 것이다. 읽기 주체의 성찰은 생각내용과 정신 내용 및 이들의 작용에 대한 반성적 살핌이다. 이는 텍스트 이해 과정에서의 마음내용과 마음작용을 점검하여, 마음의 변화를 촉진한다.[10] 읽기 주체의 성찰은 텍스트를 읽고 구성한 마음을 충실하고 올곧게 한다. 읽기 주체의 마음내용과 마음작용에 대한 성찰적 읽기의 체계를 살펴본다.

가. 성찰적 읽기의 의미역

성찰은 마음을 살펴 바르게 함이다.[11] 마음내용과 마음작용을 살펴 바르게 하는 활동이다. 마음작용의 성찰은 생각이 이루어지는 과정을 따지고 바로 잡음이다. 무슨 의도에서 어떤 절차를 거쳐 무엇을 얻었는지를 점검하여 수정하는 것이다. 마음내용의 성찰은 마음을 이루고 있는 지[知慧]와 정의[情操·意志]를 살펴 바르게 되도록 하는 것이다. 여기서 지(知)는 개념, 지식, 관점, 의견, 견해, 이론 등이고, 정의는 성정, 정서, 심미, 윤리, 가치관, 신념, 의지 등이다. 이들을 점검하여 지가 충실하고 정의가 고양되게 하는 것이다. 성찰은 마음작용과 마음내용을 찬찬히 살피고, 따져보고, 확인하고, 평가하고, 보완하고, 향상시키는 의미를 내포한다. 성찰의 행위는 의도적이고 발전적 변화를 추구하는 마음작용이다. 성찰은 초인지적 특성[12]도 있지만 초인지는 아니다. 초인지는 인지, 즉 사고의 활동을 점검·보완하지만 성찰은 마음작용과 마음내용을 모두 점검·보완한다.

10　조국현(2003)은 성찰을 메타 현상과 동일한 것으로 설명한다. 성찰을 인간만이 가진 마음의 온전함을 거듭 물어 개선함으로써 질적 변화를 이룰 수 있는 자기 초월적 본성이라고 본다.

11　성찰이 마음을 '바르게 한다'는 뜻은 절대적 바름이 아니다. 현 의식 수준에서 마음의 충실하지 못함과 성실하지 못함을 보완하여 마음의 향상을 기함을 뜻한다.

12　성찰의 초인지적 특성에 대해서는 조국현(2003)을 참조할 수 있다.

성찰적 읽기의 관심 대상은 독자의 마음작용과 마음내용이다. 읽기 이론들은 텍스트 내용이나 독자의 생각내용과 기억작용 등에 관심을 갖는다. 특히, 비판적 읽기의 관심 대상은 바로 텍스트 내용이나 독자의 생각내용인데[13] 독자의 생각내용보다는 텍스트 내용에 더 많은 관심을 갖는다. 지금의 읽기 교육이 독자의 인지에 관심을 두고 있음에도 생각내용에 대해서는 비판적으로 검토하는 접근을 못하고 있다. 독자의 생각내용을 절대시하기 때문이다.[14] 성찰적 읽기는 독자의 마음내용에 관심을 갖는다. 근본적으로 정신내용에 관심을 갖는다. 구체적으로 읽기 주체가 텍스트 이해를 통하여 구성해야 할 향상된 정신내용이 주요 관심 대상이다. 읽기 주체는 텍스트를 읽고 생각내용을 구성한다. 이 생각내용은 독자가 텍스트를 해석하여 구성한 심리적 결과물이다. 이 생각내용은 읽기 주체의 사고활동을 통하여 구성된 것이지만 읽기 주체의 것은 아니다. 읽기 주체의 마음속에 기억되어 있는 하나의 의미 덩이에 지나지 않는다.[15] 이 생각내용은 읽기 주체의 성찰을 통하여 정신내용으로 전환된다. 읽기 주체가 성찰을 통하여 정신내용에 필요한 요소를 생각내용에서 뽑아 정신내용과 결합시킨다. 성찰적 읽기의 핵심 관심 대상은 이 정신내용의 구성이다. 그 외의 요인은 이 정신내용을 구성하기 위하여 부수적으로 관심을 가져야 하는 대상이 된다.

읽기 주체가 성찰해야 할 주요 요소는 지(知)와 정(情)과 의(意)이다. 독자는 텍스트 이해 과정에서 마음속에 관념과 정감과 자의(自意)[16]를 갖는다. 관념은

---

13 이와 관련된 논의는 한철우 외(2001)와 김혜정(2002)의 논의를 참조할 수 있다.

14 이와 관련된 논의는 김도남(2006b:74-81)을 참조할 수 있다.

15 읽기 주체가 텍스트를 읽고, 그 내용을 마음속에 표상하였다고 하여 표상된 내용이 그대로 읽기 주체의 본질적 마음으로 변화되지 않는다.

16 자의(自意)는 스스로 무엇인가를 하겠다는 뜻을 갖는 것이다.(강영계, 2004) 독자들은 텍스트를 읽는 과정에서 무엇인가를 하고 싶은 행동 욕구를 갖는다. 이 구체적으로 인식되지 않은 행동 욕구가 자의이다. 이 자의가 구체적인 형태로 읽기 주체의 생각내용으로 표상된

읽기 주체의 지성이 바탕이 된 생각내용이고, 정감과 자의는 감성이 바탕이 된 생각내용이다. 읽기 주체는 성찰을 통하여 이들 생각내용을 샅샅이 살피며 정신내용과 비교한다. 비교를 통하여 정신내용에 필요한 생각내용의 요소를 가려 뽑고, 이 요소를 활용하여 기존의 정신내용을 보완한다. 이를 통하여 새로운 정신내용이 만들어진다. 이때 읽기 주체는 무엇인가를 깨달음이 있음을 알게 되고, 읽기의 즐거움을 느낀다. 읽기 주체가 성찰을 통하여 새롭게 구성한 정신내용은 '지혜(智慧)'와 '정조(情操)'와 '의지(意志)'이다. 지혜는 삶의 문제를 사리에 맞게 해결할 수 있는 능력이다. 이 지혜의 일반적 속성이 '지성(知性)'이다. 지(知)의 성찰은 관념과 지혜, 그리고 관념의 지혜로의 변화를 점검하는 것이다. 이를 '내관(內觀)'이라고 부를 수 있다. 정조는 정감이 고양되어 고상하고 우아하게 된 정서이다. 의지는 올곧음을 실천하려는 굳은 신념이다. 정조와 의지의 일반적 속성은 '인성(人性)'이 된다. 정조와 의지의 성찰은 정감과 정조, 의도와 의지 그리고 정감·의도의 정조·의지로의 변화를 점검하는 것이다. 이를 '내성(內省)'이라 할 수 있다. 요컨대, 읽기 주체의 성찰은 지성과 인성의 점검과 보완이다.

성찰적 읽기는 읽기 주체의 정신내용과 정신작용의 향상을 추구한다. 이는 읽기의 보편적 추구이면서 성찰적 읽기의 본질적 목표이다. 읽기 주체가 텍스트를 읽는 근본적 의도가 정신내용과 정신작용의 향상을 바라기 때문이다. 텍스트를 읽는 모든 사람이 본질적으로 추구하는 것이 지혜와 정조와 의지를 갖는 것이다. 텍스트 읽기를 다른 사람에게 권하는 모든 이의 바람도 독자가 지성과 인성을 갖추는 것이다. 성찰적 읽기는 이 바람을 근본적으로 이루려고 한다. '정신내용의 향상'은 참된 지혜를 내면화하고, 세련된 정조와 확고한 의지를 함양하는 것이다. 즉, 정신내용의 향상은 지혜와 덕망을 갖추

것이 '의도(意圖)'이다.

는 것을 의미한다. '정신작용의 향상'은 정신내용을 구성하는 성찰의 효율성을 높이는 것이다. 생각내용과 정신내용을 분석하여, 정신내용 구성에 필요한 요소를 찾아서 정신내용을 새롭게 할 수 있는 방법을 새롭게 탐구하여 익히는 것이다. 이를 통하여 읽기 주체가 지혜와 덕망[17]을 갖추고, 이를 실현할 수 있는 내적 조건을 마련하도록 하는 것이다. 이는 성찰적 읽기가 읽기 주체의 정신내용의 충실성과 실현성(현실성)을 추구하는 것임을 뜻한다.

성찰적 읽기 교육의 지향은 전인 독자 육성이다. 모든 읽기 교육이 전인을 지향하는 독자의 교육을 전제한다고도 할 수 있다. 그러나 이들 교육적 접근은 전인의 문제를 간접적으로 생각할 뿐 직접적인 접근 방식을 제시하지는 못하고 있다. 독자의 정신내용을 점검할 수 있는 기제를 갖추지 못했기 때문이다. 성찰적 읽기는 읽기 주체가 정신내용을 점검·보완할 수 있는 기제로 성찰(내관과 내성)을 제시한다. 성찰을 통하여 읽기 주체는 정신내용과 정신작용을 점검함으로써 인간다운 정신을 고양할 수 있는 계기를 갖는다. 성찰적 읽기 교육의 특성은 기존의 읽기 교육 관점을 부정하는 것이 아니다. 기존의 읽기 교육 관점에서 부족했던 성찰 기제를 가미하자는 것이다. 성찰적 읽기 교육은 기존 읽기 교육에서 부족했던 독자의 마음 본질에 대한 관심을 환기시켜 읽기의 근본 목적인 지성과 인성을 함께 아우르는 전인적 독자를 육성하자는 것이다.

나. 성찰적 읽기의 체제

성찰적 읽기는 텍스트 이해 과정에서 읽기 주체의 마음내용 구성에 주목하

---

17 덕망은 인성이 발현되어 얻게 되는 명망이다. 이 덕망은 사람들이 우러르고 따라 인성이 빛남을 뜻한다.

는 읽기 방법이다.[18] 성찰적 읽기는 비판적 읽기가 텍스트 내용에 관심을 가지는 것과는 달리 독자의 정신내용에 관심을 갖는다.[19] 독자의 마음내용과 마음작용의 향상을 지향한다. 읽기에서 읽기 주체가 구성한 생각내용은 중요하다. 생각내용에 의지하여 정신내용이 새롭게 변하는 것이기 때문이다. 이 글에서는 마음내용의 요인을 지(知)와 정의(情意)로 대별하여 생각하여 본다. 즉, 성찰적 읽기에서 관심 대상을 지와 정의에 한정하여 논의한다. 지는 주로 지성(知性)과 관련된 관념으로 정신내용인 지혜로 내면화된다. 그리고 정의는 감성(感性)과 관련된 정조(정서)와 의지(신념)로 정신내용인 인성으로 함양된다. 관념의 내면화와 인성 함양의 기제는 내관(內觀)과 내성(內省)이다. 성찰적 읽기의 체계를 분석적으로 살펴본다.

1) 마음내용의 두 축: 지(知)와 정의(情意)

읽기는 독자의 마음작용이다. 독자의 마음작용은 두 가지로 구분할 수 있다. '인지' 작용과 '정감' 작용이다. 인지 작용은 의지적이고 논리적이며 이성적 사고 활동이다. 정감 작용은 자의적이고 직관적이며 감성적 사고 활동이다. 이들 마음작용은 각기 다른 결과를 만든다. 인지 작용은 '지'를,

---

18 마음내용은 두 가지로 구분할 수 있다. 본래 있던 마음내용(본마음)과 활동 후의 마음내용 (구성 마음)이다. 본마음을 밝히는 것은 종교나 철학의 과제이고, 구성 마음을 밝히고 돕는 것이 교육의 과제이다. 본마음과 구성 마음은 서로 넘나드는 특성이 있지만 이에 대한 접근 방식은 서로 다르다. 여기서는 읽기 교육을 논의하기 때문에 구성 마음에 관심을 갖는다. 읽기를 통하여 구성한 마음의 내용이 본마음에 영향을 주기를 기대한다.

19 '비판적 읽기'나 '성찰적 읽기'와 관련하여 '반성적 읽기'를 상정할 수 있다. 이들은 모두 읽기에 관련된 요인들을 되돌아보고 따져보는 것과 관련된다. '비판적 읽기'가 독자가 선택한 판단 기준을 활용하여 텍스트 내용의 타당성을 따지는 평가적 판단에 관심이 있다면, '반성적 읽기'는 특정 관점을 바탕으로 읽는 방법이나 절차를 중심으로 의미 해석의 타당성을 따지는 행위 과정 점검에 관심을 가진다. 한편, '성찰적 읽기'는 독자가 구성한 마음내용의 타당성을 따지는 이해 내용 점검에 관심을 갖는다.

정감 작용은 '정의'를 구성해 낸다. 지는 구조적이고 객관적이다. 지는 그 구성 요소가 분명하고, 요소들의 관계를 밝힐 수 있다. 그래서 누구나 인식하여 공유할 수 있다. 반면, 정의는 종합적이고 주관적이다. 그 내적 요소가 분명하지는 않지만 존재하며 작용한다. 정의는 각자 개인적인 것으로 공감할 수는 있지만 공유가 어렵다. 읽기 주체는 읽기를 통하여 이들 지와 정의를 구성한다. 지와 정의의 특성을 살펴본다.

(가) 지(知)

지(知)는 객체적이고, 무기적 의미 특성을 갖는다. 사람의 앎을 보편적으로 일컫는 말이다. 이 지가 개별적인 개인의 의식 속에 있을 때는 '관념'이다. 관념은 의식적이고 유기적인 의미 특성을 갖는다. 사람의 앎의 내용을 구체적으로 지시할 때 사용된다. 관념은 읽기 결과로 독자의 마음속에 구성된 생각내용이다. 이 관념의 특성은 '이지적'이고 '보편적'이다. '이지적'이라는 말은 관념의 구성이 의식적 분별과 확인 및 구조화를 통하여 이루어지는 활동적 속성을 가리킨다. 읽기 주체는 텍스트 내용을 바탕으로 관념을 구성한다. 읽기 주체는 텍스트 내용을 정신내용과 연합시켜 관념을 구성한다. 하나의 체계화된 생각내용인 관념은 텍스트 내용과 정신내용을 연합한 결과이다. 이 생각내용을 구성하는 연합활동이 생각작용이다. 생각작용은 생각내용을 구성하는 마음작용인 것이다.

'보편적'이라는 말은 외현으로 드러나 소통될 수 있는 상태 속성이다. 즉, 관념은 사람들의 공통적 사고 활동에 기초한다. 공통적 사고는 사고 과정과 사고 결과물을 여러 사람들이 공유할 수 있음을 의미한다. 사고 과정의 공유는 다른 독자가 행한 사고 절차를 똑같이 행할 수 있음을, 사고의 결과물의 공유는 서로 같은 생각을 할 수 있음을 의미한다. 관념의 보편적 속성은 구성된 관념을 특정한 사고의 방식으로 소통할 수 있음을 의미한다.

관념의 '내용'은 읽은 텍스트에 따라 다르다. 읽기 주체가 구성한 관념의 내용을 범주화하면 몇 가지로 구분할 수 있다. 개념, 의견, 지식, 방법, 관점, 견해, 이론 등이다. 개념은 합의된 의미의 인식이고, 의견은 논리가 갖추어진 읽기 주체의 독자적 생각이다. 지식은 특정 대상에 대한 구조화된 인식 내용이고, 방법은 특정 행위를 할 수 있는 절차(관습, 양식)나 기능이다. 관점은 특정 대상을 인식하는 견지이고, 견해는 특정 관점의 적용으로 얻어진 읽기 주체의 해석 내용이다. 이론은 특정 대상에 대하여 텍스트에서 제시한 원리와 법칙을 바탕으로 조리 있게 구성한 읽기 주체의 인식 체계이다. 사실, 읽기 주체가 텍스트로부터 구성하는 관념의 다양함을 몇 가지 범주로 묶는 것은 가능하지 않다. 다만, 이들을 범주로 묶어 보는 것은 관념의 특성을 몇 가지 범주에서나마 인식하기 위한 것이다.

읽기 주체의 생각작용을 통하여 구성한 관념은 특정한 역할을 한다. 관념은 읽기 주체의 자아의식을 가능하게 하고,[20] 성찰 활동의 계기와 정신내용의 자료가 된다. 자아는 생각내용과 정신내용의 차이에서 인식된다. 읽기 주체가 정신내용을 확인할 수 있기 때문이다. 이 자아의식은 자기에 대한 규정이다. 읽기 주체의 자기규정은 관념에 비추어 드러난 정신내용에 의하여 일어난다. 이 자아의식은 마음에 대한 의식적인 반성과 향상을 위한 활동을 하게 한다. 자아의식이 정신내용과 정신작용에 대한 성찰의 계기를 마련해 주기 때문이다. 읽기 주체는 자아의식을 계기로 하여 정신내용을 확인하고, 분석하고, 추론하고, 판단한다. 관념의 자극에 의한 자아의식의 작용이 정신내용을 점검하게 하는 것이다. 이 점검은 생각내용이 정신내용으로 전환될 수 있게 한다. 정신내용을 보완하기 위한 의식이 생기고, 생각내용을 이용하여 정신내용을 보완하게 된다. 이러한 정신내용의 보완은 정신작용의 효율성을

20　이에 대한 논의는 한혜정(2005)을 참조할 수 있다.

높여 읽기 주체를 지혜롭게 한다.

(나) 정의(情意)

'정의'라는 말은 '지'와 마찬가지로 감성적 마음작용에 대한 객체적인 의미를 지닌다. 정의와 관련된 개별적 유기적 용어는 '정감(情感)'과 '의도(意圖)'이다. 정감(情感)은 감각에서 비롯된 감성적 생각내용이고, 의도는 감각에서 비롯된 행위적 생각내용이다. 정감이 고양되어 정신내용이 되면 정조(情操)가 되고, 의도가 굳건한 정신내용이 되면 의지(意志)가 된다. 부연하면, 사람은 외부 자극에 대한 감각에서 다양한 정감을 불러일으킨다. 이 정감은 어떻게 조절하느냐에 따라 다양하게 변화한다. 정감이 세련된 형태로 변화하여 정신내용을 이룬 것이 정조(情操)이다. 정조는 정감을 품위 있게 조절하는 힘이 된다. 정감에 대한 조절이 세련된 방식으로 이루어지도록 하는 정신내용과 정신작용이 사람의 성정(性情)을 결정한다. 의도는 주체가 외부 자극에 대하여 특정한 행동을 하려는 계획이다. 이 의도는 행동하려는 계획을 굳게 하는 결의(決意)작용을 통하여 결행(決行)을 결심하여 생긴 정신내용인 의지가 된다. 사람들은 누구나 외적 자극에 대한 감각이 일어나면 특정 행위를 하려는 의식[自意]을 갖는다. 이 자의는 경우에 따라 실현될 수도 있고, 마음속에서 사라질 수도 있다. 주체가 자의를 어떻게 처리하느냐에 따라 달라진다. 자의를 구체적인 행동 과제로 의식하면 의도로 변화된다. 이 의도를 실천하겠다는 신념을 바탕으로 한 행동 결심이 의지이다. 행위 의식이 의지로 되면 행동으로 결행을 할 수 있게 된다. 이 의지의 굳건함의 정도가 행동 실천력을 갖게 함으로써 사람의 기품(氣稟)을 결정한다.

정의의 내용은 정감의 내적 요소와 자의의 내적 요소로 이루어진다. 정감의 내용은 정감작용의 결과로 생기는 생각내용의 구성소이다. 정감작용은 자극에 따라 다르게 일어나며 그 구성 요소는 다양하다. 희노애락애오욕(喜怒

哀樂愛惡欲), 아름다움, 반가움, 그리움, 싫음, 언짢음, 싫증, 불쾌(不快), 상쾌(爽快), 근심(憂), 걱정(思), 슬픔(悲), 놀람(驚), 두려움(恐), 미움(憎) 등이다. 이들 감정은 일시적이고 충동적이며 직관적이다. 이들은 정감작용을 거쳐 고양된 정감으로 발전한다. 고양된 정감들은 정조(정서), 심미, 윤리, 박애, 존중, 배려, 경건, 신독(愼獨), 관용 등이다. 이들 고양된 정감들은 정신내용이 되어 사람의 품성과 자질을 향상시킨다. 의도(意圖)의 내용은 행동하려는 의식에 집중하여 행위 의식을 굳게 하는 의집(意執)작용의 결과로 생기는 생각내용 구성소이다. 의집작용도 자극에 따라 다르게 일어나며 그 결과도 다양하다. 주의, 호기심, 마음끌림, 집중, 의욕, 욕구, 의향, 동기, 흥미, 관심 등이다. 이들 의도 구성소도 일시적이고 충동적이며 직관적인데 결의 작용을 거쳐 정제(절제)된 의지가 된다. 정제된 의지의 정신내용은 자조(自助), 성실(誠實), 신뢰(信賴), 성경(誠敬), 진취(進取), 정성(精誠) 등이다. 이들 의지의 내용 구성소들은 정신작용을 통하여 드러남으로써 사람의 기품을 드높인다.

  이들 정의는 사람의 됨됨이를 결정한다. 정의는 마음의 본질을 이루어 마음 씀씀이와 행위를 조절한다. 사람의 마음작용과 행위는 함께하지만 복잡하고 미묘하게 얽혀 있다. 이들의 조화로운 드러남이 인성이다. 즉, 세련된 정감과 굳은 의지의 조화로운 일치를 통하여 이루어지는 행위가 인성(人性)을 드러낸다. 정의는 사람의 인성을 이루는 조건이다. 읽기 주체가 텍스트 읽기를 통하여 세련된 정감과 굳은 의지를 지님으로써 인성을 함양하게 된다. 인성은 자각을 통하여 함양된다. 읽기 주체의 자각은 텍스트 읽기를 통하여 정조와 의지를 새롭게 하는 것이다. 정의의 함양은 그 한계를 정하기 어렵다. 정의가 잘 갖추어진 사람을 가리켜 성인(聖人)이라고 하지만 그 성인의 특성을 규정하기 어려운 것은 이 때문이다. 정의는 사람으로서의 본성을 인식하고, 갖추도록 하는 기능을 한다. 그동안의 읽기 교육에서는 이 정의에 대하여 인식은 하고 있었지만 강조하지는 못했다. 정의의 문제는 쉽게 다룰 수 없는

것이기 때문이다. 그러나 읽기 교육에서는 관념보다 정의를 더 비중 있게
다루어야 한다. 관념은 학습이 가능하지만, 정의는 어렵기 때문이다. 어렵다
고 피해갈 것이 아니라 적극적인 해결책을 찾아야 한다.

2) 성찰적 읽기 기제: 내면화와 함양

관념과 정감·의도는 읽기 주체의 생각내용이지만 정신내용으로 수용하는
방법이 서로 다르다. 각기 지닌 내용 요소와 작용의 특성이 다르기 때문이다.
그렇다고 관념과 정감·의도를 위한 생각작용이 대립적이거나 독립적으로
일어난다고 보기는 어렵다. 읽기 주체가 텍스트를 읽게 되면 관념과 정감·의
도는 동시에 다발적으로 생겨나기 때문이다. 이들을 구성하기 위한 생각작용
은 상보적으로 이루진다. 단지, 읽기 주체의 관념이나 정감·의도에 집중된
주의가 이들과 관련된 생각작용을 강화한다고 볼 수 있다. 텍스트 이해 과정
에서 읽기 주체는 생각내용을 정신내용으로 변화시킨다. 이 때 관념을 지혜
로 변화시키는 것이 '내면화'이다. 그리고 정감·의도를 정조와 의지로 변화
시키는 것이 '함양'이다. 내면화와 함양을 위한 마음작용의 본질은 성찰이다.
이들은 생각내용과 정신내용을 반성적으로 점검하고 보완하기 때문이다.

(가) 내면화

관념은 의미소의 결합으로 이루어진다. 의미소는 관념의 내용을 이루고
있는 단위 의미들이다. 읽기 주체가 구성할 관념의 의미소들은 텍스트 내용
과 정신내용에 내재해 있다. 의미소들은 읽기 주체의 의식적 선택으로 생각
내용인 관념을 이루게 된다. 의미소를 결합하는 관념 구성은 의도적이고
논리적 생각작용을 바탕으로 한다. 읽기 주체는 의도에 맞는 텍스트 내용과
정신내용에서 의미소들을 선별하고 이들을 연결한다. 관념은 여러 의미소의
체계적 결합체이다. 관념의 최소 단위라 할 수 있는 하나의 개념도 여러

의미소의 결합으로 이루어진다. 개념은 여러 대상의 공통 요소를 추상하여 정리한 의미 규정이기 때문이다. 예를 들어, 읽기를 '텍스트의 기호 해독을 통한 의미 구성 행위이다'라고 개념 정의할 수 있다. 이렇게 정의한 생각내용 속에는 '텍스트, 기호, 해독, 의미, 구성, 행위'의 의미소들이 결합되어 있다. 물론 이 의미소들 하나하나의 의미 규정을 필요로 한다. 관념의 큰 단위인 의견, 지식, 관점, 이론 등은 모두 여러 의미소의 의도적 결합으로 이루어진다.

생각내용을 이루고 있는 관념은 정신내용으로 흡수된다. 생각내용이 그대로 정신내용으로 대치되는 것은 아니다. 생각내용의 일부가 선택적으로 정신내용으로 수용된다. 읽기 주체가 책을 한 권 읽었다고 하여 정신내용이 곧바로 책의 내용과 같게 되지는 않는다. 책의 내용은 파악하였지만 정신내용은 그대로 있다. 생각내용이 정신내용으로 바뀌는 것은 일부분이다. 생각내용이 정신내용으로 흡수되는 방식은 선택적 결합이다. 읽기 주체는 기존의 정신내용을 점검하여 생각내용 중에서 정신내용으로 수용할 수 있는 정신소(精神素)[21]를 선별하여 수용한다. 읽기 주체에게 이미 있거나 어려운 텍스트 내용의 경우에는 정신내용으로 수용되지 못한다. 정신내용이 수용할 수 없는 것은 거부하기 때문이다. 기존 정신내용이 선택된 정신소를 수용하는 방식은 흡수(吸收)이다. 흡수는 결합이지만 그 형태의 변화보다는 상태의 변화를 이룬다. 새로운 정신소를 받아들인 정신내용은 질적으로 변화하게 된다.

관념의 정신내용으로의 변화는 지혜를 이룬다. 지혜는 삶에서 활용 가능한 지(지식)이다. 지의 존재는 근본적으로 삶의 과제 해결과 관련되어 있다. 지를 탐구하고 이해하려는 근본적인 의도는 과제의 해결이다. 이 지가 정신내용으로 변화된 것이 지혜이다. 이 관념이 정신내용인 지혜로 변화되는 본질적인 이유는 삶의 과제 해결과 연관된다. 읽기를 하는 근원적인 이유가 삶에서

---

21   정신소(精神素)는 정신내용을 이루는 단위 정신 내용이다.

만나게 되는 문제를 해결하기 위한 것이기 때문이다. 읽기 주체가 생각내용인 '지(관념)'를 정신내용인 '지혜'로 변화시키는 이유는 읽기의 근원적 목적을 이루기 위함이다. 풍부한 지혜는 삶의 문제를 효율적으로 해결할 수 있게 한다. 그러나 지(관념)가 인식되거나 암기된 상태의 생각내용일 때는 결코 삶의 문제를 해결하는 데에 사용될 수 없다. 지(관념)가 삶에서 사용할 수 있는 상태가 되기 위해서는 정신내용으로 내면화되어야 한다. 지가 정신내용으로 내면화된 상태가 지혜인 것이다.

읽기 주체가 관념을 내면화하는 것은 정신내용의 완결성을 추구하기 때문이다. 읽기 주체가 텍스트를 읽는 행위 자체가 의도적 행위이고, 그 의도의 본질적 속성이 정신내용의 완결성 추구라고 할 수 있다. 그러나 읽기 주체의 정신내용의 완결은 일시적으로만 가능하다. 정신내용은 계속 변화하고 발전하기 때문이다. 읽기 주체의 정신내용의 완결성 추구는 이상이고, 현실에서는 완결되는 순간에 다시 미완의 상태로 돌아간다. 정신내용의 완결은 완전하게 이루어질 수 없는 것이기 때문이다. 정신내용의 완결성의 추구는 읽기 교육이나 학습자에게도 중요하다. 정신내용의 완결성 추구가 읽기 교육과 텍스트 읽기를 할 수 있게 만들기 때문이다. 읽기 주체는 정신내용의 완결성을 위한 텍스트 읽기를 반복적으로 수행하게 된다.

(나) 함양

정감과 의도는 직관적으로 이루어진다. 자극에 따른 감각의 내용이 확인되면 읽기 주체의 마음속에 즉시 정감과 의도가 생긴다. 체계적으로 분석하거나 논리적으로 따지기 전에 생각내용으로 표상된다. 읽기 주체는 텍스트를 읽으면서 순간적으로 일어나는 많은 정감과 자의(또는 의도)를 경험한다. 이들 정감과 의도는 텍스트 내용이 파악되는 순간순간 작용한다. 어떤 정감과 의도는 순간적으로 떠올라서 일정 시간 지속되기도 한다. 읽기 주체가 그 정감과 의도에 의식을 집중하면 이들이 분명해지고, 생각내용으로 확고하게 존재하게 된다. 이들 정감과 의도는 복합적이다. 명료하게 인식되지 않은 정감과 의도가 뒤섞여 있다. 그러다 읽기 주체가 정감과 의도를 인지 요인이나 텍스트 내용의 요인과 관련짓는 의식적 정신작용을 수행하면 명료해진다. 정감과 의도의 명료화는 특성 구성소의 결합으로 이루어지기보다는 잠재되어 있던 것이 표면으로 드러나는 형태를 띤다. 텍스트 내용이 독자의 마음속에 내재되어 있던 정감과 의도를 부상(浮上)시키는 단초를 제공하게 되는 것이다. 이 정감과 의도를 부상시키는 의식적 생각작용이 정감과 의도를 명료화하게 한다.

생각내용을 이루는 명료해진 정감과 의도는 정신내용인 정조와 의지로 충전된다.[22] 충전은 정조나 의지가 정신내용이 활용 가능한 역동적 힘을 갖는 것이다. 정감과 의도는 특정 부분이나 요소로 나누어지지 않는다. 그렇기에 이들이 정신내용으로 들어가는 방식은 정감과 의도의 속성이 추상되어 흡수된다. 그래서 정신내용으로 흡수된 정조와 의지는 정감과 의도의 본질적 속성을 모두 갖추고 있다. 정신내용에 충전된 정조와 의지는 강도가 약해지거나 쉽게 사라지지 않는다. 그래서 특정 정조·의지와 관련된 경험을 하게 되면, 언제나 정조와 의지가 곧바로 활성 된다. 예를 들어, 읽기 주체가 시를 읽고, 특정 정서를 충전했다면 시의 내용과 유사한 경험을 하게 되면 충전된 정서가 활성화되어 정신작용으로 드러난다.

정신내용이 된 정조(情操)와 의지(意志)는 정감과 의도의 적극적 수용이다. 정조는 정감이 고상하고 세련된 상태로 변화한 정련된 정서이다. 이 정조는 생각내용을 이루고 있던 정감이 정신내용으로 되면서 변한 것이다. 읽기 주체가 텍스트의 고양된 정서에 공감하면서 생각내용에 있던 정감이 정신내

용의 정조로 변화한다. 텍스트 읽기를 통하여 부상(浮上)된 정감이 텍스트의 세련된 정서에 공감하면서 읽기 주체의 고양된 정감으로 바뀌게 되는 것이다. 그렇게 하여 읽기 주체도 고양된 정조를 정신내용으로 갖게 된다. 이것이 정서의 충천이다. 의지는 의도가 굳건해져서 신념화 된 것이다. 생각내용의 의도는 읽기 주체에게 그렇게 하면 좋겠다는 정도의 의식이다. 반면, 정신내용의 의지는 읽기 주체가 반드시 해야 한다는 확고한 신념인 것이다. 의도가 의지로 바뀌는 것은 텍스트가 매개된 생각내용과 정신내용의 대비에서 이루어진다. 읽기 주체가 자신의 의지가 확고하지 못한 신념이라는 것을 반성하여 행동으로 옮기겠다는 확고한 신념을 가지게 되면 의지의 정신내용이 변화하게 된다. 정감이 정조로, 의도가 의지로 변화되어 정신내용에 자리를 잡는 것이 함양이다.

정의의 함양은 종합적인 사고의 결과이며 지속적 향상을 추구한다. 정의 함양은 분석적이고 논리적인 사고를 바탕으로 이루어지지 않는다. 고양된 정조와 굳은 의지는 어떤 요소들이 단계적으로 결합되어 구성되지 않기 때문이다. 분명하지 않던 내면의 의식이 텍스트 읽기를 계기로 선명하게 드러나 정신내용으로 자리를 잡는 것이다. 정조와 의지가 마음속에 굳건히 자리 잡는 과정에 의식적인 집중이 필요하다. 주체의 의식적 집중이 정조와 의지를 정신내용으로 안착하게 한다. 정의 함양을 충전이라고 했듯이 이것은 체계적 사고이기보다는 종합적 사고의 결과이다. 이 함양된 정의는 한 번만으로 끝나는 것이 아니다. 세련된 정감과 신념화된 의지는 반복적 개선을 통하여 고양된다. 읽기 주체의 정감의 세련화나 의지의 신념화는 한 번에 높은 수준으로 바뀌는 것이 아니라 전진적으로 바뀌는 것이다. 초등학생이 함양한 정의와 대학생이 함양한 정의는 질적으로 다르다. 읽기 주체가 지속적인 읽기를 통하여 정의를 고양시켰기 때문이다.

3) 성찰적 읽기 방법: 내관(內觀)과 내성(內省)

사람이 자신의 마음내용과 마음작용을 반성적으로 살피는 활동이 성찰이다. 성찰은 바른 마음을 강화하고, 그른 마음을 없애는 목적을 갖는다. 따라서 마음의 발전에 기여한다. 읽기 주체의 마음을 이루고 있는 주요 요인은 지정의(知情意)이다. 읽기 주체는 텍스트 읽기를 통하여 지정의로 구성된 생각내용과 정신내용을 구성한다. 읽기 주체는 먼저 생각내용을 구성하고, 이를 바탕으로 정신내용을 구성한다. 생각내용을 정신내용으로 바꾸는 기제가 성찰이다. 성찰은 생각내용과 정신내용의 구성 요인에 따라 구분된다. 지와 관련된 성찰은 '내관'이고, 정의에 관련된 성찰은 '내성'이다. 내관은 마음을 안정시켜 의식 현상을 의도적으로 세밀하게 관찰하는 것이다. 이는 읽기 주체가 마음을 이루고 있는 관념과 지혜를 의식적으로 세세하게 따져보고 보완하는 것이다. 내성은 안정된 마음으로 깊이 자신을 되돌아보는 것이다. 이는 읽기 주체가 마음을 이루고 있는 정감과 정조, 의도와 의지를 점검하여 새롭게 하는 것이다.

(가) 내관(內觀)

내관은 지(知)에 대한 성찰이다. 구체적으로 관념과 지혜 양상을 점검하는 활동이다. 내관은 관념과 지혜의 내용 요소와 작용에 대한 성찰이다. 관념의 타당성을 확보하기 위하여 계획에 의한 체계적인 따짐이다. 또한 지혜의 실현성에 대한 대조적 점검이다. 읽기 주체는 내관을 통하여 텍스트 읽기에서 비롯된 마음내용을 점검하고 보완한다. 관념의 내관은 구성 과정과 내용 요소를 검토한다. 지혜의 내관은 구성 요소와 작용을 점검한다. 특히 지혜의 내용 점검은 관념 내용과의 대비를 통하여 점검한다. 이를 통하여 읽기 주체는 지혜의 보완 요소를 찾는다. 지혜는 관념과 대비하여 드러난 보완 요소를 받아들여 향상된다. 이러한 생각내용인 관념과 정신내용인 지혜, 그리고 생각내용을 정신내용으로 받아들이는 일체의 정신활동이 내관이다. 내관의 마음내용에 대한 성찰은 정신내용의 타당성 확보와 향상을 가져온다. 읽기 주체는 마음내용에 대한 깊이 있는 분석과 비판을 통하여 문제점을 찾고, 문제점을 보완할 대안을 수용한다. 이는 정신내용의 재구성으로 나아가고, 정신내용의 발전으로 이어진다.

내관에서 관심의 대상은 지와 관련된 마음내용이다. 이 마음내용은 생각내용인 관념과 정신내용의 지혜이다. 관념은 읽기 주체가 텍스트 읽기에서 구성한 하나의 체계화된 의미덩이이다. 이 관념은 읽은 텍스트 내용과 정신내용의 요인을 함께 지니고 있다. 읽기 주체의 내관은 관념의 구성 내용을 확인하고, 타당성과 체계성을 점검한다. 관념 내용의 구성 요소, 요소 관계, 내용 구조, 관념 속성 등을 분석적으로 살핀다. 그러면서 필요한 내용을 보충·보완·삭제하여 관념을 재구성한다. 그 후 읽기 주체는 정신내용을 점검해야 한다. 정신내용은 생각내용과 같은 방식으로 하면서, 생각내용과의 비교를 통하여 점검한다. 이 때 정신내용의 타당성을 확인하고, 보완해야 할 점을 찾아낸다. 읽기 주체의 정신내용 보완은 생각내용을 활용하여 한다. 정신내용의 보완은 마음내용의 질적 변화를 이룬다. 이 질적 변화는 독자의 정신내용의 발전을 의미한다.

읽기 주체가 지(知)에 대한 내관 방법은 대비(對比)를 통한 종합이다. 대비는 두 대상을 대립시켜 차이를 부각하여 인식하게 한다. 관념에 대한 반성적 검토는 텍스트 내용과 생각내용을 대비하고, 지혜에 대한 반성적 검토는 생각내용과 정신내용을 대비한다. 이를 통하여 생각내용(관념)의 보완점과 정신내용(지혜)의 보완점을 찾아낼 수 있다. 대비를 통하여 보완점을 찾음은 보완할 수 있는 조건의 마련이다. 정신내용을 보완할 수 있는 정신소가 생각내용에 있기 때문이다. 종합은 생각내용과 정신내용을 보완하는 기제이다. 읽기 주체는 생각내용 보완은 텍스트 내용과의 종합으로 하고, 정신내용의 보완은 생각내용과의 종합으로 한다. 읽기 주체는 정신내용의 보완을 통하여 지혜를 갖추게 된다. 지(知)와 관련하여 대비와 종합을 통한 생각내용과 정신내용의 보완이 내관의 역할이다. 내관의 역할은 여기서 한 걸음 더 나아가 재구성된 정신내용에 대한 검토를 통하여 정신내용을 확인하고, 분명하게 인식할 수 있게 하는 역할도 한다. 읽기 주체의 정신내용 보완은 정신내용의 향상을 의미한다. 그리고 향상된 정신내용을 분명하게 인식하는 것이 마음내용의 발전이다.

지(知)의 내관을 통하여 읽기 주체가 추구하는 것은 지혜의 구유(具有)이다. 텍스트 이해는 정보나 지식의 축적이기보다는 삶에서 해결해야 할 과제를 해결할 수 있는 지혜를 갖추는 것이다. 읽기 주체의 이해는 정보나 지식을 지혜로 바꾸는 것이라 할 수 있다. 마음속에 기억된 정보나 지식은 지혜가 아니다. 이들 정보나 지식이 삶의 문제해결에 활용할 수 있는 상태로 바뀌는 것이 지혜이다. 내관은 지(知)를 지혜로 바꾸어 준다. 이 말은 읽기 주체가 내관을 하는 근본적인 이유가 지혜를 갖기 위한 것임을 뜻한다. 더 나아가 읽기 주체는 텍스트 이해 과정에서 내관을 통하여 지혜를 얻을 수 있도록 노력해야 한다. 지혜가 아닌 지식을 얻는 읽기는 바람직한 읽기가 될 수 없다. 지식은 그 자체적 존재 이유를 가질 뿐 독자에게는 의미가 없다. 지식이 읽기 주체에게 의미 있는 대상이 되는 것은 삶의 속에서 의미 있는 쓰임의 대상이 될 때이다. 읽기 교육에서도 읽기 주체가 내관을 통한 지혜를 얻을 수 있도록 지도해야 한다.

(나) 내성(內省)

내성은 정의(情意)에 대한 성찰이다. 읽기 주체가 마음속에 형성된 정의(情意)의 상태를 반성적으로 검토하는 활동이다. 즉, 마음에 배어있는 정감과 의지의 상태를 따져보는 것이다. 내성은 마음내용에 습합된 정의(情意)의 고결성에 대한 점검이다. 읽기 주체가 텍스트 읽기를 통하여 환기하여 생각내용으로 표상한 정감·의도와 충전을 통하여 정신내용에 습합된 정조·의지를 따지는 것이다. 읽기 주체는 텍스트 이해 과정에서 텍스트에 드러난 정의에 공감할 수 있다. 그러나 정의는 근원적으로 읽기 주체의 마음에서 부상(浮上)한 것이다. 읽기 주체가 정의의 인자(因子)를 갖고 있지 않으면 텍스트 내용의 정의에 공감할 수 없다. 그렇기에 정의는 독자만의 고유한 것일 수 있다. 이는 내성이 정의 자체에 대한 통찰적 판단에 의존함을 의미한다. 내성은 정의에 대한 직관적이고 통찰적 점검이다. 내성에서 정의도 비교할 수는 있지만 비교의 대상과 기준이 분명하지 못하다. 그래서 읽기 주체는 정의에 대한 내성을 직관과 통찰에 의존하게 된다.

읽기 주체의 마음내용이 된 정의는 읽은 텍스트에 따라 다르고 독자마다 다르다. 읽기 주체의 생각내용과 정신내용의 정의는 개별적이고, 독립적이다. 정의의 부상(浮上)과 변화는 텍스트 내용(정서, 행위)에 의한 촉발에서 일어나기는 하지만 읽기 주체의 내밀한 마음작용이다. 읽기 주체의 정의는 마음속에서 발흥되고, 조정되어 다시 마음으로 배어든다. 부상(浮上)된 정의의 내용 속성은 읽기 주체만이 인식할 수 있다. 읽기 주체가 즐거움을 느낄 때, 그 즐거운 정감의 속성은 읽기 주체만 알 수 있다. 정감은 미세한 차이에 의하여 달라진다. 이러한 다변적이고 다양성을 갖는 정의의 속성을 인식하는 것은 읽기 주체이다. 그렇기 때문에 정의의 내용에 대한 점검은 개별적으로 이루어져야 한다. 내성이라 한 것은 이 때문이다. 정감을 세련되게 하고, 의지를 굳건히 하는 것은 읽기 주체가 스스로의 정신내용을 깊이 살펴야 하기 때문이다. 텍스트 내용의 정의와 생각내용에 수용된 정의를 함께 깊이 살피면, 생각내용의 정의가 부상하여 분명해진다. 생각내용의 정의와 정신내용의 정의를 깊이 살피면 정신내용의 정의가 분명해진다. 이 과정이 내성이고, 그 결과가 충전이다.

정의에 대한 내성의 방법은 직관적인 통찰이다. 직관은 깊은 사고 작용을 거치지 않고 대상을 파악하는 것이다. 읽기 주체가 텍스트 내용에 들어있는 정의를 인식하면 깊은 생각작용 없이 정의가 생각내용으로 부상한다. 깊이 있는 생각작용을 한다고 하여도 부상된 정의는 크게 달라지지 않는다. 물론, 텍스트 내용이 곧바로 정의를 생각내용으로 부상하게 하지는 않는다. 텍스트의 특정 내용을 전체적으로 인식한 상태에서 정의가 부상한다. 이는 읽기 주체가 텍스트 내용과 생각내용에 대한 통찰이 있어야 정의를 함양할 수 있음을 의미한다. 통찰은 부분적이고, 즉각적인 인식이 아니라 전체 인식을 통한 깨침이다. 정의는 정감·의도이든 정조·의지이든 전체에 대한 인식, 즉 통찰에서 비롯된다. 읽기 주체가 생각내용인 정의를 살펴서 인식하면, 이 정의는 정신내용으로 습합되어 들어간다. 그렇기 때문에 정의의 함양은 부분적으로 이루어지기보다 전체에서 추상해낸 정조·의지의 속성으로 이루어진다.

정의의 내성을 통하여 읽기 주체가 추구하는 것은 인성의 고양이다. 고상하고 우아한 정조와 올곧음을 행하려는 굳은 의지는 사람의 품격을 높인다. 읽기 주체가 정의에 초점화된 텍스트 이해를 하려는 것은 곧 품위 있는 인성을 갖추어야 한다는 내재적 지향이 있기 때문이다. 인성의 고양은 읽기 주체가 텍스트 읽기를 하는 근본적 욕구이다. 내관이 읽기 주체의 냉철한 이성의 발양을 추구한다면, 내성은 온후한 덕성의 함양을 추구한다. 이들은 읽기에 내재된 본질적 요구이다. 읽기 주체는 마음내용의 정의를 성찰하여 인품을 고양해야 한다. 그동안 읽기 교육은 정의에 관심이 부족했다. 관심의 부족에서 더 나아가 콜링우드가 말하는 것과 같이 정의의 태동을 소독했다.[23] 읽기 교육에서는 독자의 마음속에 정의에 관심이 생기지 못하도록 감시하고 통제했다. 그 결과 읽기 주체들은 관념 구성에만 집중하고 정의 함양을 소홀히

---

23   정의의 소독 효과에 대해서는 김도남(2006b)을 참조할 수 있다.

하게 된 것이다. 그 병폐는 감성이 부족한 읽기 주체를 길러낸 것이다. 읽기 교육은 지성과 감성이 조화된 전인성을 추구하는 읽기 주체를 길러야 한다. 이는 지정의(知情意)가 균형을 맞춘 읽기 교육을 하는 것이다. 즉, 읽기 교육은 정의에 대하여 깊은 관심을 가져야 한다.

4) 성찰적 읽기 목표: 지성와 인성

성찰적 읽기의 목적은 지성 강화와 인성 개발이다. 지성은 지혜의 효율적인 내면화와 활용이다. 지혜는 인간 삶에 부딪힌 문제를 효율적으로 해결할 수 있는 내적인 조건이다. 인성은 사람으로서 갖추어야 할 고양된 품성이다. 사람과 사람, 사람과 사물과의 심리적 유대를 통하여 자기 삶의 가치를 높이는 것이다. 읽기 주체가 텍스트 이해를 통하여 얻으려고 하는 궁극적인 것이다. 지성과 인성을 갖춘 전인이 읽기의 궁극의 목적이다. 독자가 텍스트를 읽는 근본적인 이유가 바로 전인이다. 이는 텍스트 읽기를 희망하는 모든 이들의 근원적 기대이다.

(가) 지성

관념의 내관은 지혜를 얻기 위한 것이다. 지혜의 대표 특성은 지성이다. 지성은 문제를 지각하여 이해하고, 판단하여 결정하는 사고를 통하여 효율적으로 해결하는 정신 특성이다. 사람의 삶은 무수한 과제 해결의 과정이다. 삶에서 드러나는 과제 해결은 앎의 한계를 벗어나지 못한다. 과제 해결의 효율성과 효과성은 지성의 한계 내에 있는 것이다. 개인이나 집단의 과제 해결은 개인이나 집단이 가진 지성을 바탕으로 이루어진다. 지성의 대표적인 구성 요인은 지식과 전략이다. 이 지식과 전략의 사용으로 문제를 해결하는 정신내용의 속성이 지혜이다. 이 지성의 작용은 지혜에 의하여 이루어진다. 이는 읽기 주체가 관념을 구성하는 궁극적인 목적이 지혜를 얻기 위한 것이라는 것을 의미한다. 이때의 내관은 관념이 지혜로 작용할 수 있도록 검토하고 수정하는 것이다.

읽기 주체가 읽기를 통하여 관념을 구성하는 일차적인 목표는 지식을 갖는 것이다. 읽기 주체는 양적 관념과 질적 관념을 구성하려고 노력한다. 그래서 많은 독서를 원하고, 깊이 있는 독서를 하려고 한다. 읽기 교육에서도 마찬가지이다. 많은 책을 깊이 있게 읽는 방법 교육을 지향한다. 그래서 독자들은 양적이든 질적이든 관념을 구성하게 되면 만족스러워한다. 읽기 주체가 관념을 구성하는 궁극적인 목적은 지혜를 얻는 것이다. 그렇게 본다면 지혜를 위한 관념 구성의 일차적인 조건은 질적 관념을 구성하는 것이다. 그리고 이들 질적 관념을 풍부하게 구성하는 것이 양적 관념이 되어야 한다. 이러한 읽기는 삶의 문제를 해결할 수 있게 하여 이상적인 삶을 살 수 있게 한다. 학교에서나 가정에서 독서를 해야 한다는 의식 속에는 지혜를 가지려는 잠재적 의식이 내재되어 있다. 이는 지혜의 질과 양을 확보해야 한다는 잠재의식의 발로라 할 수 있다.

텍스트 읽기의 목적은 관념 구성을 통한 지성 강화이다. 읽기 주체가 내관을 하는 궁극적인 의도도 여기에 있다. 내관을 통하여 관념의 타당성을 따지고, 지혜의 효율성을 점검해야 한다. 관념의 내관은 읽기 의도에 합당하고, 내용적으로 충실하고, 논리적으로 타당한지를 점검하는 것이다. 이는 지혜의 효율성을 높이기 위한 것이다. 지성의 강화는 정신내용을 튼실하게 하는 것이다. 정신내용의 튼실함은 내용적인 치밀함과 정확함, 활용성과 효용성을 갖추는 것이다. 읽기 주체가 내관을 통하여 지성을 강화하는 방법은 깊이 있고, 질 높은 정신내용을 구성하는 것이다. 이는 실제 삶에서 활용할 수 있는 지혜를 얻기 위한 것이다.

(나) 인성

정의와 정의에 대한 내성은 인간성에 대한 관심의 발로이다. 읽기에 대한 모든 이의 요구가 인간성 추구이다. 사람으로서 품격을 높이기 위한 것이 아니라면 읽기를 강조할 필요가 없다. 지식만을 위한 것이라면 필요한 텍스트만을 집중적으로 읽으면 된다. 폭넓고 깊이 있는 읽기의 필요성이 존재하지 않는다. 그러나 읽기에서 사람이 갖추어야 할 품격을 제외할 수가 없다. 이는 정의에 대한 강조와 내성의 필요성을 부각시키는 것이다. 읽기 주체는 내성을 통하여 인성을 고양시킬 수 있다. 읽기 주체는 마음속에 주어지는 정의만으로 만족해서는 안 된다. 정의에 대하여 의지를 가지고 적극적으로 대처해야 한다. 이는 정의에 대하여 성찰하여 정의를 인성의 고양으로 발전시켜 나가야 함을 의미한다.

읽기 주체가 읽기를 통하여 정의에 관심을 가지는 외연적 의도는 텍스트의 정조와 의지를 간접적으로 경험하여 인식하는 것이다. 텍스트에 나타나 있는 정서, 심미, 윤리, 박애, 경건과 같은 정조와 자조, 성실, 신뢰, 성경과 같은 의지를 접해보는 것이다. 이들에 대한 경험은 읽기 주체의 마음속에 정서와 의도를 부상시킨다. 이들 정의는 읽기 주체의 마음속에 함양되어 존재하기보다는 인식만 된 형태로 존재한다. 즉, 텍스트는 읽기 주체가 특정한 정의를 마음속에서 인식하도록 하는 것에 머문다. 예를 들어, 김동인의 '감자'를 읽은 읽기 주체는 사람의 윤리 의식을 간접적으로 경험한다. 이를 통하여 읽기 주체는 복녀, 감독, 왕서방, 복녀 남편이 가진 윤리의식을 인식한다. 이 윤리의식은 읽기 주체의 마음속에 부상된 상태로 존재한다. 이것은 정신내용으로 함양되기 이전의 윤리의식이다. 이러한 윤리의식은 읽기 주체 자신을 들여다보기보다는 텍스트나 사회를 비판하는 데 유용하다. 남을 탓하고, 사회를 탓하며 윤리의 문제를 타인의 책임으로 전가하는 데 사용된다. 또는 텍스트를 해석하는 데도 사용된다.

정의 함양의 함축적 의도는 읽기 주체의 인성을 고양시키는 것이다. '감자'를 읽은 읽기 주체는 복녀, 감독, 왕서방, 복녀 남편의 윤리 의식에서, 바람직한 삶에서 요구되는 윤리의식을 정신내용으로 안착시켜야 한다. 바른 윤리의식이 읽기 주체의 정신내용으로 되었을 때 읽기 주체는 인성을 갖추게 되는 것이다. 이는 윤리의식을 아는 것에 머무는 것이 아니라 윤리의식으로 정신내용을 새롭게 하는 것이다. 읽기 주체가 읽기를 하는 궁극의 목적을 이루는 것이다. 인성의 함양은 인성을 개발하는 것이다. 인성 개발을 위한 정의를 함양할 때, 정의에 대하여 내성하지 않으면 발전이 더디고, 정의 인식 없이 내성만 강조하면 인성이 공허하게 된다. 정의 인식에 대한 관심과 내성의 역할에 대한 구체적인 인식이 인성의 함양을 공고히 한다. 부연하면, 정의는 단지 마음속에 부상된 것만으로는 의미가 적다. 정신내용으로 충전되어 삶 속에서 드러날 수 있도록 하는 것이 필요하다.

3. 성찰적 읽기의 교육

독자는 읽기 교육을 통해 배운 대로 텍스트를 읽는다. 읽기 교육은 독자의 텍스트 읽는 방법을 결정한다. 읽는 목적, 목표, 방법, 내용, 태도까지 제한한다. 읽기 교육은 의도적으로 또는 무의도적으로 독자의 읽기를 조절하고 통제한다. 독자들은 교육에 대한 절대적인 믿음을 갖고 따른다. 이는 교육이 완벽해야 함을 강조하는 것이 아니라 반성을 통하여 문제점을 해결해 완성을 지향해야 함을 함의한다. 완성 지향의 교육은 교육 활동을 다각도로 조명하여 문제점을 찾고 대안을 제시하는 것이다. 성찰적 읽기 교육에 대한 이 논의도 현재의 읽기 교육이 소홀히 하는 문제점을 지적하고 이를 위한 해결점을 찾기 위한 것이다. 성찰적 읽기 교육은 독자가 자신의 속내를 들여다보는 방법의 학습을 추구한다. 독자가 텍스트 읽기를 통하여 구성한 관념과 내면화한 정의를 검토하고 보완하는 것을 의도한다. 이로써 관념의 완결성을 높이고, 올곧고 웅숭깊은 정의를 갖추게 하여 전인성의 확보를 지향한다. 성찰적 읽기 교육을 위한 접근 방향을 제시하면 다음과 같다.

가. 성찰적 읽기 활동 강화

읽기 주체가 텍스트를 읽으면서 관심을 집중해야 할 요인은 많다. 텍스트, 독자, 상황 등이 내포하고 있는 세부 요인은 다양하다. '내용, 형식, 구조, 의도' 등의 텍스트 요인, '목표, 기능, 전략, 배경지식' 등의 독자 요인, '환경, 장소, 맥락, 타자, 텍스트' 등의 상황 요인들이 있다. 이들 요인은 읽기 주체가 관심을 집중하게 되면 의식의 중심에 자리를 잡는다. 그래서 읽기 주체의 텍스트 이해에 영향력을 행사한다. 읽기 교육에서는 이들 요인 중 특정 요인들을 부각시켜 교육의 대상으로 삼는다. 독자들은 교육에서 부각시켜 강조하는 요인들을 중심으로 읽기 방법을 학습하게 된다. 예를 들어, 텍스트 중심의 읽기 교육은 내용의 구조, 요소, 문종을 강조한다. 인과 구조, 문제해결 구조, 비교/대조 구조, 나열 구조 등의 내용 전개 방식이나, 인물, 사건, 배경 등의 요인이나 설명, 설득, 시, 소설 등 문종과 같은 형식적 요인을 강조한다. 독자 중심의 접근 방식은 사실적 이해, 추론적 이해, 창의적 이해, 비판적 이해 등 방법적 요인을 강조한다. 독자들은 읽기 교육에서 강조하는 방법을 익혀 읽기를 한다.

그동안의 읽기 교육에서 관심은 주로 독자의 마음 외부 요인이다. 텍스트 중심 읽기나 독자 중심 읽기 모두 독자의 관심을 독자의 마음 내부로 돌리지 않고 있다. 읽기가 독자의 마음속에서 이루어지는 것이지만 읽기 주체의 의식적 지향에 따라 그 형태가 달라진다. 예를 들어, 학습자가 학습한 내용이 모두 학습자의 의식[24]으로 되는 것은 아니다. 학습자의 기억 속에는 있지만 그것이 학습자의 정신내용 그 자체로 전환되지는 않는다. 이는 시험을 위한 공부에서 잘 드러난다. 시험을 위한 공부는 시험이 끝나면 기억에서 사라진다. 공부의 결과로 얻은 내용이 학습자의 정신내용으로 전환되지 않았음을 의미한다. 읽기도 마찬가지이다. 독자가 텍스트를 읽고 구성한 생각내용은 독자의 마음속에 있지만 독자의 것으로 되지 않는 경우가 많다. 이는 독자가 의도적으로 그렇게 하는 것이 아니라 읽기 교육에서 그렇게 하도록 교육받았기 때문이라 할 수 있다. 텍스트 중심의 읽기 교육이나 독자 중심의 읽기 교육은 독자들에게 생각내용을 의식(정신내용)으로 전환할 수 있도록 가르치지 않았다. 의식으로 전환하는 것을 못하도록 막은 것이 아니라 강조하지 않고 방치한 것이다.

성찰적 읽기 교육은 독자의 생각내용을 정신내용으로 바꾸게 하는 접근이다. 그동안의 읽기 교육은 독자의 생각내용만을 강조한 경향이 있었다. 텍스트 중심의 접근이나 독자 중심의 접근은 독자가 어떠한 방식으로든 의미 구성만 하는 것을 요구했다. 텍스트 중심의 접근은 텍스트에 한정된 범위에서 의미 구성을 하도록 했고, 독자 중심은 독자의 스키마에 한정된 의미 구성을 강요했다. 텍스트 중심 읽기 교육에서는 독자의 정신내용의 구성을 중요하게 인식하지 않았다. 텍스트에 있는 내용을 독자의 정신내용으로 대치하려고 했다. 그러면서 독자의 마음내용이 텍스트 내용에 첨가되는 것을 허락하지 않았다. 독자 중심 읽기 교육에서도 사정은 크게 달라지지 않았다. 텍스트의 내용이 독자의 스키마로 대치되었을 뿐이다. 텍스트의 내용을 독자가 스키마에 맞추어 생각내용으로 표상했는가가 관심의 대상이다. 이 접근에

---

24 학습자의 의식은 학습자가 학습한 내용이 완전하게 학습자의 정신의 구성소가 된 것을 의미한다.

서는 독자의 생각내용이 절대성을 가지기 때문에[25] 검토되거나 수정될 필요성을 강조하지 않았다. 독자의 생각내용을 고유한 것이고 절대적인 것으로 다루었던 것이다. 그래서 교육에서는 생각내용이 정신내용으로 변화될 수 있는 기회를 제공하지 못했다.

읽기 주체의 생각내용을 정신내용으로 바꾸는 교육적 방안이 성찰적 읽기 교육이다. 성찰적 읽기 교육의 방법은 독자의 생각내용을 정신내용으로 안착시키고, 이를 정밀하게 점검하도록 하는 것이다. 이를 위해서는 읽기 주체가 구성한 관념이나 정감·의도를 인식된 객체적 대상으로 보지 않도록 해야 한다. 즉, 텍스트의 내용을 아는 것이 아니라 깨닫는 것이고, 기억하는 것이 아니라 이해하는 것이어야 한다. 다시 말하면, 소유하는 것이 아니라 정신내용과 융합하는 것이어야 한다. 그동안의 읽기 교육에서는 생각내용 자체를 강조했다. 텍스트 내용과 생각내용의 동일화를 이루거나(텍스트 중심 읽기 교육) 독자만의 독창적 구성을 강조한 측면이 있다.(독자 중심 읽기 교육) 또는 양적으로 많은 생각내용을 가지는 것을 요구하기도 했다. 읽기 교육은 이를 위한 읽는 방법을 지도했다. 이들 읽는 방법은 독자의 근본적 성장을 이끌기 어렵다. 생각내용과 정신내용을 연결하는 계기를 만들어 주지 않기 때문이다. 읽기 교육에서는 생각내용과 정신내용을 연결할 수 있게 하는 성찰적 읽기 방법을 지도하여야 한다. 이를 통하여 정신내용을 질적 발전시킬 수 있는 읽기 방법을 독자들에게 알려주어야 한다.

독자가 텍스트 읽기를 통하여 생각내용을 정신내용으로 바꾸는 절차를 몇 단계로 상정해 볼 수 있다.

1단계는 텍스트를 통하여 구성한 생각내용에 주목한다. 예를 들어, 『대학』을

---

[25] 읽기 주체의 정신내용의 절대성에 대한 논의는 김도남(2006b)을 참조할 수 있다.

읽었다면, '큰 공부(大學)는 마음을 바르게 닦아 세상을 평화롭게 하기 위한 것이다.'라고 생각내용을 구성할 수 있다. 읽기 주체는 자신이 구성한 의미에 주목한다.

2단계는 생각내용을 확인하는 것이다. 『대학』을 읽어 마음속에 구성한 생각내용을 파악하여 구체적으로 인식하는 것이다. 텍스트의 중요 내용인 8조목[26]을 중심으로 생각내용을 점검하고 확인한다. 이를 통한 구성한 읽기 주체는 자신이 구성한 생각내용에 대하여 구체적으로 인식한다.

3단계는 생각내용을 기존의 정신내용과 견주어 보는 것이다. 확인한 생각내용을 기존에 가지고 있던 정신내용(예, 공부는 많이 알아서 똑똑한 사람이 되는 것)과 견주어 본다. 이를 통하여 기존의 정신내용이 편협했다는 것을 인식한다. 생각내용에서 새로운 정신내용에 필요한 정신소를 찾아서 결합한다. 그렇게 하여 새로운 정신 내용인 '큰 공부는 사람의 삶을 바르게 할 수 있는 이치를 찾아 알고, 이를 실현하여 인류의 삶을 바르게 하는 것'이라는 의식을 갖는다.

4단계는 새로 구성한 정신내용에 대한 점검한다. 새로운 정신내용에 대한 점검과 확인에서 읽기 주체는 정신내용의 부족한 점을 발견하게 되고, 이는 다시 텍스트를 읽게 하는 계기가 된다.

이들 단계는 생각내용을 정신내용으로 바꾸는 것에 초점이 놓여 있다. 그동안에는 생각내용 구성에서 읽기 활동이 끝난 특성이 있다. 이 절차는 독자가 텍스트를 읽고 나서 할 수도 있지만, 텍스트를 읽으면서 반복적인 마음작용으로 할 수도 있다. 또한 정신내용을 한번 구성한 것으로 성찰 활동을 멈추는 것은 바람직하지 못하다. 정신내용에 대한 지속적인 점검과 개선

---

26 격물(格物), 치지(致知), 성의(誠意), 정심(正心), 수신(修身), 제가(齊家), 치국(治國), 평천하(平天下)

이 이루어져야 한다. 이것은 정신내용에 대한 점검을 통해 문제점을 찾아 보완하여 발전시키기 위한 것이다.

나. 정의(情意)의 강조

정의는 인성을 이루는 중요 요인이다. 인성은 사람으로서의 마음바탕과 마음작용으로 드러난 이상적 인간의 기준이다. 이 말은 정의(情意)의 속성이 마음의 바탕이 되고, 마음의 작용은 정의의 속성에 따라야 함을 의미한다. 그렇기에 인성의 요인인 정의가 이상적 인간의 기준이 되는 것이다. 읽기 교육에서는 잠재적으로 독자들이 정의를 갖추어 훌륭한 인성 함양을 하기 바란다. 독자들이 텍스트를 읽어야 한다고 생각하는 모든 사람이 무의식적으로 가지는 기대이다. 독자 스스로도 텍스트를 읽으면서 정의를 갖추어 훌륭한 사람이 되기를 고대한다. 그러나 독자들이 텍스트를 읽어서 훌륭한 인성을 갖추는 것은 어렵다. 텍스트에 문제가 있어서 그런 것이 아니다. 독자의 능력이 부족하거나 열정이 없어서 그런 것도 아니고, 사회적 관심이 부족해서도 아니다. 그것은 읽기 교육에서 인성 함양의 방법을 소홀히 지도했기 때문이다.

읽기 교육에서 정의의 문제는 고려 대상이 아니었다. 읽기 교육이 추구하는 합리성 때문이다. 학생들에게 조리 있게 설명할 수 있고, 논리적으로 결과를 제시할 수 있는 분명한 것만을 가르쳐야 한다는 의식에서 비롯되었다. 읽기 교육에서 인지적 사고의 작용과 결과는 합리적인 설명이 가능하다. 반면, 정의적 사고의 작용과 결과는 합리적 설명이 불가능하다. 그렇다 보니 정의적 사고를 읽기 교육에서 다룰 수가 없게 된 것이다. 독자가 정의에 관심을 가지면 교사가 이를 무시함으로써 정의가 독자의 마음속에 자리 잡지 못하게 한다. 이러한 교육적 정의 소독 작용이 그동안 의식적으로 이루어져

왔다. 국어과에서 정의 교육의 대표격인 문학교육에서도 정의의 문제는 철저하리만큼 소독하였다. 그동안의 문학교육은 역사·전기적 비평이나 신비평, 독자반응비평의 영향을 많이 받았다. 이들 비평 이론은 정의의 문제를 인지의 문제로 호도해 놓은 측면이 있다. 간단히 말하여 정의 소독 작용을 해온 것이다. 저자의 의도나 사상에 맞게 작품을 해석하고, 텍스트에 주어진 요소를 바탕으로 작품의 의미를 분석하고, 독자의 주관적 판단으로 텍스트의 의미를 결정했다. 이들 교육 활동에서 정의는 어디에서도 발붙일 곳이 없다. 읽기 교육은 더 말할 것이 없다.

읽기 교육은 정의(情意) 소독에서 정의 육성으로 나가야 한다. 정의 육성의 본질은 독자의 정의 함양에 대한 관심이다. 그러기 위해서는 텍스트 읽기에서 독자가 정의에 관심을 가질 수 있도록 유도해야 한다. 텍스트의 내용 속에 들어 있는 고양된 정서와 굳은 의지에 독자가 의식의 초점을 맞추도록 해야 한다. 그래서 독자의 마음속에 정감과 의도를 생각내용으로 부상시켜야 한다. 그리고 이 정감과 의도에 대한 성찰을 통하여 정신내용인 고양된 정조와 굳은 신념의 의지로 만들 수 있도록 해야 한다. 읽기 교육에서는 그동안 관심이 부족했던 정의의 문제에 관심을 기울여야 한다. 이는 읽기 교육이 궁극적으로 추구하는 인성을 갖춘 독자를 교육하기 위해서이다. 지성만 강조하는 읽기 교육은 마음이 온전치 못한 독자를 만들 수 있다. 전인적 독서를 할 수 있는 독자를 위해서는 무엇보다 정의를 강조하는 읽기 교육이 이루어져야 한다.

다. 지정의(知情意)의 균형 추구

읽기 교육은 전인을 목적으로 해야 한다. 전인은 지정의를 고루 갖춘 사람이다. 지정의 중 어느 한 가지만 강조하면 편향된 사람이 된다. 지성만 우수하고 감성이 없으면 냉혹한 사람이 되고, 지성은 없는데 감성만 풍부하면 물정에 어두운 사람이 된다. 지성과 감성이 고루 갖추어야만 덕망 있고 유능한 사람이 된다. 교육의 궁극적 목적은 전인을 길러내는 것이다. 읽기 교육도 예외가 될 수 없다. 읽기 교육이 추구하는 인간상은 전인적 독서인이다. 이는 읽기 교육을 통하여 지정의를 고루 갖출 수 있는 읽기 주체를 길러야 한다는 말이다. 구체적으로 읽기 교육 활동에서 학생들이 지정의를 고루 갖출 수 있도록 해야 함을 의미한다. 읽기 교육에서 지정의 중 어느 한 가지를 강조하게 되면 학습자는 편향된 독자가 된다. 편향된 독자를 기르는 읽기 교육은 교육의 궁극적 목적을 저버린 교육이다.

지금의 읽기 교육은 편향된 독자를 기르는 교육이다. 관념만을 기르는 교육을 한다. 관념도 성찰적 반성에 기초한 교육이 아니다. 단지, 어떤 관념이든 관념만 구성하면 된다고 여기는 읽기 교육이다. 독자들은 자신의 관념이 절대적이라고 배운다. 수업을 통하여 독자들은 자신만의 독창적인 관념을 구성할 수 있도록 교육받는다. 독자만의 고유한 배경지식과 효율적인 읽기 전략을 활용하여 고유한 관념을 구성한다. 개별 독자들이 구성한 관념은 고유하기에 절대적 가치를 갖는다. 그래서 아무도 관여할 수 없다. 이러한 읽기에 대한 의식에서 읽기 주체가 함양해야 하는 정의는 교육적 관심 밖의 일이 될 수밖에 없다. 관념 구성이 독자 개인의 문제인데 정의도 당연히 개인의 문제가 된다. 그러나 읽기 교육에서는 이들 정의에 대해서는 아무런 교육적 방식을 가지고 있지 못하다. 독자 개인에게 맡기다 못하여 아무런 관심을 두지 않고 방치하고 있다. 독자들은 읽기 교육을 통하여 마음의 한 축을 잘라내는 교육을 받는 것이다. 따뜻한 인간의 심성을 잃고, 얼음같이 차가운 지성만을 추구하는 독자가 되고 있다.

읽기 교육은 전인 육성을 명시적인 목표로 삼아야 한다. 즉, 읽기 능력 신장은 읽기 전략을 통한 관념 구성에만 그칠 것이 아니라 정의로의 확장이 이루어져야 한다. 지금의 읽기 교육적 목표 속에는 전인성의 문제가 제외되어 있다.[27] 읽기 교육과정 내용 중 가치·태도의 영역에서 정의와 관련된 내용이 있다고 말할 수 있다. 읽기에 대한 흥미, 읽기 효능감, 긍정적 읽기 동기, 읽기에 적극적 참여, 읽기에 대한 성찰, 사회적 독서 문화 형성이 그 세부 내용이다. 이들이 정의와 일말의 관련성이 있는 것이라고 하여 관심을 두었다고 말할 수도 있다. 그러나 이 가치·태도의 내용은 교과서의 활동으로 구체화되어 학생들에게 제시되지 못한다. 교과서 구성에서 가치·태도의 내용은 지식·이해나 기능·과정의 내용을 학습하면서 간접적으로 향상되게 하기 때문이다. 읽기 교육의 의도는 있지만, 독자는 한 차시도 학습하지 못하는 것이다. 정의에 관련된 교육이 이루어지기 위해서는 체계적인 계획이 필요하다. 읽기 교육의 목표와 내용 속에 이를 명시적으로 포함하지 않으면 편향적 독자를 기르는 읽기 교육을 벗어나지 못할 것이다.

전인 지향 독자 교육은 정신내용인 지정의에 대한 성찰을 강조해야 한다. 읽기에서 성찰은 정신내용을 반성적으로 살피는 것이지만 생각내용을 정신내용으로 바꾸게 하는 역할도 한다. 이것은 성찰이 독자가 텍스트를 읽고 자아를 질적으로 바꾸는 계기를 마련하는 것임을 뜻한다. 지금의 읽기 교육에서 구성한 관념이 독자에게 실제로 의미를 주지 못하는 것은 성찰할 기회가 주어지지 않기 때문이다. 독자가 구성한 관념은 단지 마음속에 꾸어다 놓은 보릿자루일 뿐이다. 시간이 지나면 생각내용이 무엇이었는지 기억하지 못한다. 이러한 관념은 독자가 과제를 해결할 때 사용할 수 있는 지혜로

27　2022년 12월 22일에 공표된 국어과 교육과정의 목표는 '비판적으로 이해하고 창의적으로 표현하는 사람, 타인을 존중하고 협력적으로 의사소통하는 사람, 민주시민으로서 공동체 구성원과의 의사소통에 능동적으로 참여하는 사람, 자신의 언어를 성찰하고 지속적으로 성장하는 사람, 문화를 향유하고 창조하는 사람(2022 국어과 교육과정 4쪽)이다. 읽기 교육 과정과 관련하여 내용 체계표(8쪽)를 볼 때, 정의(情意) 관련 요소는 드러나 있지 않다. 이와 관련된 문제 제기는 7차 교육과정 때도(이재기, 2006) 있었다.

작용할 수 없다. 읽기 교육에서는 독자의 관념과 정감과 의도에 고른 관심을 가지면서 이들로 이루어진 생각내용이 정신내용인 지혜, 정조·의지로 바뀔 수 있도록 내관과 내성을 강조할 필요가 있다. 또한 새롭게 구성한 정신내용에 대한 성찰로 지속하여 인성 개발을 추구하도록 해야 한다.

4. 성찰적 읽기의 과제

성찰적 읽기는 읽기 주체가 텍스트 읽기로 구성한 마음내용을 반성적으로 살피는 읽기이다. 읽기 주체의 마음내용 성찰은 생각내용을 이용하여 정신내용을 새롭게 하기 위함이다. 성찰은 정신내용인 지혜를 강화하고 인성을 고양하기 위함이다. 이는 읽기가 추구하는 궁극적인 이상이다. 읽기를 하는 모든 이들은 지혜를 얻고, 바른 인성을 갖출 수 있기를 고대한다. 그래서 책을 읽어야 한다고 생각한다. 학교의 읽기 교육이나 가정의 읽기 활동은 근원적으로 전인을 추구한다. 그렇지만 지혜를 얻고, 인성을 갖추는 읽기를 어떻게 해야 하는지 읽기 주체에게 제시해 주지 못하고 있다. 이 논의에서는 성찰을 기제로 읽기 주체가 지혜와 인성을 갖출 수 있는 읽기 방법을 검토하였다.

읽기 주체가 텍스트를 읽고 지혜와 인성을 갖추기 위해서는 성찰이 필요하다. 성찰은 생각내용의 지정의(知情意)를 정신내용의 지혜·정조·의지(智慧·情操·意志)로 변화시킨다. 그래서 지성과 인성의 조화를 이룰 수 있게 한다. 이를 통하여 읽기 주체가 전인을 지향할 수 있게 만든다. 성찰적 읽기는 읽기 주체의 정신내용을 새롭게 하는 것이 되어야 한다. 이는 정신내용의 질적 변화를 의미한다. 많은 정보를 마음에 담는 것이 아니라 수준 높은 자아의식을 갖게 하는 것이다. 냉철한 이성과 온후한 인성을 개발하는 것이다. 읽기 주체는 성찰적 읽기에 관심을 가지고 이를 실행해야 한다. 잠재적으로만 지혜의 내면화와 인성의 함양에 대한 의식을 갖고, 이를 실행하지 않으면 결코 이들을 이룰 수 없다. 이성의 강화와 인성의 개발이 단지 구호나 이상으로만 존재하지 않도록 하려면, 읽기 주체가 성찰적 읽기를 수행해야 한다.

읽기 교육에서는 독자들이 성찰적 읽기를 할 수 있도록 지도해야 한다. 독자들이 텍스트를 읽고 구성한 생각내용을 반성적으로 살피고, 이를 활용하여 자신의 정신내용을 새롭게 하는 방법을 알려주어야 한다. 그리고 성찰적 읽기가 지혜와 인성을 갖추는 것을 지향하고, 전인을 추구한다는 것을 알게 해야 한다. 그동안의 읽기 교육은 독자의 마음내용을 살피는 것을 허용하지 않았다. 읽기 주체의 고유한 영역이라고 여겼다. 그래서 읽기 주체가 스스로 마음내용의 문제를 해결할 수 있다고 믿었다. 그렇지만 그것은 교육적으로 바른 믿음이 아니다. 읽기 주체들은 마음을 성찰하는 방법을 모르고 있다. 교육적으로 성찰하는 방법을 지도하지 않은 것이다. 그래서 읽기 주체들은 성찰적 읽기를 하지 않는 것이다. 읽기 교육에서는 학생들이 성찰적 읽기를 할 수 있는 방법을 지도하여야 한다. 이로써 성찰적 읽기를 할 수 있는 읽기 주체를 길러내야 한다.

참고문헌

교육부(2022), 국어과 교육과정.

강영계(2004), 헤겔의 절대정신과 변증법 비판, 철학과현실사.

김도남(2002), 텍스트 이해 교육의 접근 관점 고찰, 국어교육학회, 국어교육학연구 15집.

김도남(2005), 상호텍스트성과 텍스트 이해 교육, 박이정.

김도남(2006a), 정서 함양 읽기 교육 방향, 한국어교육학회, 국어교육 120집.

김도남(2006b), 독자의 연기적 관념 구성 교육 방향 탐색, 한국초등국어교육학회, 한국초등국어교육 32집.

김혜정(2002), 텍스트 이해 과정과 전략에 관한 연구, 서울대 박사학위논문.

대림스님(2003), 들숨날숨에 마음 챙기는 공부, 초기불전연구원.

박수자(2001), 읽기 지도의 이해, 서울대학교출판부.

이삼형 외(2000), 국어교육학, 소명출판사.

이상수·허희옥(2002), 비실시간 원격교육환경에서 자기 동기화를 위한 협력적 성찰 전략의 탐구, 한국교육정보미디어학회, 교육정보방송연구 8(4)집.

이승희·유영만(2002), 성찰적 실천의 관점에 비추어 본 수업자의 전문성 개발 방안 탐색, 한국교육정보미디어학회, 교육정보방송연구 8(2)집.

이재기(2006), 국어과 국민 공통 교육과정 개정안, 교육인적자원부, 국어과 교육과정 개정안 토론회 자료집.

정현선(2003), 반성적 읽기 교육의 대상 및 방법으로서의 미디어/언어, 서울대 국어교육과, 신청어문 31집.

조국현(2003), 메타 현상과 언어 사용의 성찰성에 관하여, 한국독어독문학교육학회, 독어교육 27집.

한철우 외(2001), 과정 중심 독서 지도, 교학사.

한혜정(2005), 자아성찰과 교수방법으로서의 '자서적적 방법', 한국교육과정학회, 교육과정연구, 23(2)집.

4장

참된 독자

1. 참된 독자 본질

'참된 독자는 어떤 독자인가?'

스스로를 독자라고 생각하는 사람은 많다. 그런데 '당신은 참된 독자인가?'라고 물으면 선뜻 대답하기 어렵다. 읽기 연구나 읽기 교육 연구는 일면이 참된 독자를 추구하고 있다. '참된'이라 말의 의미가 어려운 것은 아니다. '참된 독자'라는 말을 들으면 누구나 직관적으로 읽기를 제대로 하는 사람을 머릿속에서 찾는다. 그렇지만 참된 독자를 딱 떠올리거나 지정하기 어려운 점이 있다. 참된 독자가 여러 특성을 가질 수 있고, 사람마다 다르게 생각할 수 있기 때문이다. 이는 참된 독자를 특정한 관점에서 살피고, 그 특성을 정리해 내는 것이 필요함을 뜻한다.

이 논의에서는 참된 독자를 키에르케고르의 참된 기독교인의 개념에서 찾아보고자 한다. 그리고 참된 독자가 될 수 있게 하는 외적 조건을 레비나스의 타자 철학에서 탐구해 보고자 한다. 키에르케고르의 사람들이 참된 기독교인이 되는 논리는 독자가 참된 독자가 되는 논리로 전치될 수 있다. 성경을 배우는 사람이 어떻게 배워, 어떤 마음의 상태를 이루었을 때 참된 기독교인이 되는지를 점검하여, 텍스트를 읽는 독자가 어떻게 읽고 어떤 마음 상태를 가지게 되었을 때 참된 독자가 되는지를 규정하려는 것이다. 또한 참된 독자가 되기 위하여 독자가 텍스트에서 무엇을 찾고, 텍스트와 어떻게 관계를 맺어야 하는지를 레비나스의 타자 철학에서 알아보려는 것이다.

키이르케고르가 제시한 참된 기독교인의 개념과 교육 방법에 대해서는 만하이머(Manheimer, 1977)의 『키에르케고르의 교육 이론』(이홍우·임병덕 역, 2003)에 정리되어 있다. 키에르케고르는 참된 기독교인을 단독자로 칭하고, 사람들이 단독자가 되도록 하는 교육 방법으로 간접전달을 제시했다.(임병덕, 1998:17) 간접전달은 소크라테스와 예수의 교육 활동에서 찾아낸 것이다. 간접전달 방법으로 학습이 되는 원리로 소크라테스에게서는 형성(becoming)[1]을, 예수에게서는 이중반사(double reflection)[2]를 찾아 제시했다. 이들 간접전달 방법을 통하여 배우게 되면 학생은 주관적 진리[3]를 깨쳐 단독자[4]가 될

---

1   형성(becoming)은 소크라테스가 대화로 학생의 마음속에 개념이 생겨나게 하는 것을 가리키는 말이다. 잠재되어 있는 것을 발현시켜 명료하게 인식하게 만든다는 의미이다. '사고는 자기 의식적 성찰의 과정이며, 이 과정에서 내면화되는 지식은 그 주체인 자아를 점점 더 뚜렷하게 부각시키는 결과를 가져온다. 이것이 형성이다.'(이홍우·임병덕, 2003:33)

2   키에르케고르가 교육적 전달의 핵심 원리로 들고 있는 '이중반사'라는 개념은 이 두 측면에 관한 사고를 나타낸다. 이중 반사의 첫 단계, 즉 1차 반사는 자아의 새로운 가능성이 관념의 형태로 제시되고 그 관념에 대하여 주체의 사고가 일어나는 과정을 가리킨다. (중략) 진정한 의미의 전달이 일어나려고 하면 관념으로서의 가능성은 현실적 자아에 다시 한 번 '반사'될 필요가 있다. 이 경우가 2차 반사이다.(임병덕, 1998:97)

3   '주관적 진리'라는 용어는 주체적 진리, 주관적 지식, 주체적 지식, 주관적 진실 등 여러 가지로 표현된다. 개인이 마주한 대상에 대하여 주체적으로 깨친 진리를 말한다. '주체적 진리는 객관적으로 증명될 수 없으며 주관적 결단으로서만 파악되는 진리이다.'(김하자, 2004:10) '주관적 진실은 대상보다 방법을 강조한다. 주관적 진실이야말로 우리 안에 늘 존재하는 규정하기 어려운 그 '무리수'와 필연적으로 연관되어 있으며, 그런 의미에서 이는 실존적 진리이다. 이러한 진리에서 중요한 것은 객관적 사실이 아닌 가치, 나아가 가치의 토대다.'(정영은 역, 2016:44)

4   '단독자'는 키에르케고르의 용어로 '하나님 앞에 홀로 선 자'(표재명, 1992:13)의 뜻으로 하나님의 가르침의 진리를 진정으로 이해하고 따르는 자이다. 케에르케고르는 단독자의

수 있다고 보았다.

　레비나스는 자아와 타자의 관계 논의를 전개하였다. 레비나스의 철학은 한 개인의 자아의식 내용은 타자[5]에게서 비롯되었고, 타자의 의식 내용으로 인하여 변화될 수 있다고 본다.[6] 개인이 타자를 존중하고 타자와 소통함으로 써 자아의 의식 내용을 새롭게 생성할 수 있다는 것이다. 타자는 개인의 자아가 새롭게 변화하는데 필요한 의식내용을 무한히 제공해 줄 수 있는 존재이다. 이 타자를 레비나스는 무한자[7]라고 부른다. 이 무한자를 자아가 환대하여 맞아 소통함으로써 개인은 자아의 의식내용을 생성하고, 그런 자아를 밝혀 자기 이해를 하게 된다.

　이 논의는 독자 자아의 단독자 특성과 텍스트 타자의 무한자 특성을 살핀다. 그래서 텍스트 읽기를 독자가 무한자의 특성을 가진 텍스트 타자와 소통으로

예로 아브라함, 예수, 소크라테스 든다. 여기서는 진리를 대면하여 그 진리를 주관적 진리를 깨친 자를 지시한다.

5　타자는 인간 앞에 나타난 신이다. 그런데 여기서 신은 단순히 일신론의 신이 아니다. 신의 계시는 타자들에게 기능하며 내 앞의 신은 하나가 아니라 여럿 이상이 될 수 있다.(윤대선, 2013:35) 레비나스의 신의 관념은 (중략) 주체가 타자를 통해서 발견하는 것이며 무수한 타자의 얼굴들은 인간들 속에서 편재하는 신의 무한성을 나타낸다. 얼굴은 신적인 창조의 질서와 맞닿아 있는 육체적인 공간으로서 그런 무한성을 표현하며 데카르트적인 코기토가 궁극적인 사유주의의 지위를 부여받은 것과 같은 명백한 진리를 암시한다.(윤대선, 2013:79)

6　레비나스의 관점에서 윤대선(2013:264)은 자아와 타자의 관계를 빛과 사물의 관계에 빗대어 다음과 같이 표현했다. '원천적인 빛은 구름, 호수, 수풀, 수련들에 의해 비춰져서 아름다운 자연의 빛으로 존재한다. 곧 하늘의 빛은 타자들의 입을 입고 다시 태어나며 타자들의 빛은 빛 자체이다.'

7　레비나스는 역사를 극복할 수 있는 길을 하이데거처럼 존재 사유의 전체성(totality) 이념이 아니라 무한자(Infiniti) 이념을 통해서 모색하려 한다. 무한자 이념은 플라톤적 영원한 세계를 보게 되는 것이 아니라 역사의 구체적인 사건 속에서 다가오는 타자의 얼굴을 통해서 구체화된다. 얼굴의 현현은 역사에 대한 비판을 담고 있다. 나그네, 헐벗은 자, 가난한 자, 낯선 자 등으로 다가오는 타자의 얼굴은 역사의 부당함과 이에 대한 나의 책임을 깨닫게 한다. 타인의 얼굴로 다가오는 무한자는 역사의 강요를 깨뜨리고 나의 의식에 충격을 주고 나의 책임을 일깨우고 나로 하여금 자유의 주체로 행동하도록 호소한다.(김영한, 2007:209)

주관적 진리를 깨쳐 단독자의 특성을 가진 독자 자아가 되는 활동으로 본다. 즉 텍스트 이해는 독자가 자아의 의식 내용을 새롭게 생성하여 자아를 확립하고 자기 이해에 이르는 활동이다. 그동안 읽기 논의에서 독자의 텍스트 이해를 자아의 의식 내용 생성으로 연결할 수 있는 논리가 부족했다. 이 논의에서는 독자의 텍스트 이해가 독자 자아의 의식내용 생성인 내적 논리를 살피고, 독자의 자기 이해에 대하여 검토하여 참된 독자의 특성을 밝힌다.

2. 참된 독자 요인

키에르케고르의 참된 기독교인 형성의 관점에서 볼 때, 참된 독자는 텍스트에서 진리를 대면하고, 그 진리로 주관적 진리를 깨친 독자 자아를 갖는 것이다. 읽기를 독자와 텍스트의 소통이라고 할 때, 텍스트 이해는 독자가 자아의 의식 내용을 새롭게 생성하는 것이다. 참된 독자가 하는 읽기를 참된 읽기라 할 때, 참된 읽기는 텍스트 타자와 독자 자아의 소통으로 이루어진다. 이 소통에 참여하는 텍스트 타자의 특성을 무한자에서, 독자 자아의 특성을 단독자에서 찾을 수 있다. 참된 독자를 밝히기 위하여 참된 읽기의 요인을 살펴본다.

가. 독자 자아와 텍스트 타자

독자는 텍스트의 다양한 요소와 관계를 맺는다. 독자는 텍스트의 지자, 객관적 정보, 텍스트 주제 등은 물론이고, 인지적, 정서적, 심동적인 요인과도 관계도 맺는다. 이는 독자가 텍스트의 무엇에 관심을 가지는가에 따라 관계의 방식이 달라짐을 뜻한다. 독자는 텍스트에서 다양한 타자를 만날 수도 있다. 텍스트에는 저자, 화자뿐만 아니라 잠재되어 있는 다양한 타자들이 존재한다. 텍스트 타자가 하나인 경우도 있지만 여럿인 경우도 있다. 텍스트 타자를 중심으로 읽기를 생각하면, 읽기는 텍스트 타자와 독자 자아의 대화이다. 이 관점에서 보면, 독자의 텍스트 이해는 텍스트 타자의 말을 잘 알아듣는 것이다. 이 읽기에서 텍스트 타자를 독자가 만나면서 텍스트 이해 활동이 시작된다.

독자가 텍스트 타자를 만나면 독자 자아가 발현한다. 독자가 텍스트에서 어떤 텍스트 타자를 만나느냐에 따라 발현되는 독자 자아가 결정된다. 독자 자아는 텍스트 타자를 상대자로 하여 발현되기 때문이다. 독자 자아는 독자가 의식을 집중하는 텍스트 타자가 결정되면 그 타자를 응대하기 위해 발현한다. 그래서 독자가 텍스트에서 타자를 인식해야만 자아를 인식할 수 있는 것이다. 독자가 타자에 관심을 두지 않거나 자아만을 생각하면 자아에 대한 인식은 일어나지 않는다. 독자 자아는 독자가 텍스트 타자와 마주했을 때만 발현되고 인식되기 때문이다.

(가) 삼촌이랑 나랑은 생각의 키가 같아요.
대한민국 성인 평균 독서량 1년 9.2권
어른이 될수록 책과 멀어지는 우리 삼촌 독서하세
요. 생각의 키는 끊임없이 자라니까요.

[그림 1] 독서 장려
공익광고와 문구

[그림 1]의 글(가)는 독서 장려 공익광고의 문구만 따로 옮긴 것이다. 글(가)에서 텍스트 타자를 찾으며 읽으면 우리는 여러 텍스트 타자를 만날 수

있다. 광고 주체, 광고 속 화자인 조카, 청자인 삼촌이 텍스트 타자다. 광고의 내용에 집중하는 독자는 화자 조카나 청자 삼촌을 타자로 쉽게 인식할 수 있다. 이 광고는 내용상 화자가 중요한 타자일 수 있지만, 광고의 의도를 생각하면 청자 삼촌이다. 광고 속의 화자는 책을 많이 읽지 않는 청자에게 말을 건넨다. 이때 독자는 화자의 말을 들어야 하는 청자를 떠올린다. 독자가 의식 속에 청자의 의식(책을 많이 안 읽음) 떠올린 후, 관련된 자아의식도 떠올린다. 즉 독자는 조카 타자의 말을 들어 책을 많이 읽어야겠다고 생각한다. 독자가 청자 타자와 자아를 동류의 관계에 놓고 반성하여 의식 내용을 생성한 결과이다. 그래서 이 광고의 의미가 실현된다.

이 삼촌 타자는 그냥 텍스트 속의 타자로 존재하는 것이 아니다. 이 광고를 읽는 독자는 텍스트 타자인 삼촌을 의식함으로써 자기를 들여다보고 자아를 의식하게 된다. 독자가 '나는 책을 많이 읽고 있는가?'를 생각하는 것은 청자 타자를 의식하였기 때문이다. 이 광고 속의 텍스트 타자인 삼촌이 독자에게 독자 자아의 의식을 발현하게 한 것이다. 독자는 텍스트 타자에 대응하여 독자 자아의 의식을 발현하였다. 이때 텍스트 타자의 의식 내용은 독자 자아의 의식 내용도 소환한다. 그래서 이 광고를 읽는 독자는 소환된 자아의 의식 내용을 확인할 수 있게 된다. 즉 이 광고를 읽는 독자는 청자인 삼촌에 대응하여 자아의 의식 내용을 자각한다. 그 결과 독자는 자신이 책을 읽지 않음을 의식하여 책을 읽어야겠다는 의식 내용을 생성하게 된다. 독자는 텍스트 타자의 의식 내용에 대응하여 자아의 의식 내용을 생성하여 광고의 내용을 이해한다.

읽기에서 독자 자아와 텍스트 타자의 관계를 소통의 측면에서 살필 필요가 있다. 독자 자아와 텍스트 타자의 소통은 의식 내용의 교섭 활동이다. 글(가) 읽기에서 독자는 책읽기에 관심이 없는 텍스트 타자의 의식 내용을 인식하고, 이에 대응된 독자 자아의 의식 내용을 생성한다. 삼촌의 의식 내용과 교섭

하여 독자 자아는 책을 많이 읽어야겠다는 생각을 가지게 된다. 이 소통은 독자 자아가 텍스트 타자와 의식적 연대를 형성하는 활동임을 의미한다. 텍스트 타자와 독자 자아는 독립적으로 존재하면서 독서량 문제를 공유한다. 그러면서 독자는 주체적으로 책을 많이 읽지 않는 삼촌 타자와 대립되는 독자 자아의 의식 내용을 생성한다. 이 소통에서 보면, 독자 자아는 텍스트 타자와 다른 주체적인 의식 내용을 생성해 가진다. 실제 독자가 텍스트를 읽고 텍스트의 내용을 그대로 자기의 생각 내용으로 받아들이는 일은 많지 않다.

독자 자아와 텍스트 타자는 특정한 방식으로 소통한다. 글(가)의 독자와 같이, 독자 자아는 텍스트 타자의 의식 내용에 대응되는 자아의 의식 내용을 생성한다. 이때 텍스트 타자의 의식 내용은 독자 자아의 의식 내용 생성에 토대가 된다. 독자 자아는 텍스트 타자의 의식 내용에 대응하여 의식 내용을 생성하게 된다. 독자가 텍스트 타자의 의식 내용을 확인하고, 그 의식 내용에서 자아의 의식 내용을 주체적으로 생성한 것이다. 글(가)의 독자는 무엇을 위해 어떤 읽기를 어떻게 할 것인지를 자기 입장에서 자신만의 실제적인 독서에 대한 의식 내용을 가지게 된다. 이는 독자 자아와 텍스트 타자의 소통이 간접전달의 특성을 가짐을 의미한다. 즉 독자 자아는 텍스트 타자의 의식 내용을 자신의 주관적 의식 내용으로 새롭게 생성하는 소통을 한다. 이 간접전달의 소통은 키에르케고르의 교육 이론에서 찾아볼 수 있다.

소통의 결과적 측면에서 보면, 독자 자아는 결국 자기만의 주관적 의식 내용을 확립한다. 읽기에서 독자가 성취해야 하는 결과는 주관적 의식 내용이어야 하는 것이다. 글(가)의 읽기에서 보면, 독자는 텍스트 타자를 인식하여 자아를 발현하고, 텍스트 타자의 의식 내용을 바탕으로 자아의 의식 내용을 생성한다. 글(가)의 텍스트 타자가 책을 많이 읽지 않고 있음을 인식하여 독자 자아는 책을 많이 읽겠다는 의식 내용을 가지게 되는 것이다. 이 의식 내용을 조금 깊이 생각해 보면, 글(가)의 독자는 텍스트 타자의 의식 내용으로 자기의 의식을 일깨우게 된다. 이로써 독자 자아는 새롭게 생성된 의식 내용을 가지게 된다.

독자가 만나는 텍스트 타자의 특성은 레비나스의 타자 철학에서 찾을 수 있다. 레비나스의 타자 철학은 자아의 존재 결정을 타자가 한다는 것이다.[8] 즉 레비나스는 자아가 타자를 만나고 타자와의 소통 과정에서 그 본질을 드러낼 수 있다고 본다. 자아가 스스로 존재하는 것이 아니라 타자에 의하여 존재하게 되는 것이다. 타자가 자아를 불러내고 자아와 타자의 만남 과정에서 자아는 타자의 의식 내용과 마주하면서 자아로서 존재할 수 있게 된다. 글(가)의 독자에게 일어나는 자아와 타자의 소통에 대한 설명은 레비나스 논의에 근거한 것이다. 레비나스의 관점에서 보면, 독자가 텍스트 타자에 대한 의식이 없으면 독자 자아에 대한 의식도 없다. 그러므로 독자 자아의 존재를 결정하는 것은 텍스트 타자이다.

독자의 텍스트 읽기를 레비나스의 타자 철학의 관점에서 정리하면, 텍스트 타자는 독자 자아를 발현하게 하고, 독자 자아가 의식 내용을 생성하게 한다. 텍스트 타자를 독자가 인식하게 되면 이 텍스트 타자가 독자 자아를 불러낸다.(김도남, 2018:112) 그렇게 되면 독자의 의식 속에서 텍스트 타자와 독자 자아는 마주하고 소통하게 된다. 그 결과 독자 자아는 의식 내용을 생성한다. 레비나스의 타자 철학의 관점에서 독자의 의식 속에 존재하는 독자 자아와 텍스트 타자는 대등한 관계를 맺지 못한다. 독자 자아는 텍스트 타자에게서 필요한 것을 얻거나 그의 요구를 들어주는 위치에 놓인다. 글(가) 읽기에서 삼촌 타자는 독자 자아가 의식 내용을 생성하게 만든다. 텍스트 타자는 독자 자아가 의식 내용을 생성하게 하는 위치에 있다. 그렇다고 텍스트 타자가

---

8 우리가 타자 철학을 통해 지적으로 체득할 수 있는 것은 타자 존재는 대상적인 존재가 아니라 그를 바라보는 주체 본성의 기원을 차지하면서 '나'라는 존재와 일체를 구성한다. (윤대선, 2013:265)

독자 자아 위에 군림하는 것은 아니다. 독자는 언제든지 텍스트 타자를 외면하는 폭력을 가할 수 있다. 텍스트 타자는 나약하지만 그 의식 내용이 독자 자아의 의식 내용을 초월해 있다. 이런 점을 레비나스는 타자의 '무한성'이라고 말하고, 타자를 '무한자'라고 한다. 그렇기에 독자 자아는 말을 듣고 받아들이는 위치에서 텍스트 타자와 소통을 해야 한다. 이 관점에서 텍스트 타자와 독자 자아의 관계를 '텍스트 타자의 독자 자아 결정론'이라고 할 수 있다.

나. 독자 자아와 단독자

> (나) 마음이 생하는 까닭에 가지가지 법이 생기고
> 마음이 멸하면 감실과 무덤이 다르지 않네.
> 삼계는 오직 마음이요, 모든 현상이 식에 기초한다.
> 마음밖에 아무것도 없는데 무엇을 따로 구하랴.
> 나는 당나라에 가지 않겠다.[9]
>
> ― 원효대사의 오도송(悟道頌)

글(나)는 우리에게 잘 알려져 있는 원효(617-686년)의 일화와 관련되어 있다.(김형효, 2006:156-157) 원효는 의상과 함께 불법(佛法)을 깨치기 위하여 당나라로 유학을 떠나게 된다. 이들은 당나라로 가는 도중 험한 날씨를 피하여 무덤 속에서 잠을 잔다. 원효는 잠결에 물을 마신다. 아침에 잠이 깬 원효는 밤에 마신 물이 해골에 담겼던 것임을 알게 된다. 그러자 밤엔 시원하고 맛 좋던 물이 돌연 역겹고 더럽게 느껴진다. 원효는 그 차이를 찾게 된다. 그러다 원효는 밤의 물과 아침의 물이 같은 것인데 그 차이를 일으키는 것이

---

9 心生卽種種法生 心滅卽龕墳不二 三界唯心萬法唯識 心外無法胡用別求 我不入唐.

마음의 인식 작용이었음을 깨닫게 된다. 그래서 세상 일이 마음의 인식 작용에서 비롯된다는 유식(唯識)의 논리를 깨치게 된다. 그 깨침을 오도송(悟道頌)으로 쓴 것이 글(나)이다.

글(나)를 보면, 원효는 유식의 진리를 깨치고 있다. 물의 차이에 대한 인식이 물 자체가 아닌 인식 자의 인식 작용으로 이루어진다는 것을 알아차린 것이다. 유식학의 관점에서 보면, 대상에 대한 인식은 제8식인 아뢰아식(阿賴耶識)의 작용으로 일어난다.[10] 아뢰아식은 종자식(種子識)이라고도 하는데(정승석 역, 2006:81), 종자(種子)는 마음속에 있는 인식의 씨앗을 의미한다. 대상에 대한 주체의 인식은 마음속에 있는 인식 종자의 발현으로 일어나기에 세상은 마음 작용에서 비롯된다는 것이다. 이 유식의 이치를 원효가 깨달았다는 것이다. 그 구체적인 표현이 '心生卽種種法生(심생즉종종법생) 心滅卽龕墳不二(심멸즉감분불이)'이다. 세상은 마음의 분별 작용에서 비롯되는데 분별하는 마음을 갖지 않으면 조상의 소중한 신주를 모시는 감실(龕)과 시체를 묻은 무덤(墳)이 차이가 없다는 것이다.

키에르케고르의 관점에서 원효는 진리를 깨친 '단독자'이다. 키에르케고르의 단독자는 하나님을 마주하여 하나님의 진리를 깨친 진정한 기독교인(의 의식)을 가리킨다.[11] 단독자는 하나님을 마주하고 그의 진리를 자신의 의식 내용으로 받아들인 사람(의 의식)이다. 이 단독자가 깨친 진리는 누구에게나 같은 보편적인 진리가 아니라 절대자를 마주한 사람만이 갖는 진리이다. 이 진리를 주관적 진리라고 한다.(김하자, 2004:60-65) 이 주관적 진리는 절대

10　8식은 眼識(안식), 耳識(이식), 舌識(설식), 鼻識(비식), 身識(신식), 意識(의식), 末那識(마나식), 阿賴耶識(아뢰야식, 알라야식)이다.(정승석 역, 2006:77-81)

11　키에르케고르의 단독자(單獨者)는 '하나님 앞에 홀로' 선다. 단독자의 사명은 오로지 '올바른' 삶이 어떤 것인가를 찾아내는 데 있는 것이 아니라, 하나님 앞에서 하나님을 위하여 그의 계명－하나님을 사랑하고 자기 이웃을 사랑하라는 계명－에 순종하는 사람을 사는 데 있다.(이홍우·임병덕 역, 2003:113)

자의 진리를 인식만 한 것이 아니라 자기의 의식내용으로 재생성한 진리이다. 이 주관적 진리를 깨치기 위해서는 이중반사의 작용이 필요한데, 특히 진리를 내면화하는 데 필요한 2차 반사를 거쳐야 한다. 단독자는 2차 반사를 통하여 절대자의 진리를 자신의 주관적 진리로 확립한 사람이다. 키에르케고르는 단독자로 하나님의 말씀에 따라 아들을 번제로 바치려 한 성경 속의 아브라함(임규정 역, 2014), 자신이 무지하다는 것을 안다고 하면서 젊은이를 가르친 소크라테스, 비유와 상징의 방법을 통하여 천국에 대하여 알린 예수 등을 꼽는다.(장영은 역, 2016)

원효의 일화나 시를 보면, 원효는 단독자이다. 유식의 진리를 대면하여 이를 깨쳐 주관적 진리를 확립하였기 때문이다. 원효가 유식의 진리를 주관적 진리로 깨치기 전에 유식의 진리를 공부하지 않은 것은 아니다. 만약 유식에 대해 알고 있지 못했다면 당나라로 가려고 하지 않았을 것이다. 원효가 당나라로 가려고 한 것은 유식을 개념적으로 알고는 있었지만, 그 실체를 자아의 의식 내용으로 깨치지 못했기 때문이다. 그러다 당나라로 가던 길에 무덤에서 마신 해골 물을 통해 유식의 진리를 깨쳐, 유식에 대한 주관적 진리를 갖게 된다. 원효가 유학을 결심하게 한 유식의 개념적 진리의 인식은 이중반사의 일차반사이고, 해골 물에 대한 인식적 차이가 마음의 인식 작용에서 비롯됨을 깨쳐 유식의 진리를 자아의 의식 내용인 주관적 진리로 생성한 것은 이차반사이다. 이 이차반사로 유식의 진리를 주관적 진리로 확립한 원효는 단독자가 된 것이다. 그래서 유식의 진리를 깨친 원효는 당나라 유학을 그만둔다.

독자는 텍스트 읽기를 통하여 원효가 유식의 진리를 깨친 것과 같은 깨침을 지향할 수 있다. 키에르케고르의 단독자와 같은 존재를 지향하는 것이다. 텍스트를 읽고 텍스트의 진리를 알아내고, 그 진리로 자아의 의식 내용을 새롭게 하는 것이다. 읽기를 하는 독자의 잠재적 의식에는 이런 읽기를 하고 싶은 의식이 들어 있다. 그렇지만 독서를 통하여 그 잠재적 의식을 현현하지 못하고 있다. 특히 읽기를 설명하는 이론이나 읽기 교육 이론에서는 독자의 잠재적 의식을 현현시킬 이론이 부재하다. 독자가 텍스트 읽기를 통하여 주관적 진리를 깨친 단독자의 속성을 가질 수 있도록 하기 위해서는 이를 가능하게 하는 인식적 접근이 필요하다.

독자가 텍스트를 이해하여 단독자가 되는 것은 참된 독자가 됨을 뜻한다. 독자는 기계적으로 텍스트를 읽는 존재가 아니다. 텍스트를 읽은 자아의 의식 내용이 어떻게 달라졌고, 그것이 무엇인지 알아야 한다. 그리고 그 의식 내용으로 자기에 대한 실제적 판단을 해야 한다. 원효가 시를 쓰는 것과 같이 깨친 진리가 무엇이고, 그것이 자아의 의식 내용을 어떻게 변화시켰고, 삶과는 어떻게 관련되는지를 확인할 수 있어야 한다. 독자가 자기의 의식 내용을 밝혀 알 때 단독자의 속성을 지닌 참된 독자가 된다.

다. 텍스트 타자와 무한자

> (다) 천지 자연은 장구하다./ 천지 자연이 장구할 수 있는 까닭은/
>
> 그 자신을 살리려고 하지 않기 때문이다./ 그러므로 장생할 수 있다.
>
> 성인은 이러한 이치를 본받아/ 자신을 내세우지 않는다.
>
> 그러나 오히려 앞서게 된다./ 그 자신을 도외시 하지만
>
> 오히려 그 자신이 보존된다./ 그것은 자신의 사적인 기준이나 의욕을
>
> 버린 것이 아니겠는가?/ 그래서 능히 자신을 완성할 수 있다.[12]
>
> ―<도덕경(道德經)> 7장(최진석, 2001:75)

---

12   天長地久 天地所以能長且久者 以其不自生 故能長生. 是以聖人後其身而身先 外其身而身存 非 以其無私邪 故能成其私.(<道德經> 7장)

글(다)는 노자의 <도덕경(道德經)>의 7장이다. 성인은 천지를 본받아 자신을 내세우지 않기에 자신을 보존하고, 완성할 수 있다는 것이다. 천지(天地)가 장구할 수 있는 것은 자신을 살려고 하지 않기 때문이다. 성인은 이를 본받아 자신을 내세우지 않기 때문에 남을 앞설 수 있다. 자신을 앞세우시 않기에 천지처럼 오랫동안 자신을 보존할 수 있다. 천지와 성인은 자신을 앞세우거나 내세우지 않는 본성을 지녔음을 뜻한다. 자신을 앞세우거나 내세우는 것은 사적인 기준이나 편향된 의욕 때문인데, 성인은 이를 버린 것이다. 그래서 자신을 완성할 수 있는 것이다. 자신의 완성은 무위(無爲)로 무불위(無不爲)함을 의미한다.(최진석, 2001:77) 천지나 성인이 사심이 없이 무위하는 것을 본받아 사람들이 자신을 완성하라는 것이다.

이 글(다)의 내용은 독자에게 자기 기준을 내세우지 않는 무위적 태도를 지닐 것을 요구한다. 텍스트 자체가 요구한다기보다는 텍스트 속에 들어 있는 노자의 의식이 요구를 한다. 이를 구체적으로 생각해 보면, 텍스트에 존재하는 화자가 요구하는 것을 독자가 인식한 것이다. 독자가 인식한 텍스트 속 화자(타자)와 화자의 요구를 레비나스의 말로 표현하면 '타인의 얼굴'이다.(강영안, 2005:35-37) 텍스트 속에 텍스트 타자가 존재하고, 이 텍스트 타자가 가진 의식 내용의 속성이 '타인의 얼굴'이다. 도덕경 7장에서 독자 자아에게 일할 때의 태도에 대해 말을 건네는 화자가 텍스트 타자이고, 일할 때 자신의 기준을 내세우지 않는 무위로 일을 해야 한다는 내용 속성이 '타인의 얼굴'인 것이다. 글(다)를 읽는 독자는 텍스트 타자를 의식할 뿐만 아니라 타인의 얼굴을 인식한다.

레비나스는 타자를 무한자로 규정한다. 무한자는 무한자를 의식하는 사람으로 환원될 수 없고, 지배되지도 않는 존재이다. 글(다)를 읽는 독자는 텍스트 타자의 의식과 동일한 의식을 가진다거나 가질 수 있다고 생각하지 않는다. 텍스트 타자의 의식 내용이 이렇게 표현된 것 뒤에는 더 높고 많은 의식내용이 존재할 것이라고 예상되기 때문이다.[13] 레비나스는 이를 '말함'(Dire)과 '말해진 것'(Dit)으로 표현한다.[14] 독자가 텍스트의 기호로 인식한 의식내용은 '말해진 것'이고, 말해진 것의 토대가 되는 의식내용은 '말함'이다. 말함의 의식내용으로 인해 타자는 자아에 의해 지배될 수 없다. '말해진 것'은 유한 하지만 '말함'은 그 한계가 분명하지 않은 속성, 즉 무한성을 지닌다. 텍스트 타자의 의식내용은 유한성을 벗어난 본질 특성이 있기에 '무한자'라 하는 것이다. 독자 자아는 이 무한자의 특성을 가진 텍스트 타자를 마주하게 되면 환대하여 맞이하고, 그와의 소통으로 의식내용을 새롭게 생성하게 된다.

글(다)를 읽는 독자는 무한자의 속성을 지닌 화자인 텍스트 타자를 만난다. 이 때 독자 자아는 중(中)을 지켜 무위의 태도로 일을 처리하라는 의식내용을 수용해야 한다. 독자는 이를 거부할 수도 있다. 그렇게 되면 글(다)를 이해한 독자는 되지 못한다. 독자 자아가 텍스트 타자와 진정한 소통을 하는 읽기에 서는 무한자를 환대하고 그 의식 내용을 확인하여 존중하며 응대해야 한다. 이 소통의 상황에서 독자 자아와 텍스트 타자가 함께하지만, 소통 활동의 내용적 주도권은 타자에게 있다. 독자 자아와 텍스트 타자의 소통을 형식 면에서 보면, 독자 자아가 주도한다. 그렇지만 내용 면에서 보면, 독자 자아는 텍스트 타자의 의식 내용에 주목해야 하고, 타자의 의식 내용을 인식하고 자아의 의식내용을 생성해야 하는 위치에 있다.

독자의 자아가 단독자가 되기 위해서는 텍스트 타자와의 진정한 소통이 필요하다. 형식만 따져서 독자 자아가 주도하는 소통은 진정한 소통이 될 수 없다. 독자는 텍스트 타자의 '말함'의 의식 내용을 찾아 대면하고, 이를

---

13 여기서 보면, 모든 타자가 무한자가 되는 것은 아니다. 자아에게 무엇인가 의미 있는 것을 요청하거나 제시할 수 있는 타자만이 무한자이다.

14 레비나스의 '말함'(Dire: 말하기)과 '말해진 것'(Dit) 것에 대한 논의는 윤대선(2013:179-187)을 참조할 수 있다.

통해 주관적 진리를 확립해야 한다. 즉 진정한 소통은 텍스트 타자가 진정으로 말하려고 하는 것(말함)을 이해하는 것이다. 텍스트 타자의 말함을 이해하는 진정한 소통은 독자 자아가 텍스트 타자를 환대할 때 일어난다. 독자가 텍스트 타자를 환대하여 맞이하고, 타자의 얼굴은 겸허한 자세로 마주해야 한다. 그리고 자아의 의식 내용을 생성해 가져야 한다. 이런 소통이 이루어질 때 진정한 소통이 된다.

독자가 무한자인 텍스트 타자를 만나 진정한 소통을 이룰 때 단독자의 속성을 지닌 참된 독자가 된다. 참된 독자는 독자 자아가 텍스트 타자의 '말함'의 진리를 인식하고, 이를 주관적 진리로 자기화할 때 존재한다. 참된 독자는 텍스트 타자의 의식 내용을 바탕으로 자아의 의식 내용을 새롭게 하였을 때만 존재할 수 있다. 독자 자아의 의식 내용이 새롭게 되었다는 것은 인지적 관점에서 말하는 의미를 구성했다는 뜻이 아니라 주관적 진리를 생성했다는 뜻이다. 주관적 진리의 생성은 독자 자아를 변화하게 한다. 즉 독자의 자아의식 내용의 질적 변화를 이룬 것을 의미한다. 독자가 텍스트를 읽고 자아의 의식 내용을 새롭게 했을 때 참된 독자다.

3. 참된 독자 되기

독자의 텍스트 이해는 독자 자아와 텍스트 타자의 소통으로 이루어진다. 독자 자아는 텍스트 타자의 부름에 응하여 발현되고, 독자 자아의 의식 내용 생성은 텍스트 타자와의 대화를 통하여 이루어진다. 여기서 대화는 독자 자아가 말해진 것을 통하여 텍스트 타자의 말함을 찾아 인식하는 활동이다. 이 대화를 통하여 독자 자아는 의식 내용을 생성한다. 참된 독자는 텍스트 타자와 독자 자아의 소통에서 비롯된다. 참된 독자의 특성과 단독자 되기를 살피고 참된 독자의 실현에 대하여 살펴본다.

가. 참된 독자의 특성

> (라) 책에 쓰인 지식을 책에 쓰인 형태 그대로 받아들이도록 하는 것－또는, 간단하게 '의관념의 주입'－이 지식 전달의 올바른 의미가 될 수 없다면, 그것의 올바른 의미는, 논리적으로 말하여, 지식을 '진정한 관념'으로 바꾸어 놓는 것이 될 수밖에 없다. 진정한 관념은 정의상 언어 형태를 띨 수 없으며, 바로 그 이유에서 이 관념 저 관념으로 구분될 수도 없다. 만약 관념이 이런저런 것으로 구분된다면 그것은 필시 언어의 형태를 띨 수밖에 없을 것이다. 지식을 전달함으로써 개인에게 형성해 주려는 하는 진정한 관념은 모든 지식을 구분 없이 압축해 있는 오직 하나의 관념이며, 그 개인의 모든 생각과 말과 행동이 흘러나오는 원천이 된다. 그것은 우리가 '심성'이라고 부르는 그 개인의 인간됨을 이룬다.(이홍우·임병덕 역, 2003:xxxiii)

글(라)는 만하이머(Manheimer, 1977)의 『Kierkegaard as Educator』를 『키에르케고르의 교육이론』으로 번역한 역자들이 쓴 서문의 일부이다. 역자들은 책의 저자인 만하이머를 통하여 키에르케고르가 밝힌 교육의 진리를 마주한 후에 얻은 교육에 대한 주관적 진리를 밝히고 있다. 교육은 학생이 진정한 관념을 형성하도록 하는 것이고, 그 진정한 관념은 개인의 생각과 말과 행동의 원천인 심성이라는 것이다. 역자들은 키에르케고르의 교육 관념을 타자 얼굴로 인식하고, 이와 소통하여 자아의 의식 내용을 생성히였다. 교육은 학생의 인감됨의 핵심인 심성을 갖추도록 하는 것이어야 한다는 것이다. 역자들은 『Kierkegaard as Educator』를 통하여 키에르케고르의 교육에 대한 관념을 텍스트 타자로 만나 소통하여 독자 자아의 의식 내용을 생성한 것이다.[15] 역자들은 키에르케고르의 교육 관념에서 자신들의 교육 관념인 주관적 진리(지식)을 생성했음을 알 수 있다.

독자 자아는 텍스트 타자와의 관계 속에서 존재한다. 글(라)에서 보면, 역자들의 독자 자아는 스스로 존재하는 것이 아니다. 텍스트 타자를 인식하면서 발현된 것이다. 여기서 텍스트의 타자는 『Kierkegaard as Educator』의 저자인 만하이머가 아니다. 만하이머가 설명하고 있는 키에르케고르의 교육 의식이 타자이고, 타자의 의식 내용, 즉 텍스트 타자의 얼굴은 키에르케고르의 교육 관념이다. 역자들은 이 텍스트 타자의 얼굴을 통하여 교육에 대한 독자 자아의 의식 내용을 확립하고 있다. 이로 볼 때, 독자 자아는 텍스트 타자와의 관계를 이루지 못하면 존재할 수 없다. 독자가 텍스트를 읽고 그 텍스트에서 타자를 의식하면서 독자 자아를 발현하고 의식내용을 생성한다. 글(라)에서 역자들의 독자 자아는 텍스트 타자가 없다면 존재하지 않는다.

글(라)에서 역자들의 독자 자아는 단독자의 속성을 지닌다. 글(라) 저자들의 독자 자아는 키에르케고르의 교육에 대한 의식내용을 진리로 마주하고 있다. 그리고 그 진리로부터 독자 자아의 주관적 진리(심성)를 생성했다. 이때 독자 자아의 의식내용이 키에르케고르의 교육 관념과 일치하는 것은 아니다. 키에르케고르는 참된 기독교인을 위한 교육 관념이지만 역자들은 학교에서의 학습자를 위한 교육 관념을 생성했다. 타자의 기독교인을 위한 교육 관념을 수용하여 일반 교육에 대한 주관적 진리를 생성한 것이다. 단독자는 신과 동일한 관념을 가진 존재가 아니다. 신을 통하여 신의 뜻이 무엇인지를 깨친

---

15 교육이라는 것은 모종의 조력 행위를 통하여 다른 개인으로 하여금 자신의 기본적인 삶의 성향을 바꾸도록 도와주는 '내면적 운동'을 뜻한다. 교육이라는 행위는 이 '변화의 운동'이 나타내는 이중의 반사로 파악될 수 있다. 첫째로, 한 사람이 다른 사람을 그 사람 자신의 가능성으로 이끌어 내려는 운동이 있으며, 둘째로, 그와 동시에 이 교육자는 다른 사람을 교육하려는 '동기'(動機) 속에 그 교육자 자신 또한 형성의 과정에 있다는 것을 드러낸다. (이홍우·임병덕, 2003:244)

자인 것이다. 그런 점에서 글(라)에서 인식되는 역자들의 독자 자아는 단독자의 속성을 가지고 있다.

독자 자아의 단독자 속성은 깨침의 주관성에 있다. 독자 자아의 텍스트 이해는 글(라)에서 말하는 바와 같이, 책에 쓰인 형태 그대로 받아들이는 것이 아니라 독자 자아의 주관적 진리를 형성하는 활동이다. 주관적 진리로서의 자아의식 내용은 텍스트 타자의 의식 내용을 그대로 받는 것이 아님의 의미한다. 주관적 진리라는 말에는 학생의 마음속에 본인만의 고유한 깨침이 있음이 전제되어 있다. 텍스트 이해가 주관적 진리를 형성한다는 말은 독자 자아가 처한 특정한 상황 속에서 새로운 의식 내용을 생성한다는 말이다. 글(라)에서 역자들의 독자 자아가 처한 상황에서 주관적 진리는 학교 교육과 관련된다. 이로 인해 키에르케고르의 교육 관념을 학교 교육과 연결하여 재생성하고 있다. 이처럼 텍스트 타자의 의식 내용을 독자 자아의 의식 내용으로 생성하는 활동에는 주관성이 작용한다. 글(라)를 읽으면서 역자들의 의식 내용을 따져보면 『Kierkegaard as Educator』에 대한 이해의 주관성이 작용하고 있음을 알 수 있다.

독자 자아의 깨침의 주관성은 텍스트 타자를 응대하는 특성에서 비롯된다. 응대는 요구에 응하여 상대하는 것이다. 텍스트 이해에서 텍스트 타자는 독자 자아 앞에 무한자로 등장한다. 이 무한자에 대하여 독자 자아는 겸손한 마음으로 손님을 맞이하는 주인의 자세로 무한자를 환영하여 맞아들이고 상대해야 한다. 독자 자아가 무한자를 상대할 때는 자아의 모든 것을 드러내 놓고 무한자의 의식 내용(말함)에 집중해야 한다. 그러면 무한자는 독자 자아가 주관적 진리를 깨칠 수 있는 단서를 제공한다. 이 단서는 독자 자아의 의식 내용에 대응되어 제시된 것이다. 이 단서는 또한 무한자의 의식 내용에 대응하여 독자 자아가 얻어야 하거나 바라는 것과 관계된 것이기도 하다. 응대는 무한자의 독단적 주도가 아닌 독자 자아의 소통적 주도로 이루어지는 것이다. 무한자는 독자 자아의 기대에 대응되는 의식 내용(말함)을 제공하게 된다. 이 응대의 과정에서 독자 자아가 생성한 의식 내용은 주관성을 내포하게 된다. 이로 인하여 독자 자아는 주관적 진리를 가질 수 있고, 단독자가 될 수 있다. 글(라)에서 보면, 역자들의 독자 자아는 키에르케고르의 교육 관념을 바탕으로 새로운 교육의 관념을 생성했다.

독자 자아의 주관적 진리도 무한성을 갖는다. 주관적 진리는 독자가 자기화한 진리로 개념이 명료한 지식과는 다르다. 텍스트에서 비롯된 독자 자아의 주관적 진리는 '말함'의 속성으로 존재하는 것이다. 말해진 것으로 드러날 수 있지만 언제나 그 말해진 것의 토대가 되는 '말함'의 속성을 갖는 것이다. 독자 자아가 변화를 의식할 수 있는 의식 내용은 '말해진 것'에 해당하지만 변화된 의식 내용의 실체는 '말함'에 속성을 지니고 존재한다. 원효의 오도송에서 보면, 원효가 유식의 이치를 깨친 의식 내용에 대한 것은 '말해진 것'으로 파악되지만, 원효가 깨친 유식의 진리 자체는 '말함'으로 남는다. 독자 자아가 텍스트 타자의 의식 내용으로 주관적 진리를 획득하였다고 할 때, 독자 자아의 의식 내용은 '말함'의 속성을 지니는 무한성을 갖는다.

나. 단독자 되기

독자 자아는 텍스트 타자에 의하여 발현된다. 독자가 텍스트 타자를 지각하면 독자 자아는 이에 대응하여 의식 속에 떠오른다. 독자가 텍스트의 기호를 해독하여 내용 파악을 할 때의 의식에는 독자 자아가 떠오르지 않는다. 독자가 텍스트 타자에 관심을 집중하여 텍스트 타자가 의식에 자리할 때, 비로소 독자 자아가 활동을 시작한다. 텍스트 타자와 독자 자아는 독자의 의식 속에서 만나게 된다.

독자 자아와 텍스트 타자의 만남은 소통의 장이 된다. 텍스트 타자는 독자 자아로 환원되지 않은 무한한 얼굴(말함)을 가지고 있다. 그래서 텍스트 타자는 무한자이고, 이 무한자와 만난 독자 자아도 제한된 속성을 갖지 않는다. 텍스트 타자에 따라 독자 자아도 무한히 다른 모습을 가질 수 있다. 즉 독자 자아가 생성하는 의식 내용인 주관적 진리가 특정한 것으로 제한되지 않는다. 독자가 텍스트 타자와의 만남으로 주관적 진리를 독자 자아의 의식 내용으로 생성했을 때 단독자가 된다. 독자가 텍스트 타자와 독자 자아를 어떤 과정으로 만나게 하여 단독자가 되는지를 살펴볼 필요가 있다. 텍스트 타자와 독자 자아가 소통하는 주요 단계를 보면 다음과 같다.

첫 단계는 만남이다. 만남은 텍스트 타자와 독자 자아의 만남이다. 이 만남을 위해서 독자는 텍스트를 읽으면서 먼저 텍스트 타자에 의식을 집중해야 한다. 텍스트 타자는 어떤 텍스트를 읽을 때나 존재하지만 독자가 관심을 두지 않으면 인식되지 않는다. 독자가 텍스트 타자에 관심을 집중하면 텍스트 속에서 여러 텍스트 타자를 발견할 수 있다. 글(가)에서 보았듯이 여러 텍스트 타자가 있고, 독자가 특정 텍스트 타자에 의식을 집중하면 텍스트 타자는 독자 의식에 자리한다. 이 텍스트 타자는 상대자를 필요로 한다. 상대자가 없는 타자도 곧 의식에서 사라진다. 독자는 텍스트 타자를 발견하면 이에 상대할 독자 자아를 호출한다. 그렇게 되면 독자의 의식 속에서 텍스트 타자와 독자 자아의 만남이 이루어진 된다. 글(가)를 읽을 때, 독자는 책을 많이 읽지 않는 삼촌 타자를 발견하고, 이를 상대할 독자 자아를 발현하여 의식에서 만남이 일어나게 한다.

둘째 단계는 얼굴 마주하기이다. 얼굴을 마주한다는 것은 텍스트 타자의 의식 내용에 응대하여 독자 자아의 의식 내용을 드러내는 것이다. 독자가 특정 텍스트 타자에 관심을 집중하면 타자의의 의식 내용인 타자의 얼굴을 파악하는 것은 어렵지 않다. 독자가 텍스트 타자의 '말함'의 내용을 떠올려 보면 그 얼굴을 확인할 수 있다. 텍스트의 '말해진 것' 속에 얼굴을 인식할 단서가 들어 있기 때문이다. 글(가) 읽기에서 보면, 독자는 텍스트 타지인 삼촌의 얼굴을 직관적으로 인식한다. 글(라)에서 보면, 역자들은 '말해진 것'을 좀 더 적극적으로 탐구하여 키에르케고르의 의식 내용인 '말함'을 찾아낸다. 독자가 텍스트 타자의 얼굴을 찾게 되면 타자의 얼굴에 대응하는 자아의 얼굴을 독자는 생성한다. 글(라)에서 키에르케고르의 교육 관념을 역자들이 의식했을 때, 역자들은 교육자로서의 교육 관념을 떠올리게 된다. 이로써 텍스트 타자는 응대하는 독자 자아와 마주 보게 된다. 이때의 텍스트 타자의 얼굴과 독자 자아의 얼굴은 서로 대응점에 있을 뿐 소통의 과정은 일어나지 않는다. 독자 자아가 의식내용을 앞세워 타자의 의식내용을 인식하는 것이 얼굴 마주하기이다. 독자 자아와 텍스트 타자의 얼굴 마주하기는 독자의 의도적이고 의지적인 인식 작용이다. 독자는 텍스트 타자를 언제든지 간과할 수 있다. 그렇기 때문에 의도적으로 텍스트 타자의 얼굴에 관심을 집중할 때 독자 자아와 마주 보는 것이 가능해진다.

셋째 단계는 응대하기이다. 응대(환대)는 손님을 맞아들여 대접하면서 물음이나 요구에 응하여 상대하는 것이다. 읽기에서의 독자의 응대는 독자 자아가 텍스트 타자를 맞아들여 존중하면서 얼굴을 통해 진리를 대면할 수 있게 한다. 텍스트 타자의 얼굴을 통한 진리는 독자 자아의 물음이나 요구에 텍스트 타자가 응답하는 것이다. 글(가)든 또는 글(라)든 독자 자아가 텍스트 타자의 '말함'을 주체적으로 알아차리는 것이다. 텍스트에 '말해진 것'을 통하여 텍스트 타자의 '말함'을 독자 자아가 생성하여 가지게 되는 것이다. 텍스트 타자는 무한자이기에 독자 자아가 요구하면 텍스트 타자는 이에 따라 응대해 준다. 이 응대에서 텍스트 타자는 두 가지 활동을 한다. 첫째는 독자 자아에게 의식내용(말함)이 있음을 알리는 것이다. 둘째는 독자 자아의 의식 내용과 차이 나는 의식내용에 대한 단서(말해진 것으로)를 제공한다는 것이다. 이에 대응해 독자 자아는 세 가지 활동을 한다. 첫째는 텍스트 타자의 얼굴을 자세히 들여다보는 것이다. 둘째는 텍스트 타자의 얼굴에서 '말함'의 의식내용이 무엇인지 알아보는 것이다. 셋째는 독자 자아에게 필요한 '말함'이 의식내용을 선택하는 것이다. 이 활동들을 하면서 독자 자아와 텍스트 타자는 서로 응대한다. 글(라)의 맥락을 보면, 독자 자아와 텍스트 타자의 응대 상황을 인식할 수 있다.

넷째 단계는 주관적 진리 깨치기이다. 이것은 독자 자아가 텍스트 타자의 얼굴과 대면하여 자아의 의식내용을 생성하는 것이다. 셋째 단계와 연관지어 보면, 텍스트 타자의 '말함'의 의식내용으로 자아의 의식내용을 생성하는 것이다. 독자 자아의 의식내용 생성은 있던 것을 반복하거나 변형하는 것이 아니라 의식적 전환을 이루는 것이다. 의식적 전환은 심리적 반사작용을 통하여 새로운 의식내용을 자각하는 활동이다. 이 말은 텍스트 타자의 의식내용을 그대로 자아의 의식내용으로 삼는 것이 아니라 타자의 의식내용을 단서로 독자 자아가 주관적 진리를 깨치는 것을 뜻한다. 글(라)에서 보면, 독자 자아는 키에르케고르의 기독교인을 위한 교육 원리에서 학교에서 학생을 교육하는 원리를 깨쳐 주관적 진리를 얻었다. 이 주관적 진리 깨치기로 독자 자아는 단독자의 속성을 가진 존재가 된다.

다섯째 단계는 성찰하기이다. 성찰하기는 생성된 독자 자아의 의식내용을 확인하고 살피는 것이다. 이 단계로 독자가 자기 이해를 이룬다. 자아의 의식내용을 점검함으로써 자기를 밝혀 알게 되는 것이다. 이 성찰하기로 독자는 독자 자아의 의식내용의 속성을 규명하여 자기를 밝혀 알게 된다. 텍스트 타자를 대면하기 전과 후를 비교하고, 텍스트 타자와 독자 자아의 의식내용을 비교하여 독자 자아를 밝혀 알게 되는 것이다. 이 활동은 텍스트 타자가 '말함'으로 드러내려고 했던 것을 얻었는지 확인하는 것이기도 하다. 이 활동을 통하여 독자는 독자 자아의 의식내용을 확신하고, 자신의 신념을 가지게 된다. 글(나)의 저자 단독자와 글(다)의 독자, 글(라)의 역자들은 독자 자아의 의식내용을 밝혀 알고 있고, 의식내용에 대한 확신과 신념을 가지고 있다. 독자는 이 과정을 통하여 자기 이해에 도달하고, 참된 독자가 된다.

다. 참된 독자 실현하기

참된 독자는 독자 자아가 무한자인 텍스트 타자를 만나 단독자가 됨으로써 이루어진다. 독자 자아가 단독자가 되는 일은 텍스트 타자를 인식하고 그와 응대하여 주관적 진리를 자아의 의식 내용으로 생성함으로써 가능하다. 참된 독자는 생성한 주관적 진리를 통하여 자기를 밝혀 알고 자기 이해를 성취한 존재이다. 독자를 참된 독자가 되도록 하는 몇 가지 과제를 살펴보면 다음과 같다.

첫째는 읽기 관점을 정해야 한다. 참된 독자를 지향하는 읽기를 위해 독자는 먼저 자신의 읽기가 어떤 것인지를 밝혀 인식해야 한다. 읽기 관점을 정하는 일은 독자가 읽기 목적을 갖는 일이고, 무엇을 위해 어떻게 텍스트를 읽을지를 결단하는 일이다. 참된 독자를 지향하는 읽기는 독자가 주관적 진리를 깨쳐 단독자 되기를 목표한다. 텍스트의 객관적 내용을 탐구하는 것이 아니라 주관적 진리의 깨침을 통한 자기 이해를 추구한다. 텍스트에 들어있는 텍스트 타자를 통하여 독자 자아의 의식내용을 새롭게 생성하고, 그 의식내용을 밝혀 자기 이해에 도달하려는 것이다. 이를 통하여 독자는 자아의 지속적인 성장을 희망한다. 텍스트 읽기를 다양하게 정의하고 규정할 수 있지만 참된 독자를 지향하는 읽기는 텍스트 타자와의 소통으로 독자 자아가 주관적 진리를 깨쳐 자기 이해를 이루는 것이다. 이를 위해 독자는 텍스트 타자와 독자 자아의 소통을 중심에 둔 읽기 관점을 선택해야 한다.

둘째는 텍스트 타자와 만나야 한다. 독자가 텍스트를 일을 때, 텍스트 내용의 여러 요소가 독자의 의식을 끌어당긴다. 텍스트 저자, 텍스트 속 화자,

텍스트 내용, 텍스트 구조, 텍스트의 주제 등 관심을 요구하는 요소는 다양하다. 참된 독자를 지향하는 읽기는 이들 중에 텍스트 타자와의 만남에 의식을 집중해야 한다. 독자가 텍스트 타자에 의식을 집중하지 않으면 텍스트 타자는 잠깐 의식에 나타났다 사라져 버린다. 그래서 독자는 의식을 집중하여 텍스트 타자를 알아채고, 얼굴을 마주 보고, '말함'을 귀담아들어야 한다. 이를 위해 텍스트 타자를 환대하여 맞아들이고, 응대하며 무한자임을 인식해야 한다. 독자가 텍스트 타자를 만나는 일은 독자 자아를 발현하고, 밝혀 인식하는 활동이기도 하다. 독자가 텍스트 타자를 의식한만큼 독자 자아도 그만큼 발현되어 인식된다. 글(라)에서 키에르케고르의 교육 관념을 인식한 역자들은 독자 자아로서의 교육 관념을 구체화하였다. 텍스트 타자의 의식내용에 대한 인식이 독자 자아의 의식내용을 생성하게 한 것이다. 텍스트 타자와 만난다는 것은 '말해진 것'에서, '말함'의 내용을 독자가 알아가는 활동이다.

셋째는 단독자로 거듭나려는 의지가 있어야 한다. 단독자는 키에르케고르가 규정한 하나님을 마주하여 하나님의 진리를 깨친 참된 기독교인의 마음이다. 이를 교육적으로 해석하면 진리를 마주하여 주관적 진리를 깨친 학생의 마음이고, 읽기에 적용하면 텍스트 속의 무한자를 대면하여 주관적 진리를 깨친 독자 자아이다. 독자 자아는 텍스트의 무한자를 응대하여 주관적 진리를 생성했을 때 단독자가 된다. 독자는 자신이 단독자가 되려는 의지를 가져야 한다. 단독자에 대한 의지가 있을 때 텍스트 타자와 진정으로 소통하려는 의식을 갖게 된다. 이 단독자에 대한 의지가 있을 때 독자 자아는 주관적 진리를 깨칠 수 있고, 주관적 진리를 깨칠 수 이 있는 방법을 사용할 수 있다. 독자가 주관적 진리의 생성하는 이중반사와 내면화의 방법을 성공적으로 사용하기 위해서는 의지가 있어야 한다. 글(라)에서 알 수 있듯 단독자를 이루려는 의지가 있을 때, 독자 자아는 새로운 의식내용을 생성하게 된다. 독자 자아는 단독자로 거듭나기를 통하여 존재자로 실존할 수 있게 된다.

넷째는 참된 독자를 실현해야 한다. 참된 독자로의 실현은 두 가지의 활동을 요구한다. 첫째는 텍스트를 통하여 주관적 진리를 깨쳐 단독자가 되는 것이다. 둘째는 독자 자아를 통한 자기 이해에 이르는 것이다. 이 두 가지는 독자가 결국 텍스트 읽기를 통하여 독자의 내적 성장과 자기 이해이다. 독자가 텍스트를 읽어야 한다는 잠재적 강박관념은 이에서 비롯된다. 누구나 책을 읽어야 한다고 생각하고, 읽을 것을 권하는 의식에 잠재된 바람은 참된 독자로의 실현이다. 이 읽기의 출발은 텍스트 타자와 만남에서지만 결과는 독자의 주관적 진리 깨침과 자기 존재 이해이다. 참된 독자는 텍스트 타자와의 소통으로 독자 자아의 의식 내용을 생성하여 자신의 삶을 가꾸는 실존하는 존재이다.

4. 참된 독자 실천

독자의 텍스트 읽기 방식은 다양하다. 독자의 상황에 따라 텍스트를 다양한 방식으로 읽는다. 텍스트 내용에 대한 호기심에서 읽기도 하고, 저자의 생각을 알아보기 위해 읽기도 한다. 물론 자기 생각을 변화시키기 위하여 읽기도 한다. 이 논의에서는 독자가 읽기를 하는 본질적인 이유가 참된 독자가 되는 것에 있다고 보았다. 이를 케이르케고르의 교육이론과 레비나스의 타자철학 관점에서 살펴보았다. 키에르케고르는 참된 기독교인을 교육하는 방법으로 간접전달의 이중반사를 제시하였다. 이 방법은 기독교인이 성경의 진리를 마주하여 주관적 진리를 얻음으로써 단독자가 되게 하는 것이다. 레비나스는 자아가 타자와의 관계에서 존재하므로 타자를 존중하고 타자와의 소통을 강조한다. 타자와의 소통을 통하여 자아가 존재할 수 있고, 자아가 변화할 수 있다고 본다.

이 논의에서는 독자 자아를 키에르케고르의 단독자 개념과 연결하고, 텍스트 타자를 레비나스의 무한자 개념과 연결하여 텍스트 이해를 살펴보았다. 이 관점에서 독자가 텍스트를 이해한다는 것은, 독자 자아가 텍스트 타자인 무한자와 소통함으로써 단독자와 같은 존재가 되는 것이다. 즉 독자가 진정으로 텍스트를 이해한다는 것은 단독자와 같이 진리를 대면하여 주관적 진리를 생성하는 것이다. 독자가 텍스트를 읽는 본질이 단독자와 같이 주관적 진리를 얻는 것에 있다고 본 것이다.

독자의 텍스트 이해는 자기 이해에 이르는 것이다. 독자 자아의 주관적 진리는 독자가 자기를 이해를 할 수 있게 하는 토대이다. 단독자는 자신이 누구이고 무엇을 어떻게 해야 하는지를 아는 존재이다. 그래서 단독자를 지닌 사람은 자신이 해야 할 일을 적극적으로 실천한다. 역사적으로 소크라테스, 예수, 원효뿐만 아니라 현재의 개인 독자들도 마찬가지이다. 자기 이해를 이룬 사람은 단독자가 된다. 이를 위해서는 독자는 텍스트 속에서 텍스트 타자를 찾아 이를 무한자로 존중하며 소통해야 한다. 무한자의 요구나 바람, 의식 내용을 거울삼아 자아의 의식 내용을 새롭게 생성해야 한다. 독자가 텍스트 타자의 의식 내용에서 자아의 의식 내용을 생성할 때 참된 읽기가 이루어진다. 참된 읽기는 독자 자아를 단독자로 만들어 참된 독자가 되게 한다.

참고문헌

강영안(2005), 타인의 얼굴, 문학과지성사.

김도남(2018), 텍스트 타자와 독자 자아: 레비나스의 타자 철학을 중심으로, 한국국어
    교육학회, 새국어교육 114집.

김도행·문성원·손영창(2018), 전체성과 무한, 그린비.

김영한(2007), 레비나스의 타자의 현상학: 후설 및 하이데거 현상학 수용과 비판, 한국
    현상학회, 철학과현상학연구 34집.

김하자(2004), 키에르케고어와 교육, 성신여자대학교출판부.

김형효(2006), 원효의 대승철학, 소나무.

윤대선(2013), 레비나스의 타자 철학, 문예출판사.

임규정 역(2014), 두려움과 떨림: 변증법적 서정시, 지식을만드는지식.

임병덕(1998), 키에르케고르의 간접전달, 교육과학사.

정승석 역(2006), 유식의 구조, 민족사.

최진석(2002), 노자의 목소리로 듣는 도덕경, 소나무.

표재명(1992), 키에르케고어의 단독자 개념, 서광사.

표재명(1995), 키에르케고어 연구, 지성의샘.

이홍우·임병덕 역(2003), 키에르케고르의 교육이론, 교육과학사.

정영은 역(2016), 키르케고르 실존 극장, 필로소픽.

2022 국어과 읽기 교육과정(초1-고1)

1. 2022 국어과 교육과정의 성격과 목표

가. 성격

국어는 대한민국의 공용어로서 사고와 의사소통의 도구이자 문화를 창조하고 전승하는 기반이다. 학습자는 음성 언어, 문자 언어, 시각 언어 등 다양한 양식의 기호와 매체가 활용되는 국어를 통하여 자아를 인식하고 타인과 교류하며 세계를 이해한다. 또한 다양한 국어 활동을 통해 지식과 정보를 교류하며 사회적 관계를 형성하고 문화를 향유하면서 민주시민의 소양을 기른다. 이러한 과정에서 건강하고 행복한 삶을 영위하기 위해서는 일상생활 및 사회생활에서 요구되는 높은 수준의 국어 능력을 갖추어야 한다. 특히 과학기술의 고도화로 급격하게 변화하고 있는 의사소통 환경에 능동적으로 대처하기 위해서는 학교생활을 통해 폭넓은 국어 경험을 쌓으면서 체계적인 국어 학습을 할 필요가 있다. 이를 바탕으로 학습자는 더 깊이 있게 사고하고 효율적으로 소통하면서 개인과 공동체가 직면하는 문제를 해결하고 나아가 국어문화를 향유하면서 삶의 행복과 공동체의 발전을 추구할 수 있을 것이다.

초등학교 및 중학교 '국어'는 국어를 정확하고 효과적으로 사용하는 능력을 기르고, 가치 있는 국어 활동을 통해 바람직한 인성과 공동체 의식을 함양하며, 비판적이고 창의적인 사고와 활동을 바탕으로 국어문화를 향유하도록 하는 교과이다. 학습자는 '국어'의 학습을 통해 국어 교과에서 추구하는 다양한 역량을 기를 수 있다. '국어' 학습자는 다양한 매체를 효과적으로 사용함으로써 일상생활은 물론 학교생활을 포함한 사회생활에서 요구되는 지식과 정보를 수용하고 생산할 수 있다. 다양한 담화와 글, 국어 자료, 작품, 매체로 표현된 텍스트를 분석하면서 비판적 사고력을 함양하고, 자신의 생각을 창의적으로 표현할 수 있다. 의사소통 참여자를 존중하면서 개방적이고도 포용적인 자세로 협력적인 의사소통을 하는 것 또한 국어를 통하여 기를 수 있는 중요한 역량이다. 학습자는 자신이 속한 공동체의 언어문화에 관심을 가지고 이를 탐구하면서 자신의 언어생활을 성찰하고 개선하는 태도를 갖출 수 있다. 이와 함께 다양한 사상과 정서가 반영되어 있는 국어문화를 감상하고 향유할 수 있을 것이다.

나. 목표

국어 의사소통의 맥락과 요소를 이해하고 다양한 의사소통의 과정에 협력적으로 참여하면서 언어생활을 성찰하고 국어문화를 향유함으로써 미래 사회에서 요구되는 높은 수준의 국어 능력을 기른다.

(1) 다양한 유형의 담화, 글, 국어 자료, 작품, 복합 매체 자료를 비판적으로 이해하고 자신의 생각을 창의적으로 표현한다.

(2) 다양성에 대한 이해를 바탕으로 타인의 의견과 감정, 가치관을 존중하면서 협력적으로 의사소통한다.

(3) 민주시민으로서 의사소통에 적극적으로 참여하여 개인과 공동체의 문제

를 해결한다.

(4) 공동체의 언어문화를 탐구하고 자신의 언어생활을 성찰하고 개선한다.

(5) 다양한 사상과 정서가 반영되어 있는 국어문화를 감상하고 향유한다.

2. 읽기 영역의 내용 체계

| 핵심 아이디어 | <ul><li>읽기는 독자가 자신의 배경지식이나 경험을 활용하여 언어를 비롯한 다양한 기호나 매체로 표현된 글의 의미를 능동적으로 구성하는 행위이다.</li><li>독자는 다양한 상황 맥락과 사회·문화적 맥락 속에서 자신의 읽기 목적을 달성하기 위하여 다양한 유형의 글을 읽는다.</li><li>독자는 읽기 과정을 점검·조정하며 읽기 과정에서 부딪히는 문제를 해결하기 위해 적절한 읽기 전략을 사용하여 글을 읽는다.</li><li>독자는 읽기 경험을 통해 읽기에 대한 긍정적 정서를 형성하고 삶과 공동체의 문제 해결을 위해 공동체 구성원과 함께 독서를 통해 소통함으로써 사회적 독서 문화를 만들어 간다.</li></ul> | | | |

범주		내용 요소			
		초등학교			중학교
		1~2학년	3~4학년	5~6학년	1~3학년
지식·이해	읽기 맥락		·상황 맥락	·상황 맥락 ·사회·문화적 맥락	
	글의 유형	·친숙한 화제의 글 ·설명 대상과 주제가 명시적인 글 ·생각이나 감정이 명시적으로 제시된 글	·친숙한 화제의 글 ·설명 대상과 주제가 명시적인 글 ·주장, 이유, 근거가 명시적인 글 ·생각이나 감정이 명시적으로 제시된 글	·일상적 화제나 사회·문화적 화제의 글 ·다양한 설명 방법을 활용하여 주제를 제시한 글 ·주장이 명시적이고 다양한 이유와 근거가 제시된 글 ·생각이나 감정이 함축적으로 제시된 글	·인문, 예술, 사회, 문화, 과학, 기술 등 다양한 분야의 글 ·다양한 설명 방법을 활용하여 주제를 제시한 글 ·다양한 논증 방법을 활용하여 주장을 제시한 글 ·생각과 감정이 함축적이고

					복합적으로 제시된 글
과정· 기능	읽기의 기초	·글자, 단어 읽기 ·문장, 짧은 글 소리 내어 읽기 ·알맞게 띄어 읽기	·유창하게 읽기		
	내용 확인과 추론	·글의 중심 내용 확인하기 ·인물의 마음이나 생각 짐작하기	·중심 생각 파악하기 ·내용 요약하기 ·단어의 의미나 내용 예측하기	·글의 구조를 파악하기 ·글의 주장이나 주제 파악하기 ·글의 구조 고려하며 내용 요약하기 ·생략된 내용과 함축된 의미 추론하기	·설명 방법과 논증 방법 파악하기 ·글의 관점이나 주제 파악하기 ·읽기 목적과 글의 구조를 고려하며 내용 요약하기 ·드러나지 않은 의도나 관점 추론하기
	평가와 창의	·인물과 자신의 마음이나 생각 비교하기	·사실과 의견 구별하기 ·글이나 자료의 출처 신뢰성 평가하기 ·필자와 자신의 의견 비교하기	·글이나 자료의 내용과 표현 평가하기 ·다양한 글이나 자료 읽기를 통해 문제 해결하기	·복합양식의 글·자료의 내용과 표현 평가하기 ·설명 방법과 논증 방법의 타당성 평가하기 ·동일 화제에 대한 주제 통합적 읽기 ·진로나 관심 분야에 대한 자기 선택적 읽기
	점검과 조정	·읽기 과정과 전략에 대해 점검·조정하기			
가치·태도		·읽기에 대한 흥미	·읽기 효능감	·긍정적 읽기 동기 ·읽기에 적극적 참여	·읽기에 대한 성찰 ·사회적 독서 문화 형성

3. 학년군별 읽기 영역 성취기준

【초등 1-2학년군】

[2국02-01] 글자, 단어, 문장, 짧은 글을 정확하게 소리 내어 읽는다.
[2국02-02] 의미가 잘 드러나도록 문장과 짧은 글을 알맞게 띄어 읽는다.
[2국02-03] 글을 읽고 중심 내용을 확인한다.
[2국02-04] 인물의 마음이나 생각을 짐작하고 이를 자신과 비교하며 글을 읽는다.
[2국02-05] 읽기에 흥미를 가지고 즐겨 읽는 태도를 지닌다.

(가) 성취기준 해설

- [2국02-02] 이 성취기준은 글을 의미 단위에 알맞게 띄어 읽으며 글의 의미를 파악하는 능력을 기르기 위해 설정하였다. 글을 읽으면서 의미 단위를 인식하고 이에 맞게 띄어 읽는 것은 글의 의미를 정확하게 파악하고 읽기 유창성을 높이는 데 중요한 요소이다. 글의 의미를 이해하기 위해 의미 단위에 따른 어구나 어절 단위 등으로 띄어 읽기, 주어부와 서술어부 등을 단위로 하여 띄어 읽기, 문장 부호에 따라 문장 단위를 인식하면서 띄어 읽기, 쉬는 지점, 쉼의 길이에 유의하며 띄어 읽기 등을 학습한다.

- [2국02-04] 이 성취기준은 글에 등장하는 인물의 마음과 생각을 짐작하는 능력과 타인에 대한 공감 능력을 기르기 위해 설정하였다. 인물의 마음이나 생각을 짐작하는 것은 글의 내용에 대한 이해와 더불어 실제 주변 인물에 대한 이해를 높이는 데 도움이 된다. 인물의 처지나 상황을 파악하기, 자신의 경험에 비추어 인물의 마음이나 생각 짐작하기, 감정을 드러내는 다양한 어휘를 활용하여 인물의 마음이나 생각을 표현하기,

인물의 마음이나 생각과 관련된 자신의 경험이나 생각을 떠올리며 비교하기 등을 학습한다.

(나) 성취기준 적용 시 고려 사항

- 읽기 성취기준과 타 영역의 성취기준을 분리해서 지도하기보다 상호 연계하여 국어 활동의 총체성을 구현하도록 한다. 예를 들어 정확히 소리 내어 읽기와 관련한 성취기준은 글자와 단어를 바로 쓰기에 대한 쓰기 성취기준, 소리와 표기가 다름을 알고 정확하게 발음하고 쓰기에 대한 문법 성취기준, 말놀이와 낭송에 관한 문학 성취기준 등과 연계하여 지도한다.

- 정확히 소리 내어 읽기나 알맞게 띄어 읽기를 지도할 때는 학습자가 해당 성취기준에 대한 학습 시간에는 물론이고, 일상생활에서도 학교 안내판, 학급 게시판, 광고지 등 주변에서 접할 수 있는 읽기 자료를 보고 스스로 읽기 활동에 적극적으로 참여할 수 있도록 관심을 기울여 지도한다. 나아가 가정에서도 쉽게 접할 수 있는 읽기 자료를 보고 정확히 소리 내어 읽고 알맞게 글을 읽는지 점검하도록 안내하여 학교 안팎에서의 기초 읽기 능력이 균형 있게 발달할 수 있도록 한다.

- 알맞게 띄어 읽기는 함께 읽기와 혼자 읽은 후 짝과 함께 상호 점검하며 읽기 등의 방법을 활용한다. 이때 의미에 따라 여러 단위에서 띄어 읽기가 가능하므로 기계적으로 띄어 읽기를 하지 않도록 유의한다.

- 학습자가 한글 학습에 흥미를 느끼고 지속적으로 참여할 수 있도록 몸으로 문자를 표현하는 등의 신체 놀이, 첫음절이 같은 단어를 다양하게 떠올려 보는 연상 놀이 등을 활동 중심 수업과 연계하여 지도할 수 있다. 또한 이 시기는 한글 학습을 통해 기초적인 읽기 능력 계발뿐만 아니라 학습자가 읽기에 대한 흥미를 형성하는 매우 중요한 시기이다. 따라서

학습자가 자신의 수준과 흥미에 맞는 책을 읽은 후 자신의 생각을 표현하는 놀이나 활동·체험 등을 연계하여 즐거운 독서 경험을 통해 독서에 대한 긍정적인 태도를 기를 수 있도록 지도한다.

• 일반 학습자를 포함하여, 다문화 배경 학습자나 느린 학습자 등의 특별한 요구가 있는 경우에는 해당 성취기준에 대한 개별화 맞춤형 수업을 통해 정확히 소리 내어 읽기와 알맞게 띄어 읽기 등의 한글 깨치기 학습이 충실히 이루어질 수 있도록 지도한다.

【초등 3-4학년군】

[4국02-01] 글의 의미를 파악하며 유창하게 글을 읽는다.
[4국02-02] 문단과 글에서 중심 생각을 파악하고 내용을 간추린다.
[4국02-03] 질문을 활용하여 글을 예측하며 읽고 자신의 읽기 과정을 점검한다.
[4국02-04] 글에 나타난 사실과 의견을 구분하고 필자와 자신의 의견을 비교한다.
[4국02-05] 글이나 자료의 출처가 믿을 만한지 판단한다.
[4국02-06] 바람직한 읽기 습관을 형성하고 읽기에 대한 자신감을 기른다.

(가) 성취기준 해설

• [4국02-01] 이 성취기준은 글의 의미를 효과적으로 표현하는 방법을 사용하여 유창하게 글을 읽는 능력을 기르기 위해 설정하였다. 글의 유형에 따라 글의 분위기, 장면, 인물의 특성 등을 파악하고 이를 고려하되, 어조, 억양, 속도, 강세 등의 표현 요소를 활용하여 글을 읽으면서 글의 의미를 효과적으로 표현하기 등을 학습한다.

• [4국02-03] 이 성취기준은 글을 읽으며 글에 대한 질문을 만들고 이에 대한 답을 예측하면서 글을 읽는 추론적 읽기 능력을 기르기 위해 설정하

였다. 읽기 전이나 읽기 중에 이루어지는 질문을 통해 자신의 배경지식이나 경험을 글과 관련짓기, 배경지식이나 경험을 활성화하여 글의 의미 추론하기, 제목이나 글의 차례, 사진이나 그림 등의 자료를 통해 글의 의미 추론하기, 질문을 통해 단어의 의미, 이어질 내용이나 사건의 전후를 예측하기, 질문을 통해 글을 이해한 정도를 점검하거나 읽기 과정에서 겪는 어려움을 점검하기 등을 학습한다.

- [4국02-04] 이 성취기준은 글에 나타난 사실과 의견을 구별하고 필자와 자신의 의견을 비교하면서 필자의 의견을 일방적으로 수용하지 않고 글을 비판적으로 읽는 능력을 기르기 위해 설정하였다. 글을 읽고 필자의 의견과 객관적 사실을 구별하기, 필자의 의견과 자신의 의견을 비교하기, 필자의 의견에 대한 타당성을 평가하기, 동일한 주제나 상황에 대한 서로 다른 의견 비교하기 등을 학습한다.

- [4국02-05] 이 성취기준은 도서관이나 인터넷 등을 통해 글이나 자료를 찾아 읽을 때 출처의 신뢰성을 평가하며 읽고 믿을 만한 글이나 자료를 선별하는 능력을 기르기 위해 설정하였다. 글이나 자료의 출처 확인 방법이나 필요성 이해하기, 다양한 매체를 활용하여 글이나 자료 탐색하기, 글이나 자료의 정보 출처 파악하기, 정보 출처의 유형이나 정보의 최신성 확인하기, 권위나 공신력 등을 고려한 신뢰성 평가하기, 여러 정보를 비교하며 내용의 신뢰성 평가하기 등을 학습한다.

(나) 성취기준 적용 시 고려 사항

- 글의 내용을 파악하고 글에 담긴 의미를 추론하고 평가하는 등 기본적인 읽기 능력을 갖출 수 있도록, 읽기 유창성을 고려한 읽기 상황, 중심 내용을 파악하는 읽기 상황, 질문과 예측을 활용한 능동적인 읽기 상황, 사실과 의견을 구분하거나 출처의 신뢰성을 평가하는 상황 등을 중심으

로 읽기 활동이 이루어지도록 한다.

- 읽기 유창성을 지도할 때는 먼저 혼자 읽은 후에 짝과 함께 상호 점검하며 읽을 수 있도록 지도한다. 또한 글을 읽을 때 빠르고 정확하게 읽는 읽기 유창성이 충분히 숙달되었는지 점검하면서 글의 의미를 효과적으로 표현할 수 있는 방법을 사용하여 유창하게 글을 읽는지 살피고, 학습자의 읽기 유창성의 수준을 고려하며 지도한다. 1~2학년의 소리 내어 읽기와 알맞게 띄어 읽기의 학습이 충실히 이루어졌는지 연계하여 지도함으로써 한글 깨치기의 어려움을 진단하고 이를 보정하면서 소리 내어 읽기, 알맞게 띄어 읽기 기능이 숙달될 수 있도록 지도한다. 일반 학습자를 포함하여, 다문화 배경 학습자나 느린 학습자 등의 특별한 요구가 있는 경우에는 해당 성취기준에 대한 개별화 맞춤형 수업을 통해 한글 깨치기 학습이 충실히 이루어질 수 있도록 지도한다.
- 중심 내용 간추리기를 지도할 때는 문단별로 중요 단어와 중심 문장을 파악하고 이를 바탕으로 글 전체의 중심 내용을 파악하여 간추리도록 지도한다. 문단별로 보충, 반복된 문장은 삭제하고, 중심 생각이 잘 드러나지 않은 문장은 학습자가 재구성할 수 있도록 한다. 그런 다음 문단별로 중심 문장을 통합하여 글 전체의 중심 내용을 파악할 수 있도록 지도한다. 이때 밑줄 긋기, 메모하기, 중요도 평정 등의 전략 등을 안내하고 이를 적용할 수 있도록 지도한다. 해당 성취기준은 타 교과 학습을 위한 교과서 읽기, 학습 자료 읽기 등의 상황과 연계하여 지도함으로써 교과 학습 능력과 읽기 능력이 균형 있게 발달할 수 있도록 한다.
- 문맥을 고려하여 모르는 단어의 의미를 짐작하도록 지두할 때는 우선 학습자가 단어의 의미를 짐작한 후 그 의미를 확인하게 한다. 그리고 이 과정을 문법 성취기준과 연계함으로써 국어사전을 활용하여 모르는 단어를 찾도록 지도할 수 있다. 또한, 학습자의 어휘력을 기르기 위해

글을 읽으면서 연관 어휘를 익히거나, 의미 관계를 중심으로 비슷한 말이나 반대말 등을 찾게 할 수 있다. 이때 연상 활동이나 말놀이, 어휘망 그리기 등을 활용할 수 있고, 나만의 단어 사전이나 그림 사전 등을 만들어 다른 학습자들과 공유하도록 지도할 수 있다.

- 이 시기는 학습자가 바람직한 독서 습관을 형성하고 읽기에 대한 효능감을 형성하도록 함으로써 지속적으로 읽기에 참여할 수 있는 태도를 형성하는 데 매우 중요한 시기이다. 교사는 학습자가 자신의 수준과 흥미에 맞는 읽을거리를 스스로 찾고, 독서 시간과 분량 등을 고려하여 독서 계획을 세움으로써 한 권의 책을 완독할 수 있는 습관을 형성할 수 있도록 지도한다. 또한 교사는 학습자의 읽기 어려움을 점검하고 이를 해결할 수 있는 피드백을 제공함으로써 학습자가 성공적인 읽기 경험을 통해 읽기 효능감을 높이도록 지도할 수 있다. 이때 읽기 효능감을 높일 수 있도록 어려움을 겪는 학습자의 독서 활동에 대해 교사와 동료 학습자들이 격려와 칭찬과 같은 긍정적인 피드백을 제공하도록 한다. 또한 교사는 수업 상황을 고려하여 학급 전체가 같은 책을 읽거나, 모둠끼리 같은 책을 읽거나, 학습자 개인별로 원하는 책을 읽도록 할 수 있다.

【초등 5-6학년군】

[6국02-01] 글의 구조를 고려하며 주제나 주장을 파악하고 글 내용을 요약한다.
[6국02-02] 글에서 생략된 내용이나 함축된 표현을 문맥을 고려하여 추론한다.
[6국02-03] 글이나 자료를 읽고 내용의 타당성과 표현의 적절성을 평가한다.
[6국02-04] 문제 상황과 관련된 다양한 관점의 글을 읽고 이를 문제 해결에 활용한다.
[6국02-05] 긍정적인 읽기 동기를 형성하고 적극적으로 읽기에 참여하는 태도를 기른다.

(가) 성취기준 해설

- [6국02-01] 이 성취기준은 글의 구조를 고려하며 글의 중심 내용을 파악하고 자신의 언어로 요약하는 능력을 기르기 위해 설정하였다. 요약하기의 일반 원리를 이해하기, 글의 구조를 시각화한 도해 조직자를 활용하여 글의 구조와 내용 파악하기, 주제나 주장을 파악하기, 글의 중심 내용을 자신의 언어로 재구성하여 요약하기 등을 학습한다.

- [6국02-02] 이 성취기준은 글의 문맥을 고려하여 글에 표면적으로 드러나지 않은 내용을 추론하며 읽는 능력을 기르기 위해 설정하였다. 중요 단어나 문장, 문단 등의 수준에서 의미 추론하기, 글의 전체적인 흐름을 고려할 때 글에서 빠진 세부 내용이나 이어질 내용 추론하기, 학습자의 배경지식을 이용하여 함축적 표현이 암시하거나 내포하는 의미 추측하기 등을 학습한다.

- [6국02-04] 이 성취기준은 학습자가 직면한 문제를 해결하기 위해 다양한 관점의 글을 찾아 읽고 문제 해결에 필요한 지식이나 정보를 구성하는 창의적 읽기 능력을 기르기 위해 설정하였다. 문제 상황과 관련한 읽기 목적 명료화하기, 문제 상황 해결에 도움을 줄 수 있는 다양한 관점의 글 선정하기, 다양한 관점의 글을 읽고 내용의 타당성과 유용성 평가하기, 문제 해결을 위한 자신만의 창의적인 해결 방안 마련하기 등을 학습한다.

(나) 성취기준 적용 시 고려 사항

- 글의 구조를 고려하여 요약하기를 지도할 때는 요약하기가 단순히 글의 분량을 줄이는 것이 아니라 글의 구조에 따라 중심 내용을 자신의 언어로 표현하는 것임을 이해할 수 있도록 지도한다. 글의 구조를 시각화하여 제시한 도해 조직자 등을 활용하고, 짝 활동이나 모둠 활동을 통해 요약

하기 과정과 결과를 공유하며 효과적으로 요약하기 전략을 내면화할 수 있도록 지도한다. 해당 성취기준은 타 교과 학습을 위한 교과서 읽기, 학습 자료 읽기 등의 상황과 연계하여 지도함으로써 교과 학습과 관련하여 읽기 능력이 균형 있게 발달하도록 지도한다.

• 일반 학습자를 포함하여, 다문화 배경 학습자나 느린 학습자 등의 특별한 요구가 있는 경우에는 해당 성취기준에 대한 개별화 맞춤형 수업을 통해 한글 깨치기 학습과 기본적인 읽기 기능에 대한 학습이 연계하여 이루어질 수 있도록 지도한다.

• 교육 기술의 발달에 따라 교육 현장의 여건과 학습자의 수준에 적절한 매체를 선정하여 학습 공간을 연결하고 확장하여 지도할 수 있다. 수업 상황에서는 학습관리시스템(LMS), 교육 기술 수업 도구, 실시간 쌍방향 수업 플랫폼, 메타버스 등을 활용하여 실시간과 비실시간으로 독서 토론, 대화, 발표, 질의응답 등을 수행하고 독서에 관한 피드백을 나눌 수 있다. 또한 독서 과정과 결과를 인터넷 게시판, 누리집 등을 통해 공유할 수 있다. 독서 감상문이나 서평 쓰기, 책 쓰기 등의 독서 활동 이외에도 카드 뉴스 만들기, 책 소개 영상을 제작하고 공유하는 활동 등 매체를 활용하여 다채로운 독서 활동을 수행할 수 있도록 지도한다.

• 학습자 스스로 자신의 읽기 활동을 되돌아보고 능동적으로 읽기에 참여하는지 확인하기 위해 독서 성찰 일지나 독서 기록장을 작성하도록 하고, 자기 점검표나 관찰 기록표 작성 등 다양한 방법을 활용하여 일상의 읽기 습관을 개선하고 읽기 동기를 긍정적으로 형성하도록 지도한다. 이때 글을 읽는 과정에서 새롭게 알게 된 단어나 교과 학습을 위한 목적으로 글을 읽을 때 새롭게 알게 된 개념어 등을 토대로 나만의 단어 사전이나 단어 기록장 등을 만들어 학습자가 자기주도적으로 읽기 활동을 수행하는 가운데 어휘 학습을 연계할 수 있도록 지도한다.

- 이 시기는 학습자가 긍정적인 읽기 동기를 형성하여 읽기에 지속적으로 참여할 수 있도록 하는 태도를 형성하는 데 매우 중요한 시기이다. 학습자가 읽기에 대한 중요성과 가치를 인식하고, 교과 학습, 진로 탐색, 여가 등의 읽기 목적과 학습자 개인의 흥미나 수준을 고려하여 읽을거리를 스스로 찾아 읽되, 한 학기에 적어도 한 편의 글을 능동적으로 읽는 경험을 할 수 있도록 지도한다. 이때, 교사는 도서관이나 인터넷에서 관련 자료를 찾아 참고하면서 책을 찾아 읽을 수 있도록 안내하거나, 관심 분야가 유사한 학습자 간에 모둠을 구성하여 책을 선정하여 읽고, 읽기 결과를 공유할 수 있도록 하는 등의 독서 활동에 필요한 시간을 확보한다. 보상이나 성적 등에 의한 것이 아니라, 주제에 대한 흥미와 선호, 읽기의 가치와 중요성, 읽기에 대한 즐거움 등을 느낄 수 있는 독서 경험을 통해 읽기 동기가 형성될 수 있도록 지도한다.

【중1-3학년군】

[9국02-01] 읽기는 사회·문화적 맥락에서 의미를 구성하는 과정임을 이해하며 사회적 독서에 참여하고 사회적 독서 문화 형성에 기여한다.

[9국02-02] 읽기 목적과 글의 구조를 고려하며 글을 효과적으로 요약한다.

[9국02-03] 독자의 배경지식과 글에 나타난 정보 등을 활용하여 글에 드러나지 않은 의도나 관점을 추론하며 읽는다.

[9국02-04] 복합양식으로 구성된 글이나 자료의 내용 타당성과 신뢰성, 표현 방법의 적절성을 평가하며 읽는다.

[9국02-05] 글에 사용된 다양한 설명 방법과 논증 방법을 파악하고, 그 타당성을 평가하며 읽는다.

[9국02-06] 동일한 화제를 다룬 여러 글이나 자료를 주제 통합적으로 읽는다.

[9국02-07] 진로나 관심 분야에 대한 다양한 책이나 자료를 스스로 찾아 읽는다.

[9국02-08] 자신의 독서 상황과 수준에 맞는 글을 선정하고 읽기 과정을 점검·조정하며 읽는다.

(가) 성취기준 해설

- [9국02-01] 이 성취기준은 읽기가 다양한 사회·문화적 맥락에 속한 공동체 구성원들이 상호 작용하며 의미를 구성하는 과정임을 이해하고 사회적 독서 문화 형성에 기여하도록 하기 위해 설정하였다. 독자는 자신이 처한 상황이나 사회·문화, 역사적 배경에 따라 의미를 형성해 간다. 또한 공동체 구성원들이 구성한 의미를 협력적으로 소통함에 따라 타인의 삶에 대한 이해나 공동체가 지향해야 할 가치를 발견할 수 있다. 사회·문화적으로 가치 있는 주제의 글을 선정하여 읽기, 사회·문화적 맥락을 고려하여 필자의 의도 파악하기, 독서 토론을 통해 구성원 간의 다양한 의미 교환하기, 사회·문화적 맥락에서 새로운 의미 발견하기, 사회적 독서 문화 형성하기 등을 학습한다.

- [9국02-04] 이 성취기준은 복합양식으로 구성된 글이나 자료를 내용과 형식의 측면에서 비판적으로 평가하며 읽을 수 있는 능력을 기르기 위해 설정하였다. 다양한 매체 환경에서는 문자 언어로만 이루어진 단일양식뿐만 아니라 문자, 소리, 그림, 사진, 동영상 등 다양한 기호가 함께 어우러진 복합양식의 글이나 자료를 비판적으로 읽을 수 있어야 한다. 단일양식과 복합양식의 글이나 자료 비교하기, 복합양식의 글이나 자료가 작성된 맥락 파악하기, 복합양식으로 구성된 글이나 자료의 내용 타당성과 신뢰성, 표현 방법의 적절성을 평가하며 읽기 등을 학습한다.

- [9국02-06] 이 성취기준은 동일한 화제를 다룬 여러 글이나 자료를 비판

적으로 읽고 자신의 관점에 따라 의미를 재구성할 수 있는 주제 통합적 읽기 능력을 기르기 위해 설정하였다. 동일한 화제에 대해 서로 다른 관점을 지닌 글을 대조하며 읽거나 비슷한 주제를 담은 다양한 형식을 비교하며 읽으면서, 독자는 편견이나 선입견을 배제하고 합리적으로 판단할 수 있게 된다. 여러 글이나 자료를 비교하며 읽는 과정에서 독자는 화제와 관련된 쟁점에 대한 충분한 이해를 바탕으로 자신의 관점을 세울 수 있다. 관점이나 형식이 다른 다양한 글이나 자료를 비교·분석하기, 대상 화제에 대한 자신의 관점 수립하기, 서로 다른 관점과 형식의 글을 자신의 관점을 토대로 통합하기, 자신의 관점에 따라 의미를 구성하고 표현하기 등을 학습한다.

- [9국02-07] 이 성취기준은 자신의 진로나 관심 분야에 대한 책이나 자료 등을 스스로 탐색하고 선정하여 읽는 능력을 기르기 위해 설정하였다. 학습자가 다양한 글이나 자료를 자기 선택적으로 읽으며 주체적으로 자신의 진로나 관심 분야를 탐색할 수 있도록 한다. 학습자가 관심을 가지고 있는 진로나 관심 분야를 파악하기, 도서관이나 인터넷 등에서 자신의 진로 탐색이나 관심 분야에 대한 깊이 있는 이해를 위해 적합한 책이나 자료를 탐색하고 선정하기, 필요한 정보를 선별하며 읽기, 진로나 관심 분야가 유사한 학습자 간에 읽기 결과를 공유하기 등을 학습한다.

(나) 성취기준 적용 시 고려 사항

- 전통적인 문어 자료인 책이나 글 이외에도 학습자들이 일상에서 접할 수 있는 다양한 매체 자료를 대상으로 읽기 능력을 기르도록 지도한다. 글이나 자료의 내용 타당성 평가를 지도할 때는 내용의 신뢰성이나 타당성에 대한 평가를 중심으로 지도한다. 표현의 적절성을 평가할 때는 글의 의도나 목적에 따른 재현, 복합양식성 등의 요소에 대한 평가를 중심으로

지도한다. 예를 들어 신문의 경우는 표제나 기사 본문, 사진 등을 통해서, 광고의 경우는 배경, 이미지, 광고 문구, 구도나 배치 등을 통해서 필자의 의도나 목적이 드러나는데, 이를 바탕으로 필자의 의도나 관점이 지나치게 편향되지 않았는지, 전달 효과가 잘 드러나는지 등을 평가할 수 있다. 이때 특정한 성, 지역, 연령, 가정 배경, 인종, 장애 등에 대한 고정 관념이나 차별 등의 문제와 연계하여 글이나 자료를 비판적으로 살펴볼 수 있도록 지도한다.

- 주제 통합적 읽기를 지도할 때는 동일한 화제에 대해 서로 다른 관점을 지닌 글이나 자료를 단순히 비교·대조하며 읽는 활동에 머무르지 않고, 편견이나 선입견을 배제하고 합리적으로 비판하며 자신의 관점을 설정하고 이에 따라 종합하고 재구성하며 읽을 수 있도록 한다. 다양한 매체를 통해 접하게 되는 복합양식 글이나 자료에 대해 내용의 타당성과 신뢰성을 비판적으로 평가하며 읽는 활동, 글에 사용된 논증의 타당성을 평가하며 읽는 활동 등을 통해 무비판적으로 정보를 수용하지 않고 평가하는 자세, 편향되지 않은 관점으로 여러 자료를 참조하며 균형 있게 정보를 수용하는 자세 등을 지도하여 민주시민으로서의 소양을 함양할 수 있도록 한다.

- 읽기 목적과 글의 구조를 고려하여 요약하기를 지도할 때는 선택, 삭제, 일반화, 재구성 같은 요약의 규칙을 기계적으로 적용하여 중심 내용을 도출하기보다는 학습자의 읽기 목적을 고려하여 필요한 정보가 무엇인지를 확인한 후 이에 부합하는 중심 내용을 요약할 수 있도록 한다. 이때 글의 구조를 고려하여 중심 내용을 요약하도록 안내하면 효과적이다. 글 전체에 대한 요약인 경우 글의 거시적 구조를 고려한 요약이 이루어질 수 있고, 글 일부에 대한 요약인 경우 글의 미시적 구조 혹은 내용 전개 방식을 고려한 요약이 이루어질 수 있다. 글의 구조를 시각화하여 제시한

도해 조직자를 활용할 수 있고, 짝이나 모둠 활동을 연계하여 요약하기 과정과 결과를 공유하며 효과적으로 전략을 내면화할 수 있도록 지도한다. 해당 성취기준은 타 교과 학습을 위한 교과서 읽기, 학습 자료 읽기 등의 상황과 연계하여 지도함으로써 교과 학습 능력과 읽기 능력이 균형 있게 발달할 수 있도록 지도한다.

- 설명 방법과 논증 방법을 파악하고 타당성을 평가하며 읽기를 지도할 때는 정의, 예시, 비교와 대조, 분류와 구분, 인과, 분석 등의 설명 방법이나 연역과 귀납 등의 논증 방법에 대한 개념을 단순히 파악하는 데 머무르지 않고 설명 방법이나 논증 방법의 타당성을 평가하며 글을 읽을 수 있도록 지도한다. 설명 방법의 경우에는 이 글에서 사용한 설명 방법이 설명하려는 대상이나 개념에 적합한 것인지 판단한 후, 그 효과와 적절성을 평가하도록 한다. 논증 방법의 경우에는 주장과 주장을 뒷받침하는 주관적 요인인 이유, 객관적 자료인 근거, 예상되는 반론이나 이에 대한 반박 등의 논증 요소와 논증 요소 간의 관계, 글에 제시된 연역이나 귀납 등의 논증 방법이 타당한지를 판단한 후, 그 효과나 적절성을 평가하도록 한다.

- 학습자들이 글을 읽으면서 모르는 단어가 있는 경우 단어 자체의 요소나 문맥을 고려하여 단어의 의미를 추론하거나 국어사전을 활용하여 모르는 단어의 의미를 찾도록 지도할 수 있다. 또한 단어의 의미 관계를 중심으로 유의어나 반의어를 찾거나 연관 어휘를 익혀 어휘를 확장해 갈 수 있도록 지도한다. 학습자들이 글을 읽는 과정에서 새롭게 알게 된 단어나 교과 학습을 위한 목적으로 글을 읽으면서 새롭게 알게 된 개념어 등을 중심으로 나만의 단어 사전이나 단어 기록장 등을 만들어 학습자가 읽기 활동과 연계하여 자기주도적으로 어휘 학습을 하도록 지도한다. 이때 단순히 국어사전 등의 의미를 그대로 옮기기보다 본래의 의미가

드러나되 이를 자신의 말로 풀어 쓰거나 용례 등을 새롭게 떠올려 써보는 등의 활동을 통해 단어의 의미를 학습자가 내면화할 수 있도록 지도한다.

- 교육 기술의 발달에 따라 교육 현장의 여건과 학습자의 수준에 적절한 매체를 선정하여 학습 공간을 연결하고 확장하여 지도할 수 있다. 수업 상황에서는 학습관리시스템(LMS), 교육 기술 수업 도구, 실시간 쌍방향 수업 플랫폼, 메타버스 등을 활용하여 실시간과 비실시간으로 독서 토론, 대화, 발표, 질의응답 등을 수행하고 독서 과정과 결과에 대한 피드백을 나눌 수 있다. 또한 독서 과정과 결과를 인터넷 게시판, 누리집 등을 통해 공유할 수 있다. 독서 감상문이나 서평 쓰기, 책 쓰기 등의 독서 활동 이외에도 카드 뉴스 만들기, 책 소개 영상 등을 제작하고 공유하는 활동 등 매체를 활용하여 다채로운 독서 활동을 수행할 수 있도록 지도한다.

- 진로나 관심 분야에 관한 자기 선택적 읽기를 지도할 때는 진로나 관심 분야에 대한 다양한 독서 경험을 통해 관심 분야에 대해 더 깊이 이해하고 자신의 진로를 개발하고 탐색할 수 있도록 한다. 자신의 진로 탐색 및 진로 개발, 관심 분야에 대한 깊이 있는 이해 등의 읽기 목적을 설정하여 읽을거리를 스스로 찾아 한 학기 동안 적어도 한 편의 완결된 글을 읽을 수 있도록 독려한다. 자기 선택적 읽기는 학습자가 자신의 관심사나 흥미, 수준을 고려하여 스스로 책을 선정할 수 있도록 안내하고, 교사가 제공하거나 안내한 책들을 바탕으로 책 선정하기 전략을 실제 적용하여 책을 스스로 고를 수 있도록 지도할 수 있다. 학습자가 책 선정 과정과 결과를 공유하도록 하여 책 선정 시의 어려움을 진단하고 이를 해결하기 위한 방법 등을 피드백한다. 진로나 관심 분야가 유사한 학습자들 간에 모둠을 구성하여 자기 선택적 읽기를 지도할 수 있다. 가정, 학교 도서관 이나 지역 도서관, 서점, 인터넷 등에서 책 선정하기 전략을 적용하여 책을 선정하도록 하되, 독서 상황과 학습자의 수준 등에 따라 짧지만

완결된 한 편의 글을 읽을 수 있고, 한 권의 책을 긴 호흡으로 읽을 수도 있으며, 여러 권의 책이나 자료에서 필요한 정보를 선별하여 읽을 수도 있다. 한 학기 동안 여러 차시에 걸친 읽기 수업을 두고 설정한 성취기준임을 고려하여 지나치게 짧은 글이나 자료는 지양한다.

4. 읽기 영역의 교수학습 방법 및 평가

가. 읽기 영역의 교수학습 방법

• '읽기' 영역에서는 지엽적인 지식이나 세부적인 기능, 전략에 대한 분절적인 학습을 지양하고, 상황 맥락과 사회·문화적 맥락을 고려하여 다양한 유형의 글이나 자료를 토대로 적절한 읽기 전략을 적용하고 그 효과성을 점검·조정하며 읽는 활동을 강조한다. 학습자의 수준, 관심, 흥미, 적성, 진로 등을 고려한 자기 선택적 읽기 활동을 안내하고 특히, 읽기 상황과 학습자의 읽기 수준을 고려하여 읽을거리의 난도나 분량 등을 결정하되, 짧고 쉬운 글이나 자료에서 한 권 이상의 책 읽기로 심화할 수 있도록 지도한다. 또한 읽기 과정에서 학습자가 스스로 질문을 생성하고 학습자 간의 발표, 대화, 토론 등의 과정을 통해 다른 독자들의 다양한 반응을 공유함으로써 학습자가 개인적 읽기에 머무르지 않고 사회적 읽기에 참여하는 독자로 성장할 수 있도록 지도한다.

나. 읽기 영역의 평가 방법

• '읽기' 영역에서는 교과서의 제재뿐 아니라 교과서 밖의 적절한 제재도

활용하여 실제적인 읽기 능력과 읽기 태도, 다양한 독서 경험 등을 종합적으로 평가하는 데 중점을 둔다. 또한 읽기 영역의 단독 평가뿐만 아니라, 타 영역과 통합한 평가를 실시하되, 읽기 평가 요소를 명시하여 읽기에 대한 구체적인 진단과 피드백이 가능할 수 있도록 평가 도구를 구성한다. 기초 수준에 있는 학습자나 느린 학습자 등 읽기에 어려움을 겪는 학습자의 읽기 문제를 진단하고 효과적인 피드백을 제공하기 위해 해독, 유창성, 독해 기능과 관련된 평가를 실시할 수 있다. 세부적으로는 자유 회상 검사, 오독 분석, 빈칸 메우기법, 자율적 수정, 중요도 평정, 요약하기 등의 평가를 실시할 수 있다. 읽기 태도나 습관 등을 평가할 때는 일회적 평가보다 누적적 평가를 실시하여 지속적으로 점검하고 학습자의 향상을 지원할 수 있도록 한다.

5. 선택교육과정의 공통국어 <읽기> 영역

가. 내용 체계표

핵심 아이디어	·읽기는 독자가 자신의 배경지식이나 경험을 활용하여 언어를 비롯한 다양한 기호나 매체로 표현된 글의 의미를 능동적으로 구성하는 행위이다. ·독자는 다양한 상황 맥락과 사회·문화적 맥락 속에서 자신의 읽기 목적을 달성하기 위하여 다양한 유형의 글을 읽는다. ·독자는 읽기 과정을 점검·조정하며 읽기 과정에서 부딪히는 문제를 해결하기 위해 적절한 읽기 전략을 사용하며 글을 읽는다. ·독자는 읽기 경험을 통해 읽기에 대한 긍정적 정서를 형성하고 삶과 공동체의 문제 해결을 위해 공동체 구성원과 함께 독서를 통해 소통함으로써 사회적 독서 문화를 만들어 간다.
범주	내용 요소
지식·이해	·사회·문화적 맥락 ·인문, 예술, 사회, 문화, 과학, 기술 등 다양한 분야의 글 ·다양한 설명 방법을 활용하여 주제를 제시한 글

	·다양한 논증 방법을 활용하여 주장을 제시한 글
	·생각과 감정이 함축적이고 복합적으로 제시된 글
과정·기능	·논증 타당성 평가 및 논증 재구성하기 ·진로나 관심 분야에 대한 주제 통합적 읽기 ·읽기 과정과 전략에 대해 점검·조정하기
가치·태도	·독서 공동체와 사회적 독서에 참여 ·지식 교류와 지식 구성 과정에서 독서의 영향력에 대한 성찰

나. 공통국어1의 읽기 영역 성취기준

[10공국1-02-01] 다양한 글이나 자료를 읽으며 논증의 타당성을 평가하고 자신의
관점을 바탕으로 논증을 재구성한다.

[10공국1-02-02] 자신의 진로나 관심 분야와 관련한 다양한 글이나 자료를 찾아
주제 통합적으로 읽고 읽은 결과를 공유한다.

(가) 성취기준 해설

• [10공국1-02-01] 이 성취기준은 글이나 자료에 사용된 논증 방법을 파악
하고 논증의 타당성을 평가한 후, 자신의 관점에 기반하여 논증을 비판적
으로 재구성하며 읽는 능력을 기르기 위해 설정하였다. 논증이란 주장이
정당함을 입증하기 위해 이유와 근거를 제시하는 방식을 의미하기도
하고 주장과 이를 뒷받침하는 이유와 근거 간의 관계를 의미하기도 한다.
글에 나타난 논증의 요소와 방법 파악하기, 필자의 주장과 이를 뒷받침하
는 이유와 근거, 반론에 대한 반박 등 논증 요소의 타당성 평가하기,
논증 방법의 설득 효과 평가하기, 평가의 결과를 토대로 자신의 관점을
세워 필자의 논증을 재구성하기 등을 학습한다.

• [10공국1-02-02] 이 성취기준은 자신의 진로나 관심 분야에 대한 다양한
글이나 자료를 자기 선택적으로 읽으며 읽기 목적에 알맞게 정보를 통합

하고 재구성하며 읽는 능력을 기르기 위해 설정하였다. 진로와 직업에 관련된 도서 목록이나 도서 정보를 탐색한 후 자신의 진로나 관심 분야를 고려하여 다양한 글이나 책, 매체 자료를 찾아 읽기, 진로나 관심 분야가 유사한 학습자 간에 모둠을 구성하고 도서나 자료 목록 작성하기, 관심 분야에 관한 도서나 자료를 읽으며 자신의 진로 의사 결정 및 진로 개발에 필요한 유의미한 정보를 선별하기, 유의미한 정보들을 통합하여 진로 분야에 대한 정보를 모둠원 간에 공유하기, 읽기 목적을 고려하여 포트폴리오 제작하기, 독서 토론이나 발표 등을 통해 읽은 결과 공유하기 등을 학습한다.

(나) 성취기준 적용 시 고려 사항

• 교육 기술의 발달에 따라 교육 현장의 여건과 학습자의 수준에 적절한 매체를 선정하여 학습 공간을 연결하고 확장하여 지도할 수 있다. 수업 상황에서는 학습관리시스템(LMS), 교육 기술 수업 도구, 실시간 쌍방향 수업 플랫폼, 메타버스 등을 활용하여 실시간과 비실시간으로 독서 토론, 대화, 발표, 질의응답 등을 수행하고 독서에 관한 피드백을 나눌 수 있다. 또한 독서 과정과 결과를 인터넷 게시판, 누리집 등을 통해 공유할 수 있다. 독서 감상문이나 서평 쓰기, 책 쓰기 등의 독서 활동 이외에도 카드 뉴스 만들기, 책 소개 영상 등을 제작하고 공유하는 활동 등 매체를 활용하여 다채로운 독서 활동을 수행할 수 있도록 지도한다.

• 진로나 관심 분야에 관한 주제 통합적 읽기를 지도할 때는 진로나 관심 분야에 대한 다양한 독서 경험을 통해 관심 분야에 대해 더 깊이 이해하게 되거나 자신의 진로 경로를 개발하고 탐색할 수 있도록 한다. 자신의 진로 탐색 및 진로 개발, 관심 분야에 대한 깊이 있는 이해 등의 읽기 목적을 고려하여 학습자의 수준과 흥미 등에 맞는 읽을거리를 스스로

찾고 독서 시간과 분량 등을 고려하여 계획을 세워 독서를 할 수 있도록 독려한다. 또한 읽기의 목적을 설정하는 과정에서, 그리고 글이나 자료를 주제 통합적·주도적으로 읽기 위한 계획을 세우고 이를 실천하는 과정에서 학습자가 스스로 자신의 읽기 과정을 성찰하고 개선해갈 수 있도록 지도한다. 교사는 학생들이 진로나 관심 분야에 관한 문헌 자료나 인터넷 자료를 폭넓게 활용할 수 있도록 학교 도서관, 지역 도서관, 서점 등을 안내하거나 도서 등 읽을 자료를 준비할 수 있다. 또한 진로나 관심 분야가 유사한 학습자 간에 독서 결과를 공유하고, 스스로 자신이 읽은 내용을 정리하고 평가하거나, 자신에게 필요한 직업 및 학업 역량을 탐색하고 고등학교 이후의 진로를 설계할 수 있도록 독서 시간을 확보한다. 특히, 독서 토론이나 매체를 통해 독서 결과를 공유하는 과정에서 다양한 지식과 정보를 교류하고, 새로운 지식이 구성됨을 깨달으며, 상대방에 대한 존중을 바탕으로 적극적인 경청의 자세를 갖춤으로써 사회적 독서 문화에 참여하는 경험을 갖도록 한다.

다. 공통국어2의 읽기 영역 성취기준

[10공국2-02-01] 복합양식으로 구성된 글이나 자료에 내재된 필자의 관점이나 의도, 표현 방법을 평가하며 읽는다.

[10공국2-02-02] 동일한 화제의 글이나 자료라도 서로 다른 관점과 형식으로 표현됨을 이해하며 읽기 목적을 고려하여 글이나 자료를 주제 통합적으로 읽는다.

[10공국2-02-03] 의미 있는 사회적 독서 활동에 참여함으로써 타인과 교류하고 다양한 지식이나 정보, 삶에 대한 가치관 등을 이해하는 태도를 지닌다.

(가) 성취기준 해설

• [10공국2-02-02] 이 성취기준은 동일한 화제에 대하여 다양한 관점과 형식으로 작성된 글이나 자료를 읽으며 읽기 목적에 따라 글이나 자료를 비판적으로 재구성할 수 있는 주제 통합적 읽기 능력을 기르기 위해 설정하였다. 읽기 상황이나 과제와 관련하여 읽기 목적을 구체화하기, 글이나 자료를 비교 분석하기, 읽기 목적을 고려하여 유의미한 정보 선별하기, 정보 간의 상충되거나 모순되는 점을 확인하고 평가하기, 읽기 목적을 고려하며 화제에 대한 자신의 견해를 재구성하기 등을 학습한다.

(나) 성취기준 적용 시 고려 사항

• 전통적인 문어 자료인 책이나 글 이외에도 학습자들이 일상에서 접할 수 있는 다양한 매체 자료를 대상으로 읽기 능력을 기르도록 지도한다. 내용 타당성을 평가할 경우에는 신뢰성, 공정성 등을 바탕으로 지도하고, 표현 적절성을 평가할 경우에는 글의 의도나 목적에 따른 재현, 복합양식성(문자, 그림, 표, 그래프, 사진, 동영상 등의 여러 양식) 등의 요소를 고려하여 지도한다.

• 주제 통합적 읽기를 지도할 때는 동일한 화제에 대해 서로 다른 관점을 지닌 글이나 자료를 단순히 비교·대조하며 읽는 활동에 머무르지 않고, 편견이나 선입견을 배제하고 객관적·합리적으로 글이나 자료에 드러난 관점을 평가하며 자신의 관점을 설정하고 이에 따라 주어진 글이나 자료를 종합하고 재구성하며 읽을 수 있도록 지도한다. 다양한 매체를 통해 접하게 되는 복합양식으로 구성된 글이나 자료에 대한 내용의 타당성과 신뢰성을 비판적으로 평가하며 읽는 활동, 글에 사용된 논증의 타당성을 평가하며 읽는 활동 등을 통해 정보를 무비판적으로 수용하지 않기, 편향되지 않은 관점으로 여러 자료를 참조하며 균형 있는 자세로 정보를

수용하기 등을 학습하여 민주시민으로서의 소양을 함양할 수 있도록 지도한다.

- 교육 기술의 발달에 따라 교육 현장의 여건과 학습자의 수준에 적절한 매체를 선정하여 학습 공간을 연결하고 확장하여 지도할 수 있다. 수업 상황에서는 학습관리시스템(LMS), 교육 기술 수업 도구, 실시간 쌍방향 수업 플랫폼, 메타버스 등을 활용하여 실시간과 비실시간으로 독서 토론, 대화, 발표, 질의응답 등을 수행하고 독서에 관한 피드백을 나눌 수 있다. 또한 독서 과정과 결과를 인터넷 게시판, 누리집 등을 통해 공유할 수 있다. 독서 감상문이나 서평 쓰기, 책 쓰기 등의 독서 활동 이외에도 카드 뉴스 만들기, 책 소개 영상 등을 제작하고 공유하는 활동 등 매체를 활용하여 다채로운 독서 활동을 수행할 수 있도록 지도한다.

- 의미 있는 사회적 독서 활동에 참여하기를 지도할 때는 수업뿐 아니라 독서 동아리나 외부 독서 모임 등에 자유롭게 참여하거나 사회 관계망 서비스(SNS), 라디오, 온라인 독서 모임 플랫폼 등의 다양한 매체에 기반한 독서 토론 공간 등에서 다른 사람들과 독서 활동에 대한 결과를 공유하는 기회를 갖도록 함으로써 지식이나 정보를 교류하고 다양한 삶의 방식과 가치관을 이해하도록 한다. 예를 들어, 독서를 통해 가정이나 학교 등 일상생활에서 나타나는 불평등 사례나 차별 사례를 통해 특정 집단에 대한 고정 관념과 편견으로 인한 문제를 인식함으로써, 타인에 대한 이해의 폭을 넓혀 갈 수 있다. 또한 사회적 독서 활동에 참여함으로써 다양한 구성원들이 연대하고 협력하면서 사회적 문제를 해결할 수 있는 방안을 마련할 수도 있다. 이처럼 독서는 독자 개인의 성장을 이끄는 동시에 사회 구성원들을 통합하고 사회 문화를 유지 발전시키는 주요한 원동력임을 이해할 수 있도록 지도한다. 이를 위해 교사는 글이나 자료를 읽고, 생각을 나누고, 자신의 생각을 표현하는 통합적 독서 활동

을 바탕으로 한 사회적 독서에 참여하여 타인과의 교류와 사회 통합에 미치는 독서의 영향력에 대해 성찰하는 경험을 할 수 있도록 지도한다. 학습자의 수준과 흥미 등에 따라 짧지만 완결된 한 편의 글을 읽을 수 있고, 한 권의 책을 긴 호흡으로 읽을 수도 있으며, 여러 권의 책이나 자료에서 필요한 정보를 선별하여 읽을 수도 있다. 이때 지나치게 짧은 글이나 자료, 앞뒤가 잘린 글, 편향된 관점으로 서술된 한 권의 책은 전체 맥락이 반영되지 않거나 다양한 관점이 내포되지 않아 왜곡이나 편향된 해석이 가능할 수 있으므로 이에 유의하여 지도한다.

다. 공통국어의 읽기 영역 교수학습 방법 및 평가시 유의사항

(가) 교수학습 방법

- '읽기' 영역에서는 지엽적인 지식이나 세부적인 기능, 전략에 대한 분절적인 학습을 지양하고, 독서의 목적과 글의 가치를 고려하여 학습자가 다양한 글이나 자료를 선택하고 비판적, 통합적으로 독서하는 활동을 강조한다. 특히, 독서 상황과 학습자의 독서 수준을 고려하여 읽을거리의 난도나 분량 등을 결정하되, 쉽고 짧은 글에서 한 편의 완결된 글, 한 권 이상의 책 읽기로 읽기의 폭을 점진적으로 넓혀 갈 수 있도록 지도한다. 또한 학습자가 교과 내 타 영역, 타 교과 학습, 학교 안과 밖의 독서 모임이나 독서 동아리 활동 등과 연계하여 타인과 교류하고 다양한 삶의 방식과 세계관을 이해하는 사회적 독자로 성장할 수 있도록 지도한다.

(나) 평가시 영역별 유의 사항

- '읽기' 영역에서는 교과서의 제재뿐 아니라 교과서 밖의 적절한 제재도 활용하여 실제적인 읽기 능력과 읽기 태도, 다양한 독서 경험 등을 종합

적으로 평가하는 데 중점을 둔다. 또한 글에 대한 단편적 지식이나 단순 회상 능력을 평가하는 것이 아니라, 글에 대한 이해력과 사고력, 읽기 목적과 상황에 부합하는 읽기 전략의 효과적인 활용 등을 평가한다. 또한 읽기 영역의 단독 평가뿐만 아니라, 타 영역과 통합한 평가나 타 교과와 통합 평가를 실시하되, 읽기 평가 요소를 명시하여 그에 대한 구체적인 진단과 피드백이 가능할 수 있도록 평가 도구를 구성한다. 기초 수준에 있는 학습자나 느린 학습자 등 읽기에 어려움을 겪는 학습자의 읽기 문제를 진단하고 효과적인 피드백을 제공하기 위해 해독, 유창성, 독해 기능과 관련된 평가를 실시할 수 있다. 세부적으로는 자유 회상 검사, 오독 분석, 빈칸 메우기법, 자율적 수정, 중요도 평정, 요약하기 등의 평가를 실시할 수 있다. 읽기 태도나 습관 등을 평가할 때는 읽기 활동 점검표나 관찰 평가 등을 통해 누적적으로 평가를 시행한다. 독서 일지나 독서 이력, 독서 포트폴리오를 평가할 때는 독서의 전 과정에서 학습자의 발달과 성장을 점검하고 지원할 수 있도록 평가 도구를 구성한다.

각 장을 구성하는 논문

구분		논문명(년도)	학회지
부	장		
제 1 부	1	복수 텍스트 독서 관점 고찰(2004)	국어교육학연구 19집
	2	가상 세계 텍스트의 읽기(2021)	한국초등교육 31집 특별호
	3	인터텍스트를 활용한 읽기 과정 고찰(2017)	국어교육학연구 54집
	4	텍스트 이해에 대한 멱함수 법칙의 시사(2016)	새국어교육 109집
제 2 부	1	읽기 활동의 복잡계 네트워크의 특성 고찰(2015)	새국어교육 104집
	2	네트워킹 읽기의 교육 방향 탐색(2011)	독서연구 26집
	3	독자 표상 정보의 자기조직화 특성(2016)	국어교육학연구 51집
	4	독자의 장면적 텍스트 이해 방법 고찰(2022)	한국초등국어교육 74집
	5	해석 공통체 개념 탐구(2006)	국어교육학연구 26집
제 3 부	1	늘림 읽기 방법 탐색(2021)	청람어문교육 80집
	2	간접전달 읽기 특성 고찰(2018)	독서연구 47집
	3	성찰적 읽기 교육 방향 탐색(2007)	국어교육학연구 28집
	4	참된 독자 탐구(2020)	청람어문교육 78집

찾아보기

김도남

춘천교육대학교 졸업

한국교원대학교 대학원 졸업

서울교육대학교 교수

저서: 상호텍스트성과 텍스트 이해 교육(2014)
　　　읽기 교육의 프리즘(공저, 2022) 외 다수

논문: 독자의 텍스트-되기 고찰(2023)
　　　독자의 비밀과 지각 불가능하게-되기(2023) 외 다수

읽기 교육의 프라임

초판 1쇄 인쇄 2023년 4월 21일
초판 1쇄 발행 2023년 4월 28일

지은이 김도남
펴낸이 이대현
편집 이태곤 권분옥 임애정 강윤경
디자인 안혜진 최선주 이경진 | **마케팅** 박태훈
펴낸곳 도서출판 역락 | **등록** 1999년 4월 19일 제303-2002-000014호
주소 서울시 서초구 동광로46길 6-6 문창빌딩 2층(우06589)
전화 02-3409-2060(편집부), 2058(영업부) | **팩스** 02-3409-2059
전자우편 youkrack@hanmail.net | **홈페이지** www.youkrackbooks.com

ISBN 979-11-6742-541-6 93370